国家社科基金
后期资助项目
GUOJIA SHEKE JIJIN HOUQI ZIZHU XIANGMU

朱熹礼乐哲学
思想研究

冯 兵 著

社会科学文献出版社
SOCIAL SCIENCES ACADEMIC PRESS (CHINA)

国家社科基金后期资助项目
出版说明

后期资助项目是国家社科基金设立的一类重要项目，旨在鼓励广大社科研究者潜心治学，支持基础研究多出优秀成果。它是经过严格评审，从接近完成的科研成果中遴选立项的。为扩大后期资助项目的影响，更好地推动学术发展，促进成果转化，全国哲学社会科学工作办公室按照"统一设计、统一标识、统一版式、形成系列"的总体要求，组织出版国家社科基金后期资助项目成果。

全国哲学社会科学工作办公室

自　序

　　拙著《朱熹礼乐哲学思想研究》是在同名博士学位论文的基础上修改完善而成的。关于书名，我先前一直在《朱子礼学的义理世界》与《朱熹礼乐哲学思想研究》两者之间犹豫不定，因为前者较为四平八稳，而后者提出了"礼乐哲学"这一新的概念，我比较担心是否能够为人所接受。但一方面好在博士学位论文顺利地通过外审和答辩，有幸得到了评审与答辩专家们的认可与鼓励，并先后获得校级和省级优秀博士学位论文奖，让我多少有了些信心；另一方面，自 2010 年我从厦门大学哲学系毕业参加工作以来，虽然其间要承担繁重的教学任务，芜杂的家庭琐事也分散了许多精力和时间，不过我一直在不懈地完善和修正自己对"礼乐哲学"的理解，亦曾以专文《礼乐哲学论纲》（刊于《社会科学研究》2015 年第 4 期）对之进行过阐述。尽管仍然不够成熟，但我自认为自己的相关思考已经具备了一定的系统性。这就是促使我大胆沿用原题的根本动因。另外，就朱熹而言，作为我国中世纪颇具代表性的哲学与经学大家，他对礼乐经典的义理化阐释以及对礼乐实践的相关思考与探索，也足以构成为一套相对独立和完整的礼乐哲学思想体系，并对儒家礼学在今天的复兴以及当代社会文化建设等无论是在学理层面还是实践方法层面都能够提供一定的启示。因此，对之展开系统深入的探讨是有学术价值和现实意义的。

　　关于本书的选题，还有必要说明的是，书名中"礼乐哲学"这一颇具新意的概念最早是我在向詹石窗教授请教博士论文选题时，詹师帮我敲定的。在 2008 年下学期，我的博士导师乐爱国教授建议我从朱熹的礼学思想入手进行博士学位论文的选题和写作。但由于我是从哲学研究的角度入手，应该与传统的经学研究或者思想史研究在方法和视域等方面均有所区别，加上我涉足礼经学的时间短，也有扬长避短的必要，所以在选题与具体的研究写作方面就必须突出其哲学蕴涵与哲学学科属性。（当然，我们也并非要刻意避开训诂与考据层面的工作。事实上，若要尽可能准确地展开关于朱子礼乐之学的哲学诠释及其体系建构，恰当的训诂与考据仍是必须的。）为此我穷思苦索却不得其要，因此不断地烦扰乐师与詹师，向他们讨教和交流想法。有一天晚上我和詹师打电话又提到这个问题，他突然说，要不用一个新概念——"礼乐哲学"吧？一时间我有如醍醐灌顶，欣喜不已，这个选题不仅富于新意，而且极具概括性。但同时我也感受到了巨大的压力：选题固然新颖、有价值，但如何论证"礼乐哲学"以使之成功确立起来，则是很关键也是很有难度的，而这却是我自己的事情了，谁也无法操刀代劳。如今，面对这一挑战我已硬扛了几个年头，在这本小书即将出版之际，我必须对詹师在这方面的帮助予以说明并致以诚挚的感谢！

　　另外，在拙文《礼乐哲学论纲》中，我将"礼乐哲学"的基本内涵大体分列为"礼乐自然哲学""礼乐宗教哲学""礼乐道德哲学""礼乐政治哲学""礼乐伦理美学"与"礼乐诠释思想"等数个范畴，与拙著中"礼乐形上学""礼乐价值论""礼乐实践观"的划分看似有较大不同，在此我想稍作解释。首先，我以为"三礼"是研究礼乐哲学的核心文献依据，其他经、史、子、集中的相关思想内容次之，因此，作为专门探讨礼乐哲学的概念、性质与基本内涵等的专文，《礼乐哲学论纲》也就主要是针对"三礼"展开。而《朱熹礼乐哲学思想研究》主要是针对朱熹礼学思想中的哲学意蕴进行梳理、总结和升华提炼，是礼乐哲学史的一个重要部分，研究对象与主要文献依据与《礼乐哲学论纲》一文不同，为了因应朱熹礼学思想的实际情况，故此拙著做了这一调整。其次，就拙著《朱熹礼乐哲学思想研究》的具体内容来看，我们对朱熹的礼乐形上学、价值论、实践观三个层面的探讨也基本含括了礼乐自然哲学、宗教哲学、道德哲学、政治哲学、诠释思想等多方面的内容。所以，两者对"礼乐哲学"内涵的界定并无实质上的抵牾，而是互通互涵、相辅相成的。

　　以上是对本书中的相关问题所作的简要说明。

　　由于笔者的学养有限，对礼学与理学（朱子学）均不敢妄言熟稔，更遑论通达，虽然对"礼乐哲学"的概念与范畴体系做了尝试性的理论建构，对朱熹的礼乐哲学思想亦进行了认真的梳理与分析、总结，但粗疏错漏之处必然不少，倘若能够得到方家大德的拨冗指教，鄙人将不胜感激！

目　录

导　论

　　中国传统文化历来被称为"礼乐文化"，中华文明也被称为"礼乐文明"，可见礼乐正是成就华夏民族文化与文明的核心元素。我国的礼乐文化/文明传统以三代以来的儒家礼乐思想为主体，旁及其他的先秦诸子和秦汉以降的佛教、道教等宗教礼乐思想及相关文化传统。但作为礼乐文化之主体的礼乐，却不可被简单地视为一种个体或集体的仪式规范和艺术行为，它不仅仅是华夏文化的一种符号象征，更是一种意义载体。礼乐（主要是指儒家的礼乐）承载并凝缩了华夏民族最优秀的生存智慧，也具备了充分的人文理性，内蕴着博大精深的哲学思想，且自成体系，在此我们可名之为"礼乐哲学"。

　　儒家通常所称的礼，有广义和狭义之分。广义的礼，既指合于儒家价值理念的系列治国原则，政治、经济与文化等领域中的典章仪制，又包括了民众的道德修养法则与日常行为规范、仪式准则；狭义的礼，则主要是指人们在日常社会生活中的各类仪式准则和道德表现。同时，就礼、乐关系来说，由于早期的乐经失传，残存部分被附于礼经之内，因此单言礼时往往也就包含了乐在其中。"乐"同样亦有广、狭两义：早期经典文献中的乐多为广义，指的是诗、乐、舞三位一体的艺术形态；狭义的乐近似今人所说的音乐，但仅指具有涵养德性与移风易俗功能的"德音""雅乐"，并不包括"淫声"、"淫乐"或"邪音"。而以前述礼乐及其经为研究对象的学术思想体系，即可大体称之为礼学。礼乐哲学，也就正是以广义的礼乐为研究对象，以传统礼学研究与现代哲学研究两种范式相结合，针对中华礼乐文明之精髓进行的系统阐发与揭示。

　　传统礼乐哲学经过漫长的发展演化，从史料来看，历经"百家争鸣"的诸子时代的"轴心突破"之后，至宋明时期发展到了又一个高峰。这一时代的代表人物首推朱熹。冯友兰先生评价朱熹及其理学道："朱熹在中国学术史上，常被称为朱子。他不仅学问渊博、慎思明辨，而且留下了大量著作，仅语录就有一百四十卷之多。程颐开创的理学到朱熹而完成。这个哲学体系的领袖地位虽然遭到陆王'心学'和清朝一些学者的挑战，但直到十九世纪末、二十世纪初，西方学术传入中国之前，程朱的理学始终是中国最有影响的哲学学派。"① 朱熹可谓理学的集大成者，他所建构起来的哲学王国体大思精，而其理论基础则主要是建立在对先秦经典的诠释和发挥之上，其中礼乐占据着重要地位。他在对礼乐经籍进行注解以及总结礼乐实践经验的基础上所阐发出来的哲学观念，即构成了其礼乐哲学思想。朱熹的礼乐哲学思想一方面是对传统礼乐哲学观念体系的总结和继承；另一方面，他又结合理学这一理论背景和当时的社会生活实际，融入佛、老哲学的部分原理及思辨方式做出了创新。因此，朱熹礼乐哲学思想最终便呈现出了一种既与传统一脉相承又具有时代特色的新面貌。它与理学有着很多交叉与重合的内容，并与理学相激相长，互为补充，共同提升了中国传统哲学的理论水平。

一　选题缘起

那么，我们为何要提出"礼乐哲学"这一概念并以朱熹的礼乐哲学思想为研究对象呢？

首先，我国传统礼乐有着丰富的哲学与伦理学思想，它构成了华夏民族文化与文明的主体内涵。

《礼记·乐记》中说："乐至则无怨，礼至则无争。揖让而治天下者，礼乐之谓也。"又说："故圣人作乐以应天，制礼以配地。礼乐明备，天地官矣。"将礼乐合称，并视二者的合而为一是经纬天地、治理国家的根本方略。对此，南宋史学家郑樵就曾明确指出："礼乐相须以为用，礼非乐不行，乐非礼不举。"② 在六经之中，礼与乐始终都是被紧密联系在一起的，这也是我国古代的礼经与礼经学的一大特点。虽然自战国以后，乐作为经的一种已经基本失传，但仍然有部分内容遗存在礼经之中，并随着礼经一道流传下来。

---

① 冯友兰：《中国哲学简史》，赵复三译，新世纪出版社，2004，第255页。
② （宋）郑樵：《乐略·乐府总序》，《通志》卷四十九，中华书局，1987，第625页。

    自原始礼乐形成之后，到了西周与东周时期，礼乐具备了更为显著的政治与文化意义。而"孔子之时，周室微而礼乐废，《诗》《书》缺"，①孔子对礼乐的整理和完善不遗余力，虽说是"述而不作"，但这个过程却是一个创新性诠释与重构的过程。孟子与荀子（主要是荀子）接过了孔子的工作，但更多的则是对礼乐的意义和社会功能进行理论的诠释与完善。他们对礼乐这一文化载体所做出的一系列努力中，体现出了先秦儒家关于自然、社会和人生各个方面的哲学观照与体察，其中最主要的则是对人的终极关怀，对人类精神超越的自觉或不自觉的追求。墨家、道家、法家等诸子及学派也从自己的理论视野和关注重心出发，于三代礼乐传统做出了新的诠释和理论重构。至此，春秋战国时代的诸子百家对礼乐的论述和发挥，已经具备了充分的哲学与伦理学蕴涵。

    在经学兴盛的两汉时期，学者们对儒家经籍的大规模训解、阐释和研究主要侧重于文字的烦琐训诂，两汉经学之"学"的本身相比先秦和之后的各个历史阶段而言，并无太多高明的哲学性思辨与探索。到了两宋，中国哲学史上的又一个巅峰阶段，学风则为之一变，以朱熹为代表的理学思想家们对"经"主要采取的是文字训诂与义理阐释并用而以义理阐释为主的解经方式，他们对礼乐本身所内蕴的哲学思想有了更为深入和全面的理解与论述。这一演化过程既对理学体系的形成产生了重要影响，又对礼乐本身的哲学意蕴做了部分消解、重构以及极大的补充，丰富并扩展了礼乐内在的哲学体系。传统礼乐经过两宋时期的进一步充实和完善，具备了更加丰厚的哲学与伦理学的底蕴，对于自先秦以来的华夏礼乐文明的发展起到了重要推进作用，产生了广泛而深远的历史影响。以至于直到今天，"中华民族的民族精神、文化心理、社会理想、伦理观念、行为方式、情感表现、审美倾向等，都或隐或显、潜移默化地带有礼乐文化的印痕"②。

---

① （汉）司马迁：《孔子世家》，《史记》卷四十七，中华书局，1959，第1935页。
② 李宏峰：《礼乐张力下的音乐体认——以春秋战国礼乐关系为中心》，中国博士学位论文全文数据库，2007，第1页。

其次，现阶段我们对传统礼乐有着重新认识并加以合理扬弃的必要。

事实上，中国在最近一百多年的历史里关于传统礼乐文化的态度经历了很大的变化。自晚清以来，伴随着西方列强的经济、军事的强力入侵，西学东渐，异族文化对本民族文化也造成了极大的冲击。部分觉醒的知识分子为了振兴国运，开始寻找中华民族积弱积贫的历史与文化根源。而适应于小农自然经济环境的传统礼乐文化在这一"历史上未有之大变局"中所体现出来的保守与落后，则被无限放大，最终导致了五四新文化运动对封建礼教的全面批判。中国人对自己的民族文化产生了强烈的自卑感，在历史观上也发生了较大的转变。古史辨派借鉴西方的科学实证主义历史观指出，中国原有的一套历史体系是层层累积的伪造成果，传统儒学所宣称的道统谱系完全子虚乌有，从而掀起了一场疑古思潮，基本否定了传统文化存在的历史合理性。其后的新史学派采用西方五种社会形态的理论框架来剖析中国的历史形态，虽然能对民族传统文化的时代性特征做出说明，但所采用的毕竟是适用于西方历史文化的理论体系，并不能为我国传统文化的民族性特征给出合理解释。反而是现代新儒家中的一些代表人物在这方面有着较为清醒的认识。如牟宗三先生就认为："中国文化，从其发展的表现上说，它是一个独特的文化系统。它有它的独特性与根源性。……这整个的文化系统，从礼一面，即从其广度一面说，我将名之曰：礼乐型的文化系统，以与西方的宗教型的文化系统相区别。"① 牟先生较为充分地注意到了华夏传统文化的独特性与民族性，并准确地从"广度一面"名之为"礼乐型的文化系统"，确认了礼乐文化在我国民族文化中的主体性地位。

而20世纪50~70年代末的这三十年间，传统礼乐文化始终是受到贬抑和批判的。尤其是在"文化大革命"十年浩劫期间，她更是被"革命"的主要对象之一。"文革"结束，经党和政府拨乱反正之后，学术界经过一段时间小心翼翼地试探、摸索，有关传统文化的学术研究逐渐

---

① 牟宗三：《中国文化之特质》，《牟宗三先生全集》第27册，联经出版事业公司，2003，第63~66页。

兴盛起来。随着改革开放的进一步深入，中国和西方社会在政治、经济与文化等各个层面的交流不断加深。出于经济贸易、出境旅游以及文化交流等方面的需要，近年来，人们对于西方礼仪文化的兴趣日渐浓厚，各种西方礼仪的讲座、培训以及相关教材大量涌现。这一现象，反过来又刺激了一批有良知的学者加大了对我国传统礼乐文化展开研究的力度。在这方面，大陆近几年来涌现出了一批如彭林、杨天宇、杨华、王锷、程奇立（丁鼎）、邹昌林、吕友仁、吴飞、王启发、龚建平、陆建华、刘丰、梅珍生等较有影响的学者①。当然，应对西方文化的冲击是一个方面，引起学术界关注传统文化的主要原因，还在于人们对国际国内的政治与经济形势的深入思考，以及增强国家软实力建设的充分认识等方面。市场经济的进一步发展，在给国家带来经济繁荣，使得老百姓的物质生活水平大幅提升的同时，也令社会随之出现了一些问题，比如两极分化严重、信仰危机、国民整体道德水平退化，等等。改革开放发展到今天，人们已愈加清醒地认识到，机械地照搬西方的发展套路和马克思主义的经典理论，都不足以应对当前的发展形势。所以，许多人就把目光投向了具有数千年文明积淀的传统礼乐文化，希望通过推陈出新，为本民族的经济发展与社会稳定提供一定的理论与文化资源，使之既能有效地解决各种现实问题，又能发展和促进国家的软实力建设，为具有中国特色的核心价值体系的构建奠定深厚的文化基础。这也是我国近年来兴起"国学热"的根本原因之一。

　　但是，综观当前学术界关于儒家传统礼乐的研究，我们发现，绝大多数都是从经学史、思想史、文化史、文化人类学以及传统礼仪的现代价值转换等方面展开的，而对礼乐文化的文字载体——"三礼"原典及相关经学论著——所内蕴的哲学思想，或者以某一具体人物、流派或地域、历史时段等的礼乐经学与礼乐文化中的哲学思想为主要对象，来进

---

①　台湾则在老一辈的礼学家如高明等人谢世之后又以叶国良、林素英等较为人所瞩目。

行集中、深入的发掘与诠释，① 相对礼乐哲学思想的精深与博大而言，则显得尚不够充分，这与之在中国哲学史上所占据的地位和影响力是不相称的。展开这方面的广泛深入探讨，已是势在必行。

最后，朱熹的礼乐哲学思想在中国哲学史和文化史上有着重要的地位。

两宋时期，经过汉唐文化的深厚积淀，中国文化与哲学的发展都达到了历史的巅峰。陈寅恪先生曾明确指出："华夏民族之文化，历数千载之演进，造极于赵宋之世。"② 对此，陈戍国先生则强调道："我国文化史上早有'宋学'一名。宋学是耐人寻味的。关于两宋礼俗礼仪礼制的研究，应该是宋学的一个重要部分。宋学研究者如果忽视两宋的礼仪礼制研究，恐怕也是不可能或者说很难做到透彻通达的。"③ 刘丰教授也有类似看法，他认为，宋代的儒学研究主要侧重于理学，对儒学的心性内圣之学研究固然重要，但若是忽略了儒家的礼学这一制度外王之学，对

---

① 目前所见的只有少数几部较具代表性的专著，如龚建平《意义的生成与实现——〈礼记〉哲学思想》（商务印书馆，2005）、林安弘《儒家礼乐之道德思想》（文津出版社，1988）、王菡《〈礼记·乐记〉之道德形上学》（文史哲出版社，2002）、彭林《〈周礼〉的主体思想与成书年代研究》（中国人民大学出版社，2009）、勾承益《先秦礼学》（巴蜀书社，2002）、陆建华《先秦诸子礼学研究》（人民出版社，2008）、王启发《礼学思想体系探源》（中州古籍出版社，2005）、梅珍生《晚周礼的文质论》（湖北人民出版社，2004）、成守勇《古典思想世界中的礼乐生活——以〈礼记〉为中心》，上海三联书店，2013）等，对我国早期礼学思想中的哲学意蕴从不同角度做出过较为系统的阐发，但基本集中于先秦与秦汉时期，而且主要是针对《礼记》展开。此外，虽有邹昌林《中国古礼研究》（文津出版社，1992）与《中国礼文化》（社会科学文献出版社，2000）、杨华《先秦礼乐文化》（湖北教育出版社，1997）与《古礼新研》（商务印书馆，2012）等综合性礼学与礼乐文化研究，以及杨天宇《郑玄三礼注研究》（中国社会科学出版社，2008）、吴万居《宋代三礼学研究》（"国立"编译馆，1999）、惠吉兴《宋代礼学研究》（河北大学出版社，2011）、刘丰《北宋礼学研究》（中国社会科学出版社，2016）、林存阳《清初三礼学》（社会科学文献出版社，2002）、〔日〕吾妻重二著，吴震编《朱熹〈家礼〉实证研究》（华东师范大学出版社，2012）、日本山根三芳《宋代礼说研究》（〔日〕株式会社溪水社，1995）、〔韩〕卢仁淑《朱子家礼与韩国之礼学》（人民文学出版社，2000）、殷慧《朱熹礼学思想研究》（湖南大学博士学位论文，2009）、王云云《朱熹礼学思想渊源研究》（西北大学博士学位论文，2013）等礼学论著问世，但就秦汉以降的有关礼之哲学（礼乐哲学）思想展开专门和系统研究的，目前似乎尚未见到。

② 见陈寅恪《邓广铭〈宋史职官志考证〉序》，转引自陈戍国《中国礼制史》（宋辽金夏卷），湖南教育出版社，2001，第361页。

③ 陈戍国：《中国礼制史》（宋辽金夏卷），湖南教育出版社，2001，第361页。

儒学的理解就不会完整。而且，历来有关儒家礼学的研究重点都是放在两汉礼学与清代礼学上，相对忽略了宋代礼学，而事实上宋代礼学的成果不仅数量可观，而且独具特色。① 笔者则以为，要深入研究宋代的礼学，被视为继孔孟之后又一位圣人的朱熹是必须引起足够重视的。其高明而又渊深的学术思想体系，在他身后既以世俗化的形式被推广普及到了民众日常生活的每一个角落，又被提升到了官学的地位，统治学术思想界近千年时间。而朱熹一生对礼乐的研究都十分重视，可谓不遗余力。尤其是到了晚年，他对"三礼"的梳理和诠释更是看重，直到临终时仍念念不忘。在他的思想与学术中，关于礼乐的研究既是其学术体系的主要构成部分，又是宋代经学不可或缺的内容，同时它对于朱熹理学思想的形成与传播也起到了重要的作用。因此，从朱熹在中国哲学史、文化史等方面所拥有的重要地位和影响力，以及礼乐研究在朱熹整个学术体系和学术活动中所占的分量来看，对朱熹的礼乐思想进行哲学层面的梳理、提炼与诠释，在理学史与礼学史两个领域无疑都具有重要的学术价值。

综上所述，正是出于对传统礼乐哲学，尤其是其中的朱熹礼乐哲学思想研究的重要价值、时代对礼乐研究的需要等方面的思考与认识，促使我们选择了这一论题。

二 礼乐经学的发展概况

在朱熹一生的思想与学术活动当中，对礼乐的修订、阐释与实践活动可以说是相伴始终的，他也因此而留下了大量相关的著述以及由后人辑录整理出来的讲论。但由于整个传统礼乐，尤其是唐、宋两代礼乐的发展演化与之有着十分紧密的关联，故而我们在分梳朱熹的礼乐著述情况及其礼乐哲学思想时，就必须对之略作回顾。此外，又因为礼乐之"经"被政府法定为儒家"经典"而成为专门之"学"，乃是在汉代才基本完成的事情，② 故而本文此处对于朱熹之前的礼乐"经学"所作出的历史分梳也就有了一个特定的时间范围：从汉代直至南宋朱熹的生平

---

① 详见刘丰著《北宋礼学史》之"绪论"，中国社会科学出版社，2015，第6页。

② 许道勋，徐洪兴：《中国经学史》，上海人民出版社，2006，第6页。

时代。

传统礼乐经过漫长的产生与发展，到"三礼"——《仪礼》《周礼》《礼记》①——出现之后，则可说是已经基本成型。中国文化史与哲学史上冗杂庞大的礼乐经学和礼乐哲学体系，也就主要建立在对上述三经的训诂、诠释乃至一定程度的重构上面。经过两汉、魏晋南北朝，再到隋唐、两宋一千多年时间里的演化发展，关于"三礼"的训诂和阐释性论著可谓汗牛充栋、不胜枚举。不过，尽管在"三礼"中也有较多关于"乐"的记载和论述，但所占比重并不多。而且，"乐"自"三礼"之后，特别是在音乐创作及演奏等方面发展较快，因而在礼学发展和演化的同时，历代有关音乐的论述与创作也是层出不穷，不仅有绮丽繁华的宫廷音乐，民间音乐也十分繁盛。所以，虽然一直以来人们都将礼乐视为一体，但二者之间却并没有完全合而为一，而是各自有着相对独立的体系，我们在概述礼乐经学的发展情况时，也就只能分而述之。

（一）礼学的发展概况

总的来说，礼学在历代都是显学，其发展并没有经历较大的跌宕起伏。虽然在礼学史上存在着汉学系统、宋学系统乃至清学系统的区别，但它们只是礼学内部的学术流派之分，不仅没有影响礼学本身的发展，反而起到了重要的推动作用。具体而言，从汉代至南宋时期礼学的发展情况大致如下。

1. 两汉礼学

汉武帝建元五年（公元前 136）开始设立"五经博士"，礼经博士为其中之一，但最初的礼经博士是谁已无法查考。关于"三礼"的传承情况，据《汉书·儒林传》记载，最早传授《仪礼》的是高堂生，之后他授《士礼》于萧奋，萧奋授孟卿，孟卿授后苍，后苍又授戴德（大戴）、戴圣（小戴）、庆普等，因此《礼》就有了后来的大戴、小戴及庆氏之学。大、小戴礼被列为学官，庆氏礼则未被列入，因之而失传。至于《周礼》，从刘歆设立《周礼》博士到东汉初都曾是显学。《周礼》由刘歆授予杜子春，杜氏又传授给郑兴、郑众父子；贾逵之父贾徽也曾师从刘歆学习

---

① 也有人将《大戴礼记》纳入而称为"四礼"。但在礼学发展史上，学者们历来都更习惯于"三礼"的说法，而少提"四礼"。

《周礼》，贾逵本人与郑众同时也分别随杜子春和各自的父亲习得《周礼》。到了郑玄（字康成），所见的《周礼》学已有了郑兴、郑众、贾逵、卫宏、马融五家。至于《礼记》，由于其在汉代还没有上升到"经"的地位，因此除了大、小戴之外并无可见之师承关系的确切历史记载。

在整个汉学系统中，最受后世关注的，一是今古文经学之争，一是郑玄通注诸经。西汉的《五经》博士都属于今文学派，《仪礼》及其经学传授系统自然也属今文学；刘歆所传《周礼》及其后学杜子春、贾逵、马融等人的经说则为古文经。今文经强调对微言大义的阐发，古文经则极重章句训诂。起初，两派学者注经各依己学，不仅泾渭分明，互不取法，而且互相攻讦。到了东汉，不少今文学者解经时开始大胆逾越家法，杂取古文经记与谶纬等以应时需，经今古文两派的界限才渐趋模糊。随后，郑玄先习今文学，后学古文学，最后杂采融通今古文经说以遍注群经，遂成就了一代"通儒"。他注"三礼"博采众说之精华，文字精审，释义谨慎，"义据通深"，对古书的原貌亦多有保存。因此，他所注《周礼》《仪礼》《礼记》流传至今，成为最通行的古代注经定本，影响深远至极。

2. 魏晋南北朝礼学

魏晋时期的礼学，最著名的人物当为王肃。王肃也同郑玄一样，混合今古文为"三礼"作注，但处处与郑玄相对抗。其学煊赫一时，时称"王学"，以与"郑学"（郑玄之学）相区别。王肃与当政的司马氏有姻亲关系，他也努力借重自己的政治地位来抬高其经学上的影响力，但最终仍没能够超越郑学，当司马氏一倒台，王学即衰颓下来。

南北朝时期的"三礼"学较为兴盛，学者较多。南朝以雷次宗为首，他的"三礼"学成就颇高，几与郑玄齐名，时称"雷、郑"。南齐注解"三礼"学的学者中则以王俭和刘瓛为最，王俭的主要著作有《古今丧服记》《礼仪答问》等，刘瓛亦著有多种关于礼仪的文集，著名学者范缜、刘绘、司马筠都是其门人。梁天监初年，当时名儒何佟之撰有吉、凶、军、宾、嘉五礼经注超过一千卷，颇令人瞩目，只可惜均已失传。在"三礼"学的传授方面负有盛名的还有沈峻（《周礼》）、鲍泉（《仪礼》）、贺德基（《礼记》），三者也都是一时之选。晋、宋诸儒则对《仪礼·丧服传》的讨论尤其热烈，成果也多。如袁准、陈铨各注《丧服经传》一卷，雷次宗撰《略注丧服经传》一卷，杜预撰《丧服要集》二卷，卫瓘《丧服仪》一卷，葛洪也撰有《丧服变除》一卷，等等。南朝诸儒为《礼记》作《义疏》的也不少见，其中比较著名的有贺循、沈重、皇侃，其中沈重撰有《礼记义疏》等，皇侃则有《礼记讲疏》九十九卷、《礼记义疏》四十八卷存世。而皇侃的注疏详细平正，又颇多新见，是南朝经学成就的主要代表之一。

北朝经学的特点是重训诂和礼的实用，很有汉学遗风。徐遵明精通"三礼"，他师承多门，兼通群经又不乏独立见解，加上广收门徒，因此影响最盛，以至于当时通"三礼"的学者多出于徐门。北周武帝励精图治，颇能重视礼学，熊安生入仕北周时就与之很是投契，先后撰有《周礼义疏》《礼记义疏》等多卷礼经学著述。

3. 隋唐礼学

隋唐时期，政府的经学教育制度渐趋完备，但儒家经学在近千年时间的传承之后，已出现了许多错误，而且对于经义的解说流派甚多，各有家法而众说不一。因此，唐太宗在众人的劝谏下，先是于贞观四年（630）诏令颜师古考订五经，颜师古经两年时间的比较考辨，最终择取《毛诗》《尚书》《周易》《礼记》《左传》为"五经定本"，上奏太宗之后于贞观七年（633）颁行天下，从而为广大士子解决了难以适从的问题。定本出现之后，接着贞观十二年（638）太宗又命国子祭酒孔颖达（字冲远）、颜师古等二十几人为五经编写相配套的义疏教材，以便讲习。全书共计一百八十卷，此即为今人所熟知的《五经正义》，并于永徽四年（653）颁行全国，为全国儒生所共用。与此同时，贾公彦也分别为《仪礼》和《周礼》作疏，"三礼"的官方注疏定本至此齐备，这对礼经学的传播具有十分积极的意义。但是，"五经正义"在发挥积极作用的同时也出现了负面影响。学习者们往往视"正义"定本不可逾越，解经、注经严守规范，不敢多作发挥，严重禁锢了儒学思想的发展。

当然，总体上说"正义"的编修是唐代经学对整个中国经学史和哲学史的重要贡献，具有跨时代的意义。而唐代礼学的发展则主要倾向于礼的可实践性。贞观二年（628），房玄龄奉太宗诏令，在隋朝"吉、凶、军、宾、嘉"五礼之学的基础上率众编修了《贞观礼》，共计一百三十卷。唐高宗时期，朝廷又命长孙无忌对之予以进一步修订，并更名为《显庆礼》，也是一百三十卷。到玄宗时，徐坚、李锐、萧嵩再次奉诏重修，卷数增加到一百五十卷。到开元二十年（732）时又改为《大唐开元礼》，并于九年后在全国颁行，成为开科取士的官定经学教材。

4. 两宋礼学

经过唐宋间的疑经惑传思潮和对佛、老的排斥与融通，宋代经学的发展进入了历史上的又一个高峰期，呈现出了浓烈的义理化色彩。而其中的"三礼"学由于其自身较强的政治和伦理特性，在以王安石为代表的"新学"和二程（程颢、程颐）为代表的"理学"派中都受到了青睐。王安石为了给其主导的庆历新政在思想学术上提供依据和在学界营造舆论基础，特意编修了《三经新义》，即《诗义》《书义》《周礼义》，充分体现出了他"以经术造士"，强调实用性的经学思想。由于受王安石政治地位的影响，其主导编修的《三经新义》令"一时学者，无敢不传习，主司纯用以取士，士莫得自名一说，先儒传注，一切废不用"。① 其中最受王安石重视的无疑是《周礼义》，王安石为之倾注了大量心力，期待其亲自注疏的《周礼义》能够在学术和政治两个方面都起到重要的作用。在这样的情况下，从北宋初年到北宋中叶的礼学中，《周礼》是最盛的。虽然反对者认为《周礼义》有因文害义之嫌，但它对经义的阐发颇多新见，而且在革除旧注的烦琐无定则的弊病方面也是有着积极意义的。

王安石的门人陈祥道则是另一位应予专门介绍的重要礼学家。陈祥道著述颇丰，计有《仪礼注解》三十二卷、《礼记讲义》二十四卷、《周礼纂图》二十卷、《礼例详解》十卷、《礼书》一百五十卷、《论语全解》十卷、《庄子注》《诗解》《书解》等。除《礼书》和《论语全解》之外，其余皆失传。陈祥道在《礼书》中对先秦以来的礼学成就进行了梳理和批判性的审视，并配图 871 幅，系统地介绍和解释了历代基本礼制。按照南京师范大学张琪博士的归纳，其主要工作体现为五大方面，即总结归纳先秦礼制、梳理历代礼制沿革、论断个别细节之礼、考证行礼仪节方位、考订名物形制功用。② 陈祥道的礼学成就在礼学史上有着

---

① （元）脱脱等：《王安石传》，《宋史》卷三百二十七，中华书局，1977，第 10550 页。
② 张琪：《陈祥道〈礼书〉研究》，南京师范大学博士学位论文，2017，第 72~95 页。

重要的地位。

　　汉儒注经重在名物制度的训释与文字的考订，而宋儒在注经时都以探究微言大义为旨归，以考订训诂为末事。他们强调将经义与现实紧密结合，通过对经义的融会贯通来表达自己的政见及学术观点。关于《周礼》的经解，比较重要的如易祓的《周官总义》、王昭禹的《周礼详解》、叶时的《礼经会元》、郑伯谦的《太平经国之书》以及王与之的《周礼定义》等等，对于《周礼》均有较为周详的考证与辨析，且对其体国经野之意蕴也能作平正的发挥。在《仪礼》的研究方面，除了朱熹及其弟子黄榦、杨复综纳《礼记》《周礼》以及《孝经》《春秋》《孔子家语》等而接踵编修的总计达一百三十万言的《仪礼经传通解》①之外，比较出色的还有朱子另一门人魏了翁所撰的《仪礼要义》。魏氏认为郑玄所注《仪礼》文字古奥，扞格难训，贾公彦的义疏又繁难芜杂，缺乏条理，因而他节取前人注疏的精义各附于《仪礼》十七篇中所对应的条目之下，从而使得《仪礼》注疏条目连贯，脉络清晰。此外，两宋礼学的研究中，礼经图解也是较为常见的。杨复便有《仪礼图》十七卷和《仪礼旁通图》一卷，两者共有图二百零五幅，在礼学研究史上有一定地位。至于《礼记》，宋代主要的代表性著述是卫湜的《礼记集说》，全书一百六十卷。此书博采一百四十四家之说，但主要以郑玄注和孔颖达疏为主。其取材凡例为：与郑注相违但言之成理者，以及驳郑注、孔疏而言之有据者，都并收无误，反之则淘汰。所以，有许多注疏的原著在后来已经亡佚的，又因幸被卫湜所录而得以传世。卫湜在《礼记集说》集采众说而极少参以己见，虽在思想上并无大的建树，但在有宋一代的《礼记》注疏资料的保存方面却堪称首功，为礼学的传承与发展做出了不小的贡献。

　　两宋礼学还有一引人注目的礼学成就是关于《家礼》的编订。学者们主要以《仪礼》《礼记》为据，因时损益做出精简改编而成《家礼》，以迎合当时的士大夫及庶民居家行礼之急需。其中最为人所称道者，一是北宋司马光的《温公书仪》，二是朱熹在青年时期完成初稿，在被僧

――――――――――――

　　①　关于《仪礼经传通解》，我们将在后文有更详细的讨论，所以此处只是简略提及，不作更多评述。

童窈走后直到朱熹去世才重现的《朱子家礼》。而《朱子家礼》的编订在很大程度上也是受到了司马光《温公书仪》的启发，但《朱子家礼》甫一问世，就对朱熹身后的礼学研究与民间礼仪实践产生了巨大影响，这又是司马光的《温公书仪》所不及的。

总体来看，儒家礼学在"三礼"之后直至朱熹所生活的南宋时期，其间产生的经学解释系统历经了今古文与汉宋学之争，其基本发展趋向是：注疏体系越来越庞杂，注解方式越来越开放，义理底蕴越来越丰厚，其社会功能与实用价值也越来越受到重视。

（二）乐学的发展概况

在"三礼"及其经学体系之中，乐是一大重要内容，但所占比重并不多。今文经学派认为乐本无经，只是存在于诗和礼之中。而古文经学派则认为本有乐经，但是后来失传，只有部分残留于《诗经》和"三礼"。但无论如何，早在孔子以前，乐就成为统治者培养教化子弟以成材的基本教育方式和内容。如《周礼·地官》的"大司徒"一节说："三曰'六艺'：礼、乐、射、御、书、数"，"保氏"一节中又云："而养国子以道，乃教之'六艺'：一曰五礼，二曰六乐，三曰五射，四曰五驭（御），五曰六书，六曰九数。"可见乐与礼一起分别构成了贵族子弟基础教育（即所谓"小学"）中的重要部分，是他们将来从政在政治和宗教活动方面所必须掌握的基本知识。到了"大学"的高等教育阶段，基本课程则有"四术"："乐正崇四术，立四教，顺先王，诗、书、礼、乐以造士。"[①] 从上述记载可见：一方面，礼乐很早就受到了统治者的重视，是贵族子弟必须终身学习和掌握的基本知识；另一方面，也说明乐具有较强的独立性，虽然后世已没有完整的乐经留下来，但当时应该是有专门教材的。[②]

《周礼》中也专设了"大司乐"一职，"大司乐：掌成均之法，以治

---

① 《礼记·王制》。
② 在新近的清华简（清华校友从海外赠予清华大学的一批战国中晚期竹简，其年代约在2300年前，共2388枚）的研究中，已发现了周武王时期的乐诗，李学勤明确表示，这批竹简既有历史价值，又有文学意义，无疑是一项非常重大的发现，"特别是秦代以后，乐已经全部亡佚，这一发现更显得有重要性。"（见丰捷《清华简又现重要发现》，载2009年4月26日的《光明日报》第1版）这似乎是有力地佐证了古文经学家关于乐经的看法的正确性，也就是说，乐经原本是很可能存在的。

建国之学政，而合国之子弟焉……以乐德教国子中、和、祗、庸、孝、友；以乐语教国子兴、道、讽、诵、言、语；以乐舞教国子舞《云门》《大卷》《大咸》……"① 而《礼记·内则》中说："十有三年学乐，诵《诗》，舞《勺》。成童舞《象》，学射御。二十而冠，始学礼，可以衣裘帛，舞《大夏》。"早期的统治者们在教育贵族子弟的过程中，有一套循序渐进的教育方式和原则，而乐在培养儿童和少年的基本道德素养，调教性情，训练语言能力等方面都承担着相当重要的作用，因而在基础教育中比礼所占的分量更重。所以，荀子就认为："夫声乐之入人也深，其化人也速"，而"礼乐之统，管乎人心矣"，② 礼乐配合一体，在社会教化和治理中起着巨大的作用。

《礼记·乐记》一篇是先秦儒家音乐思想的集大成者。它关于音乐思想的论述主要集中在三个方面。一、"乐"具有情感属性。"乐"源于人类情感受到外物的刺激诱引而自觉产生的表达欲望。"凡音之起，由人心生也。人心之动，物使之然也。感于物而动，故形于声。声相应，故生变；变成方，谓之音；比音而乐之，及干戚羽旄，谓之乐。乐者，音之所由生也；其本在人心之感于物也。"这种表达是"人情之所不能免也"，但又有内在的艺术规律，即上述由"声"变"音"，又由"音"变"乐"的过程，显示出了充分的艺术特征。二、"乐"具有伦理属性。"乐者，通伦理者也。是故知声而不知音者，禽兽是也；知音而不知乐者，众庶是也。唯君子为能知乐。""声"—"音"—"乐"，由低级到高级发展，而"德音之谓乐"，《乐记》的作者认为只有合乎伦理规定的乐曲才是"乐"，否则只能叫做"音"。所以，"乐"在"雅乐"之外又有了"邪音"和"淫乐"等，而唯有懂得并爱好"雅乐"的人方可配称君子。三、"乐"具有政治功能。由"乐"所具备的伦理属性，就决定了"乐"作为反映政治与社会是否清明稳定的一个重要的依据："是故治世之音安以乐，其政和；乱世之音怨以怒，其政乖；亡国之音哀以思，其民困。声音之道，与政通矣。"所以，《乐记》中又说："是故审声以知音，审音以知乐，审乐以知政，而治道备矣。"从"乐"的好坏可以

---

① 《周礼·春官》。

② 《荀子·乐论》。

判断政治的清明与否。了解到这一点，就可算是掌握了"治道"。故而"知乐则几于礼矣"，懂得"乐"也就基本掌握了礼的要义。随后《乐记》又道："礼乐皆得，谓之有德。德者，得也。"也就是说，如果将礼乐全部都能真正地掌握和运用，就是"德"，而"德"又指"得"，即获得社会的稳定与发展这一巨大事功价值。具体则表现为："乐至则无怨，礼至则不争。揖让而治天下者，礼乐之谓也。暴民不作，诸侯宾服，兵革不试，五刑不用，百姓无患，天子不怒，如此，则乐达矣；合父子之亲，明长幼之序，以敬四海之内，天子如此，则礼行矣。"总之，在《乐记》篇里，对于"乐"的解释即为后世的音乐思想尤其是其中的哲学与伦理思想定下了基调。但是，在乐律后来的发展中，由于"雅乐"与"郑卫之音"的界限不再那么明晰和强烈，俗乐大量兴起，远远突破了先秦时期的艺术水平，无论是宫廷音乐还是民间音乐都十分发达，显得绚丽而繁荣。

1. 秦汉乐学

秦代由于存世时间极短，秦乐的史料记载也就较为罕见，故而我们只能主要叙述汉代的乐学。汉初经过五六十年的休养生息，在经济迅速发展起来之后，乐也随之兴盛，相关的事业也迅速繁荣起来。汉武帝时进一步加强了乐府这一重要官方音乐机构的建设，按《汉书·艺文志》记载："自孝武立乐府而采歌谣，于是有代赵之讴，秦楚之风，皆感于哀乐，缘事而发，亦可以观风俗，知薄厚云。"[①] 由此可知，汉乐府在扩建之时，广泛收集了黄河、长江南北各地的许多民间歌谣，宫廷也编修了一些民间歌谣集。与此同时，又大量吸收了包括少数民族在内的民间乐工进入宫廷。由此，朝廷内外的民间音乐一时之间十分鼎盛。但是到了汉哀帝时期，由于哀帝"性不好音"，遂于公元前6年"罢乐府"，将演奏"郑卫之音"的各地民间乐工悉数逐出，只留下演奏"郊祭乐"和"古兵法武乐"的乐工，并将他们归并于宫廷的"大乐"。汉初乐府所带来的宫廷音乐的繁盛经过了百余年时间之后，由此衰落沉寂下来，但民间音乐仍然相对繁荣。此外，由于汉代统治集团主要来自楚地，十分偏爱"楚声"，因此尤其是汉初的楚声音乐体现出了较高的艺术水准，其

---

① （汉）班固：《艺文志》，《汉书》卷三十，中华书局，1964，第1756页。

中又以相和歌为代表。而且汉代是个疆域广阔的国家，对外交往不断，在艺术上也由之体现出了较大的开放性和包容性，吸收了许多外来的和少数民族的音乐艺术，呈现出华夷并茂的局面。

　　2. 魏晋南北朝乐学

　　这一时期的音乐最具特点的就是"清商乐"。曹魏时，宫廷里建有名为"清商署"的音乐机构，其职官名"清商令"。清商乐的形成契机，是由于东晋之后汉魏时期的宫廷音乐迁移到南方，在宫廷音乐中掺杂了江南地区悠扬舒缓的民间曲风。清商乐中的汉魏旧乐蕴涵着很古老的先秦音乐传统，所以宋代乐学家郭茂倩就说："清商乐，一曰清乐。清乐者，九代之遗声。"① 而在北方的中原地区，由于受外来民族的统治，外来音乐与中原地区的汉民族传统音乐也融汇在一起，形成了独具特色的艺术形式，并产生了广泛影响。譬如文学史上著名的《敕勒歌》和《木兰诗》等，都融入了北方一些少数民族的音乐风格。又据《隋书》卷十四："太祖辅魏之时，高昌款附，乃得其伎，教习以备飨宴之礼。及天和六年（571），武帝罢掖庭四夷乐。其后帝娉皇后于北狄，得其所获康国、龟兹等乐，更杂以高昌之旧，并于大司乐习焉。采用其声，被于钟石，取《周官》制以陈之。"② 由此我们即可管窥胡汉音乐的融合及其进入宫廷传统"雅乐"的大体过程。

　　魏晋时期是我国哲学史上颇具特色并十分繁荣的时期，关于音乐的哲学思想也比较发达，其中较具代表性的相关论著就是"竹林七贤"之一的嵇康所作之《声无哀乐论》。嵇康立足于老庄的哲学思想，全文以"秦客问"和"东野主人答"的形式往复八次阐述"声无哀乐"的乐学命题。其主要内容如下。一、音乐具有客观性与独立性，与人的情感与情绪并无直接关联。嵇康指出："音声有自然之和，而无系于人情。克谐之音，成于金石；至和之声，得于管弦也。"③ 认为音乐是一种客观的自然存在，只有善恶的区别，却与人的喜、怒、哀、乐等"七情"没有直接联系。所以，"声音当以善恶为主，则无关于哀乐，哀乐自当以情感而

---

①　（宋）郭茂倩辑《清商曲辞》，《乐府诗集》卷四十四，中华书局，1979，第638页。

②　（唐）魏征：《志第九·音乐中》，《隋书》卷十四，中华书局，2000，第230页。

③　（晋）嵇康：《声无哀乐论》，《嵇康集》，人民文学出版社，1973，第74页。

后发，则无系于声音"。① 二、听音乐引起的哀乐之情乃听者本有之情，与音乐也无甚相干。他说："夫哀心藏于内，遇和声而后发。和声无象，而哀心有主。夫以有主之哀心，因乎无象之和声而后发，其所觉悟，唯哀而已。"② 嵇康此处认为，音乐与人的心情所和，只是对人内心本就存在的情感起到了一个引导发动的作用。他上述关于音乐艺术的一些特殊规律的哲理阐释较具独创性，在中国音乐学史上具有一定的影响。

3. 隋唐乐学

隋唐是我国历史上文治武功最为鼎盛的时代，文化艺术十分发达。在音乐思想史上，隋朝国祚短暂，值得描述的并不多，而唐代的音乐文化则十分繁荣。唐人吴兢在《贞观政要·礼乐》中记载了一段唐太宗与臣下讨论音乐的史实：

> 太常少卿祖孝孙所定新乐。太宗曰："礼乐之作，是圣人缘物设教以为搏节，治政善恶，岂此之由？"御史大夫杜淹对曰："前代兴亡，实由于乐。陈将亡也为《玉树后庭花》，齐将亡也而为《伴侣曲》，行路闻之，莫不悲泣，所谓亡国之音。以是观之，实由于乐。"太宗曰："不然。夫音声岂能感人？欢者闻之则悦，哀者听之则悲，悲悦在于人心，非由乐也。将亡之政，其人心苦，然苦心相感，故闻而则悲耳。何乐声哀怨，能使悦者悲乎？今《玉树》、《伴侣》之曲，其声具（俱）存，朕当为公奏之，知公必不悲耳。"尚书右丞魏征对曰："古人称，礼云，礼云，玉帛云乎哉！乐云，乐云，钟鼓云乎哉！乐在人和，不由音调。"太宗然之。③

从中我们可以看出，唐代君臣对于乐的主要观点与前述嵇康所论"声无哀乐"极为相似，而魏征所言则将其与儒家正统的乐学思想结合起来了。由此可见，唐代音乐文化集儒家乐教思想与源于老庄道家的魏晋玄学自然论乐学为一体，为唐代音乐文化的繁荣兴盛与鲜明特色奠定

---

① （晋）嵇康：《声无哀乐论》，《嵇康集》，人民文学出版社，1973，第74页。
② （晋）嵇康：《声无哀乐论》，《嵇康集》，人民文学出版社，1973，第73页。
③ （唐）吴兢著，叶光大等译注《贞观政要译注》，四川人民出版社，1987，第373～374页。

了思想基础。

宫廷音乐方面最重要的是燕乐。燕乐即宴乐，在隋唐时指的是皇帝宴飨群臣和外国使节的场合中所使用的音乐形式。由于隋唐时期国势的强盛，君臣之间以及君主与外国使节之间的各种宴会频频举办，大大促进了宴乐的发展。而宴乐在传统音乐的基础上又融入了许多外来音乐（如西域胡乐、高丽音乐等）的元素，为我国音乐文化的发展注入了新的生命力。与音乐文化的发展相应的是，隋唐两代的音乐机构庞大，著名的音乐家也较历代为多。隋炀帝时，宫廷乐工就有三万余人，唐代时也有数万人。音乐机构，唐初时设有太乐署、鼓吹署，中唐时期有教坊，唐玄宗时再设梨园。而宫廷音乐中比较著名的乐工也比较多，散见于各类文献记载的民间音乐家则可达百人以上。

在民间音乐方面，隋唐民间音乐具有丰富多彩的艺术形式，为宫廷音乐的发展提供了重要的资源。其中较为重要的形式有"曲子"和"变文"两种。"曲子"是城市里流行的一种歌调，融合了民间传统音乐与外来音乐的曲调，其方式主要是依声填词，发展到宋代演变为词调，其歌词则为宋代特有的文学体裁——词。"变文"最初是唐代僧人在寺院讲经时广泛采用的以说唱方式宣讲佛教故事的一种艺术化手段。由于这种形式为广大市民所喜闻乐见，遂在民间迅速流传开来。经过一段时间之后，说唱内容逐渐摆脱了佛教的局限而延伸至日常生活领域，最终完全演变成了一种民间的说唱艺术。

隋唐盛世给人类留下了非凡的文化遗产，其中的音乐文化除了在中国音乐史上留下灿烂辉煌的一页之外，对于整个东亚乃至西方世界也同样有着较大的影响力。

4. 两宋乐学

经过隋唐五代的发展，乐学到了两宋则呈现出了一些新的面貌。随着宋初政治军事局势的稳定，教育与文化事业也迅速发展起来。经济方面，相比于唐代，宋初的小自耕农与庶族地主经济更为发达，随后又带动了城市手工业和商业的迅速繁荣。而由于城市经济的发达和城市的扩充，稳定的市民阶层随之形成，相应地也就产生了生机勃勃的市民文化。市井音乐则是构成市民文化的重要内容，并形成了丰富的艺术形式，生产出了大量富于生命力的艺术作品，也在很大程度上主导了两宋音乐的发展潮流。

在两宋期间具有商业集市性质的"瓦子"里，唱曲、词调、戏曲、说唱、器乐演奏等各种音乐活动一直都十分活跃，并拥有较为固定的受众群体。其中，民歌和小曲的历史特别悠久。小曲主要在市民群体中流行，表演者主要为民间艺人，而表演场所往往是在"勾栏"（一种用栏杆围起来供民间艺人表演的场所）里。此外，隋唐时期的曲子到了宋代被称作词调，并逐渐流行。到了南宋，则尤为繁荣，其情形恰如南宋王灼所言："今则繁声淫奏，殆不可数。"[①] 词调的代表人物有南宋词人姜夔，他的词调与诗歌主要以寄情山水为主，但也曾上奏《大乐议》和《圣乐铙歌鼓吹十四章》，前者试图以恢复雅乐排除胡乐的倡议唤醒南宋君臣振兴民族的斗志，后者借歌颂开国之君的丰功伟绩来劝谕君臣齐心协力光复国土，体现出了作者的拳拳爱国之心。宋代的民间音乐中，说唱艺术也颇为盛行，形式上有诸宫调、陶真和崖词、鼓子词、货郎儿等。戏曲音乐方面，主要有杂剧、南戏两种。杂剧多是在民间传播，但后来也得到了宫廷音乐的吸收。南戏则产生于南宋时期的浙江温州一带，主要为南方的民间音乐，后来又称南曲。器乐方面，主要有古琴音乐和琵琶音乐两类。朱熹就善于弹琴，而对古琴音乐发展较有影响的是南宋时期形成的"浙派"。琵琶不仅作为伴奏出现，其独奏的形式也十分普遍，据载宋太宗就曾亲自制作琵琶曲。另外，乐律学在宋代的发展也比较引人瞩目。燕乐宫调被纳入了宫廷雅乐宫调体系，这是宋代乐学值得关注的重要变化，说明传统宫廷雅乐的娱乐化倾向已经正式开始明朗化。

在乐学的发展方面，北宋陈旸的成就颇值得记述一笔。陈旸与礼学家陈祥道为同父异母的兄弟，在其兄长的影响下，陈旸所著《乐书》二百卷对先秦以来的重要乐学史料均有考证和梳理，并做了大量配图说明。而且，《乐书》还对不受士大夫们重视的民乐和夷乐做了记录和讨论。因此该书也被称为"中国历史上第一部音乐百科全书"。除《乐书》之外，陈旸还著有《乐书正误》一卷，今已失传。南宋时期的乐学家则首推蔡元定（字季通）。蔡元定精通易学和乐律，与朱熹亦师亦友，交往

---

① （宋）王灼：《碧鸡漫志》，《影印文渊阁四库全书》第1494册，台湾商务印书馆，1986，第507页。

十分密切。他在乐学方面的著作有《律吕新书》与《燕乐本原辩证》两种，后者已经遗失，只可在《宋史·乐志》中见到部分资料记载。

综上可见，乐学的发展由于其经已不复存，反而因较少限制显得更为自由和繁荣。其中最显著的表现，简单说来，一是雅乐的伦理性愈发消减和艺术性的增强，二是胡汉音乐的混融，三是民间音乐与市井音乐的发达。而两宋音乐文化和前代比较起来，一方面受统治者重文轻武的基本国策影响而展现出了极为繁荣多彩的景象，另一方面，在国势衰颓和深重的民族危机下，于忧患之中具备了更多悲愤的意味。上述有关乐的历史背景和思想背景特征对朱熹的礼乐哲学思想都产生了较为重要的影响。

三　朱熹的礼乐著述概况

张立文依据朱熹的事业和求道的心路历程，将他的生平活动分成了三个时期。第一个时期，从高宗建炎四年到绍兴三十一年，是朱熹的青少年时期，为他广泛涉猎儒、释、道三家学问，以及参加科考和初政的阶段。此时朱熹的思想十分活跃，是其学问和思想的基本确立阶段；第二个时期，从绍兴三十二年到光宗绍熙五年，含括了朱熹由中年到晚年的三十余年时间，为其参政、讲学授徒、著书立说，集理学之大成阶段；第三个时期，则从绍熙五年七月宁宗即位到庆元六年，是朱熹晚年学术达到更高境界，亦是道学遭禁的时期。[①]　朱熹的礼乐哲学思想大约从其生平第二个阶段逐渐成熟起来，他关于礼乐的学术著述及实践活动则主要集中在第三个阶段，这一阶段是朱熹礼乐哲学体系的完整建构和完善时期。

朱熹在青年时代曾参酌结合司马光的《温公书仪》编定了一部《家礼》，后来被人偷去，直至去世时才又重新出现。自编《家礼》时起，朱熹对传统儒家礼乐在文化传承以及现实社会价值方面的重要意义就已经有了相当充分的认识。到其晚年，礼学已是他的"主要关心处，亦为其学问之完成处也"。[②]　他曾说："而今人事事都不会。最急者是礼乐。"[③]

---

① 张立文：《朱熹评传》，长春出版社，2008，第 2 页。
② 〔韩〕卢仁淑：《朱子家礼与韩国之礼学》，人民文学出版社，2000，第 1 页。
③ （宋）黎靖德编《朱子语类》卷三十六，《朱子全书》第 15 册，上海古籍出版社、安徽教育出版社，2002，第 1335 页。

又道："礼乐废坏二千余年，若以大数观之，亦未为远，然已都无稽考处。后来须有一个大大底人出来，尽数拆洗一番，但未知远近在几时。今世变日下，恐必有个硕果不食之理。"① 于是他下定决心整合"三礼"，召集了许多友人与学生参与这项工作。由于工作量浩大，他于绍熙五年向朝廷上《乞修三礼札子》，希望借助朝廷力量完成对"三礼"的编修工作，但没能如愿，朱熹及其友人和弟子们最终仍是依靠自己的力量陆续完成了《仪礼经传通解》的编订。除此之外，朱熹还曾与一些官员（主要是礼部官员）在朝廷上就一些具体的礼仪展开了热烈的讨论，并为其朋友和弟子有关家礼的实践提供了较多的指导和建议。② 因此，在终朱熹一生的礼乐实践活动中，他对于礼乐经籍的编修与诠释占据着重要的位置。

（一）朱熹的礼学著述概况

朱熹的礼学思想主要体现在其所编纂的《仪礼经传通解》和弟子黄榦、杨复续编的《仪礼经传通解续》，以及朱熹的《家礼》当中。除此之外，在《晦庵先生朱文公文集》《四书章句》《四书或问》《朱子语类》以及《诗集传》《周易本义》等经学论著里也有较多礼学思想的讨论，累计可达数百万言。而就专门的礼书编撰来说，其大致经历了以下几个阶段。

一是乾道五年丁母忧时，编《祭仪》（又名《丧葬祭礼》）。

二是约于淳熙二年，将编《祭仪》时收集到的《通典》《会要》及唐宋诸家的祭礼，编为《古今家祭礼》。淳熙八年补订，由郑伯熊刊行。

三是约于淳熙二年八月，着手将《祭仪》增益推广到冠礼、昏（婚）礼，成为《家礼》。淳熙二年十二月三十日，朱熹告诉吕祖谦："又欲修《吕氏乡约》《乡仪》，及约冠昏丧祭之仪，削去书过刑罚之类，为贫富可通行者。苦多出入，不能就。又恨地远，无从质正。然旦夕草

---

① （宋）黎靖德编《朱子语类》卷三十六，《朱子全书》第 15 册，上海古籍出版社、安徽教育出版社，2002，第 1335 页。

② Chan Wing-tist. *Chu Hsi*: *Life and Thought*. Hong Kong: Chinese University Press, 1987, pp. 149 – 150.

定，亦当寄呈，俟可否然后敢行也。"①

四是朱熹携《家礼》稿往三衢见吕祖谦，半途在寺院遭僧童窃逃，因此终未定稿。现在所看到的朱熹的《家礼》是以司马光《温公书仪》为底本，共五卷：第一卷为"通礼"，由《祠堂》《深衣制度》《司马氏居家杂仪》三篇辑成；后四卷分别为《冠礼》、《昏礼》、《丧礼》和《祭礼》。朱熹的《家礼》后世往往也称为《朱子家礼》或《文公家礼》。

五是在淳熙三年六月，几乎就在朱熹遗失《家礼》的同时，张栻取司马光、程颐、张载三家之说，编成《三家昏丧祭礼》，并于桂林刊刻。但朱熹不满此书缺冠礼，曾去信张栻。朱熹又以《三家昏丧祭礼》为底本，增益冠礼，再加上吕氏一家之说，取名《四家礼范》，淳熙四年由刘珙刻于建康。

六是晚年与弟子编《仪礼经传通解》。朱熹曾说《仪礼》之所以难读，是由于"经不分章，记不随经，而注疏各为一书"②，因此有意重编礼书。据《朱子年谱》记载："（庆元）二年丙辰，六十七岁。是岁始修礼书，名曰《仪礼经传通解》。"③ 而据白寿彝、钱穆先生考证，先后参与协助朱熹编修礼书者，有刘贵溪、赵致道、黄榦、吕子约、刘履之、刘用之、应仁仲、赵恭父、廖子晦、潘恭叔、杨复、浙中朋友、明州诸人、四明永嘉诸人、江右朋友等。④ 朱熹临终时将未完成之《丧礼》《祭礼》稿本交付黄榦，黄榦在完成礼书中《丧礼》部分的修纂后即去世，《祭礼》的修纂则由杨复最后完成。

对于朱熹晚年与门人修纂的《仪礼经传通解》，据《宋史》卷二百二《艺文志·经类·礼类》载，共计朱熹《仪礼经传通解》二十三卷，黄榦《续仪礼经传通解》二十九卷，又《仪礼集传集注》十四卷。而历代目录书所著录的书名多有分歧，或总称"仪礼经传通解"，或称"古礼经传通解、集传集注、古礼经传续通解"，或径称"仪礼通解"。为了

---

① （宋）朱熹：《答吕伯恭》，《晦庵先生朱文公文集》卷三十三，《朱子全书》第21册，上海古籍出版社、安徽教育出版社，2002，第1458页。

② （宋）朱熹：《晦庵先生朱文公文集》卷五十四，《朱子全书》第23册，上海古籍出版社、安徽教育出版社，2002，第2550页。

③ （清）王懋竑纂订《朱子年谱》，中华书局，1998，第258页。

④ 白寿彝：《〈仪礼经传通解〉考证》，《白寿彝史学论集》，北京师范大学出版社，1994，第1050页；钱穆：《朱子新学案》，巴蜀书社，1986，第1343～1344页。

统一称呼，孙致文认为：朱熹所编纂之书，《家礼》《乡礼》《学礼》《邦国礼》等共二十三卷，为朱熹所亲订的定稿，因此可名为《仪礼经传通解》；《王朝礼》十四卷则虽经整理，但属未定的稿本，因此依循旧名，称《仪礼集传集注》。《丧礼》《祭礼》共二十九卷虽经整理，但非经朱熹订定，因此可循旧名称为《仪礼经传通解续》。杨复所整理之《祭礼》十四卷，因与张虑所刊《仪礼经传通解续》中《祭礼》部分不尽相同，另有单行本，可名为《仪礼经传通解续·祭礼》。①

王启发则指出，《仪礼经传通解》的内容主要包括篇章的设计、内容的编排、材料的选取、除注疏之外的注文，其特点也随之主要体现为以下几个方面。

第一，在篇章设计上，《通解》并没有以《周礼·春官·大宗伯》中所称述的"吉、凶、宾、军、嘉"的"五礼"分类模式进行编排，而是以家礼、乡礼、学礼、邦国礼、王朝礼、丧礼、祭礼的模式进行篇章编排的。

第二，在内容编排上，《通解》各篇大多以"经""传"（或"记"）"注"三方面的内容成篇。

第三，在编撰形式上，对于《仪礼》所记录的各种程式仪节，《通解》进一步有所条理化。

第四，《通解》不拘于《仪礼》十七篇篇目的内容，突破了经传的界限分别，贯通三礼，融会诸子史书，扩大古礼文献资料和解说材料的选取范围，从而以经补经、以传补经、以经补传、以子书补经、以史补传，是其最突出的特点。而且，在注文上也同样广泛吸收当世礼家的见解以为补充。

第五，《通释》对后来元明清的礼学发展有很大的影响：一方面，在礼书的编纂方法上，对后来的学者有着重要的指导意义和借鉴意义；另一方面，在此礼书的功能方面，《通解》不仅保留了朱熹以前之时代及后世有关礼仪与礼义、制度与观念、原典与解说等多方面的礼学材料，同时还

①　孙致文：《朱子论"礼"——〈朱子语类〉讨论大纲》，华夏复兴论坛网，2004年3月16日，http://www.hxfx.net。

内含着有如《礼记·大学》的"修、齐、治、平"之道的精神主旨。①

关于朱熹的《家礼》，其"不但是朱熹的一部颇有影响的礼学著作，同时也是他最具争议的著作之一。这主要表现在有关此书的真伪之辨上"。② 实际上，朱熹的季子朱在及门人黄榦、杨复等人曾多次提及朱熹修撰《家礼》一事，朱熹自己也说："某尝修祭仪，只就中间行礼处分作五六段，甚简易晓。后被人窃去，亡之矣。"③ 此处所言之"祭仪"，正是朱熹《家礼》卷五之"祭礼"的底本。随后从元至正年间武林应氏作《家礼辨》，怀疑《家礼》非朱熹所作开始，明、清两代不断有学者否定朱熹作《家礼》之事。经过现代学者如钱穆、陈来、束景南等人的进一步考证，目前学界已基本确认《家礼》为朱熹所亲撰。不过，其内容也还有令人生疑的地方，束景南就认为："朱熹《家礼》，不仅其弟子曾有臆补增改，且宋元以来被人窜乱移易。"④ 笔者认为，束景南此说当是最为贴近历史真相的解释。

（二）朱熹的乐学著述概况⑤

朱熹本人深通音律，弹得一手好琴，并留下了较多的乐学著述。他在乐学方面的论述散见于《晦庵先生朱文公文集》《朱子语类》《四书集注》及《仪礼经传通解》等中，多是与礼经合论。我们参照、结合学界的相关研究成果，将《晦庵先生朱文公文集》《朱子语类》《仪礼经传通解》等文献里的朱熹乐学思想资料一一检出，做出如下归纳和总结。

第一，据郑俊晖的考索成果，我们经过粗略统计，发现《晦庵先生

---

① 王启发：《朱熹〈仪礼经传通解〉的编纂及其礼学价值》，《炎黄文化研究》第三辑，大象出版社，2006，第118～132页。
② 见王燕均、王光照为朱熹《家礼》所作的《点校说明》，《朱子全书》第7册，上海古籍出版社、安徽教育出版社，2002，第859页。
③ （宋）黎靖德编《朱子语类》卷九十，《朱子全书》第17册，上海古籍出版社、安徽教育出版社，2002，第3049页。
④ 束景南：《朱熹〈家礼〉真伪考辨》，《朱熹佚文辑考》，江苏古籍出版社，1991，第684页。
⑤ 郑俊晖：《朱熹音乐著述及思想研究》，福建师范大学博士学位论文，中国博士学位论文全文数据库，2007年。郑俊晖先生的博士学位论文对朱熹的音乐著述及相关思想作出了清晰而又系统的梳理与辨析，本小节内容主要参照郑先生的这一大作，引文也基本出自其中，我们只是另外再就原始文献做了查核，引注则以原始文献为准。特此说明，并向郑先生表示衷心的感谢！

朱文公文集》中关于音乐著述的文字共约 47000 字，编目则基本如下。

（1）词赋类 3 首，相关著述 698 字。

（2）书信类 112 通，相关著述 28109 字。其中朱熹与张敬夫、吕伯恭、林择之、蔡季通、廖子晦、黄直卿、蔡伯静、刘智夫等人尤为频繁。而单与蔡季通的书信就达 46 通 7311 字，几近全部书信的四分之一。

（3）杂著类 8 篇，相关著述 13156 字。

（4）序、跋类 7 篇，相关著述 4056 字。

（5）碑铭类 3 篇，相关著述 197 字。

（6）公文、酬酢类 1 篇，相关著述 851 字。

被郑俊晖归入杂著类的《琴律说》是朱熹所有音乐著述中最集中的一篇，5992 字。《宋史·乐志》援引了朱熹的主要观点，并给予了高度评价，足见其在当世影响之大。

第二，关于《朱子语类》中音乐著述的考证，郑博士主要侧重于目录学和时间考证方面。其所依据的卷数和页码均以王星贤点校本《朱子语类》（中华书局，1991 年 3 月第 1 版）为准。《朱子语类》中有关音乐著述的讨论共计 43696 字，主要涉及廖德明（子晦）、黄榦（直卿）、余大雅（正叔）、程端蒙（正思）、万人杰（正淳）、包扬（显道）、陈文蔚（才卿）、李闳祖（守约）、吴必大（伯丰）、杨道夫（仲愚）、陈淳（安卿）、徐寓（居父）、郑可学（子上）、叶贺孙（味道）、黄卓（先之）、黄义刚（毅然）、潘时举（子善）、辅广（汉卿）、沈僩（杜仲）等人，共计 253 条相关记载。

第三，《仪礼经传通解》中的音乐文献主要集中在卷十三的《钟律第二十二》《钟律义第二十三》，卷十四的《诗乐第二十四》《礼乐记第二十五》，卷二十七的《乐制》《乐记》数篇。郑俊晖经过查证，认为六篇音乐文献中，可明确为朱熹本人所撰者仅为卷十三《钟律》和《钟律义》。如丙辰年，朱熹在给蔡元定的两封书信中曾明确提及：“比因修《礼》，编得《钟律》一篇，颇简约可观。大抵尽用本原之书，旦夕当奉呈也。”[①]“《钟律》之篇，大概原于盛编，而其先后不同。盖但用古书本

① （宋）朱熹：《答蔡季通》，《晦庵先生朱文公文集》续集卷二，《朱子全书》第 25 册，上海古籍出版社、安徽教育出版社，2002，第 4687 页。

语或注疏,而以己意附其下方,甚简约而极周尽,学乐者一览可得梗概。其他推说之泛滥、旁证之异同,不尽载也。当俟归日面呈,决求订正耳。"[1] 此可为证。

卷十四《诗乐》收录的是乾道年间进士赵彦肃所传的《开元十二诗谱》,收录了《鹿鸣》《四牡》《皇皇者华》《鱼丽》《南有嘉鱼》《南山有台》《关雎》《葛覃》《卷耳》《鹊巢》《采蘩》《采蘋》等12首《诗经》歌曲的律吕谱;《礼乐记》则是对《礼记·乐记》稍加注释而成。卷二十七的《乐制》和《乐记》的大纲虽是朱熹所定,但由于不在朱熹生前亲自审定的二十三卷中,为慎重起见,郑俊晖认为只可作适当参考。

第四,关于《律吕新书》。郑俊晖认为,以始撰于朱熹丁忧居丧寒泉期间的《律吕新书》而言,这是中国乐律学史上的一部重要著作。是书历来署名为蔡元定一人所撰,但是四库馆臣对此早已有所怀疑,称"是书实朱、蔡师弟子相与共成之者,故独见许如此",[2] 遗憾的是并没有拿出更充分的证据。郑俊晖在通过系统地考证之后,明确指出:一方面朱熹在《律吕新书》的撰写中充当了至关重要的角色,是书的篇章结构、重要观点乃至具体论述都凝结了师徒二人共同的心血,应视为对朱熹乐律观文献的重要补充;另一方面,《律吕新书》中标明为朱熹所作的二十余处论乐条目,均系后人在整理过程中,根据《晦庵先生朱文公文集》和《朱子语类》中的音乐文献添加所致,使用时应该注意加以甄别。

以上我们结合当代学者的相关论述,对朱熹的礼乐著述概况做了一个相对细致和全面的考察。从中可见,朱熹对礼乐经籍不仅十分重视,而且考辨至为精审翔实,为中国礼学史和哲学史的发展做出了重要贡献,也为今人的相关研究留下了珍贵的资料。而朱熹对礼乐经学的重视,既为其理学体系的建构与完善奠定了基础,使其理学得以贯通上学与下达而不至流为空疏的玄谈;同时其理学的高度思辨性也为礼学的发展贯注了蓬勃的生命力,从而构成了整个礼学发展史的重要一环,在某种程度

① (宋)朱熹:《答蔡季通》,《晦庵先生朱文公文集》卷四十四,《朱子全书》第15册,上海古籍出版社、安徽教育出版社,2002,第1995页。

② (清)永瑢等撰《四库全书总目》,中华书局,1965,第322页。

上说甚至具有承上启下的作用。朱熹的礼乐哲学思想便是基于他的上述礼乐著述，以及《晦庵先生朱文公文集》《四书章句集注》《四书或问》《朱子语类》等文献中的大量相关论述，结合其理学思想这一理论背景而建构起来的。当然，我们要探讨朱熹的礼乐哲学思想，接下来首先要开展的应该是有关"礼乐哲学"的形成及其概念、范畴、基本性质等前提性的讨论。

第一章　礼乐与"礼乐哲学"

华夏民族有着灿烂悠久的文明与文化，礼乐传统是其主要标志。直到今天，礼乐传统仍然在我们日常生活的各个层面潜移默化地产生着不同程度的影响。当今世界正处于一个既文化多元又趋向全球化的时代，但任何民族要立足于世界民族之林，仍然必须合理地继承和发扬自己独具特色的文化。而一个民族的文化的发展，关键的要素就正是该民族的哲学。哲学虽然具有适合于全人类的普遍性，但不同民族的哲学体系又有着自己独特的"个性"。高清海先生曾撰文指出："'哲学'是民族之魂。哲学标志着一个民族对它自身自觉意识所达到的高度和深度，体现着它的心智发育和成熟的水准。"[①] 高先生强调"中华民族的未来发展需要有自己的哲学理论"，因而发掘中国传统哲学的生机的意义十分重大。因此，这一哲学的时代课题就内在地要求我国哲学界在本民族已有的哲学成就的基础之上，让老树发出繁华绚烂的新枝，"建构真正属于自己的哲学。"[②] 让中国传统哲学既能为全人类当下的生存与发展提供经验和智慧，从而真正地走向世界，也能充分体现出鲜明的民族"个性"。"礼乐哲学"就正是在这一背景下提出来的。

第一节　礼乐的起源

自人类社会产生，原始的礼乐可以说就已经出现，而且在人类的发展史上，原初礼乐的起源并没有明显的地域与种族的差别。但随着社会历史的发展和人类文明的不断进步，礼乐的内部结构、社会功能及其哲学和伦理的意涵也渐臻完善与丰富，中西方礼乐的发展路径及思想内涵也产生了较大的不同。在我国，西周时期的礼乐就已呈现为一种比较成

---

① 高清海：《中华民族的未来发展需要有自己的哲学理论》，《吉林大学社会科学学报》2004 年第 2 期。

② 何中华：《中国哲学的原创时代何以来临》，《新华文摘》2008 年第 22 期。

熟的文化形态，受到了统治者和思想家们的高度重视，其基本理论被列为用来教育和培养统治人才的"六经"或"六艺"的主要内容。随后的几千年里，礼乐文化一直都是构成中国思想文化的重要内容和本质特征。近代以来，关于传统礼乐文化的研究论著已不胜枚举，但多是从思想史、文化史、经学史、文化人类学等角度展开，对于礼乐起源与发展过程中的内在哲学理路的研究并不多见，而这却是必不可少的重要环节。

一 礼的起源

在最近一百年时间里，学术界关于礼（制）的起源问题较为典型的看法有：①祭祀说；②巫术说；③"俗"说；④"原始礼仪"说；⑤人情和历史说；⑥"分别"说；⑦"保特拉吃"（potlatch）社会制度说；⑧父权制说；⑨阶级压迫说；⑩生产和生活说；⑪多元说。① 学者们或从词源学的角度，或借鉴西方的理论范式，或凭据考古学、民俗学、人类学等相关学科的成果，或索隐于礼学经籍，等等，来考察礼的历史起源，均言之有据，各有道理。但是，依笔者看来，"礼起源于生产和生活"与"礼起源多元"两说相对更具合理性，而其他诸说则有失片面。

诸说的不同，主要源于研究方法和视角的差异，学者们从不同的层面去考证，自然会有不同的看法，但这也正好说明了礼的起源的复杂性和多元性。而在笔者看来，原始社会中的礼，不过是对于上古人类在社会生活中所通行的各种生存智慧的积累与提炼。其产生的根本动力，源于人类最基本的生存与发展的需要，是自然界适者生存的进化规律下的必然结果。譬如，"祭祀说"与"巫术说"认为原始宗教祭祀和巫术活动的各种乐舞与仪式即礼的原初表现，表面上看来，这种原初的礼正是一种"使神人快乐"的把戏。但是，由于上古时期社会生产力的极度落后，人类在面对大自然时常会感觉无力与无助，因此娱神的真正目的其实很明确：为了讨好神灵，求得护佑，从而换取更好的生存发展的机会和环境。当然，这只是生存法则的一种。而不管是"俗""原始礼仪"，还是"定型化了的某些生活方式"，都只是上古人类在日常生产与生活

---

① 曹建墩、郭江珍：《近代以来礼制起源研究的回顾与展望》，《平顶山学院学报》（社会科学版）2005 年第 6 期。

中日积月累、代代相传的"层累地"成就起来的经验智慧的结晶，由此形成的礼，显然是从生存法则提炼而来。再如"'保特拉吃'社会制度说"中所提及的原始社会商业性活动中"礼尚往来"式规则的确立，其目的正是保障物物交换行为的可持续性，以维持各部族间的交流与沟通，满足个人和部族的生活需要，它同样是生存法则之一。其他的如"'分别'说""父权制说""阶级压迫说"，都强调人类社会内部各种层级结构的划分原则是礼的起源。而这种结构划分的初级形态，在具有较高智慧的群居性动物的世界里也是比较常见的，譬如狮群和狼群。捕猎活动中，为了使行动更有效，它们内部有着较明确的职责分工，食物分配时也有狮王与头狼优先的规则，等等。在早期人类社会的结构里，随着社会的进化，这种"分别"愈发复杂。不仅有劳动的分工和资源分配的差异，还渐次有了血缘关系、社会阶层等更高级的区分。而各类"分别"一旦定型，就是礼，它显然也是由人类生存智慧发展而来。

因此，我们认为，礼作为一种涵盖了政治、经济、哲学、伦理、宗教等人类社会生活形上与形下各个层面的、内容宏富而影响深广的文化元素，它源于生活又高于生活，是对先民各种生存法则的提炼、总结与抽象，为社会进化规律下人类生存智慧的完美体现。不同民族、地域等所通行的礼又各有特色，这是因为不同的自然地理环境、气候条件等所导致的所在地民众应对自然、求取理想生存状态的方式，以及由此而形成的生活习惯、思维方式、心理结构、社会分工与组织形式等等诸多方面各有差异，并最终产生了不同的人类族群，在较为宽泛的意义上说，也就是民族。而如果一个民族经成千上万年的"损益"所形成的礼一直不曾中断，她将必然会与这个民族的生产与生活方式越来越相适应，从而也就必然会更好地维护这个民族的稳定。换言之，礼在很大程度上就是人类文明的标志，各个民族的礼实乃各个民族之魂。从这个层面来看，礼似乎比乐更为重要。当然，我们也可以说乐本身就是礼的一个构成部分，至少在华夏民族中是如此。

二　乐的起源

礼乐之乐与我们今天所说的音乐相比，根本区别在于：前者主要强调对于个体道德情感的培养和移风易俗的社会教化功能，具有强烈的伦理属性；而后者更加注重的是艺术形式与艺术感染力的问题。另外，在内容上两者也有较大的不同。礼乐之乐，按《尚书·舜典》的记载，涉及诗、歌、声、律四种艺术形式；① 《周礼·春官·宗伯》中，又将乐分为了"乐德""乐语""乐舞"三类；② 而在《礼记·乐记》中，乐主要涵括了诗、乐、舞三个方面，在乐的内在结构上则划分出了声、音、乐的层级差异，我们今天所说的音乐大致相当于其第二个层次——音。但是，有一点不可否认：音乐乃乐最基本的内容和形式载体。因此，我们要讨论乐的起源仍然必须从音乐的产生开始。

对于音乐的起源，中外学术界早已众说纷纭。比较典型的有"情感说""模仿说""性爱说""劳动说""巫术说""游戏说""多元说"等。笔者相对更加赞同"多元说"与"情感说"，认为音乐最早起源于人类生产与生活的各个方面，主要是出于人类情感表达的需要；追根究底，则还是出于人类求取有效生存与发展的本能。事实上，《礼记·乐记》中早就有了明确的阐述，兹摘录如下：

> 凡音之起，由人心生也。人心之动，物使之然也。感于物而动，故形于声。声相应，故生变；变成方，谓之音。比音而乐之，及干戚羽旄，谓之乐。
> 乐者，音之所由生也，其本在人心之感于物也。
> 凡音者，生人心者也。情动于中，故形于声。声成文，谓之音。声音之道，与政通矣。
> 凡音者，生于人心者也；乐者，通伦理者也。

作者将乐分成了三个等次：声—音—乐。最低层次，也是最基础的，

---

① 《尚书·舜典》载，舜初为帝，命夔"典乐"，曰："夔！命汝典乐，教胄子，直而温，宽而栗，刚而无虐，简而无傲。诗言志，歌永言，声依永，律和声。八音克谐，无相夺伦，神人以和。"夔曰："於！予击石拊石，百兽率舞。"

② 《周礼·春官·宗伯》载："大司乐：掌成均之法，以治建国之学政，而合国之子弟焉。凡有道者，有德者，使教焉。死则以为乐祖，祭于瞽宗。以乐德教国子，中、和、祗庸、孝、友；以乐语教国子，兴、道、讽、诵、言、语；以乐舞教国子，舞云门、大卷、大咸、大磬、大夏、大濩、大武。以六律、六同、五声、八音、六舞大合乐。以致鬼、神、示，以和邦国，以谐万民，以安宾客，以说远人，以作动物。"

乃人的声音，即声，声源于人心对于外在事物刺激的自然情感反应。而"声成文，谓之音"，人类由情绪波动所发出的声音，在日常的生产与生活的交流中相互应和，随着表情达意内容的变化，遂逐步产生了节奏韵律，是为音，乃第二层次。"乐者，音之所由生也"，乐由音而来，为最上一层。它的基本构成，是"比音而乐之，及干戚羽旄，谓之乐"。对此，《礼记正义》释曰："言以乐器次比音之歌曲，而乐器播之，并及干戚、羽旄，鼓而舞之，乃'谓之乐'也。"① 也就是说，以乐器配合歌曲演奏，加之堂下的舞蹈者手持干戚、羽旄之类的舞蹈器具伴舞，来表达对圣王文治武功的颂扬，并施行教谕等，这就是乐。从表现形式上来看，它比音要复杂得多，有歌、曲②与乐舞，而最根本的区别则在于"乐者，通伦理者也"以及"声音之道，与政通矣"。由乐所具有的道德属性与政治功能，才被认可为最高层次，其所代表的已是一种文化理想，超出了音乐本身。但尽管如此，它却仍是"由人心生"，情感表达乃其最基本的功能。

　　除了情感表达的功能之外，在人类尤其是早期的生产和生活中，音乐还承担着思想交流、信息沟通等与生存发展息息相关的作用。它的起源，在很大的程度上也与此有关。如芬兰美学家希尔恩说："……在原始部族中无论哪一种低级的艺术形式——舞蹈、哑剧，甚至装饰——也都是交流思想的重要手段。"③ 歌舞作为主要的艺术形式之一，在原始社会生活中更是思想交流必不可少的途径。此外，原始社会由于生产力低下，在面对恶劣的自然环境时，人们往往必须以群体协作的形式来求取更加有效的生存和发展。最常见的就是狩猎行为，譬如"布须曼人往往集合

---

① （汉）郑玄注，（唐）孔颖达疏《礼记正义》，李学勤主编《十三经注疏》（标点本），北京大学出版社，1999，第1074页。

② 由于上古时期没有记载曲谱的办法，只能靠口耳相传，久而久之，曲谱失传，只剩下了歌词，这恐怕是今天我们见到的《诗经》中一部分诗的来源。当然，顾颉刚认为《诗经》三百篇的作者与本来面貌都是不可考的："我们对于三百篇的作者和本事，并不希望有一个完满的回答，因为没有人可以回答，单是空空的希望也是无益的。"见氏著《古史辨》第三册下编，蓝灯文化事业股份有限公司，1987，第320页。其弟子何定生也表达了相似的观点："至于诗的作者和本事，原则上是没法知道的，一方面固然因为缺乏史料，一方面恐怕也是客观的情形。"见何定生《诗经今论》，商务印书馆，1968，第83页。

③ 〔芬兰〕希尔恩：《艺术的起源》，人民美术出版社，1984，第149页。

成二三百人的队伍来协同狩猎，他们要修造有时长达几百英里的栅栏，挖掘深沟，在沟底竖尖尖的木棒以及其他等等。维达尔人也用血统联合的共同力量进行狩猎"。[①] 在这样的情形下，最初的音乐的一部分就由人们在共同劳作（如修栅栏、挖深沟等）中发力时自然发出的哼哈呼喝声，或者由狩猎者围追堵截猎物时的吆喝呼叫声，以及在遭遇成功或失败时情绪宣泄的自然发声，等等，逐渐形成韵律而来。但此时的音乐尚处于前述《礼记·乐记》中所言之声与音的阶段。它一方面承担着重要的表达和沟通功能，另一方面对于鼓舞士气、震慑猎物也是必不可少的。而随着时间的推移，人类文明日渐发达，神巫文化逐渐兴起并迅速繁荣。人们在农闲或季节交替时节，往往就会聚族而歌舞，模仿着日常生活、劳作的各种情形或者动植物的姿态，抑或即兴随意创制，以此来表达和发泄内心的情感，并向上帝、鬼神等不可捉摸的神秘力量献媚祈福。此时的乐舞已被赋予了更多的价值诉求，有了较强烈的宗教和伦理蕴涵。越往后，这种乐舞形式就越复杂，含义也就越丰富，最终便形成了乐。

实际上我们仅凭常识就知道，人的情感若是长期得不到宣泄和满足，即使不会抑郁而死，恐怕也会精神分裂，可见正常的情感表达是维持生存的基本条件。而音乐则是情感表达最直接、最常见的手段。另外，在史前人类的生活中，无论是集体劳作捕猎，在宗教性活动中献媚于神灵，还是日常的人际交往、信息传递或情感交流，音乐都在其中起着重要的作用。所以，从音乐的社会功能与意义来看，我们认为，乐得以产生的终极原因，仍然是源于人类求取有效生存与发展的本能需要，是自然界"物竞天择""适者生存"的进化法则下人类生存智慧的展现。由音乐到乐的发展，则是在此基础上的文化与伦理的升华。

三　礼乐关系

上述关于礼、乐的起源的讨论，我们只是为了行文的方便才将其分开论述。二者虽然有着各自较为独立的体系，但现代人类学和考古发现早已证实，原始人类从事宗教祭祀、巫术以及狩猎等活动时所举行的各

---

① 〔俄〕普列汉诺夫：《普列汉诺夫美学论文集》第一册，曹葆华译，人民出版社，1983，第355页。

类仪式里，乐舞常常是其主要内容。到了礼乐的成熟阶段，二者亦是密不可分，并具备了更加丰富复杂的哲学与伦理意义。这在西周以来的中国表现得尤为明显。

从历史起源来看，乐主要产生于人的情感表达与交流的需要，但在求取更有效生存与发展的本源性上与礼则是一致的。所以，二者都可视为源于人类生存与发展的本能需要，是人类生存智慧的结晶，乃自然进化规律的产物。礼乐同源，这是二者能够自始至终融为一体的基础。

从社会功能来看，尽管随着时代的发展，礼乐有了日益细密的分工，但始终都是彼此依赖、互为补充的。古人于此早有清楚的解析。在《论语》中，孔子就多次礼乐并举。之后的儒家经典对礼乐关系的阐述则更完整，如《荀子》和《礼记》。主要内容有两方面。一、礼乐之别。礼乐有着本源性的一致，然而在人的认知活动中，其产生仍有内外之别。《礼记·乐记》就说："乐由中出，礼自外作"，"中"指的是人的内心情感，"外"则是指创建良好生存环境和秩序的社会需要。由此，二者在社会功能上也就有了一定差异。如荀子说："乐行而志清，礼修而行成"，① 从中我们就可以看出，乐着重于心志的疏导与调和，礼强调行为的规范和引导。二、由区别而致互补。荀子指出："乐也者，和之不可变者也；礼也者，理之不可易者也。乐合同，礼别异。礼乐之统，管乎人心矣。"② 根据荀子的礼治精神，以现代话语来解读荀子的这一段话，我们大致可以理解为：乐主要是对民众心理与情感起调和抚慰的作用，尤其是针对社会阶层分化所可能引起的被统治阶级的各种抵触甚至反抗情绪，乐的作用更是至关重要的；礼的任务则在于制定和明确社会的各种层级结构，并确保这一结构内部的公平与公正，以维持社会的基本稳定。"礼乐之统"本是基于一种人文关怀而提出的关照"人心"之举，但在这里显然它又已经超越了人文关怀，成了社会与政治的根本需要，体现出了人文理性的高度自觉。

而《礼记·乐记》也强调道："礼乐刑政，其极一也，所以同民心而出治道也。"认为礼、乐、刑、政虽然各有不同，但在社会治理的终极

---

① 《荀子·乐论》。
② 《荀子·乐论》。

目标上一致，都是为了合同民心，使天下大治。故而《汉书·礼乐志》说："六经之道同归，礼乐之用为急……乐以治内而为同，礼以修外而为异……二者并行，合为一体。"① 南宋思想家真德秀也评价曰："礼乐二者，缺一不可……礼属阴，乐属阳；礼乐之不可缺一，如阴阳之不可偏胜……礼中有乐，乐中有礼。"② 真德秀说"礼中有乐，乐中有礼"，可谓的论。从礼的形式上看，乐是礼的构成部分，在盛大的礼仪活动里，乐往往是"礼意"的主要表达方式之一。而在乐的实践过程中，礼也无处不在，时刻都在规范着乐的表现方式。如周礼规定，祭祀时的乐舞天子用八佾，诸侯六佾，大夫四佾，士为二佾，所以，孔子对身为鲁国大夫的季氏"八佾舞于庭"的僭礼行为就表现出了极大的愤慨。由此可见，礼乐之间既相互依赖支持又有着内在的紧张，实质上是保持着一种不即不离的平衡关系。《礼记·乐记》指出："乐胜则流，礼胜则离"，强调礼乐不可偏胜，就说明了这一点。

总而言之，礼乐同源，功能有别而旨趣同归，二者既缺一不可，也不得偏胜，在水乳交融之中维持着固有的张力。这样一种关系中所呈现出来的生存智慧与人文理性，正是礼乐与礼乐文明能够保持数千年旺盛生命力的原因。不过，历史上对于礼乐关系的明确讨论却是直到《论语》中才出现的。在《论语》所处的春秋战国时代，华夏文明在三代王官之学的基础上，经过诸子的恢复与重构，出现了本质性的飞跃发展，为随后数千年的中华文明的灿烂与辉煌奠定了恢宏厚重的理论基石。而诸子对礼乐关系与礼乐本质等问题的反复讨论和诠释则是其中最为重要的一部分，其间始终都贯穿着高度自觉的人文理性，传统礼乐也因此被赋予了相当丰富的哲学与伦理蕴涵。

第二节 礼乐的人文升华

德国存在主义哲学家雅斯贝斯（Jaspers Karl Theodor，1883 – 1969）在他的《历史的起源与目标》和《哲学概论》两部著作中，提出了著名

---

① （汉）班固：《汉书》，中华书局，1962，第 1027 ~ 1028 页。
② （宋）真德秀：《问礼乐》，《西山文集》卷三十，《景印文渊阁四库全书》第 113 册，商务印书馆，1986，第 474 ~ 475 页。

的"轴心时代"（Axial Age）理论，并于20世纪80年代引入中国。雅斯贝斯将人类历史划分为史前、古代文明、轴心时代和科技时代四个基本阶段。其中，公元前800年至公元前200年之间为第三阶段，即"轴心时代"，以公元前500年前后为中心，东西方同时或独立地产生了中国、印度、巴勒斯坦和希腊四个轴心文明。这段时期是人类文明的重大突破时期，雅斯贝斯称之为"轴心突破"。

从礼乐产生与发展的历史轨迹来看，雅斯贝斯的历史分期理论与之基本符合。中国历史传说中的三皇五帝到西周末期，即横跨史前文明并涵括了整个古代文明时期。在这一时期，炎黄子孙已完成从原始人向自然属性与社会属性兼备的"文明人"的过渡，华夏文明也经历了萌芽、发展与成型的过程。具体表现为：一方面，在意识形态上，古代文明正是一种不断发展的巫神类型的原始礼乐文明，它由世界混沌、万物有灵、人人为巫通神的原始状态经过漫长的历史演进，最终发展为"绝天地通"、神灵世界与氏族贵族相结合的成熟的巫文化系统。主要体现就是在社会生活的各个领域中对天命、鬼神、占卜祭祀的极度尊崇和迷信，殷商是其中最具代表性的时期——"殷人尊神，率民以事神，先鬼而后礼"。① 这一时期社会文化的总体特征是，氏族社会的层级结构逐渐明朗清晰，礼乐实践中"人"的主体意识也开始慢慢觉醒。特别是到了西周时期，周公为了给以周代殷这一极大"僭礼"行为在社会意识形态上确立合法性，在夏、商以来天命神权的政教观念中"援德入礼"，融入了"以德配天""敬德保民""克明德慎罚"的民本与德治精神，使人们于"我命在天"的思想背景下逐渐有了"人"的主体能动意识，天命、鬼神、占卜、祭祀等也都逐渐染上了伦理化色彩。另一方面，随着国家形制的正式确立，由生存智慧提炼出来的礼乐为了有效维持国家的运转和发展，也被相应地系统化、规范化、制度化，经统治者借助政教合一的强力措施推行于天下。因此，到了有史可征的第一个王朝——夏，礼也就从比较原始散乱的形态上升到了制度化的形式，构成了史官之学的主要内容。孔子说："殷因于夏礼，所损益，可知也；周因于殷礼，所损

---

① 《礼记·表记》。

益，可知也。其或继周者，虽百世，可知也。"① 从夏、商到周公的"制礼作乐"，中间经历了千年时间的因革损益，礼乐已是"郁郁乎文哉"，粲然大备了。这一点，我们从春秋时期人们对于礼乐文化理想的化身——文、武、周公时代的追怀与歌颂中，就足以感受得到。不过，尽管儒家对之极尽美化渲染之功，礼乐在这一时期却依然浸润在巫文化之中，宗教祭祀仍是其主要社会功能，有着人类文明在其蒙昧阶段的基本特征。

到了东周，即进入了一个动荡多变却又思想家辈出的时代，礼乐从史前社会逐步产生，经过漫长的历史发展，此时也随之步入了其发展史上的第一个巅峰期。这个时代的礼乐，首先面临的却恰恰是所谓"礼坏乐崩"的局面。"礼坏乐崩"，其主要表现为诸侯频繁的僭礼行为以及三代礼乐典制的散失，这在先秦的许多典籍中都有描述，如"八佾舞于庭""三家者以雍彻""政由方伯""礼乐征伐自大夫出""陪臣执国命"，等等。但正所谓"不破不立"，随着社会经济的变革与发展，原始礼乐已不合时代所需，它的崩坏，恰好又给春秋战国时期礼乐文明的突破带来了极好的契机。所以，有学者指出："但从社会发展史的角度看，'礼坏乐崩'不应该成为贬义词，'礼坏'，坏的是跟不上时代需要的那一部分的礼，'乐崩'，崩的也是跟不上时代需要的那一部分的乐。"② 这样一种辩证的看法，也的确部分揭示出了当时社会文化与思想学术的真实状况与发展态势。

面对"礼坏乐崩"的现实，先秦诸子就不得不重新认识和调整传统的礼乐观念，并在这个过程中对之进行新的诠释。"儒、墨、道三家都是'突破'了三代礼乐传统而兴起的。而所谓礼乐传统则包含着很大的'巫'文化的成分。这三家都曾与'巫'的势力奋斗过，最后'扬弃'了'巫'而成就了自身的'超越'。这是为什么它们一方面致力于消除礼乐传统中的'巫风'，另一方面又对礼乐本身作了新的阐释。"因此，"正是由于政治、社会制度的普遍崩坏，特别是礼乐传统的崩坏，才引致轴心突破在中国的出现。"③ 三代礼乐传统所具备的浓烈的"巫风"，其实就正是当时人类生存智慧尚处于原始阶段，还不足够发达的体现。此

---

① 《论语·为政》。
② 杨庆中：《崩坏与重建——论春秋时期的礼学》，《管子学刊》1996 年第 4 期。
③ 余英时：《轴心突破和礼乐传统》，《二十一世纪》2000 年第 4 期。

时华夏民族与世界其他民族同一发展阶段的礼乐传统之间尚没能出现太大区别，神巫文化是其共同属性。到了春秋战国时期，儒、墨、道等诸子学派对三代礼乐传统的"突破"，对其"巫风"所进行的消解，总体来说均是为有效解决当时的人类生存与发展问题而在社会思想文化层面做出的努力，是对于人类社会早期生存智慧的总结、提炼与人文升华。这正是余英时所说儒、墨、道三家对于礼乐传统之"突破"的实质。这一"突破"过程的主要特征，便是中国式人文理性精神的不断放大。

在周公"制礼作乐"，系统化地整理与发展礼乐之前，中华民族与世界其他民族的礼乐无论是哲学内涵还是社会功能上都没有太大的不同；但自周公时起，作为华夏民族的"群居和一"①之道，贯通与协和着天人、群己、物我之间的种种伦理关系的传统礼乐，在诸子对之系统而深入地展开人文升华与哲学提炼以后，不仅承载了中国人关于有效生存与发展的高度期许，也逐渐演变成了中华文明与文化的主要载体。而其中所蕴涵的人文精神和哲学思想则最终奠定了我国文化与哲学的坚实基础，确立了我国传统礼乐文化独立于世界民族文化之林的人文特质。

一 先秦儒家对礼乐的升华

"儒家者流，盖出于司徒之官"，②儒家思想本出于王官之学，其礼乐思想乃是三代礼乐的官方"正统"，故而孔子信誓旦旦地喊出"吾从周"的口号。而儒家对于传统礼乐的发展，主要是对礼乐内在精神实质的儒学式发掘与定位。孔子说："礼云礼云，玉帛云乎哉；乐云乐云，钟鼓云乎哉？"③认为礼乐的实践重要的不是外在的形式，而是礼乐的内在哲学与伦理依据。所以，他指出："人而不仁，如礼何？人而不仁，如乐何？"④将"仁"这一内在道德心性规定为礼乐的本质，对古代生存智慧做出了极重要的伦理文化层面的升华。而"仁者，人也"，⑤"仁"的本

---

① 《荀子·荣辱》："故先王案为之制礼义以分之，使有贵贱之等，长幼之差，知愚、能不能之分，皆使人载其事而各得其宜，然后使悫（穀）禄多少厚薄之称，是夫群居和一之道也。"

② （汉）班固：《汉书》，中华书局，1962，第1728页。

③ 《论语·阳货》。

④ 《论语·八佾》。

⑤ 《礼记·中庸》。

质规定即是对"人"的生命与价值的充分体认和关怀,所以孔子极力主张"仁者爱人",其"始作俑者,其无后乎?"① 对早期葬礼中殉葬制度的厉声斥骂将其人文理性精神展露无遗。同时,孔子亦"不语怪、力、乱、神",② 强调"务民之义,敬鬼神而远之,可谓'知'矣"。③ 他不轻言鬼神,要求在礼乐教化与国家治理中对之保持"敬而远之"的态度。在回答子路所问如何服事鬼神时,孔子更是明确指出:"未能事人,焉能事鬼?"④ 强调人事远重于鬼神。虽说他并没有否定鬼神的存在,但至少是在高度肯定"人"的价值与意义的前提下,以一种中庸的方式对礼乐传统之"巫风"作了一番扬弃。

孟子则曰:"仁之实,事亲是也;义之实,从兄是也;智之实,知斯二者弗去是也;礼之实,节文斯二者是也;乐之实,乐斯二者。"⑤ 孟子在孔子以对鬼神"敬而远之"为"知"的基础上,更进一步将个人对于仁、义之内在德性的坚守视为智;在具体的生活实践里,仁、义又落实到了"事亲""从兄"等日常人伦事务上来,并最终构成了礼乐的主要伦理内涵。而在"事亲""从兄"等生活实践过程中,基本原则之一就是敬。孟子曾说:"丈夫之冠也,父命之;女子之嫁也,母命之,往送之门,戒之曰:'往之女家,必敬必戒,无违夫子!'以顺为正,妾妇之道也"⑥,肯定妇女在家庭生活里对丈夫必须敬顺(《礼记》的《内则》等篇对此作了全面总结,相关家庭伦理规范更为详尽和系统)。同时,孟子又强调了外部社会交往中人与人之间敬的双向互通:"用下敬上,谓之贵贵,用上敬下,谓之尊贤。贵贵尊贤,其义一也"⑦。"敬"原本就是礼的基本精神,如《左传·僖公十一年》中周内史过说:"礼,国之干也;敬,礼之舆也。不敬则礼不行。"但在三代甚或更早的时期,人们在礼乐活动中的敬主要是迫于生存的现实需要而对不可掌控的神秘未知的自然力量,如天命、鬼神的敬畏和顺服。孔子强调"畏天命",尽管要求对"鬼

---

① 《孟子·梁惠王上》。
② 《论语·述而》。
③ 《论语·雍也》。
④ 《论语·先进》。
⑤ 《孟子·离娄上》。
⑥ 《孟子·滕文公下》。
⑦ 《孟子·万章下》。

神""远之",但也仍坚持敬畏,其礼乐思想里显然还是有着三代礼乐传统的些许遗风。然而到了孟子的时代,敬的实践对象就在很大程度上由主要是天帝、鬼神转向了现实生活中的具体的人。人的主体地位得到了大大的提高,《礼记·礼运》中甚至明确指出:"故人者,天地之心也,五行之端也。"于是,经过一番哲学与伦理的诠释和改造之后,礼乐的思想体系中就出现了一个从以生存智慧为主到以人文理性为主的嬗变。礼也因此备受推崇,不仅孔子强调"非礼勿视,非礼勿听,非礼勿言,非礼勿动"①,《礼记·曲礼》也说:"人有礼则安,无礼则危",荀子更是将礼的地位抬高到了无以复加的地步,并将其作为了根本的政治元素:"人无礼则不生,事无礼则不成,国家无礼则不宁。"②对此有学者总结道:"可见,从周公、孔子到孟子、荀子,他们从不同的角度为'礼'的合法性辩护,'礼'越来越被政治化、世俗化、伦理化和价值化,'礼'的精神与要义逐渐被揭示出来,形成了先秦儒家关于礼的形而上的理论体系。"③

先秦儒家在对礼进行理论重构的同时,也对乐注入了类似的人文精神与哲学伦理内涵,礼、乐在这一过程中并没有十分明显的界域分别,所以广义的礼通常就包含了乐在其中。但先秦儒家对于乐仍有着大量较为独立的讨论和实践,是其哲学与伦理思想体系的重要内容。

在夏、商、周以及更早的时代,乐是礼的重要内容和表现方式之一,是神人之间有效沟通的桥梁,乃古人各种祭祀活动中事神致福的主要手段。到周公"制礼作乐"时,乐浓厚的宗教因素得到削弱,"亲亲""尊尊"等宗法伦理观念被融入其间,并随之出现了雅乐与俗乐的分别④。到了孔子,他十分重视雅乐的建设,深恶"郑声之乱雅乐也"⑤,并因"八佾"舞于卿大夫之庭而愤恨不平,于是有了"正乐"之举:对《诗》三百零五篇"皆弦歌之,以求合《韶》《武》《雅》《颂》之音。礼乐至

---

①　《论语·颜渊》。

②　《荀子·修身》。

③　王杰、顾建军:《早期儒家礼文化内涵的嬗变》,《哲学动态》2008 年第 5 期。

④　王秀臣认为:"雅乐是周代礼乐制度的产物,雅乐地位的确立标志着礼乐制度的成熟。"王秀臣:《夏、商文化与"雅乐"制度的滥觞》,《东北师大学报》(哲学社会科学版) 2007 年第 2 期。

⑤　《论语·阳货》。

此可得而述，以备王道，成六艺"。① 乐被孔子抬升到了"王道"的高度，被进一步剔除原始宗教元素而具备了强烈的人文理性与政治伦理内涵。后来的荀子则对乐有着更为细致和系统的诠释，主要体现在《荀子·乐论》篇中。他指出："夫乐者，乐也，人情之所必不免也"，乐的基本功能就是使人快乐，是人类情感表达的正常需要，所以"人不能无乐"。出于对人性客观理性的思考与认识，荀子首先肯定了人的情感于人自身及社会稳定发展的重要意义。并在此基础上给予了乐在社会教化方面充分的合理性与有效性，认为"夫声乐之入人也深，其化人也速"，功效十分显著，但君主也必须"谨为之文"，高度重视乐的建设。而具备了良好伦理属性的"中平""肃庄"之乐则可以使民"和而不流""齐而不乱"，最终"足其上矣"，达到民富国强的效果。对此，《礼记·乐记》总结道："声音之道，与政通矣"，"乐者，通伦理者也"。此时的乐经过先秦儒家满怀人文激情的重新诠释与建构，已被完全"政治化、世俗化、伦理化和价值化"了，同礼一道构成了先秦儒家哲学与文化体系的主要部分。

二　先秦墨家对礼乐的升华

墨家则始终是以儒学的反对者形象出现的，他们针对儒家所宣扬的礼乐进行了较为集中的批判。墨子以利他、利天下为真正的仁义，他说："仁人之所以为事者，必兴天下之利，除去天下之害，以此为事者也。"② 而儒家"繁饰礼乐以淫人，久丧伪哀以谩亲……"③，其礼乐不仅于事无补，反而有悖于真正的仁义精神。所以，墨子就不仅坚决反对儒礼"亲疏有别、贵贱有等"的宗法性等级观念，强调"兼爱"、"尚同"与"尚贤"，也反对儒家的"厚葬""久丧"，要求"节用""节葬"，凡事以简朴实用为上："利人乎，即为；不利人乎，即止。"④ 同时墨子对儒家的乐也颇不以为然，但他之所以主张"非乐"，并非否认乐所带给人的片刻感官享受，只是因为乐"上考之不中圣王之事，下度之不中万民之

---

① （汉）司马迁：《孔子世家》，《史记》卷四十七，中华书局，1959，第 1936～1937 页。

② 《墨子·兼爱》。

③ 《墨子·非儒》。

④ 《墨子·非乐》。

利"。① 他从周成王、武王、成汤往上追溯到尧舜，发现年代愈晚的统治者作乐愈繁，而政绩却越差，于是指出："故其乐逾繁者，其治逾寡。自此观之，乐非所以治天下也。"② 因此，《淮南子·要略》形容墨子道："墨子学儒者之业，受孔子之术，以为其礼烦扰而不说，厚葬靡财而贫民，服伤生而害事，故背周道而用夏政。"

墨子"背周道而用夏政"，对简朴实用的生活法则十分推崇，正说明他的礼乐价值观念中有着回归传统生存智慧的倾向。余英时先生就曾说："至于就礼乐传统而言，墨子大致是宁取早先之简朴而舍其后来之繁缛的。"③ 然而，在对待鬼神的态度上，墨子虽然也重"天志"，讲"鬼神之明"，他所要建立的却是一种"新宗教"，"这种宗教是以古代模式为基础，但是要消除掉其中'巫'的成分。"④ 可见，墨子对于传统礼乐之巫文化属性也是努力要祛除的。墨家的这种"新宗教"，乃是他们为了替代儒家礼乐所力图重构起来的一套新的社会规约力量，是墨家对于三代礼乐传统的改造与升华。它最基本的特点，就在于对人类生存与发展的当下有效性的关注，而在实践中墨家去"巫"的努力，又使我们看到了其礼乐思想里充满实用主义色彩的可贵的人文理性。

三　先秦道家对礼乐的升华

老、庄则罕言鬼神。《道德经》第 60 章说："以道莅天下，其鬼不神；非其鬼不神，其神不伤人；非其神不伤人，圣人亦不伤人。夫两不相伤，故德交归焉。"他认为，以道治理天下，鬼怪、神祇和所谓的圣人都将与人无涉，所以都能够相安无事。有学者就指出，这是老子"道法自然"的思想在治国为政方面的发挥，是其"无神论倾向的一个方面"⑤。庄子虽不直接否定鬼神的存在，但也很少提及，其阐述较多的"神人"等概念则是道家对于理想人格境界的描述，已基本散失了原始宗教的特性。因而道家对于三代礼乐传统之"巫风"的否定比墨家更要

---

① 《墨子·非乐》。
② 《墨子·三辨》。
③ 余英时：《轴心突破和礼乐传统》，《二十一世纪》2000 年第 4 期。
④ 余英时：《轴心突破和礼乐传统》，《二十一世纪》2000 年第 4 期。
⑤ 转引自陈鼓应《老子注译及评介》，中华书局，1984，第 298～299 页。

彻底，并且认为"道之不行"主要就是由于仁义礼乐思想的产生与泛滥。如《道德经》第38章道："故失道而后德，失德而后仁，失仁而后义，失义而后礼，失礼者，忠信之薄而乱之首也"；庄子更是直接批评礼是"道之华而乱之首也"，① 将仁义礼乐视为"至德之世"的破坏者。但他们又并非绝对地否定礼乐，只是强调道才是礼乐之"真意"。如《庄子·庚桑楚》说："至礼有不人"，认为礼的最高境界呈现的恰是人我合一、物我两忘的状态；《庄子·渔父》则批评儒家遵奉的如丧葬等礼仪中的繁文缛节乃"世俗之所为"，要求"处丧以哀，无问其礼"，任情而越礼，故而道家人士孟子反、子琴张面对死去的朋友子桑户才"临尸而歌"，② 庄子妻死时亦"鼓盆而歌"。③ 同时，道家也以"道"释乐，认为儒家所盛赞的"钟鼓之音，羽旄之容"等人为造作之乐乃"乐之末"；④ 真正的乐当是源于自然、不需人力发动的"天籁"之音："夫（天籁者）吹万不同，而使其自己也，咸其自取，怒者其谁耶？"⑤ 因此礼乐实践中他们往往关注的只是行为主体的内在情感体验以及对于生命的感悟，而不屑于受世俗礼节的束缚。

礼乐的初始，不过是源于人类进化过程中的生存智慧，只是随着人类文明的发展，礼乐逐渐烦冗细杂，不仅偏离了关乎生存的本旨，而且在道家看来，还是引起人类精神迷失、社会堕落的根源。故而道家对于三代及先秦儒家礼乐的批判与升华，仍然是希望通过重新阐释和界定礼乐的本旨，为人类设计理想的精神家园，其中就充分展现出了他们贯彻始终的对于人的主体价值的终极关怀和浪漫主义的人文理性。

四　先秦法家对礼乐的升华

法家虽然对儒家所坚持的礼乐传统予以严厉批评，如商鞅在《商君书·靳令》中将礼乐视为"六虱"之首："六虱：曰礼乐，曰诗书，曰修善，曰孝弟，曰诚信，曰贞廉，曰仁义，曰非兵，曰羞战。"但他对礼本

---

① 《庄子·知北游》。
② 《庄子·大宗师》。
③ 《庄子·至乐》。
④ 《庄子·天道》。
⑤ 《庄子·齐物论》。

身却并无特别的恶感，所针对的主要只是儒家宣扬的礼乐而已。譬如他强调说："当时而立法，因事而制礼。"① 其中就肯定了"制礼"的必要性。与此同时，商鞅的这句话中也体现出了他的"更礼"思想，同韩非子"法与时转则治，治与世宜则有功"② 的认识一道，为三代以来传统礼乐的发展与变革提供了积极的"与时偕行"的方法论智慧，与儒家"礼，时为大"③ 的观念异曲同工。由此也可见，法家对制度层面的礼在政治与日常生活方面的价值实质上是予以了部分肯定的，尤其是《管子》以"礼、义、廉、耻"为"国之四维"，④ 将伦理意识层面上的礼看作国家与社会得以正常维系的基本道德范畴之一甚至之首，更是体现出了战国时期另一部分法家人物对礼的高度认同。所以，我们甚至可以说，法家"从礼的维度批判儒家"，⑤ 也应当含有对儒家礼乐提出某种法家式的修正的目的，是希望能够使得礼更合于时代与社会的现实需要。

当然，总体上看，法家自慎到、管仲至集大成者韩非子，在具体主张上基本倾向于"从礼法并重到以法代礼"。⑥ 这一礼、法关系论在很大程度上导致了秦汉以后礼、法之间的逐渐分离，令礼（乐）的道德属性与文化属性更为明确，原本由于三代或者三代以前礼、法混融难分的状态下礼所附着的具有强制意味的法令的色彩被渐次剥离和弱化。与此同时，法的律例与制度属性则得到了进一步的明确和彰显。虽然仍是在礼的宗法伦理体系之内，⑦ 法依然由此而明显地获得了更高程度的独立性。所以，正是基于先秦法家对法的地位与价值持之以恒地进行宣扬与抬升

① 《商君书·更法》。
② 《韩非子·心度》。
③ 《礼记·礼器》。
④ 全文见《管子·牧民》："国有四维。一维绝则倾，二维绝则危，三维绝则覆，四维绝则灭。倾可正也，危可安也，覆可起也，灭不可复错也。何谓四维？一曰礼，二曰义，三曰廉，四曰耻。礼不逾节，义不自进，廉不蔽恶，耻不从枉。故不逾节则上位安，不自进则民无巧诈，不蔽恶则行自全，不从枉则邪事不生。"
⑤ 陆建华：《先秦诸子礼学研究》，人民出版社，2008，第 202 页。
⑥ 王启发：《礼学思想体系探源》，中州古籍出版社，2005，第 84～142 页。
⑦ 也就是说，尽管我们在此强调礼、法之间随着历史的发展其既有的张力逐渐扩大，但传统的礼、法一直以来都不是两种完全不同甚至对立的观念与制度体系，事实上二者恰是相辅相成的，这在先秦时期儒、法两家的礼法学说中一直都如此。参见杨振红《从出土秦汉律看中国古代的"礼"、"法"观念及其法律体现——中国古代法律之儒家化说商兑》，《中国史研究》2010 年第 4 期。

的努力，以及对礼乐的不同程度的批判，使得儒家礼乐在春秋战国时期"礼坏乐崩"的背景下被赋予了更为纯粹的伦理性和人文性，从而在儒家的社会教化体系中也形成了更为明确的分工："礼者禁于将然之前，而法者禁于已然之后。"①

　　三代礼乐传统经由儒、墨、道、法等诸子百家的重新诠释和理论建构之后，在其内蕴的生存智慧得到系统总结与提升的基础上，被赋予更加丰富的哲学与伦理意义，实现了传统礼乐文明的升华与突破，为中华文明谱写了璀璨瑰丽的华章。在这个过程中，诸子对于人文理性的自觉与重视，则是其一以贯之的价值主线。战国之后，历经"秦火"及汉代"罢黜百家，独尊儒术"等各种复杂的社会政治与文化的变革，关于礼乐的诠释与发挥，最终便形成了儒家一枝独秀的局面。后世经史学家们对礼乐的诠释与发展，基本沿袭着诸子时代礼乐被赋予的人文理性与理论架构，并因之形成了一套庞大的、独具民族特色的文化与哲学系统，是为"礼乐哲学"。而正是从生存智慧到人文理性——这一礼乐起源与发展过程中所呈现出来的内在理路——在形而下与形而上两个层面均赋予礼乐"与时偕行"的旺盛生命力，才使其具备了充分的历史普遍意义，并最终成就了延续至今的礼乐文化与文明。

第三节　"礼乐哲学"的基本内涵

　　"礼乐哲学"本是一个相当宏阔的话题，以笔者的才识学养实在难以准确把握。但既然有幸获取了这一构想，在这个呼唤"中国哲学自主性"的"中国哲学的原创时代"，② 也就不自量力地斗胆提出来，权当一个粗浅的尝试。当然，我们对"礼乐哲学"的认识和讨论，仍主要是在中国哲学话语系统内对礼乐思想中的哲学意蕴的系统化总结、提炼与升华，而非另起炉灶建构起一套从概念、范畴到框架结构都迥然有别于中国传统哲学的全新的理论体系，因为这既远远超出了我们的能力范围，也不符合中国哲学的发展规律。拙著的意义主要在于提出了这样一个问

---

① 《汉书·贾谊传》。（汉）班固撰，（唐）颜师古注《汉书》，中华书局，1999，第1729页。

② 何中华：《中国哲学的原创时代何以来临》，《新华文摘》2008年第22期。

题或者概念，以求抛砖引玉。若能引发方家对"礼乐哲学"的关注、讨论和研究，使之得到进一步的充实与深化，岂非善莫大焉?!

一　概念的提出

礼乐起源于上古时期人类社会生活的各个方面，其萌芽、发展与成型则是人类生存智慧的历史积淀和无数古圣先贤提炼加工的结果。而在我国的西周时期，随着社会生产力的变革与发展，人类认识水平和文明程度已有了大幅提高。原始礼乐经过夏、商两代的因革损益，到此时已是"郁郁乎文哉"，呈现出一片繁荣景象。从西周直到春秋战国时代，统治者都较重视礼乐在国家治理中的作用，如《左传》中多次提到："礼，王之大经也"，[①]　"礼，国之干也"，[②]　《国语·晋语四》也强调"礼，国之纪也"，等等。所以，礼乐一直都是统治者培养人才的基本教程，为"六艺"的一部分。如《周礼》说："而养国子以道，乃教之'六艺'：一曰五礼，二曰六乐，三曰五射，四曰五驭（御），五曰六书，六曰九数。"[③]《国语》则谈到礼乐于贵族子弟的教育作用："教之礼，使知上下之则；教之乐，以疏其秽而镇其浮。"[④] 故而孔子指出："不学礼，无以立"，[⑤] 明确道出了礼乐在培养统治人才、教化社会风习中的意义。而文、武、周公的时代，从孔子等人的追怀与歌颂来看，似乎也是一个文治武功均相当完美的礼乐社会，成为后世儒家政治理想的化身。尔后的各个历史时期，礼乐都蒙受了思想家们的重点关注。《汉书·礼乐志》说"六经之道同归，礼乐之用为急"，得到了历代统治者和经史学家们的广泛认同。

而三代之后的诸子时代，以儒、墨、道、法等为主要代表的先秦诸子及学派在这个学术与思想交流相对自由的时空环境下，对于三代传统礼乐的本质及其表现形式均有着自己新的理解和主张，并在思想论争中逐步升华，为礼乐本身注入了异常丰厚的哲学与伦理蕴涵。

---

① 《左传·昭公二十五年》。
② 《左传·襄公三十年》。
③ 《周礼·地官·保氏》。
④ 《国语·楚语上》。
⑤ 《论语·季氏》。

雅斯贝斯指出："人类一直靠轴心时代所产生的思考和创造的一切而生存，每一次新的飞跃都回顾这一时期，并被它重新燃起火焰。自那以后，情况就是这样。轴心期潜力的苏醒和对轴心期潜力的回忆，或曰复兴，总是提供了精神动力。"[1] 先秦诸子的时代正是中华文明的"轴心时代"，这一时期的哲学思想异常活跃，他们关于礼乐的哲学思辨同样为整个华夏民族的哲学系统奠定了深厚、博大而系统的底蕴。

所以，在春秋战国这个人类文明的"轴心时代"，中国历史上影响数千年的几大学派及其思想家们，关于礼乐实际上已经形成了相对独立的、完整的哲学思想体系。在此，我们不妨以"礼乐哲学"为之命名，并随之而有了儒家礼乐哲学、道家礼乐哲学以及墨家礼乐哲学等分支。到了西汉中期，经学兴起，儒学独尊。自汉武帝"罢黜百家，表章六经"之后，儒家经学逐渐取得了之后的中国封建社会文化的正统地位。而道家与墨家等学派的礼乐哲学思想渐渐散隐，儒家礼乐哲学成为中国礼乐哲学系统的主干。随后又有道教和佛教的出现，二者对于传统礼乐在受到儒家礼乐哲学影响的同时也有着自己的哲学思考，我们同样可以称之为道教礼乐哲学和佛教礼乐哲学。但相对于庞大的儒家礼乐哲学系统而言，由于释、道两教哲学体系的旨趣有别，它们的历史地位与影响显然就处于明显的弱势。

二 "礼乐哲学"的基本内涵与性质

那么，何谓"礼乐哲学"呢？"礼乐哲学"是指在礼乐文化的背景下，以礼学经典及其解释系统为基础，围绕礼乐的形成、结构、性质、特征等展开的系列哲学阐释。因此，一切基于礼乐的立场或以礼乐为研究对象做出的哲学阐释与发挥，都可纳入"礼乐哲学"的范畴。她是对传统礼乐的哲学意蕴及相关哲学思想的高度概括，其内容既包括关于礼乐起源与发展的哲学探讨，也包括对礼乐经籍、历代思想家的礼乐思想之哲学蕴涵的发掘与升华，还包括对诸如具体的礼乐名物制度、礼乐实践行为及礼乐文化现象等的哲学依据与内涵的辨析提炼，等等。具体则

---

[1] 〔德〕卡尔·雅斯贝斯：《历史的起源与目标》，魏楚雄、俞新天译，华夏出版社，1989，第14页。

体现在以下几个方面。

第一，礼乐形上学。① 形而上学是一种对世界本质的"终极存在"以及所谓"第一原因"等问题展开研究的学问，在中国古代哲学里，这一西方哲学中的"终极存在"或"第一原因"所对应的概念即为"道"。如《易·系辞下》中就明确指出："形而上者谓之道，形而下者谓之器。"作为"形而上者"，"道"在中国哲学中往往又被称为理"天道""天理""太极""太一"，等等。据《礼记·哀公问》所载，孔子曾指出："如日月东西相从而不已也，是天道也；不闭其久，是天道也；无为而物成，是天道也；已成而明，是天道也。"从中可见，"天道"（"道"）就是指宇宙万物生发运行的客观规律，是物质存在的内在规定性。而礼乐的出现，其理论根源就是"道"："是故夫礼，必本于大一，分而为天地，转而为阴阳，变而为四时，列而为鬼神。其降曰命，其官于天也。夫礼必本于天，动而之地，列而之事，变而从时，协于分艺……"② "大一"实为"太一"，即"道"。"本于天"，亦是指本于"天道"。作者在此显然是说，礼的产生乃是源于"道"的安排，也根据"道"转而形成了"天地""阴阳""四时""鬼神"等哲学范畴，并依"时变"的原则运行于人类的各种具体社会生活事务之中。而历代思想家都从形上学的角度对于礼乐的产生与运行的内在原理（即礼乐之"道"）做了深入系统的讨论，并由此构成了礼乐形上学的基本内容。由于中国哲学语境中的"道"这一概念的含义十分宽泛，基本涵盖了西方哲学形而上学理论体系中的宇宙论和本体论方面的内容。故而以礼乐之"道"为核心的礼乐形上学所

---

① "通常来讲，形而上学这一概念有两种含义：一种是指与辩证法相对立的孤立、静止、片面地看问题的世界观和方法论；另一种是形而上学这一概念最初的含义，是指关于'存在'的学问。自古希腊开始，西方哲学家普遍认为形而上学是哲学的核心，它所关注的是诸如前提、第一原因以及真实存在等问题。"见程志华：《道德的形上学与"后形而上学时代"——牟宗三对传统形而上学困境的化解与超越》，载《哲学研究》2009 年第 11 期。目前中国传统哲学研究领域通常运用的是第二种含义，本文亦如是。同时，本文所用"礼乐形上学"这一概念中的"形上学"则是"形而上学"的简称。具体而言，"对比分析西方哲学传统中以柏拉图哲学为代表的'metaphysics'与中国哲学传统中以儒家哲学为代表的'形而上学'，可见两者之间的差异在于，西方 metaphysics 所包括的本体论与宇宙论两部分泾渭分明，而在中国哲学中，二者则相互贯通。"见彭国翔《重思"形而上学"：中国哲学的视角》，《中国社会科学》2015 年第 11 期。

② 《礼记·礼运》。

要探讨的，实际上也就包括了礼乐哲学体系中的宇宙论和本体论问题。

第二，礼乐价值论。"价值论是中国传统哲学的核心，中国传统哲学本质上是价值哲学。"① 传统礼乐中就蕴涵着十分丰富的价值论，它同样构成了礼乐哲学的本质内容。历代思想家对于礼乐之"质"的讨论，通常是立足于礼乐的伦理本质来进行的。如孔子就以"仁"界定礼乐本质："人而不仁，如礼何？人而不仁，如乐何？"②《礼记·乐记》更是大量探讨了礼乐的伦理本质，如曰："中正无邪，礼之质也"，"乐者，通伦理者也"，"仁近于乐，义近于礼"，等等。《礼记·礼器》亦道："忠信，礼之本也"，此外《左传》中还有"敬，礼之舆也"③，"卑让，礼之宗也"④ 等不同角度的礼乐伦理价值观的讨论。而"乐者，天地之和也；礼者，天地之序也。和故百物皆化，序故群物皆别"⑤，天地万物的和谐有序，则是礼乐的终极价值追求。

第三，礼乐实践观。礼乐秉承天道，谋求世间万物的和谐共处与有序发展，这一切终究都需要落实到社会实践的各个层面上来。所以，礼乐的具体实践就显得尤为重要，而关于礼乐实践的方法论探讨也就构成了礼乐实践观。礼乐实践的核心方法论原则为"中"与"时"。朱熹释"中"曰："中者，不偏不倚，无过不及之名。"⑥ "中"要求的是一切事物合理适度，其哲学意涵主要就蕴蓄在礼学的"中庸"思想里，如《礼记·丧服四制》在论及"三年之丧"的内在依据时就指出："贤者不得过，不肖者不得不及，此丧之中庸也，王者之所常行也。"因此，朱熹明确地说："礼贵得中"，⑦ 认为"中"是礼乐最重要的哲学依据与实践原则。而"中"本身就与"时"的含义息息相通，如孔子道："君子之中庸也，君子而时中"，⑧ 就说明了"中"与"时"的相辅相成。"时"即

① 赵馥洁：《中国传统哲学本质上是价值哲学》，《人文杂志》2010 年第 1 期。

② 《国语·八佾》。

③ 《左传·僖公二十五年》。

④ 《左传·昭公二年》。

⑤ 《礼记·乐记》。

⑥ （宋）朱熹：《中庸章句》，《朱子全书》第 6 册，上海古籍出版社、安徽教育出版社，2002，第 32 页。

⑦ （宋）朱熹：《论语集注》卷二，《朱子全书》第 6 册，上海古籍出版社、安徽教育出版社，2002，第 84 页。

⑧ 《礼记·中庸》。

时变，与时偕行，顺时而变之意。"礼以顺时"，①　"丧有四制，变而从宜，取之四时也"，②　都说明了礼乐重时变的特点。

以上我们简要介绍了礼乐哲学的基本内涵，其基本性质则主要体现在两个方面。首先，她是一种生存智慧。在前述礼乐的起源及其相互关系的讨论中可见，古人体现在礼乐中的关于自然现象及自然规律的思考，各类行为规范由经验习惯到道德规范与伦理精神的演变，社会层级结构的产生及完善，以及礼乐发展过程中逐渐形成的"中和"智慧，等等，其初始动力都源于上古先民求取有效生存与发展的生理和心理本能。而随着人类文明的进步，社会生产力逐渐提高，人们对于自然、社会及人类自身的认识越发全面而深入，礼乐也随之趋于完备。上述种种，最终就表现为一种大体符合"适者生存"之自然与社会进化规律的人类生存智慧。因此，我们认为，生存智慧乃礼乐哲学的原初与基本性质。礼乐的萌芽、发展与定型，本身就是人类生存智慧的历史积淀和反复提炼升华的结果。在这一点上，华夏民族与世界其他民族的礼乐与礼乐文化并无根本区别，所存在的差异只是基于因地理环境、气候条件等自然因素引致的生存方式与生存理念而进一步形成的具体的仪节与风格的不同。

其次，它也代表一种独具中华民族特色的人文理性。在礼乐起源的讨论中，历来就不乏礼乐本乎人情的观点。这是因为，礼乐自产生之初，就不仅在各类宗教性活动里承担娱神的功能，也有着人际情感交流和个体情感满足的娱人的作用。而人们关于各种仪式活动中乐舞的节奏与形式的把握，礼器的外观设计，仪制的安排，服饰、旗幡的形制与色彩的运用，等等，均是古人审美价值观念的展现。这说明礼乐从一开始就具备了较强烈的情感属性与文化属性。同时，其中也充分体现出了"人"的自我意识的觉醒和对于"人"的本质的认识及终极关怀。华夏民族的社会意识形态由史前的神、人世界的混同难分到商周时期出现一定程度的分化，再进一步由自然宗教完全走向了伦理宗教。"原生的氏族文化转变为再生的宗族文化，独特地发展为具有伦理宗教意义与功能的礼仪文化体系，在其内部，人文性发展得到了很大的空间，与西方式的文化发

---

① 《左传·成公十五年》。
② 《礼记·丧服四制》。

展道路终于分道扬镳。"① 这一历史发展的脉络正是华夏民族关于"人"的自我意识与生命意识逐渐清晰明朗的过程。因此，在礼乐实践及其观念系统的建构之中，就呈现出了一种贯穿着华夏先民之生命自觉的审美观念与宗法伦理精神，并最终于春秋战国时期随先秦诸子的哲学与伦理演绎而形成了中国独具特色的人文理性。它高度重视人的主观情感与心理体验，在注重人文性的同时又充满理性精神的光辉。其中的情与理被巧妙而和谐地融会于一体，从而与西方的思辨理性中情与理较明显的区别有着较大的不同。

综上所述，我们认为，礼乐形上学、价值论、实践观构成了礼乐哲学的基本内涵，而生存智慧与人文理性则是礼乐哲学的基本性质与核心精神。礼乐哲学的萌芽、发展与定型，本身就是华夏民族生存智慧与人文理性的历史积淀，并由各代思想家"滚雪球式"地在既有理论基础上反复提炼和升华的结果。

三 "礼乐哲学"的历史地位

杨志刚将礼学划分为四类：礼经学、礼仪学、礼论、泛礼学。其中的礼论是指"对礼的本质、价值、功能和历史作用等问题进行理论性的论证和阐发"。"礼论常散见于经、史、子、集各种著作及篇章之中，不似礼经学、礼仪学多专著、专篇，显得繁杂散漫。"② 礼乐哲学大致就相当于礼论，只是在"繁杂散漫"的礼论的基础上有了进一步的哲学与伦理学的抽象、凝练与升华，并由此而具备了较强的系统性。

从中国文化的特点及中国文化与中国哲学的关系来看，礼乐哲学显然是中国哲学的主干和精髓。牟宗三先生在《中国文化之特质》一文中说："这整个的文化系统，从礼一面，即从其广度一面说，我将名之曰：礼乐型的文化系统，以与西方的宗教型的文化系统相区别。从仁义内在之心性一面，即从其深度一面说，我将名之曰：'综和的尽理之精神'

---

① 陈来：《古代宗教与伦理——儒家思想的根源》，生活·读书·新知三联书店，2009，第 293 页。
② 杨志刚：《中国礼学史发凡》，《复旦学报》（社会科学版）1995 年第 6 期。

下的文化系统，以与西方的'分解的尽理之精神'下的文化系统相区别。"① 而在《中国哲学的特质》中，牟宗三先生又道："任何一个文化体系，都有它的哲学。否则，它便不成其为文化体系。"② 综上所述，在牟先生看来，中国文化体系从广度的一面来说，是一种礼乐型的文化，而其深度一面强调的则是"仁义之内在心性"，是一种"综和的尽理之精神"下的文化系统。那么，在这样一种背景文化系统下的中国哲学，我们相应地视之为一种礼乐型的、关注内在心性并强调"综和的尽理之精神"的哲学系统，也就是理所当然的了。事实上，礼乐哲学作为中国哲学的构成部分，中国文化与哲学的这两个特质在礼乐哲学中也展现得淋漓尽致，构成了礼乐哲学的两大基本特征——"礼乐型"标志着礼乐哲学的主体形态，"综和的尽理之精神"则是礼乐哲学的内在特质。因此，本文所说的礼乐哲学，实乃中国哲学的精髓之所在，在某种程度上也可说是最能代表"中国哲学的特质"的哲学形态。

当然，仅仅是如此直接地提出这一观念，或许会令人颇感唐突。而要清楚地说明这一点，重点就在于我们该如何理解"综和的尽理之精神"。牟宗三先生对之作了详细的阐释：

> 何以说是"综和的尽理之精神"？这里"综和"一语是克就上面"上下通彻，内外贯通"一义说的。"尽理"一词，则是根据《荀子》所说的"圣人尽伦者也，王者尽制者也"，以及《孟子》所说的"尽其心者知其性也"，《中庸》所说的"尽己之性"、"尽物之性"等而综摄以成的。尽心、尽性、尽伦、尽制，统概之以尽理。尽心、尽性是从仁义内在之心性一面说，尽伦、尽制则是从社会礼制一面说，其实是一事。尽心、尽性就要在礼乐型的礼制中尽，而尽伦、尽制亦算尽了仁义内在之心性。而无论心、性、伦、制，皆是理性生命，道德生命之所发，故皆可曰"理"。而这种"是一事"

---

① 牟宗三：《中国文化之特质》，《牟宗三先生全集》第 27 册，联经出版事业公司，2003，第 66 页。

② 牟宗三：《中国哲学的特质》，《牟宗三先生全集》第 28 册，联经出版事业公司，2003，第 3~4 页。

的尽理就是"综和的尽理"。①

礼乐的产生与发展源于上古先民的生存智慧与人文理性精神，其实质体现于社会生活的各个方面，涵括了物质和精神双重世界，而牟宗三先生的"综和"之"上下通彻，内外贯通"一义也完全是礼乐哲学的一个写照。"上下通彻，内外贯通"之义，是针对先秦儒家由内在道德心性而起的"道德主体性"来说的："上面通天，下面通人。此即为天人合一之道。内而透精神价值之源，外而通事为礼节之文。"可见，"道德主体性"乃是天人合一、理事贯通之德性在人心之中的"综合"与融会。它作为"这一个义理的骨干"，"给周公所制之礼（文制）以超越的安立（transcendental justification）"，② 赋予了礼乐丰富的哲学与伦理蕴涵，使"礼乐哲学"得以成立。另外，牟先生关于"尽理"的定义源于《荀子》《孟子》与《中庸》，而《中庸》是《礼记》中极为重要的一篇，《荀子》颇重礼学，《孟子》则是儒家心性之学的源头，为礼学后来的发展提供了重要的心性论指导，三者均可视为先秦儒家礼乐哲学的主要经典文献。因此，"尽理"也正是礼乐哲学的本有之义。

　　牟先生将"尽心、尽性"与"尽伦、尽制""统概之以尽理"，亦视为"一事"。通过这"一事"的提法，我们即可看出："仁义内在之心性"与"社会礼制"就正是中国文化与哲学之一体的内外两个层面。前者为后者的内在伦理与哲学依据，后者则是前者的形式载体，也是实践工具，彼此乃是一种体与用、形而上与形而下的关系。双方的有机统一即为"综和的尽理"，由前述可见，它实乃礼乐哲学的基本架构，并随着时代的发展而逐渐丰满与充盈，构成了整个中国哲学的脊梁。

四　"礼乐哲学"的演化与研究范式

　　礼乐哲学作为礼乐文化背景下的中国哲学之主干内容，她的发展演化既是哲学的，也是历史的，与中国哲学的整体演进规律完全一致。杨

---

① 牟宗三：《中国文化之特质》，《牟宗三先生全集》第 27 册，联经出版事业公司，2003，第 66 页。

② 牟宗三：《中国文化之特质》，《牟宗三先生全集》第 27 册，联经出版事业公司，2003，第 66 页。

国荣指出：

> 从中国哲学的演化来看，每一时代的哲学家总是以已往的哲学
> 系统为前提、背景，并进而通过自己的创造性思考而形成新的哲学
> 观念。相对于已有的、历史中的形态而言，这种新的观念系统首先
> 具有哲学的意义；从两汉到明清，中国哲学家往往以注解已往经典
> 的方式阐发自己的哲学思想，这种注释过程同时构成了其哲学思考
> 的过程。另一方面，相对于后起哲学家的思考而言，每一历史时期的
> 哲学系统又构成了哲学的历史。在哲学与哲学史的以上演变与互动中，
> 历史上的哲学系统本身也具有了哲学与哲学史的双重身份。①

杨国荣认为，中国哲学与中国哲学史的演化，正是由哲学家们对于经典
的义理诠释和发挥而来。但这种义理的诠释又非简单的意义叠加，而是
在不断地继承与创新的周复循环中开拓前进。这一段话就清楚地阐释了
中国哲学发展演变的历史与哲学轨迹，对于作为中国哲学的核心内容的
礼乐哲学而言，毫无疑问，它同样也遵循着这样的演化过程。

关于中国哲学的研究视角，杨先生接着指出："从中国哲学是'哲
学'这一角度来看，对中国哲学的研究可以按哲学家的方式来展开；就
中国哲学是存在于'历史中'的哲学而言，则又可以从历史学家的角度
对它加以考察。"② 礼乐哲学作为中国哲学的主干部分，自然也适用于这
一研究视角。此外，对于礼乐哲学的研究，我们还可以适度吸收和借鉴
考古学、人类学、文化学等多学科的研究成果和方法，从不同层面展开
多方位的探讨。而礼乐哲学具体的研究范式，则有"点""线""面"的
不同。所谓"点"，是指以特定历史人物、礼乐现象或者"事件"为对
象的礼乐哲学研究；所谓"线"，则是以礼乐哲学的历史向度为重点展
开的研究，既可以是对礼乐哲学史的回顾，也可以是对礼乐哲学发展趋
势的展望；所谓"面"，乃是以某一特定的历史断代或者地理区域、学
术团体和流派为范围进行的礼乐哲学研究。当然，正如杨国荣说"哲学

---

① 杨国荣：《何为中国哲学》，《文史哲》2009 年第 1 期。
② 杨国荣：《何为中国哲学》，《文史哲》2009 年第 1 期。

的"和"历史的"研究视角的区分具有相对性一样，在实际的研究活动中，"点""线""面"的研究范式同样也会不可避免地被综合使用（事实上，中国哲学的发展与创新也鼓励和要求我们这样做），区别则在于侧重点有所不同而已。这也是中国哲学的主要研究范式。

五　"礼乐哲学"研究的基础文献分析

如前所述，中国哲学的产生与演化过程，既是哲学的，又是历史的。即使是在先秦诸子时代这个中国哲学的全面发展创新时期，也同样如此。作为中国哲学的主干内容之一，礼乐哲学在此期间的系统形成，仍然是在三代礼乐传统的基础上，由儒、墨、道、法等诸子学派加以重新阐释，而最终达至的实质性哲学突破。由于此时的礼乐哲学已经基本成熟和定型，其后数千年的演化发展，都是以先秦礼乐哲学为源头，而不断地在"既成"与新的"生成"之间呈现出"螺旋式上升"。先秦礼乐哲学的文字载体，则是一系列关于礼乐的经典。

道、墨、法等诸家的著述关于三代礼乐的讨论并不是太多，他们对礼乐的批判所具备的意义主要在于：道家强调了礼乐哲学中所应当具备的超越现实、追求精神自由的价值元素，将礼乐哲学的人文理性突向极致；墨家以简朴实用的功利主义生存哲学为依据，其对于儒家礼乐精神的批评，则为礼乐哲学回归生存本旨、处理好"文""质"关系打了一针清醒剂；法家自慎到、管仲至集大成者韩非子，"从礼法并重到以法代礼"的礼法关系论导致了秦汉以后礼法的逐渐分离，[1] 对礼乐的历史发展产生了重要影响，而"法与时转则治，治与世宜则有功"[2] 的认识也与儒家"礼，时为大"[3] 的观念异曲同工，等等。上述种种，都是对整个儒家礼乐哲学体系的补充与完善。而儒家以恢复三代礼乐传统为职志，其礼乐哲学乃是传统礼乐精神的自觉承续者，可谓与之一脉相承。也正因为此，先秦儒家礼乐哲学的内容相当丰富，留下了大量有关礼乐哲学的专门性论述。后世的礼乐哲学体系，也就主要是通过诠释与发挥这些儒家的经典而不断演化生成。所以自先秦往后的整个礼乐哲学与礼乐哲

---

① 王启发：《礼学思想体系探源》，中州古籍出版社，2005，第 84～142 页。

② 《韩非子·心度》。

③ 《礼记·礼器》。

学史，其主干就正是儒家礼乐哲学。

具体而言，《论语》对于三代礼乐传统的崇尚与追怀，以及为礼乐的哲学与伦理基础的建构所付出的努力，即奠定了儒家礼乐哲学注重"内圣外王"的理论基调。而《孟子》关于作为礼乐实践主体的"人"的内在心性问题的讨论，也为整个礼乐哲学的生成与演化提供了人的"内在道德性"，乃儒家礼乐哲学"内圣"一面的主要源泉。《荀子》则尤为关注礼乐哲学的社会与政治价值，强调"隆礼"之下的"重法"，其礼乐并举的本旨亦多是落脚于社会与政治的意义之上。因此，尽管后世儒家认为荀子思想偏离了儒学的价值主线，但其礼乐哲学中浓烈的"外王"倾向，仍然对于整个儒家哲学产生了较大影响。

此外，儒家的《尚书》《春秋》《易经》及《诗经》诸经之中，也存有大量上古礼乐的资料，其中不乏对礼乐之意义的阐释。尤其是《易经》，乃群经之首，被认为是中国哲学思想的源头，其关于礼乐的义理诠释虽难成体系，但对于我们理解和建构礼乐哲学仍有着重要价值。而《诗经》通常被认为是上古之乐词的汇集，尽管较少明确的义理阐发，却也是研究礼乐（尤其是乐）之意义不可或缺的文献。诸经之中，除礼经以外，《易经》与《诗经》又最为重要。同时，在礼乐哲学的研究中，无论是官修还是私家修撰的通史、断代史等史书中（如《史记》《汉书》《全唐史》《宋史》《明史》等）的"礼乐志"，以及其他的史论性著述中关于礼乐制度、史实等的记载与讨论等也都是较为重要的文献材料。

先秦诸经、子，特别是其中儒家的礼乐哲学思想，对整个礼乐哲学体系的形成起到了奠基作用。然而，由于上述诸子的著述并非专门的礼乐典籍，而上述除礼经之外的其余诸经虽然也具有上古礼乐的相关史料记载或意义阐释，但同样不够系统或专门，所以，它们只能算是礼乐哲学研究的部分主要文献，礼乐哲学研究的核心文献乃是"三礼"——《仪礼》《周礼》和《礼记》（也有人将《大戴礼记》独立纳入而合称为"四礼"）。"三礼"主要记载了先秦时期的礼乐典章制度与礼乐的具体操作仪则，以及对其中蕴涵的有关道德心性、社会政治、天地自然诸领域的哲学与伦理思想所做出的总结和深化。虽然其成书多是在战国与秦汉之间，但作为三代以来儒家礼乐思想的集大成者则是毫无疑义的。彭林认为："春秋、战国之交，儒家经典出现哲学化的趋势，《易传》对于

《易经》的诠释肇其端，继之而起的，则是《礼记》对于《仪礼》的说解。《礼记》对于原本只有礼法的《仪礼》做了全新的哲学诠释，……《周礼》在此道路上走得更远，构建起了以阴阳五行为间架的建国模式。"①尽管对《周礼》在此方面是否比《礼记》走得更远的问题我们尚可再作讨论，但整个礼乐哲学体系在春秋战国之后的日益丰满与充实，则的确是后世儒家在对上述诸经结合时代精神所做出的各种理论诠释和创新的基础上完成的。我们今天要研究礼乐哲学与礼乐哲学史，仍然需要以"三礼"为核心，以《诗经》《论语》等诸经、子文献为基础，结合历代注疏，不断回顾和探求其中的哲思奥义，并结合其时代特色与社会背景，客观、理性地进行演绎与评价。与此同时，先秦以后的历代思想家基于"三礼"等核心礼经文本，结合其所在时代的礼俗、礼仪、礼制，针对时代性的社会问题与礼学问题等展开的系列礼学探讨与实践，也同样是礼乐哲学研究的重要思想资源与文献、文化资源，是儒家礼乐哲学史的建构不可或缺的组成部分。

小　结

早期的礼乐起源于古人关于各种生存法则的总结与提炼，是古人生存智慧的体现。到了春秋战国时期，诸子面对"礼坏乐崩"的现实，对三代礼乐进行了新的诠释甚至是一定程度的重构，赋予了礼乐丰富的人文理性，华夏礼乐文明自此就完整地确立起来，并在发展演变中形成了绵延数千年的独特的文化与哲学系统。而先秦诸子对三代礼乐传统的理论诠释和重构，亦体现出了礼乐由生存智慧到人文理性的理论重心的转移。

自先秦之后，礼乐哲学的发展与演变同样主要是由历代思想家们以先秦儒家的礼乐元典以及诸子典籍等为基础文献依据，进行不断地诠释、演绎和创新而来。在这个过程中，生长于文明之盛世同时却又是社会之乱世的宋儒朱熹，便是一个典型人物，其礼乐哲学思想代表着我国中世纪礼乐哲学的最高水平，对后世的影响十分深远。

---

① 彭林：《礼的哲学诠释》，《哲学门》2008 年，总第 16 辑。

此外，需要补充的一点是，礼乐哲学作为中国哲学的主干，其基本内容若按现代哲学学科的分支结构来看，可以从礼乐自然哲学、礼乐宗教哲学、礼乐道德哲学、礼乐美学思想、礼乐政治哲学、礼乐哲学诠释学等等诸多方面去做判分和辨析；① 而从中国哲学根源于（或者说就是）中国传统义理之学的角度来看，礼乐哲学大致可分为礼乐形上学、礼乐价值论、礼乐实践观等三个方面。两种研究框架应该说是各有千秋，至

① 参见冯兵《礼乐哲学论纲》，《社会科学研究》2015年第4期。在文中，我们将这几个范畴的基本内涵与主旨作了大致的归纳，现摘引如下，以供参照理解。（一）礼乐自然哲学思想。传统礼乐典籍所记载的各种仪则、政令制度、器制规范等涉及了大量如气、时令、阴阳、五行、方位、数字等概念，"礼意""乐义"的阐释也往往以之为基础，展现出了三礼朴素的自然哲学思想及其背后的"天人相感""天人合一"等中国传统哲学的特质与基本理念。也正是基于此，对礼乐自然哲学的讨论成为礼乐哲学研究的首要任务。而在礼乐的自然哲学意蕴中，对气之阴阳、五行及时令等的"中和"主旨多有强调，亦充分凸显了其对"中和"价值主体的认同。（二）礼乐宗教哲学思想。商周以来的巫神文化传统伴随着礼乐自然哲学观念在三礼中得到延续，那就是天地鬼神思想体系的建构以及祭祀观念与仪式等的完备，显示出了传统礼乐一定的宗教属性；而儒家"敬德""保民""敬鬼神而远之""神道设教"等思想又赋予了其较充分的人文理性。其中，儒家对祭祀、卜筮活动之"鬼事"与"人道"认识的折中与调和，使礼乐中的宗教精神与宗教哲学内涵因自然宗教向伦理宗教的转化而愈显独特和复杂，并直接导致了当代学界关于"儒教"的诸多论争。（三）礼乐政治哲学思想。在礼乐政治哲学体系中，王官文化是其文化基础，以"和"为最高价值理想的"大同"社会是其政治蓝图，职官系统是其实践保障，以礼乐之"教"来"化政"是其根本手段，"仁""敬"等伦理思想是其情感与价值依据，德、礼并重的礼治精神是其主要特征。礼乐政治哲学强调的是统治者的德性、智慧与宗法社会制度的融会贯通，正是"中"这一自三代而来的政治哲学准则的完美体现。（四）礼乐道德哲学思想。"仁""敬""中""和"等是礼乐道德哲学的主要概念。"仁"为"敬""中""和"之道德心理与情感基础；"敬"涵括了"让""诚""畏""孝""悌"等内容，为礼乐道德哲学体系的实践原则；而上至天地鬼神，中至社会人生，下至人心人情，"中和"均为其理想价值形态和最高追求。而礼乐的伦理实践则涉及个体修身、家庭与宗族生活、社会交往与政治生活等诸多方面，也是以"中"为根本方法论原则，以"和"为最高价值导向与目标。（五）礼乐伦理美学思想。传统礼乐典籍中，对宫室器皿的形制设计、仪式的排布、服饰及仪容的色彩与修饰等的述论，以及对音律、音声的分析，对邪音、雅乐结合伦理判断的美学思考，对乐舞的艺术编排，等等，都体现出了儒家人文理性精神背景下以"中和"理念为核心、以"善民心，移风易俗"为旨归的伦理化审美心理与美学价值观念，影响深远。（六）礼乐的哲学诠释思想。礼乐的哲学诠释思想主要包括了历来关于礼乐本身的义理诠释原则及其哲学意义、历史演变等诸方面内容。具体而言，如先秦诸子（主要是儒家）关于礼乐所进行的大量哲学诠释与建构、《礼记》对礼意和乐理的阐释等，其中就蕴涵着丰富的哲学诠释学思想，体现出了自己的特征。其后的汉学与宋学系统之礼学的哲学诠释思想亦各有特色和优长，并对礼乐哲学的历史形态产生了不同影响。而"合乎义理之宜"的中道原则一直都是贯穿整个儒家礼乐的哲学诠释活动之始终的。

于作何选择，当因文本而异。我们对朱熹礼乐哲学思想的讨论，便是选择了后一种范式。而生存智慧与人文理性虽然在早期的礼乐哲学的不同阶段各有侧重，但均应被视为礼乐哲学的基本精神，这一点是确定无疑的。

第二章 朱熹礼乐哲学思想的背景

任何一种思想和理论体系的形成与发展，都有着与之相适应的历史及社会背景，其中包括思想的学术史传承，社会政治、经济、教育等的历史演变与现实状况等诸多因素。朱熹礼乐哲学思想体系的产生与成熟，在相当丰厚的经学和哲学的历史底蕴之外，同样也有着社会政治、经济与文化等诸多方面的现实社会基础。我们要较完整地探讨和理解朱熹的礼乐哲学思想，就必须对这一系列影响其基本内涵和特质的社会历史与思想文化等背景作一番梳理，以便读者能够对朱熹的礼乐哲学思想形成更加全面的认识。

第一节 社会文化背景

朱熹礼乐哲学思想的形成有着广阔的社会政治、经济、教育与文化等各方面的背景，相对而言，其中的政治、教育、文化背景所产生的影响则更显著一些。总体上说来，宋廷重文轻武的基本国策既从客观上强化了文人士大夫的社会担当精神，而由之所造成的军事上的败局又给文人学者带来了深重的忧患意识，从而对整个宋代思想与学术的义理化趋势都起到了较为重要的影响。此乃这一历史背景的基本特点。

一 经济与政治背景

从中唐开始，随着宗法专制社会经济结构的巨大变革，中国传统社会开始逐步向后期转化。德宗建中元年，唐政府在大臣杨炎的主导下颁布了《两税法》，规定国家依据支出的需要定出征税额度，然后按照居民的田亩等资产的数量核定应纳税额。这一财政改革，促使主张土地国有的均田令被废除，私人对土地的占有得到了政府的正式认可。自此，庶族地主经济与小自耕农经济迅猛发展，并最终在社会经济中占据了主导地位。士族高门的地位则日趋衰落，加上受到了打着"等贵贱，均贫富""贫富均田"旗号的唐末农民起义的沉重打击，更是一蹶不起。唐末五代诗人韦庄在其长诗《秦妇吟》中说："内库烧为锦绣灰，天街踏尽公卿骨"，就正是当时情形的生动写照。

到了宋代，随着社会生产力的进步，农业耕作技术和生产工具都有了一定的改善，如弯锄、铁耙、龙骨翻车等都纷纷在宋代出现。同时，政府对租佃制也做了进一步完善，且"不抑兼并"，鼓励垦荒，允许土地自由流通。因而随着土地私有化程度越来越高，农民的人身依附性大为减弱。在此基础上，整个宋代的手工业、工商业的潜力都得到了较有效的释放，商业资本的流通更为便捷，国家的城市化达到了新的历史高度，并形成了稳定的市民阶层与繁荣的市民文化。因此，在两宋时期，较为广大的社会阶层获得了相对更加独立的经济和政治地位，有了一定程度的主体价值和人格意识的自觉，整个社会便呈现出了一种较以往更为开明和自由的人文风尚。其中又以出身于庶族地主的士大夫群体最为显著，他们一方面因为大量兼并土地而经济实力大增，另一方面又通过愈加开放的科举制度纷纷进入了国家政权的核心，遂在北宋初就基本取代了门阀地主一跃而成为社会的主导性力量。

在政治和军事方面，宋太祖赵匡胤得帝位于既"非理"亦"非分"之"陈桥兵变"，当坐稳皇位之后，对领兵大将的猜防之心日深，遂有了"杯酒释兵权"的举措。宋太宗继而明确强调"外忧不过边事，皆可预为之防。惟奸邪无状，若为内患，深可惧焉。帝王当合用心于此"。[1]所以，为了进一步巩固统治，以防昔日的"陈桥兵变"在宋代重演，让黄袍加于异姓之身，太宗就提出："王者虽以武功克敌，终须以文德致治。"[2] 两宋间重文轻武的基本政治格局自此定型，并对整个中国其后一千多年来"重文轻武"的社会意识形态与民族心理都产生了重要影响。

宋廷一方面全力加强中央集权，由皇帝直接掌握军队的建置、调动和指挥大权；另一方面又将统兵机构分置，并使各方互相掣肘：枢密院为最高军政机关，负责战略决策、处理日常事务，招募、调遣军队，长官称枢密使。下分三衙，分别是殿前都指挥使司、侍卫亲军马军都指挥

① （宋）江少虞：《太宗圣训》，《宋朝事实类苑》卷二，《影印文渊阁四库全书》第874册，台湾商务印书馆，1986，第16页。

② （宋）李攸：《圣学》，《宋朝事实》卷三，上海商务印书馆，1936，第37页。

使司、侍卫亲军步军都指挥使司，各设都指挥使，分掌全国军队的最高指挥权力。枢密院与三衙分别掌控调兵权与统兵权，彼此牵制。平时统兵将帅调动频繁，将不识兵，兵不识将乃是常事；战时则由皇帝临时调兵遣将，事定之后，兵权复归三衙。这种制度对控制唐代藩镇割据以来的兵隳，保障军队内部的稳定与社会的安定确有一定作用，但同时也留下了在战事中互相掣肘、效率低下的病根。所以，宋廷在对外战争中一败再败，不断地失地丧民，甚至连徽、钦二宗都被掳北上，可谓奇耻大辱。而"靖康之变"后南宋虽然勉强偏安于一隅，但崖山一役，风雨飘摇的南宋朝廷彻底灭亡，有宋一代至此走到了历史的尽头。

限制武官，防范武臣，过于借重文官的力量，尤其是在军事上利用文官来牵制武官，是宋代国势逐渐衰颓、军力总体较弱的原因之一。但在另一方面，宋统治者对于社会文化发展的高度重视和文人士大夫在国家治理、社会教化等方面的器重与倚仗，又极大地调动起来了文人的社会担当意识，从而儒士本来"先天"就有的经世精神得到了更加有力的强化。而且，又正是因为强邻窥伺，边战屡败，让宋代文人充满了民族忧患意识。所以，宋代出现了大批具有崇高爱国情操的政治家、思想家、文学家。如名相范仲淹，他的"先天下之忧而忧，后天下之乐而乐"，以天下为己任的高尚德操早已成为千古佳话，为传统士大夫的政治人格树立了典范。不仅有德有位的文人如此，即使终生未能得志的文人同样也是满怀救国安民的热情与抱负。譬如陆游，"王师北定中原日，家祭无忘告乃翁"。又是何等崇高与伟大的爱国情怀！再如朱熹，尽管一生都未能完全遂得济世安邦的宏大志愿，但直至终老也不曾忘忧国事。只是他更多地将其经世理念与实践融进了自己一生的思想与学术中，尤其是关于礼乐经典的学习、编纂与实践活动，更是将其经世精神展露无遗。

忧国忧民的情志、经世济民的抱负，自古以来就是儒学与儒学家本有的气质。但两宋时期，尤其是宋室在"靖康之难"后，文人士大夫的忧世爱国情结空前强烈，这对于宋代经学进一步的义理化进而理学的兴盛起到了重要的推动作用。而究其缘由，除了儒学与儒学家们"先天性"的经世致用品质之外，宋代以"文德致治"的治国方略所造就的文人的高度担当精神，以及相对孱弱的军事与外交等所激发出的士大夫的强烈民族责任感和忧患意识，亦是重要原因之一。

二　教育与文化背景[①]

宋代统治者既以"文德"为治国之本，在政权稳定下来之后，文人就受到了极大的重视和关照。宋太祖曾定下三条诫令，命人刻于石上锁置在金銮殿中，要求将来的新君即位时必须跪读牢记，并坚决贯彻于施政行为中。这三条诫令是："一、保全柴氏子孙，二、不杀士大夫，三、不加农田之赋。"[②]因此，在整个宋代，"白衣卿相"为数众多，文人士大夫的社会与政治地位得到了空前提升。对文人的重视，其中一个很重要的目的，就是希望通过文人来加强社会伦常的教化。但除了文人之外，书籍的印制与普及推广则是开展社会教化最为基本的物质条件。宋太宗就说："夫教化之本，治乱之源，苟非书籍，何以取法？"[③]所以，随着唐代雕版印刷术的普及和宋代活字印刷术的问世，两宋的出版印刷事业不仅繁荣也很自由，统治者基本不予干预。而且官方一直都很重视书籍的收集、整理和大型类书的编纂工作，并在努力完善科举制度的同时，从政府到民间均大力兴办各类学校与书院，从不同层面为国家培养人才，遂最终形成了两宋文化繁荣瑰丽的局面。具体而言，体现在以下几个方面。

首先，国家通过推行馆阁制度，大量收集藏书，加强图书编纂，既为统治者储备了人才，也促进了文化事业的繁荣。所谓"馆阁"，是指昭文馆、史馆、集贤院这"三馆"和秘阁，四者均为宋代负责藏书和修纂的国家专门机构。具体负责馆阁的官员，即"馆职"，也都是由精心选拔出来的俊秀之士充任。"国朝馆阁之选，皆天下英俊，然必试而后命。一经此职，遂为名流"，[④]因此，"三馆"实际上是两宋的"储才之

---

① 本节写作主要参考了姚瀛庭主编的《宋代文化史》（河南大学出版社，1992），特此说明，并向姚瀛庭先生致谢！

② （清）王夫之：《太祖三》，《宋论》卷一，中华书局，1964，第76页。

③ （清）徐松辑，苗书梅等点校《宋会要辑稿·崇儒》，河南大学出版社，2000，第234页。

④ （宋）洪迈纂，孔凡礼点校《馆职名存》，《容斋随笔》卷十六，中华书局，2005，第208页。

地"，① 担负着为国家储备和培养人才的任务。而馆职的主要职责就在于收集、整理和校勘藏书，并负责图书的编纂和修订。

一是藏书收集方面。宋初时由于长期战乱，图书散佚比较严重，"三馆"设立初期国家的藏书仅有一万多卷，因此收集藏书就成了当务之急。统治者在攻打各地割据政权的同时，就很注意收集原政权的藏书。如开宝九年，宋太祖灭南唐，即命大臣吕龟祥广收江南图书二万余卷。其他诸役亦大多如此。同时朝廷也通过悬赏来鼓励民间献书，并派官员分赴各地寻访稀缺书籍，或购买，或抄录，或刻版印制。如此一来，从北宋建立之初到太平兴国三年这短短二十年左右的时间里，政府藏书就由一万多卷增至八万余卷。但在宋徽宗时期，随着"靖康之难"，馆藏图书亦不得幸免，被毁损殆尽。到了南宋，统治者仍然十分重视图书的收集，至宁宗朝南宋馆阁藏书已近六万余卷。而这些工作均是在皇帝的主导下由担任馆职的文官们完成的。

二是管理和校勘方面。朝廷对书籍的重视，不仅在于搜集储藏、扩大藏书量上，对书籍的管理和校勘也是非常关注的，并形成了相应的制度。宋初时，在太祖和太宗的关注下，馆阁职官对书籍的校勘不仅有具体的工作量的要求，而且在校勘完成之后皆要题名于卷末；在校勘方法上，也有较为细致的条例，如规定："诸字有误者，以雌黄涂讫，别书。或多字，以雌黄圈之；少者，于字侧添入；或字侧不容注者，即用朱圈，仍于本行上下空纸上标写。倒置于两字间书一字。诸点语断处，以侧为正；其有人名、地点、物名等合细分者，即于中间细点"。② 这一颇具实用性的勘误准则受到了历代学者的重视，直到今天仍然有着一定的参考价值。另外，对于馆藏图书的借阅和防盗问题也有明确的规定，并不断进行完善。如高宗赵构就在绍兴元年下诏要求："秘阁书除供禁中外，并不许本省官及诸处关借，虽奉特旨，亦不许关借。"③ 以严防藏书的流失。如此等等。

---

① （宋）马端临：《职官八》，《文献通考》卷五十四，浙江古籍出版社，2000，第495页。

② （宋）陈骙撰《储藏》，《南宋馆阁录》卷三，《影印文渊阁四库全书》第595册，台湾商务印书馆，1986，第425页。

③ （宋）陈骙撰《储藏》，《南宋馆阁录》卷三，《影印文渊阁四库全书》第595册，台湾商务印书馆，1986，第424页。

三是图书编纂方面。北宋在太宗、真宗两朝，国家基本得到统一，社会稳定，经济逐渐繁荣，统治者没有了政治与军事方面的过重压力，随即便开始着手加强文化建设，推进"文德致治"的政策。体现在图书的编纂方面，较显著的事例是"宋朝四大书"的编纂，即《太平御览》《太平广记》《文苑英华》与《册府元龟》，前三部为太宗时期所编修，《册府元龟》则修纂于真宗时期。其中，《太平御览》是一部大型类书，对诸家经、史、传记、小说等进行类编，共 1000 卷，所以不仅参编人数众多，而且历时六年——自太平兴国三年初至太平兴国八年底。该书尽管在文字和编纂体例等方面有些缺陷，但总的来说，它是现存古代类书中保存宋以前文献最多的，有着很高的历史价值和文献价值。《太平广记》则是李昉等人奉太宗之命，将汉至宋初千余年时间内的野史、小说和笔记予以收集整理，从中提取出可以"鉴照古今"的故事进行分类编修。其书 500 卷，加上目录 10 卷，共计 510 卷，完成于太平兴国二年三月至太平兴国三年八月之间，是在《太平御览》修纂期间内同时展开的另一部大型类书。《太平御览》结束之后，紧接着朝廷又下诏编修了《文苑英华》，选录历代作家 2200 人，作品 2 万篇，分别编入诗、赋、歌行、杂文、制诰、策问等，计 38 类，其中多为唐时作品，共计也是 1000 卷。《文苑英华》除了具备文学史价值之外，由于其中收录了很多书判、诏诰、表疏、碑志等，还可以起到考订和补充史籍的作用，具有较为重要的史料价值。《册府元龟》于真宗时期编修。真宗鉴于前述三部巨典的文献内容选材都较为驳杂，于是在亲自确定编修原则时将小说排除于外，要求以正史为主，兼及经、子，希望在完成其编修工作后能够以之作为本朝及后世君臣施政行事的鉴戒之书："朕编此书，盖取诸历代君臣德美之事，为将来取法。"① 该书共分 31 部 1116 门，总计仍是 1000 卷，但字数较其他三部更多。

在朝廷藏书和校书的影响下，由唐代发明和兴起的雕版印刷术在宋代发展颇快，再加上宋代又新出现了活字印刷术，因而社会上私人印书、藏书之风都极为盛行，与之相应的是校书活动也开展得极为便利。如神宗朝进士王钦臣所收集的藏书，不仅数量庞大，而且多为善本，在校勘

① （宋）王应麟：《玉海》卷五十四，江苏古籍出版社、上海书店，1987，第 1031 页。

方面亦成就斐然。如《宋史》就曾评价他说："性嗜古，藏书数万卷，手自雠正，世称善本。"① 此外，著名的女词人李清照和她的丈夫金石学家赵明诚在书籍的校勘方面也有着较为重要的影响，等等。在这样的社会人文风尚之下，有宋一代的文化与学术事业可谓蒸蒸日上，十分繁荣，为宋代经学和理学的产生在客观上设定了极好的社会文化背景，也储备了较为充分的文献与人才资源。

其次，从政府到民间都积极兴办学校与书院，而统治者也有意识地开放和完善科举制度，由此为国家提供了大批的文治人才，客观上为宋代文化的发达起到了重要的推动作用。

一是学校。宋代的学校大体可分为官学和私学两类，而官学又有中央官学和地方州县学之别。

宋代的中央官学类别之多可谓历代之最，其中以国子学和太学最为重要。② 唐代时由于门阀制度的影响，国子学乃贵胄子弟的学校，其进入门槛较高，必须是三品以上官员及国公的子孙方可。到了宋初，国子学的入学资格下降至七品京官的子弟，而且即便如此，事实上政府的控制也并不严格，不少低级官僚甚至寒门子弟都能够进入国子学听课。所以宋代国子学的规模远较唐代为大，而且越发淡化了其贵族性质。至于太学，在宋初的几十年里仅系国子学三馆（广文馆、太学馆、律学馆）之一。到庆历四年，太学从国子学中完全独立出来，并延续了国子学的一贯作风，甚至还进一步将入学条件降低，明确扩充至八品以下官员子弟和优秀的庶人子弟。从这以后，太学受到了中央政府的大力扶持，学生人数逐年增加。国子学则在短暂的辉煌之后，因与太学的性质与功能有较大程度的重合，于崇宁三年停止了招生，但机构得以保留。到了南宋，国子学完全并入太学，彻底退出了历史舞台。而其他诸学如四门学、武学等在太学迅猛发展的过程中虽然也都时断时续地存在过，却都没有产生大的影响。所以，此处我们仅对国子学和太学展开简要描述，从中我们对宋代中央官学教育的发展情况自可见一斑。

在地方州县学方面，由于唐代地方州县学不发达，因而在宋初也不

---

① （元）脱脱等：《宋史》卷二百九十四，中华书局，1977，第9817页。

② 除了国子学和太学之外，还先后存在过四门学、律学、武学、医学、算学、书学和画学等专门学校，另有广文馆以及宫学、宗学这两所专为皇族子弟设立的学校。

多见。到了北宋庆历、熙宁、崇宁年间，则先后出现了三次兴办地方州县学的高潮，又因入学资格不分士庶，故而生员和学校都很多，远较唐代兴盛。在北宋末年，地方州县学校的发展达到鼎盛。《宋史》记载说："自仁宗命郡县建学，而熙宁以来，其法浸备，学校之设遍天下，而海内文治彬彬矣。"① 地方州县学作为中央官学的有力补充，朝廷的大力投入和支持为国家培养了大批人才，为文化的繁荣奠定了坚实基础，有力地促进了社会文明的发展。

两宋的私学亦十分兴盛，各类史料中的有关记载都比较丰富。在许多知名的思想家、文学家乃至政治家身上，都曾有过私相授受的情况，有些甚至终生从事私学教育活动。而且，在私学活动中，师生之间情同父子又超越了父子亲情的局限，而学生学成之后又带弟子，由此形成了较为稳固的学术团体及流派，并对后世的学风及师徒关系都产生了重要的影响。

二是书院。"中国古代早在先秦便具有私人讲学的传统，由此传统孕育，书院在唐代发端，至宋代蓬勃兴盛，形成中国古代社会中的一种新型教育组织。"② 北宋初期，全国各地兴起的私人书院很多，朱熹在讨论出现这一盛况的原因时指出："予唯前代庠序之教不修，士病无所于学，往往相与择胜地，立精舍，以为群居讲习之所。而为政者乃或就而褒表之，若此山（湖南衡阳石鼓山——编者注），若岳麓，若白鹿洞之类是也。"③ 朱熹认为，宋代民间书院的兴起，根本原因在于官学"不修"，文人士子苦于学无定所，于是自为之谋，兴办起了书院作为共同学习之处。其中，朱熹除了谈到湖南衡阳石鼓山回雁峰下的石鼓书院之外，还提及了另外两所著名的书院，即今湖南长沙西岳麓山抱黄洞下的岳麓书院，江西庐山五老峰下的白鹿洞书院。另外，北宋时期比较著名的书院还有今河南商丘故城西北隅的应天府书院、河南登封太室山南部的嵩阳书院、江苏金坛县三茅山的茅山书院，等等。今天有学者曾依据各省的通志做过统计，认为整个宋代书院共有397所，也有人得出的数据为229

① （元）脱脱等：《宋史》卷一百五十五，中华书局，1977，第3604页。
② 冯天瑜、何晓明、周积明：《中华文化史》，上海人民出版社，2005，第541～542页。
③ （宋）朱熹：《衡州石鼓书院记》，《晦庵先生朱文公文集》卷七十九，《朱子全书》第24册，上海古籍出版社、安徽教育出版社，2002，第3783页。

所。① 无论具体数字如何，我们从中都可看出，宋代的书院的确是很兴盛的。

宋室南渡之后，百废待举，地方州县学萧索凋敝，而民间的书院在日渐兴盛的理学思潮的带动下，却呈现出了欣欣向荣的繁荣态势。其中，门人遍天下、十分注重学术交流与教育事业的朱熹对于民间书院的兴起起到了很重要的推动作用。宋孝宗淳熙六年，朱熹奉诏知南康军，上任不久便于当年十月下令修复白鹿洞书院，并时时亲自督工，到第二年三月即竣工。竣工之后，朱熹亲自编订白鹿洞书院学规，并在教授生徒时严格执行，为南宋书院的重振做出了贡献。而南宋书院的发达，不仅表现在数量上的大幅增加，还体现为活动内容的丰富，它除了藏书、讲学之外，也具备了供祀的重要功能。朱熹晚年时，在福建建阳考亭镇建沧州精舍作讲习之所，一天之内的讲学活动大抵就是以收集藏书、讲学、供祀为主，这在《朱子语类》中均有着详细记载。

宋代的中央官学和地方官学一度为国家培养了大批人才，推动了整个社会文化的繁荣与发展，但随着统治阶层生活的奢靡与政治的腐败，官学风气逐渐败坏，这个时候，私学及民间书院的兴盛又成为宋代思想与文化得以进一步发展下去的中流砥柱。而纵观宋代学校与书院建设的各种变化，我们不难看出，它们之所以能够对宋代思想与文化的繁荣发展起到如此重要的影响，主要就因为思想学术的真正下移为士庶子弟提供了更多的教育机会，扩大了社会的受教育面，有力地提高了社会的整体文化水平，并进而在有宋一代形成了较浓郁的学术与文化氛围。

三是科举制度。由唐入宋之后，门阀士族的势力大为衰减，庶族地主阶级拥有了更为广泛的社会基础和众多的人数。如前所述，宋代统治者为了适应这一社会局势的变化，在教育方面基本打破了门阀制度的束缚，使得教育更加普及和平民化，由此提升了整个社会的文化水平。并且，在人才的选拔上，宋代实行了较隋唐更为开明的政策，主要就体现为科举制度的完善。

科举制度是一种肇始于隋、完备于唐的官员选拔制度，是寒门子弟

---

① 转引自冯天瑜、何晓明、周积明《中华文化史》，上海人民出版社，2005，第543页。该著又转引自陈元晖等著《中国古代的书院制度》，上海教育出版社，1981，第30页。

跻身社会中上层的制度性保障。唐代统治者在建国之后不久，就确立了"人尽其才，才尽其用"，"选天下之才为天下之务"的治国方针，因而其科举制度不断趋于完备。到了宋代，科举取士制度得到进一步的发展，寒族子弟"学而优则仕"，跻身主流社会的通道得以保持畅通，如此既保证了统治阶层的人才需求，也因正常的阶层流动得到了保障而赋予社会以生机与活力，从而也有效维系了社会的稳定。正是基于这方面的考虑，宋代君主常常亲自主持考试，严格控制势家子弟与考官串通以徇私舞弊，因而在较大程度上保证了考试的公正性。如宋太祖亲自规定："食禄之家，有登第者，礼部具姓名以闻，令复试之。"① 又说："昔者，科名多为势家所取，朕亲临试，尽革其弊矣。"② 因此，"英雄不问出处"，考生全凭经义、诗赋、策论定高下，学识与能力起着决定性作用。此外，宋廷对寒门子弟参加科举考试还给予了经济补助，规定自起程以至返乡费用皆由政府财政支出。而且宋代在每年度的取士名额规模上也远远超过隋唐，和其后的元、明、清相比也多有过之。

　　总而言之，有宋一代，无论是经济体制与政治制度，还是社会文化与教育体系，都体现出了不同于前代的新面貌、新风尚，将整个宋代的物质文明与精神文明推向了传统华夏文明的历史巅峰，构成了一种有别于前代的新型文化系统，为朱熹礼乐哲学思想的发展与成熟晕染了独特的文化底色。

第二节　学术思想背景

　　在思想与学术方面，总体说来，朱熹的礼乐哲学思想的产生既有着唐宋间经学的发展背景，同时也与两宋理学的兴起息息相关，是儒学在两宋时期的自我革新与全面发展的产物，而这一新的儒学形态往往也被称为"两宋新儒学"。朱熹的礼乐哲学思想的形成与发展便是在这一背景中展开的。在此我们不妨对"两宋新儒学"得以形成的思想学术史背景与进路作一大致交代。

---

① （元）脱脱等：《宋史》，中华书局，1977，第3606页。
② （元）脱脱等：《宋史》，中华书局，1977，第3606页。

一　古文运动

漆侠先生指出:"宋学形成于宋仁宗统治期间,庆历新政前后是宋学形成的阶段。"并且,"从学术的渊源看,它受到中唐以来韩愈、李翱等儒家道统说和一些学者疑经的深刻影响"。① 而韩愈等正是古文运动的主将。古文运动"是在中国古代社会发生重要转变时期所形成的一场儒学复兴运动,也是一场文学改革运动"。② 儒学的复兴实乃古文运动最根本的目的。

(一)　古文运动的社会文化背景

魏晋六朝是我国历史上门阀世族社会的典型,而门阀世族社会的维系,最根本的就是依靠"礼"对社会阶层等差的规定。所以,清人赵翼在《廿二史札记》中就说:"六朝人最重三《礼》之学,唐初尤然。"③"礼"在维护社会等级制度的过程中具有极大的功用,对此早在春秋战国时期思想家们就已经有了十分明确的阐述。如荀子说:"义者循礼,循礼故恶人之乱之也",④"循礼"即不希望人们扰乱社会的既有秩序,所以,他一再强调"少事长,贱事贵,不肖事贤,是天下之通义也"。⑤ 而《礼记》也指出:"礼义立,则贵贱等矣。乐文同,则上下和矣。"⑥ 礼乐合用,所希望达到的社会效果就是:既等级森严,又和谐稳定。而要达到这样的效果,首先要熏陶驯化的就是人们的思想和情感,于是政治思想家们就有了"礼乐之统,管乎人心矣"的认识。⑦ 从先秦以来的整个传统社会中,礼乐文化的繁荣即与此有着本质联系,故而对于礼制的编修与完善是历朝历代都不曾疏忽懈怠过的。

其中,《大唐开元礼》一百五十卷是有唐以来沿用最广、影响最大的礼典,历经贞观、显庆、开元年间的三次修订,"由是,唐之五礼之文

---

① 漆侠:《宋学的发展和演变》,河北人民出版社,2002,第8页。
② 敏泽主编《中国文学思想史》(上卷),湖南教育出版社,2004,第559页。
③ (清)赵翼著,王树民校证《廿二史札记校证》,中华书局,2013,第468页。
④ 《荀子·议兵》。
⑤ 《荀子·仲尼》。
⑥ 《礼记·乐记》。
⑦ 《荀子·乐论》。

始备，而后世用之，虽时小有损益，不能过也。"① 而魏晋至初、盛唐时期，皇室贵族对"礼"的重视不仅体现在对礼制的完备建设方面，而且在社会推广方面也是不遗余力的，其结果就使得"魏晋以来，以贵役贱，士庶之科，较然有辨"，② 有效地维护了世家大族社会地位的合法性。

到中唐之后，随着杨炎"两税法"和租佃制的推行，一些庶族地主出身的士大夫在经济上的实力极大增强，并且又通过科举制度进入了统治集团的中上层，遂越来越多地获得了政治上的地位。与之相反，自魏晋以来一直占据主导地位的世家大族的权势和地位则江河日下。随之而来的，便是庶族士大夫阶层在意识形态上对于为世家大族所利用的"礼"的抵制与重新诠释。如古文运动的主要代表人物韩愈、柳宗元等都对"礼"表示过不满，韩愈在《读仪礼》一文中说："余尝苦《仪礼》难读，又其行于今者盖寡。沿袭不同，复之无由，考于今诚无所用之。"③ 韩愈认为《仪礼》难读，究其根本，主要是因为觉得它离现实生活较远，没什么实际用处，实在是找不到恢复施行它的理由，所以读来索然无味，自然是"难读"。从中我们就可感受到韩愈对古礼的兴趣如何了。而柳宗元对"礼"的质疑和批判更是直截了当，他针对《左传》所言之十恶不赦的"六逆"行为——"贱妨贵，少陵长，远间亲，新间旧，小加大，淫破义"作了一篇《六逆论》，说："余谓少陵长，小加大，淫破义，是三者，固诚为乱也。然其所谓贱妨贵，远间亲，新间旧，虽为理之本可也，何必曰乱？"④ 这对于自汉以降的传统礼法观而言，不啻是较大的颠覆和改造。

当然，韩、柳等人对礼法观的颠覆并非要将其彻底推翻以重建一套全新的思想文化体系，而只是否定汉魏以来的官方儒学，要求承继先秦，重续自尧、舜、汤、文、武、周公、孔子、孟轲以来的儒学"道统"。韩愈表白自己"读书著文歌颂尧舜之道"，认为正是由于荀子、扬雄等人"择焉而不精，语焉而不详"，使得道统在很长的时间里一度中断，所以他力拒释、道两家之"异端邪说"，强烈主张复兴先秦儒学，"使其

---

①　（宋）欧阳修、宋祁：《礼乐志第一》，《新唐书》卷十一，中华书局，2000，第198页。

②　（梁）沈约：《恩幸传》，《宋书》卷九十四，中华书局，2000，第1531页。

③　（唐）韩愈：《读仪礼》，《韩昌黎全集》卷十一，中国书店，1991，第183页。

④　（唐）柳宗元：《六逆论》，《柳河东集》卷三，上海古籍出版社，2008，第60页。

道由愈而粗传，虽灭死万万无恨"。① 柳宗元也声言自己"唯以中正信义为志，以兴尧舜孔子之道利安元元为务"，② 以继承尧舜孔孟儒家的社会政治理想、福泽天下苍生为职志。由此可见，韩愈等人发起古文运动，其背后有着浓烈的儒学道统情结和政治关切。

（二）古文运动的内容、实质及影响

古文运动在文学上的批判对象主要是骈文。骈文又称骈俪文，以四六句式为主，由于过度讲究对仗的形式技巧，往往束缚了内容的有效表达。骈文体在魏晋时期出现，到南北朝达到鼎盛。在唐开元、天宝年间，这一文风则逐渐发生了变化。安史之乱后，萧颖士、李华、独孤及、梁肃、柳冕等人相继提出了文体改革的问题。他们认为"文章之道"重在伦理教化，只有突出了伦理教化的意义，文章才会内容充实，气质雄正，具备充分的社会价值。如梁肃在《祭独孤常州文》中引用独孤及的话说："文章可以假道，道德可以长保，华而不实，君子所丑。"③ 要求"文以载道"，并强调因"道"而成文的新文学思想。但六朝骈体文却因拘泥于形式而"文不足言，言不足志"。④ 所以，既然骈体文不仅缺乏思想性，表现力也有问题，改革文风以促进思想的解放就成了当务之急。

到了韩愈和柳宗元的时代，骈体文已经有了较大的改革，实际上韩、柳所倡导、发动的古文运动也并非专为反对骈体文而起。如韩愈说："君子居其位，则思死其官；未得位，则思修其辞，以明其道。我将以明道也，非以为直而加人也。"⑤ 柳宗元也申言曰："贤者不得志于今，必取贵于后，古之著书者皆是也。"⑥ 二人均秉承了儒家强烈的事功精神，主张儒者在得志时当为君尽忠、为民效力，不得志时亦须"以文明道"，

---

① （唐）韩愈：《与孟尚书书》，《韩昌黎全集》卷十八，中国书店，1991，第 268 页。
② （唐）柳宗元：《寄许京兆孟容书》，《柳河东集》卷三十，上海古籍出版社，2008，第 480 页。
③ （唐）梁肃：《祭独孤常州文》，《文苑英华》卷九百八十二，《影印文渊阁四库全书》第 1342 册，台湾商务印书馆，1986，第 609 页。
④ （唐）独孤及：《赵郡李公中集序》，《文苑英华》卷七百二，《影印文渊阁四库全书》第 1339 册，台湾商务印书馆，1986，第 632 页。
⑤ （唐）韩愈：《争臣论》，《韩昌黎全集》卷十四，中国书店，1991，第 219 页。
⑥ （唐）柳宗元：《寄许京兆孟容书》，《柳河东集》卷三十，上海古籍出版社，2008，第 484 页。

发扬光大儒学传统。所以，借文体的改革倡导政治改革，最终复兴儒家的思想文化，"接乎孟子之传"，这才是他们发起古文运动的真正目的。

北宋初，柳开、孙复、石介、欧阳修等人在古文运动的先驱者韩愈、柳宗元复兴儒学的主张的基础上更进了一步。如宋真宗即位之初，柳开就在《上言时政表》中建言："若守旧规，斯未尽善；能立新法，乃显神机。"① 石介十分推崇柳开，说他"著书数万言，皆尧、舜、三王治人之道"。又说："仲涂（柳开之号——编者注）之道，孔子之道也。夫人能知孔子之道，施于天地间，无有不宜。以之治民，以之事君，以之化天下，皆得其序。"② 这里明显表现出了对于韩愈"道统"思想的继承，而在对先秦儒学"治人之道"的强烈向往方面则有过之。

另外，从北宋中期开始，科举制度也出现了变革。唐代以来主要以诗赋、帖经、墨义取士的做法渐被摒弃，经义考试则在科举中逐步受到了重视。当时的经义考试已没有了僵硬死板的解经要求，考生既可依陈说铺叙，也可按己意解说，这为以理解经义内涵为主的新儒学的产生打下了很好的基础。于是，在北宋中期的儒学领域中，学者们对以唐初《五经正义》为代表的旧经学体系产生了质疑，汉唐学者专事训诂笺注的遗风随之渐渐退隐。最终，"注重义理，以己意解经"这一经学史上具有重大意义的转变得以彻底完成。上述科举考试内容方面的变化，即表明唐宋之际的疑经惑传思潮取得了实质性的成功，其思想动力主要就来源于唐宋古文运动复兴先秦儒学以及文体改革的现实需要，反过来它又对古文运动的发展起到了较重要的促进作用。

二　疑经惑传思潮

自唐初孔颖达等人奉命编修《五经正义》、统一经学注疏之后，学者沿袭汉魏以来的章句注疏之学，坚持"注不驳经、疏不破注"的解经传统，墨守《正义》，不敢越其雷池一步。对此，晚清学者皮锡瑞评价道："自《正义》、《定本》颁之国胄，用以取士，天下奉为圭臬。唐至

---

① （宋）柳开：《上言时政表》，《河东集》卷十，《影印文渊阁四库全书》第1085册，商务印书馆，1986，第310页。

② （宋）石介：《送刘先之序》，《徂徕石先生文集》卷十八，中华书局，1984，第217页。

宋初数百年，士子皆谨守官书，莫敢异议矣。"① 这就不仅束缚了经学的正常发展，也抑制了人们在解释经典方面的创造性，使得整个社会的思想意识形态都趋于保守，儒学的发展因而受到了严重的阻滞。到了中唐时期，针对儒家经学的这一现状及佛、道两教的蓬勃发展给儒学所带来的思想主导地位的威胁，一些士大夫开始积极审视儒家经学内部的发展状况，并对传统经说产生了怀疑，学术界和思想界出现了一股疑经惑传的新风尚。

如刘知幾在其《史通》一书中，大胆地指摘《尚书》和《春秋》诸经中多有造假和"虚美"之言，这一对儒家经典的质疑和批判在当时的社会上引起了极大震动。成伯屿著《毛诗指说》一卷，也据臆测提出了《毛诗序》之首句并非孔子亲作，而是子夏所传，其余皆是毛苌所续的大胆之言。此后啖助及其弟子赵匡、陆淳专治《春秋》，分别有《春秋统例》《春秋微旨》《春秋集传辩疑》等著述问世，师徒三人均试图摆脱三传旧说的拘束，仅凭一己之意推断孔子作《春秋》的"微言大义"。他们在著述中采用证据极少，其本意也仅在于借助经义的发挥表达对时政的不满，从而提出自己的政治主张。等等。这些都超出了汉唐传经的家法范围，开了后世学者疑经惑传风气之先河。不过，当时普遍的经学传承情况则仍如皮锡瑞所言："经学至唐以至宋初，已陵夷衰微矣。然笃守古义，无取新奇；各承师传，不凭胸臆；犹汉唐之遗也。"②

到了宋仁宗时期，诸儒的疑经思潮愈演愈烈，不仅敢于疑传注，而且对经典本身也产生了怀疑，甚至还以己意篡改经文。其中主要的代表人物即是孙复、欧阳修、刘敞、王安石等人。

孙复自 44 岁起隐居泰山收徒讲学，庆历二年得范仲淹举荐任国子监直讲，其"讲说多异先儒"，对传统的注疏之学多不屑一顾。他在解《春秋》时，"不惑传注，其言简易，得经之本义。"③ 但孙复等人还主要是疑传注，到了欧阳修，则进而开始怀疑经典本身。他指出："自秦之焚书，六经尽矣。至汉而出者，皆其残脱颠倒，或传之老师昏耄之说，或

---

① （清）皮锡瑞：《经学历史》，中华书局，2008，第 207 页。
② （清）皮锡瑞：《经学历史》，中华书局，2008，第 220 页。
③ （清）永瑢撰《四库全书总目》，中华书局，1965，第 214 页。

取之冢墓屋壁之间，是以学者不明，异说纷起。"① 此外，在《诗本义》中他也用"臆说""衍说""曲说""妄说"等词，对毛《传》、郑《笺》提出了非议，并在《易童子问》中对《易》的经传也提出了质疑。所以，四库馆臣就认为："自唐以来，说《诗》者莫敢议毛、郑，虽老师宿儒亦谨守《小序》。至宋而新义日增，旧说几废，推原所始，实发于修。"②

继欧阳修之后，刘敞是疑经派的又一代表人物。他不仅疑经，甚至还改经。《四库全书总目》曾指出，"（敞）皆改易经字，以就己说……盖好以己意改经，变先儒淳实之风者，实自敞始。……敞之说经，开南宋臆断之弊，敞不得辞。"③ 不过，四库馆臣评价说："宋代改经之例，敞导其先，宜其视改《传》为固然矣。然论其大致，则得经意者为多。"④ 因此，刘敞虽多以己意解经改经，但多数情况下能令人信服。而他的这一解经方式，又正好代表了宋代学术新的发展方向。

王安石作为一个著名的政治家和思想家，他对经典的怀疑和挑战具备了浓烈的政治色彩。他摒弃"先儒旧说"，重注《周礼》《尚书》《诗经》，作《三经新义》，其主要意图乃是以之作为改革的思想理论根据。一方面，王安石认为："然孔氏以羁臣而与未丧之文，孟子以游士而承既没之圣，异端虽作，精义尚存。逮更煨烬之灾，遂失源流之正，章句之文胜质，传注之博溺心，此淫辞诐行之所由昌，而妙道至言之所为隐。"⑤ 在他看来，秦火之前，孔、孟尚能承续并固守尧、舜、禹和文、武、周公等圣贤之精神，然而在"焚书坑儒"之后，这一道统传承体系就出现了混乱，儒家文化的精髓已难以真正把握和追寻，汉魏儒生的"旧说"已不足为信。所以，重释经典就势在必行了。但另一方面，又正如四库馆臣在《四库全书》所收王安石著《周官新义》的"提要"里说："然《周礼》之不可行于后世，微特人人知之，安石亦未尝不知也。安石之意，本以宋当积弱之后，而欲济之以富强，又惧富强之说，必为

---

① （宋）欧阳修：《问进士策三首》，《欧阳修全集》，中国书店，1986，第 326 页。
② （清）永瑢等撰《四库全书总目》，中华书局，1965，第 122 页。
③ （清）永瑢等撰《四库全书总目》，中华书局，1965，第 270 页。
④ （清）永瑢等撰《四库全书总目》，中华书局，1965，第 215 页。
⑤ （宋）王安石：《谢除左仆射表》，《王文公文集》卷十八，上海人民出版社，1974，第 207 页。

儒者所排击，于是附会经义以钳儒者之口。实非真信《周礼》为可行。"[1] 这就充分说明，重释经典在王安石这里不仅有着重要的学术意义，更是具备了政治改革的工具性价值。

由中唐而起的疑经惑传思潮，经两宋孙复、欧阳修、刘敞、王安石与二程、朱熹等的发展，其余风所及一直延续到明清。正是由于这股在中国经学史和思想史上意义十分重大的学术思想的自我解放之风，激发了儒学新的生命力，为宋代思想学术的成熟做出了重要的铺垫。

三　三教论衡中儒学对释道思想的批判与借鉴

在由唐至宋的朝代更迭中，社会虽然历经动荡，但在思想文化的进程里却有一条主线贯通始终，那就是儒释道三家思想彼此不间断的冲突与融合。汉魏以来儒学的不断自我革新以至两宋新儒学浓烈的义理色彩的最终形成，就是在这一片思想沃土中结出的累累硕果。

（一）儒、释、道三家鼎立

目前较为通行的说法认为，佛教初入中国当是在西汉末年的哀帝时期。经过数百年时间大量译介佛经和广建庙宇、收聚僧徒，到了魏晋南北朝，佛教已经十分兴盛。当时，"南朝四百八十寺"，仅在南朝首都建康一带，就有僧众十余万人；而北魏"佛经流通，大集中国，凡有四百一十五部，合一千九百一十九卷。……略而计之，僧尼大众二百万矣，其寺三万有余"[2]，其发展规模更是令人震撼。到了唐宋时期，随着新佛教宗派的纷纷出现，佛教的发展达到了其发展史上的顶峰，与儒、道鼎足而三，形成了中国传统文化的新格局。

道教的正式形成是在东汉中、后期，即公元 125—215 年间。到了唐宋时期，道教与佛教一样都获得了极大发展，尤其是在唐代更是达到极盛。李渊父子起兵之时，就为了提高自己的影响力而自称老子的后裔。武德元年，李渊登基，又正式昭告天下自己与道教教主老子的血统渊源。他还在羊角山修建伏龙观，将老子供为宗祖，且将羊角山改名为龙角山。事实上，李渊父子能够拼得天下，道士们也是功不可没的。在隋末群雄

---

① （清）永瑢等撰《四库全书总目》，中华书局，1965，第 150 页。

② （齐）魏收：《释老十》，《魏书》卷一百一十四，中华书局，2000，第 2026 页。

纷起的混乱时局中，许多道士制作并宣扬了大量如"老子度世，李氏当王"之类的符谶为李唐造势。甚至还有一大批道士直接投身于李渊父子的麾下，为李唐江山的鼎定立下了汗马功劳。在这样的背景下，道教在整个唐代都十分兴盛，尤其是在唐初，更是备受尊崇。高祖和太宗多次颁赏道士，在先后三次的佛、道高下之辩中，高祖李渊都直接表明了"道大佛小"、支持道教的态度。

但是，在政策方面，总体上说来唐王朝仍是沿袭前朝旧制，采取"三教齐立"的调和兼容政策，让儒、释、道三家在文化价值观方面尽可能地相互调适兼容，从而更有力地为自己的统治服务。其主要原则是以儒家的伦理和哲学观念体系为基础，以佛、道二教为补充，使三者各自在相互制衡的动态平衡中发挥出最大程度的社会教化功能，以有效调和各种社会矛盾，稳定民心。其中较为典型的做法就是"三教论衡"的辩论方式，唐高祖李渊就曾主持过这种辩论，并认为："儒、玄、佛义，各有宗旨"，[1] 皆有可取之处。张九龄在《贺论三教状》中也记述了唐玄宗时"召诸学士及道、僧讲论三教同异"的情况。[2] 而举办这样的辩论，即充分显示出了统治者协和三教使之为己所用的目的。

总体而言，唐宋时期的儒、释、道三家一直都是在此消彼长、彼此既排斥又互相借鉴融合的关系中鼎足而三、共同发展的。当然，三家的并立只是从宏观的历史视野上来看是如此，在具体的历史阶段中，则往往各有胜场，难以保持绝对的力量平衡。其中所体现出的，乃是彼此之间在王权的主导或参与之下不断的博弈和较量。而儒、释、道三家的相互激荡碰撞，在一定程度上也可以说正是唐宋思想文化繁荣昌盛的主要原因之一。

（二）　儒家对释、道二教的批判

最高统治者对于佛、道二教的尊崇与宣扬，既有维护社会稳定、巩固统治地位的政治诉求，也与其渴望长生不死以及满足精神需求等方面的原因密切相关。而在二者之间所表现出的某种具体偏向，则是出于各个帝王的不同喜好或政治需要。但无论如何，两教在各种纠结中交替盛

① 　（唐）刘肃：《褒锡》，《大唐新语》卷十一，古典文学出版社，1957，第165页。
② 　（清）董浩等编《全唐文》卷二百八十九，中华书局，1983，第2934～2935页。

衰，共同发展了起来，而且逐渐表现出了"艺术化倾向"，① 为推动唐宋文化的繁荣起到了重要作用。然而，又正是因为两教的昌盛，给儒家思想的社会正统地位带来了很大冲击。一些具有儒家道统观念和忧患意识的士大夫奋起抵抗，大张旗鼓地掀起了一场抵排佛、道两教的运动。

早在唐初时，太史令傅奕就曾上书严厉抨击佛教，指其"剥削民财，割截国贮"。② 在武则天时期，许多士大夫出身的大臣对武则天过度宠信佛教表现出了极大的不满，纷纷从儒家礼教和国家兵源及赋税等角度出发，上书反对佞佛。同时，在唐初被奉为国教的道教也通过各种方式从不同层面试图影响佛教的地位。而尽管这一阶段对佛教的排斥与批评不绝于耳，但都缺乏足够的理论深度和高度。韩愈则不同，他一方面提出了儒家的道统论，树起复兴儒学的旗帜；另一方面，他对两教之于国家政治、经济、社会风俗等诸方面流弊的批判也更为深刻，③ 再加上古文运动在文学及政治思想方面的改革所带来的社会影响，因此他的排佛主张也就更具号召力。会昌二年武宗灭佛，除了道教人士的推波助澜之外，便与韩愈的《论佛骨表》等排佛檄文有很大关系。

宋初时，"三先生"之孙复、石介即以排佛老为己任。孙复批判佛老所宣扬的死生祸福、因果报应等理念为怪诞之说，并通过阐述历史上一些帝王迷信佛、老，最终"沦胥以亡，势不克救"的历史教训，警告统治者要勤于政事，不得为佛、老所惑。石介在复兴儒学，排斥佛、老方面比孙复有过之而无不及。他将佛、老等"异端邪说"比作"盗贼"，儒家传统文化是"主人家"，而自己则谓"主人"之"奴"，以表明自己批判驱逐佛老之学说"至于死且不避"④ 的决心。

欧阳修对佛、老之学同样持强烈的否定和批判态度。在他看来，佛、老对社会的迷惑已经是十分严重了，而"佛之徒曰无生者，是畏死之论

---

① 孙昌武：《唐代佛道二教的发展趋势》，《南开学报》（哲学社会科学版）1999 年第 5 期。

② （唐）释道宣：《篋傅奕上废省佛僧表》，《广弘明集》卷十一，《影印文渊阁四库全书》第 1048 册，台湾商务印书馆，1986，第 374 页。

③ （唐）韩愈：《论佛骨表》，《韩昌黎全集》卷三十九，中国书店，1991，第 456 ~ 458 页。

④ （宋）石介：《怪说下》，《徂徕石先生文集》卷五，中华书局，1984，第 63 页。

也；老之徒曰不死者，是贪生之说也"。① 认为二教教义中颇多荒诞虚伪的内容，其基本精神则可以用"贪生畏死"来概括。并且，他还嘲讽唐玄宗"方溺于此，而又慕于彼，不胜其劳，是真可笑也"。② 对统治者沉溺于佛、老之中的行为给予了批评。

两宋理学家对佛老的批评主要在于二氏空谈性命义理而使得儒家所奉持的纲常伦理无处着实，与儒家的入世精神相扞格。其中最早对佛老之学展开强烈批判的是张载，他斥佛、老"以空为真""有生于无"，"彼语寂灭者往而不反，徇生执有者物而不化，二者虽有间矣，以言乎失道则均焉。"③ 认为佛、老的思想尽管彼此有所不同，但都否认了宇宙本体与社会人生的实存性、完整性，抛却了对社会应有的关照和担当。二程在明确指出佛老惑人至深，不仅普通百姓沉迷于其中，甚至大批的士人都受到了诳惑，使得儒学思想出现了严重的信仰危机，因而"所以害尤甚"④ 时，强调佛教虽重心性修养，却没有下学工夫："佛氏之道，一务上达而无下学，本末间断，非道也。"⑤ 批评"释氏无实"。⑥ 其所谓"无实"既是指释氏无下学的实践工夫，也是指佛学中无客观实存之理。而儒家的理则是客观存在的理论实体，无形却也绝非佛老的"空""无"。如二程说："实有是理，故实有是物；实有是物，故实有是用；实有是用，故实有是心；实有是心，故实有是事。是皆原始要终而言也。"⑦ 对于道家和道教的思想，二程的批评则主要集中在其长生成仙的宣传和鬼神观等方面，但同时又认为"道家萧索"，⑧ 相比佛教在危害程度上要轻许多。

朱熹对佛老的批判与二程基本无二致。他说："佛老之学不待深辨而

① （宋）欧阳修：《唐华阳颂》，《欧阳修全集》，中国书店，1986，第1162页。
② （宋）欧阳修：《唐华阳颂》，《欧阳修全集》，中国书店，1986，第1162页。
③ （宋）张载：《正蒙》卷一，《张载集》，中华书局，1978，第7页。
④ （宋）程颢、程颐：《河南程氏遗书》卷十三，《二程集》，中华书局，1981，第138页。
⑤ （宋）程颢、程颐：《河南程氏粹言》卷一，中华书局，1981，第1179页。
⑥ （宋）程颢、程颐：《河南程氏遗书》卷十三，中华书局，1981，第138页。
⑦ （宋）程颢、程颐：《河南程氏经说》卷八，中华书局，1981，第1160页。
⑧ （宋）程颢、程颐：《河南程氏遗书》卷二上，中华书局，1981，第38页。

明，只是废三纲五常，这一事已是极大罪名，其他更不消说。"① 又具体指出，由于佛学讲缘起性空，强调一切法皆无自性，其性、理为空性、空理，否定了超越的、实然的理的存在，而儒家之理皆为客观实存。因此，他常以理之虚实有无论儒释之别，如曰："儒、释言性异处，只是释言空，儒言实；释言无，儒言有。""吾儒心虽虚而理则实，若释氏则一向归空寂去了。"② 在朱熹看来，因为佛氏不了解理为实理，故而以作用见性，强调在日常社会生活中于具体的行住坐卧、发心动念上体察空性，故而要将性落入空寂，理当受到批判。陆九渊则以儒家的义利公私立场来批判佛学："某尝以义利二字判儒释，又曰公私，其实即义利也。"③ 又说："释氏立教，本欲脱离生死，惟主于成其私耳，此其病根也。"④ 按照象山的说法，佛教是本以了生死、脱苦海为个体的终极追求的，可惜落在了一己之私的窠臼，反不如儒家一方面积极入世，另一方面又以天理之当然为至高准则与追求从而超越了个体功利，等等。

（三）儒家对释、道二教思想的借鉴吸收

儒家对佛老之学的批判重心与视角，大体经历了从社会政治、经济等外在事功价值到内在心性义理体系的转变。这一转变的过程，其实也正是儒释道三教在彼此间的冲突抗衡中无论是社会关系还是学术思想都在不断融合调整的过程。

譬如韩愈，在与道教方术人士交往时就曾有过一段服食炼丹的经历，而其晚年被贬潮州又与大颠和尚过从甚密。也正是因为这一点，韩愈颇为宋儒所不满。对此，陈寅恪先生曾指出："退之从其兄会谪居韶州，虽年颇幼小，又历时不甚久，然其所居之处为新禅学之发祥地，复值此新学说宣传极盛之时，以退之之幼年颖悟，断不能于此新禅学学说浓厚之环境气氛中无所接受感发，然则退之道统之说表面上虽由孟子卒章之言所启发，实际上乃因禅宗教外别传之说所造成，禅学于退之之影响亦大

---

① （宋）黎靖德编《朱子语类》卷一百二十六，《朱子全书》第 18 册，上海古籍出版社、安徽教育出版社，2010，第 3932 页。

② （宋）黎靖德编《朱子语类》卷一百二十六，《朱子全书》第 18 册，上海古籍出版社、安徽教育出版社，2010，第 3933 页。

③ （宋）陆九渊：《与王顺伯》，《陆九渊集》，中华书局，1980，第 17 页。

④ （宋）陆九渊：《语录上》，《陆九渊集》，中华书局，1980，第 399 页。

矣哉！宋儒仅执退之后来与大颠之关系，以为破获赃据，欲夺取其道统者，似于退之一生经历与其学说之原委犹未达一间也。"① 由此可见，韩愈对佛老也并非全然排斥，尤其是他为后儒所极力称许的"道统"一说，实乃受禅宗的影响而来。在唐宋时期的儒学士大夫身上，对佛、老思想的排斥与兼容的辩证统一可以说是一种较为普遍的现象。

历来被视为理学开山的周敦颐，其学说更是深受佛道两教的影响。他最受重视的哲学理论——"太极"说，集中体现于其《太极图》与《太极图说》中。而按张立文先生的说法，《太极图》的理论渊源"有可能是以《道藏·太极先天图》为蓝本，吸收佛教禅师《阿黎耶识图》，并依照陈抟的《无极图》，而制造出来的"。② 此后道教或佛教又吸收了周敦颐的《太极图》图式而对各自的《太极先天图》和《阿黎耶识图》进行了改造。

此外，从《横渠先生行状》来看，张载也有"访诸释、老之书"多年无所得"反而求之六经"③ 的经历，其"虚空即气"观念的提出与佛、老以"空""无"为至上本体的思想直接相关。二程中的程颢同样"泛滥于诸家，出入于老、释者几十年"，④ 虽然二程排佛老甚力，但其思想中的佛禅因素却也常为朱熹所诟病。尤其是二程弟子们的思想多流入佛老一途，更是令朱熹引以为恨："程氏既没，诵说满门，而传之不能无失，其不流而为老子、释氏者几希矣，然世亦莫知悟也。"⑤ 不过，朱熹自己也曾"出入于释、老十余年"，⑥ 并在礼部应试中以禅学思想解读《易》《论语》《孟子》诸经经义而得中进士。从朱熹与佛、道的关系来看，"朱熹前期较崇佛学，晚年对道教兴趣有增"，同时，"就朱熹与道教关系的最引人注目者，是他注释《参同契》和《阴符经》一事。"⑦ 朱

---

① 陈寅恪：《论韩愈》，《金明馆丛稿初编》，生活·读书·新知三联书店，2001，第 320 ~ 321 页。
② 张立文：《宋明理学研究》，人民出版社，2002，第 107 页。
③ （宋）张载：《横渠先生行状》，《张载集》，中华书局，1978，第 381 页。
④ （宋）程颢、程颐：《河南程氏文集》卷十一，中华书局，1981，第 638 页。
⑤ （宋）朱熹：《邵州学濂溪先生祠记》，《朱子全书》第 24 册，上海古籍出版社、安徽教育出版社，2002，第 3803 页。
⑥ （宋）朱熹：《答江元适》，《晦庵先生朱文公文集》卷三十八，《朱子全书》第 21 册，上海古籍出版社、安徽教育出版社，2002，第 1700 页。
⑦ 陈少峰：《宋明理学与道家哲学》，上海文化出版社，2001，第 147 页。

熹通过注释属于道教的《参同契》和《阴符经》，借鉴其中的术数思想来完善自己的易学体系。当然，朱子学对佛老之学的吸收远不止于此。而陆九渊思想中禅宗的影响更为浓重，其"心即理"的宇宙本体论不仅是对孟子、程颢之心性学说的继承与发展，也受到了禅宗心论的很大影响。朱熹就曾批评说："子静却杂些禅，又有术数，或说或不说。"① 可见两宋理学家无不受到佛老思想的深刻影响，以朱、陆而言，后人就有"朱子道、陆子禅"的说法。

理学家们在其学思历程中出入于佛老之学的经历，使得他们的学术思想体系中既有本着儒学本位的道统观念而产生的对于佛、老"异端"的抵排，也有于自觉不自觉中对佛、老思想的借鉴和吸收，为理学宇宙本体论、心性论、工夫论的建构与哲学思辨方法的完善等都提供了重要的理论资源。可以说，"宋明理学在宋代出现，这与长期以来儒佛道三教在冲突中又相互融合吸收是分不开的。"② 而理学的深入发展，代表着两宋儒学的义理化程度已达到了巅峰，表现出了与汉学大为不同的理论形态。因此，在今天看来，任何学说体系若要持续保有生命力，都需要与时偕行地不断做出自我调适与革新，在这一过程中异质思想的刺激和交流是不可或缺的。而由唐至宋七百年左右的时间里，儒释道三家的鼎立与相互间的碰撞激荡所得以展开的相对开放自由的思想舆论空间，便为三者的发展都奠定了重要基础，尤其是从两宋儒学的思想史发展路径来看，就更是如此。

小　结

古文运动通过文体和文风的变革，形成了话语方式的解放，又进一步推动了儒学思想的解放与发展，为疑经惑传思潮的兴起奠定了基础。从中唐开始，到两宋走向极致的疑经惑传思潮，则通过对儒学自身的经典解释体系的开放式重构，催发了儒家思想与学术的蓬勃兴盛。而在佛、道两教的冲击下，儒学的批判精神、理性精神得到了更有力的发掘和展

---

① （宋）黎靖德编《朱子语类》卷一百二十四，《朱子全书》第 18 册，上海古籍出版社、安徽教育出版社，2002，第 3892 页。

② 洪修平：《儒佛道思想家与中国思想文化》，《江苏社会科学》2007 年第 6 期。

现，尤其是在与佛、道两教颉颃的过程中迅速发展起来的高度义理化的理学体系，更是赋予了两宋新儒学强大的生命力，从而使之在中国璀璨的历史星河中闪耀出了夺目的思想学术的光华。上述三大思想运动分别从内外不同层面交互构成了推动两宋义理之学产生和发展的学术思想的合力，而在随后的思想史发展中，它们自身也成为广义上的两宋新儒学的重要部分。

两宋新儒学之所得以形成的这一思想史进路，有着很重要的社会史背景，那就是唐宋间的巨大社会转型与变革。庶族地主或寒门出身的士大夫阶层则是推动这一社会转型的中坚力量。从思想史的角度来看这一社会史进程，我们大体可将其归纳为三个方面。

第一，中唐时期开始的封建宗法经济结构改革促成了平民士大夫阶层地位的上升。自汉魏以来，虽历经社会动荡，门阀贵族的政治与经济地位受到了较大冲击，但由于根深蒂固的礼法制度与礼法意识的作用，仍能在唐初得以维持。到了唐德宗建中元年，政府在大臣杨炎的主导下施行财政改革，促使主张土地国有的均田令被废除，私人对土地的占有得到了政府的正式认可。自此，庶族地主经济与小自耕农经济迅猛发展，并最终在社会经济中取代了门阀贵族而占据了主导地位。与之相应的是，庶族地主及寒门出身的士子通过科考也开始登上朝堂，逐渐成为政治与思想文化的重要参与者甚至主导者。中国封建社会由此开始逐步向后期转化，并在两宋完成。

第二，宋代重文抑武的基本国策为士大夫的思想学术自由提供了保障。唐宋两代，由于统治者对文人地位和作用的日渐重视，也就相应地给予了思想学术更多的自由发展空间。尤其是在宋初，统治者虽然得益于武将的拥戴而立国，但也因此而奠定了他们重文抑武的基本国策。宋太祖在立朝之初就于金銮殿上勒石为铭，强调"不杀士大夫"，极力推尊文人在国家政治生活中的作用和地位。因此，整个有宋一代，出版业发达，官学与私学教育都十分兴盛，科考取士制度越发完善，规模远甚于唐。思想界学派纷立，众说并起，士大夫的社会流动、言论、结社与学术出版相对自由，由此带来了文化事业与学术思想的繁荣。虽然两宋期间也有过"党禁"之祸，但其真正根由在于政治斗争，从思想史进程来看，它们对宋代思想学术的发展并无太大影响。

　　第三，两宋军事与外交的困局极大地强化了士大夫的民族忧患意识与担当精神。在整个华夏民族的历史上，宋朝应该是军事力量总体较为孱弱的王朝之一。到了王朝的中后期，朝纲愈益腐朽，军事屡遭败绩，由此又不断带来了外交上的屈辱。两宋士大夫们面对亡国灭族的危难时局，传统儒家本有的忧患意识和经世精神在他们身上更是空前强烈起来，并进一步激发和促使他们"革新政令""创通经义"，①努力建构起内圣外王、明体达用、义理为先的两宋新儒学（即宋学的主体部分），希望借此上以"正君"、下以"化民"，奋勇投身于社会政治舞台的前沿。而在成为社会中坚力量的同时，他们更是成为两宋新儒学形成之思想史进程的推动者和完成者。

　　综上可见，就两宋新儒学的形成与发展而言，其正是唐宋社会变革的背景下思想学术与社会发展紧密结合、彼此影响的理论结晶。因此，我们若要从思想史的角度去理解某一学术流派的形成路径，应注意决不能忽略与之紧密相关的社会史背景，否则将会失之单薄与片面。当然，同时我们也不能忽视其中个人创造力的作用。在两宋新儒学的思想史进程里，较典型者如程颢，他不无自豪地说："吾学虽有所受，天理二字却是自家体贴出来。"②"天理"或曰"理"这一最高形上本体概念的提出，可谓士大夫们"创通经义"而"自得于心"的重大成就的代表，实乃两宋新儒学之义理化趋向与特征的基本标识。这一观念体系再经由朱熹的集大成式发展，遂最终构成了两宋新儒学的核心与灵魂，宋代儒学至此也可以说是发展到了其最具代表性色彩的理论形态，为朱熹礼乐哲学思想的成熟奠定了重要的理论基础。

---

①　这是钱穆先生所归纳的宋学精神的两大方面："一曰革新政令，二曰创通经义。"见钱穆《中国近代三百年学术史》，商务印书馆，1997，第 7 页。
②　（宋）程颢、程颐：《河南程氏外书》卷第十二，中华书局，1981，第 424 页。

第三章　朱熹的礼乐形上学

礼乐哲学是中国哲学的精髓部分，而朱熹礼乐哲学思想既有深厚的经学底蕴，又有着理学精致的形上思辨性质，因此，其在礼乐哲学史乃至整个中国哲学史中都理应具有较为重要的地位和影响。朱熹在先秦以来的儒家传统礼乐哲学思想和由周敦颐、张载、二程等理学先驱奠基的理学思想的双重背景下，以理气论为主导，在礼乐与理气的关系，礼乐经典建构与生活实践中的鬼神观念，以及礼乐的文质内涵与文质关系等方面展开了系列的哲学思辨，并由此构成了其礼乐形上学的主要内容，为其礼乐哲学思想奠定了重要的形上学基础。

第一节　礼乐理气论

理与气作为两个独立的概念，早在先秦时期就已经受到了诸子的注意，并被较广泛地运用。其中，气出现得更早，也更受关注。《礼记》对于气和理的讨论就比较常见，可以说是对先秦关于这两个概念的哲学阐释的集大成，对后世的哲学思想尤其是宋明理学产生了重要影响。但是，气与理的合用与并称，则是随着理学的形成才出现的。理气是宋明理学的一组基本范畴，而理学的范畴几乎都是在一一对应的相互关系中存在的，并在相互关系中展示其意义，这是理学范畴的重要特点。[①] 朱熹对于理气与礼乐在形而上与形而下两个层面的联系，及其在礼乐哲学体系中的意义的认识，则构成了他的礼乐哲学思想体系的理论基础，并且由之在礼乐哲学和理学之间架起了沟通的桥梁，使二者在哲学基础方面具有了同一性。

---

① 蒙培元：《理学范畴系统》，人民出版社，1989，第6页。

一　理与礼乐

鉴于理在朱熹哲学思想体系中的重要性，因此，我们要探讨朱熹的礼乐哲学思想，首先就必须弄清楚理在朱熹有关传统礼乐的哲学与伦理内涵的讨论中所起到的作用及其地位问题。朱熹曾指出：

> 万物皆有此理，理皆同出一原。但所居之位不同，则其理之用不一。如为君须仁，为臣须敬，为子须孝，为父须慈。物物各具此理，而物物各异其用，然莫非一理之流行也。①

万物"统体"为"一理"，但在具体的人伦实践中，其"用"又根据个体在社会生活中所处的社会地位和所扮演的角色不同而有着各种具体分别。实际上，这样一种生活实践中的伦理表现上的差别，如"为君须仁，为臣须敬，为子须孝，为父须慈"，就是礼。在此我们可以说，从实践方面来看，礼就是理在实际生活中的具象化，理为体，礼为用。但理与礼之间还有形而上层面的关联，这也是朱熹讨论得最多的范畴之一。在这一层面上，礼是理的一部分，是其道德形而上学方面的内容，也就是说，在伦理学的意义上礼理可以贯通。

对此《礼记》早有专论："乐也者，情之不可变者也。礼也者，理之不可易者也。乐统同，礼辨异，礼乐之说，管乎人情矣。"② 并以孔子之言为佐证，道："子曰：礼也者，理也；乐也者，节也。君子无理不动，无节不作。"③ 此处关于乐所谓的"情之不可变者"以及"节"，无外乎仍是"天理之流行"的表现，而"礼也者，理也"的说法更是明确标明了礼理之间的关系。到了朱熹，便继承了《礼记》的说法，同样强调"礼即理也"，并进一步解释道："但谓之理，则疑若未有形迹之可言；制而为礼，则有品节文章之可见矣。人事如五者，固皆可见其大概

---

① （宋）黎靖德编《朱子语类》卷十八，《朱子全书》第 14 册，上海古籍出版社、安徽教育出版社，2002，第 606 页。

② 《礼记·乐记》。

③ 《礼记·仲尼燕居》。

之所宜，然到礼上方见其威仪法则之详也。"① 在他看来，理"未有形迹"，只是一种思想理念，唯有"制而为礼"，才会在具体的规范仪则方面体现出来。就如同君臣有义、父子有亲、夫妇有情、长幼有序、朋友有信等人伦之大者，虽可以在生活中大致看到形迹，但也只有到礼上方能见得规整、详尽和具体。所以，"然不曰理而言礼者，盖言理则隐而无形，言礼则实而有据。礼者，理之显设而有节文者也，言礼则理在其中矣"。② 可见在朱熹这里，礼是理的具体展现，理是礼内在的哲学与伦理依据，礼理一体。理因礼而"实而有据"，使人不至于在实践中无所凭据，落于空谈；同时礼的存在和实践也因为理的内附而具有了鲜活充实的生命力。

《论语·阳货》中，孔子说道："礼云礼云，玉帛云乎哉；乐云乐云，钟鼓云乎哉?"强调礼乐的本质不在于外在表现形式，而在于其内在的哲学与伦理规定。所以他又进一步指出："人而不仁，如礼何? 人而不仁，如乐何?"③ 认为仁是礼乐最根本的理论依据和原则。理学家们则在此基础上作了进一步的完善和深化，如朱熹就对其弟子吕焘所言"礼者，天理之节文；乐者，天理之和乐。仁者，人心之天理"一语深表赞同④。他们将礼乐视为"天理"在生活中的现实展现，而仁又是内在于人心的天理，是一种先验的德性。于是人与礼乐具有了理论上的共通性，也才因而有了可以与礼乐相通、懂得礼乐内附之理——礼乐的真精神的先决

---

① （宋）朱熹：《答曾择之》，《晦庵先生朱文公文集》卷六十，《朱子全书》第23册，上海古籍出版社、安徽教育出版社，2002，第2893页。不过，朱熹所讲的理自然和《礼记》中所讲的理有所不同。《礼记》中的理，主要是指自然与人伦中的条理、秩序乃至规则、规律，与人的理性思维与理性认知活动相关，但并不具备足够充分的形上性；程朱理学强调的理，则是自两宋以来的儒学体系中集本体论、宇宙论、价值论、方法论等诸范畴于一体的终极性形上学概念。程颢曾不无自得地说："吾学虽有所受，天理二字却是自家体贴出来。"（《河南程氏外书》卷第十二，《二程集》，中华书局，1981，第424页。）便说明了程朱理学对早期文献中的理在内涵与外延方面的重要升华与突破。因此，形上本体概念"天理"的提出与系统化运用，同时也就构成了程朱理学对先秦儒学的最主要的推进和发展。

② （宋）朱熹：《答赵致道》，《晦庵先生朱文公文集》卷五十九，《朱子全书》第23册，上海古籍出版社、安徽教育出版社，2002，第2865页。

③ 《论语·八佾》。

④ （宋）黎靖德编《朱子语类》卷二十五，《朱子全书》第14册，上海古籍出版社、安徽教育出版社，2002，第880页。

条件。

但作为社会个体的人，又要如何才能求得人心中的那份天理，获得仁的德性而成就道德上的完满呢？最基本的途径就是"克己复礼"，它是整个儒学修养理论体系的核心概念，尤其是宋明理学，对此更是十分重视。其语同样出自《论语》："颜渊问仁。子曰：克己复礼为仁。一日克己复礼，天下归仁焉。为仁由己，而由人乎哉？"①对于"克己复礼为仁"一节，朱熹与其弟子及师友们的讨论至为繁复周详。他曾明确指出：

> "克己复礼"，不可将"理"字来训"礼"字。克去己私，固即能复天理。不成克己后，便都没事。惟是克去己私了，到这里恰好着精细底工夫，故必又复礼，方是仁。圣人却不只说克己为仁，须说"克己复礼为仁"，见得礼，便事事有个自然底规矩准则。②

朱熹强调说，从"克己"到成就仁之间，必须有一个"复礼"的过程，礼为规矩准则，是必不可少的。朱熹之所以特别强调这一点，原因主要在于，自魏晋至两宋，由于受到佛、老之学的影响，中国思想学术的主体皆崇尚玄理，士人多好空谈高妙抽象之理，而不肯落实于人伦日用，对于传统礼乐的切身实践少有关注。到了理学兴起之后，这一现象即引起了部分学者的警醒和批评，如二程。程颐在《明道先生行状》中曾引程颢之言道：

> 道之不明，异端害之也。昔之害近而易知，今之害深而难辨。昔之惑人也，乘其迷暗；今之入人也，因其高明。自谓之穷神知化，而不足以开物成务。言为无不周遍，实则外于伦理；穷深极微，而不可以入于尧、舜之道。天下之学，非浅陋固滞，则必入于此。③

---

① 《论语·颜渊》。
② （宋）黎靖德编《朱子语类》卷四十一，《朱子全书》第15册，上海古籍出版社、安徽教育出版社，2002，第1451页。
③ （宋）程颐、程颢：《河南程氏文集》卷十一，《二程集》，中华书局，1981，第628页。

二程对当时的玄谈之风甚感不满，朱熹则继承并进一步深化了这一思想，将其与传统礼乐的编修与实践紧密结合起来，构成了其一生的思想学术的主要内容。故而朱熹一方面说"礼即理"，另一方面又特别强调不得简单地以理的字面意义训解礼，而是要求关注礼乐的践行，将克己与践礼视为一事，于努力践行之中克去己私以获取天理，不至流于空谈不着实处。如叶贺孙问："非天理，便是人欲。克尽人欲，便是天理。如何却说克己了，又须着复于礼？"朱熹便回答说：

> 固是克了己便是理。然亦有但知克己而不能复于礼，故圣人对说在这里。却不只道"克己为仁"，须着个"复礼"，庶几不失其则。下文云："非礼勿听，非礼勿视，非礼勿言，非礼勿动。"缘本来只有此礼，所以克己是要得复此礼。若是佛家，尽有能克己者，虽谓之无己私可也，然却不曾复得礼也。圣人之教，所以以复礼为主。若但知克己，则下梢必堕于空寂，如释氏之为矣。①

朱熹认为佛家也讲"克己"，但无礼可"复"，最终必然会"堕于空寂"，无则可循。"克己复礼为仁"，要真正克尽己私以得天理，"复礼"是至关重要的一环。又由于"人只有天理、人欲两途，不是天理，便是人欲。即无不属天理又不属人欲底一节"。所以，"须是立个界限，将那未能复礼时底都把做人欲断定"。② 能否"复礼"，已成为天理与人欲的现实分际。

但要如何"复礼"？朱熹指出：

> 礼是自家本有底，所以说个"复"，不是待克了己，方去复礼。克得那一分人欲去，便复得这一分天理来；克得那二分己去，便复得这二分礼来。且如箕踞非礼，自家克去，箕踞稍稍端坐，虽未能

---

① （宋）黎靖德编《朱子语类》卷四十一，《朱子全书》第 15 册，上海古籍出版社、安徽教育出版社，2002，第 1451 页。

② （宋）黎靖德编《朱子语类》卷四十一，《朱子全书》第 15 册，上海古籍出版社、安徽教育出版社，2002，第 1454 页。

如尸，便复得这些个来。①

在他看来，人心之中不是天理即是人欲，而"礼是自家本有底"，此礼显然就是理，具有抽象意义。又因为"克己便能复礼，步步皆合规矩准绳；非是克己之外，别有复礼工夫也"，②故而所谓的"复"就只是指天理（"礼"）与人欲（"己"）在人心中的拉锯战。其争斗的结果最终体现在作为"人事之仪则"的礼的实践层面上来，如"箕踞"与"端坐"之辨就是活生生的体现。反之，若礼乐的践行者"空有那周旋百拜，铿锵鼓舞，许多劳攘"，以及礼乐空有那种种仪文规矩，却无内在的天理作为依据，将是何等模样？朱熹说：

> 礼是那天地自然之理。理会得时，繁文末节皆在其中。"礼仪三百，威仪三千"，却只是这个道理。千条万绪，贯通来只是一个道理。夫子所以说"吾道一以贯之"，曾子曰"忠恕而已矣"是也。盖为道理出来处，只是一源。散见事物，都是一个物事做出底。一草一木，与他夏葛冬裘，渴饮饥食，君臣父子，礼乐器数，都是天理流行。活泼泼地，那一件不是天理中出来！见得透彻后，都是天理。理会不得，则一事各自是一事，一物各自是一物，草木各自是草木，不干自己事。③

礼乐本是天地自然之理，千百礼仪，万千条目，其中都流行贯通着天理，都源于天理。若理会不得，则"一事各自是一事，一物各自是一物，草木各自是草木，不干自己事"，各种周旋揖让、鼓乐歌舞亦自各为一体，如一盘散沙。礼乐的实践一旦没有了哲学与伦理的意义，就如同人失去了灵魂。所以，朱熹又道：

---

① （宋）黎靖德编《朱子语类》卷四十一，《朱子全书》第15册，上海古籍出版社、安徽教育出版社，2002，第1454页。
② （宋）黎靖德编《朱子语类》卷四十一，《朱子全书》第15册，上海古籍出版社、安徽教育出版社，2002，第1452页。
③ （宋）黎靖德编《朱子语类》卷四十一，《朱子全书》第15册，上海古籍出版社、安徽教育出版社，2002，第1456页。

礼乐者，皆天理之自然。节文也是天理自然有底，和乐也是天理自然有底。然这天理本是儱侗一直下来，圣人就其中立个界限，分成段子；其本如此，其末亦如此；其外如此，其里亦如此，但不可差其界限耳。才差其界限，则便是不合天理。所谓礼乐，只要合得天理之自然，则无不可行也。[1]

在朱熹看来，天理本是在宇宙万物之中自然流行贯通，而圣人为使天理更加方便和有效地应用于人类生活，遂为之区别划分，此即为礼乐的由来。所以，礼乐的本末内外无不是天理，而礼乐的实践"只要合得天理之自然，则无不可行也"。若不合天理，礼乐的实践显然就没有了归依而无所适从，礼乐也就不成其为礼乐了。所以，理（或曰天理）正是礼乐的灵魂，是礼乐存在的形上学的终极依据，是其合法性最根本的证明。

二　气与礼乐

关于气，有学者指出："中国哲学的'气'概念，含义极广，几乎举凡世间一切事物都不出'气'概念之范围。"并且，"大致说来，'气'概念有物理、生理、心理、伦理、哲理等几个层次的含义（简言之，可谓'一气涵五理'）。而哲理意义的'气'，就是指作为世界万物之本原或元素的'气'，它可以化生万物，其本身与物理意义的'气'相通，而生理、心理、伦理乃至审美等意义的'气'都由此衍生而来"。[2]宋代理学家对于气的讨论可谓十分热烈，其中，最为系统地阐述气论的理学家自然是张载。他首先肯定了气是一种物质实体，强调"太虚无形，气之本体，其聚其散，变化之客形尔"。[3]"太虚"指整个宇宙空间，它由气充塞，同时又是气的本然形态，而自然界中一切事物都由气聚散变化而成。张载在否定佛教太虚空无说的基础上，提出并建立了以气为世界本体、为最高哲学范畴的气一元论体系。二程亦承认气是生成世间万物的基本物质，但决定气的运行的却是理，理才是真正具有本体意义的范

① （宋）黎靖德编《朱子语类》卷八十七，《朱子全书》第17册，上海古籍出版社、安徽教育出版社，2002，第2973页。

② 李存山：《"气"概念几个层次意义的分梳》，《哲学研究》2006年第9期。

③ （宋）张载：《正蒙·太和篇第一》，《张载集》，中华书局，1978，第7页。

畴。程颐说："离了阴阳更无道，所以阴阳者道也。阴阳，气也。气是形而下者，道是形而上者。形而上者则是密也。"① 而"密者，用之原"（"密"就是道或理），故气是形而下者，道（或曰理）是形而上者，是气的运行之"原"，即根本。

朱熹则有所选择地继承并发展了张载与二程的气论，将之综合运用于包括"人"在内的世间事物的生成上面来。他说："天之生此人，无不与之以仁义礼智之理，亦何尝有不善？但欲生此物，必须有气，然后此物有以聚而成质。"② 仁、义、礼、智乃天所赋予人之所以为人的理，但仅有此理，人形却难成，必得有气方才能够"聚而成质"。人之生与五行之气切切相关，这在《礼记》中早有认识，如其《礼运》篇指出："故人者，其天地之德，阴阳之交，鬼神之会，五行之秀气也。"但在程朱理学里，又在气之上添设了一个主宰——理，以之为人、物之本性。所以朱熹说："人物之生，同得天地之理以为性，同得天地之气以为形。"③ 又明确地指出："以本体言之，则有是理，然后有是气，而理之所以行，又必因气以为质也。"④ 也就是说，理与气既是形上与形下的关系，也是体用关系，理必须借助气的物质形式而发用流行于天地之间。因此，从这个角度而言，"日月星辰风雷，皆造化之迹。天地之间，只是此一气耳。"⑤ 理不着形迹，所见惟有气。

在朱熹看来，理是气之生成与运行的形上学规定，而气则是理得以存附和彰显的物质条件。但在日常人伦事务中，"礼者，天理之节文；乐者，天理之和乐"，⑥ 礼乐本身既是天理的内容，也是天理在具体生产与

---

① （宋）程颐、程颢：《河南程氏遗书》卷十五，《二程集》，中华书局，1981，第162页。

② （宋）朱熹：《玉山讲义》，《晦庵先生朱文公文集》卷七十四，《朱子全书》第24册，上海古籍出版社、安徽教育出版社，2002，第3590页。

③ （宋）朱熹：《孟子集注》卷八，《四书章句集注》，《朱子全书》，第6册，上海古籍出版社、安徽教育出版社，2002，第358页。

④ （宋）朱熹《孟子或问》卷三，《朱子全书》，第6册，上海古籍出版社、安徽教育出版社，2002，第934页。

⑤ （宋）黎靖德编《朱子语类》卷六十三，《朱子全书》第16册，上海古籍出版社、安徽教育出版社，2002，第2086页。

⑥ （宋）黎靖德编《朱子语类》卷二十五，《朱子全书》第14册，上海古籍出版社、安徽教育出版社，2002，第880页。

生活实践中理想的外化形式。如此一来，理与气之间的种种联系就在礼乐实践与气的关系中有了具体、形象的展示。

气与礼乐的关系主要表现在以下几个方面。

（一）气为礼乐存在的基础

作为礼乐实践主体的人，由气聚而成质。然而气禀往往也拘缚了人所禀受之理（即"性"），造成了人心中的恶，这又为礼乐的存在与践行提供了基本前提。

朱熹在《经筵讲义》中说：

> 臣窃谓天道流行，发育万物，而人物之生，莫不得其所以生者以为一身之主。但其所以为此身者，则又不能无所资乎阴阳五行之气。而气之为物，有偏有正，有通有塞，有清有浊，有纯有驳。以生之类而言之，则得其正且通者为人，得其偏且塞者为物。以人之类而言之，则得其清且纯者为圣为贤，得其浊且驳者为愚为不肖。[1]

此处所谓"其所以生者"为理（"天道"），理是一身之主宰，而人与物的生成，则又不得不凭据"阴阳五行之气"为物质媒介与载体。因此，世间万物的化生成形，皆源自理与气的结合。但气有偏正、通塞、清浊、纯驳之别，故而在所有生物之中就有了人与动植物的不同，在人类之中则有了圣贤者和愚不肖者之分。圣贤者所禀受之气清且纯，故而气与理一，不受丝毫物欲所蔽。自圣贤往下，则其内在的天理无不受气禀中偏驳浑浊者的拘缚，而难以"明其明德"。

随后朱熹又道：

> 夫人之所以不能明其明德者，何哉？气禀、物欲害之也，盖气偏而失之太刚，则有所不克；气偏而失之太柔，则有所不克。声色之欲蔽之，则有所不克；货利之欲蔽之，则有所不克。不独此耳，凡有一毫之偏蔽得以害之，则皆有所不克。唯文王无气禀、物欲之

---

[1] （宋）朱熹：《经筵讲义》，《晦庵先生朱文公文集》卷十五，《朱子全书》第 20 册，上海古籍出版社、安徽教育出版社，2002，第 693 页。

偏蔽，故能有以胜之而无难也。其曰"顾諟天之明命"者，人受天地之中以生，所谓命也，故人之明德，非他也，即天之所以命我，而至善之所存也。是其全体大用盖无时而不发见于日用之间，事亲事长、饮食起居，其所当然，各有明法。人唯不察于此，是以气禀物欲得以蔽之而不能自明。①

在他看来，人之难见其内心的"明德"，原是受气禀物欲所拘而难以克己复礼所致。其所谓"明德"乃"天之所以命我"而"至善之所存也"，换言之，"明德"也就是天理。这一份天理无时不发用流行于"日用之间"，是"事亲事长，饮食起居"之间的"所当然"者，只是看人能否察识而已。事实上，天理在日用之间的具体展现"各有明法"，其"明法"即现实生活中的显性规则，也就是礼。故而欲求得天赋之"明德"，就必须"克己复礼"，将视听言动都纳入礼的规制之下，从而克得那一分"己"去，即复得那一分礼来，天理也就随之日渐彰明。而"己"又从何处来？来自气禀物欲之所蔽。所以，因为气，礼就具备了存在与实践的前提条件和理由。

　　气是礼得以产生的重要条件这一观点，其实早在《左传》中就已形成。春秋时期郑大夫子产曾认为，礼是"天之经也，地之义也，人之行也"。子产据此进一步强调说："天地之经，而民实则之。则天之明，因地之性，生其六气，用其五行。"接着又道："气为五味，发为五色，章为五声。淫则昏乱，民失其性。是故为礼以奉之：为六畜、五牲、三牺，以奉五味；为九文、六采、五章，以奉五色；为九歌、八风、七音、六律，以奉五声……"② 大意是说，由物质性的气产生了五味、五色、五声，人若耽于或胡乱享用声、色、味，必会昏乱而迷失本性，因此就必须制订如"六畜""九文""九歌"等具体的礼乐来予以规范和引导。这一看法，显然就有着以气为礼之存在的前提条件的含义。朱熹所谓人欲源于人所禀受之气的偏驳的说法，或是对于《左传》中人们因为待气以"淫"，而"淫则昏乱，民失其性"一说的理学化发展。

①　（宋）朱熹：《经筵讲义》，《晦庵先生朱文公文集》卷十五，《朱子全书》第20册，上海古籍出版社、安徽教育出版社，2002，第700页。
②　《左传·昭公二十五年》。

《左传》中说："为九歌、八风、七音、六律，以奉五声"，"五声"源于气，"歌""风""音""律"即为乐的主要形式，显然乐亦从气而来。所以，《礼记·郊特牲》就说："乐，阳气也"，又道："乐由阳来者也"，而《大戴礼记·曾子天圆》也同样指出："阳之精气曰神，阴之精气曰灵。神、灵者，品物之本也，而礼乐仁义之祖也，而善否治乱所由兴作也。"可见先秦儒家都直接肯定了乐为天地间的阳气流转所生成，或者至少与之有着十分紧密的渊源。而乐在秦汉以后，雅乐渐至中绝，俗乐则蓬勃兴盛起来。到了两宋，人们谈及乐时，除了少数理学家之外，往往就只论音律与器乐而少言伦理。朱熹则不仅十分看重古乐和乐教，并且对音律也有着很好的研究，是当时一个难得的音乐家。他常在各种场合讲论音律，如曰："音律只是气。人亦只是气，故相关"，[①] 认为音律乃气所形成，与人同质同构，故而有着相关性，这就为乐的实践设定了物理与生理的基础。他还曾提到：

> 古者太子生，则太师吹管以度其声，看合甚律。及长，其声音高下皆要中律。
>
> 南北之乱，中华雅乐中绝。隋文帝时，郑译得之于苏祗婆。苏祗婆乃自西域传来，故知律吕乃天地自然之声气，非人之所能为。……因言，佛与吾道不合者，盖道乃无形之物，所以有差。至如乐律，则有数器，所以合也。[②]

从上可见，"律吕为天地自然之声气"，非人力所能改造。故此佛老虽与儒学有着理论本质上的区别，但在乐律方面，双方却也因为乐器与音律在气的生成论上有着一致性而存在某种程度的相互契合。

当然，朱熹此处说"律吕乃天地自然之声气，非人之所能为"，当是说人力无法任意改变律吕的自然生成规律，但人是可以掌握律吕，使之为人类服务的。如《论衡·寒温》篇里，王充对邹衍运用律吕调节气

---

① （宋）黎靖德编《朱子语类》卷九十二，《朱子全书》第17册，上海古籍出版社、安徽教育出版社，2002，第3093页。

② （宋）黎靖德编《朱子语类》卷九十二，《朱子全书》第17册，上海古籍出版社、安徽教育出版社，2002，第3086页。

候以促进农业生产的事情就有所记述："燕有寒谷,不生五谷。邹衍吹律,寒谷可种。燕人种黍其中,号曰黍谷。如审有之,寒温之灾,复以吹律之事,调和其气,变政易行,何能灭除?"《论衡·变动》篇亦道:"《传》曰:'燕有寒谷,不生五谷,邹衍吹律,寒谷复温。'则能使气温,亦能使气复寒。"可见中国古人对声律的运用早已超越了纯粹艺术的范畴,而与政治、经济、教化等紧密相关。这一关联的背后,则是关于乐的深层次的哲学思辨以及明确的价值赋予或判断。在朱熹这里,这一点体现得很是明显。

如有一次在讲论中朱熹与弟子们说:"向见一女童,天然理会得音律,其歌唱皆出于自然,盖是禀得这一气之全者。"① 朱熹本人对于音乐有着较高的兴趣,而且颇有造诣,因此他对女童"天然"的"歌唱皆出于自然"充满了惊异和赞叹之情。不过,此处的"自然"与庄子对大自然"天籁"之音的赞美又有着本质的不同。庄子称赞大风吹过万千石孔所发出的呼啸声为"天籁"之音,② 认为比"钟鼓之音,羽旄之容"③等人为造作之乐更为高妙,原因就在于"天籁"纯粹自然,不受人为拘迫而合于道,乃乐之本。朱熹的"出于自然"则是指出于天理之自然,是他称赞女童歌唱之声所禀得气的纯粹与完全,已达到了"气与理一"的最高境界。但无论如何,在朱熹那里,气显然是构成乐的基本物质要素,同时也是乐的实践的物质条件。当然,乐的真正成型和实践,仍需要理与气的合一。传统礼乐中乐为气的思想被朱熹进一步地具体化和理学化了,从而具备了更为强烈的人文理性精神。

(二) 气为礼乐实践的条件

"鬼神""魂魄"观念是传统祭礼必不可少的核心要素,若无"鬼神""魂魄"等观念的存在,祭礼也就失去了存在的依据。而"礼有五经,莫重于祭",④ 祭礼可以说是传统礼乐中最为重要的内容,所以我们就以朱熹在祭礼的讨论中对气与鬼神、魂魄之关系的认识为例,来探讨

---

① (宋)黎靖德编《朱子语类》卷九十二,《朱子全书》第17册,上海古籍出版社、安徽教育出版社,2002,第3094页。

② 《庄子·齐物论》。

③ 《庄子·天道》。

④ 《礼记·祭统》。

其礼乐哲学思想中气对于礼乐实践的意义。

1. 鬼神魂魄为气所构成

首先，我们来看鬼神。"鬼"，《说文解字》训曰："人所归为鬼。"[1]"神"，《说文解字》释为："天神，引出万物者也。"[2] 对于鬼神，在三礼中亦多有论述，如《礼记·祭义》所记：

> 宰我曰："吾闻鬼神之名，而不知其所谓。"子曰："气也者，神之盛也。魄也者，鬼之盛也。合鬼与神，教之至也。众生必死，死必归土，此之谓鬼。骨肉毙于下，阴为野土。其气发扬于上，为昭明，焄蒿凄怆，此百物之精也，神之著也。因物之精，制为之极，明命鬼神，以为黔首则。百众以畏，万民以服。"

这一段是孔子与其弟子宰我关于鬼神的对话。所谓气与魄，郑玄注曰："气，谓嘘吸出入者也。耳目聪明为魄。"对孔子关于鬼神所做的解释——"气也者，神之盛也。魄也者，鬼之盛也。合鬼与神，教之至也"，孔颖达等人在郑玄之注的基础上进一步认为，应是"言神是人生存之气，气者是人之盛极也"，"言人形魄者，鬼之盛极也"，并说："人之死，其神与形体分散各别，圣人以生存之时神形和合，今虽身死，聚合鬼神，似若生人而祭之，是圣人设教兴致之，令其如此也。"在此，汉唐时期的学者显然并没有明确肯定鬼神即为阴阳二气所化合而成。又如对于"死必归土，此之为鬼"和"其气发扬于上……神之著也"两句，孔疏分别解释道："鬼，归也，此归土之形，故谓之鬼也"，"此科释人气为神，言人生时形体与气合共为生，其死则形与气分。"[3] 在孔颖达等人看来，鬼乃人死之后"归土之形"，而"人气为神"，神也只是人体之气上扬于天之后的形态。

但是到了两宋时期，理学家们就运用理气说对鬼神的产生及其形态进行了十分丰富的演绎。如《礼记·中庸》记载："子曰：'鬼神之为

---

① （汉）许慎撰，（清）段玉裁注《说文解字注》，上海古籍出版社，1981，第434页。

② （汉）许慎撰，（清）段玉裁注《说文解字注》，上海古籍出版社，1981，第3页。

③ （汉）郑玄注，（唐）孔颖达疏《礼记正义》，《十三经注疏》（标点本），李学勤主编，北京大学出版社，1999，第1324—1325页。

德，其盛矣乎！'"朱熹在《中庸章句》为之注释说：

> 程子曰："鬼神，天地之功用，而造化之迹也。"张子曰："鬼神者，二气之良能也。"愚谓以二气言，则鬼者阴之灵也，神者阳之灵也。以一气言，则至而伸者为神，反而归者为鬼，其实一物而已。为德，犹言性情功效。①

二程认为鬼神乃天地造化之功，张载则明确地以气解释鬼神，主张鬼神乃阴阳二气运行变化的产物。朱熹继而指出，以阴阳二气言之，鬼为阴气之灵，神为阳气之灵；若以天地一气流行的角度看，则神为气之"至而伸者"，鬼为"反而归者"，究其实只是一气而已。所以，"鬼神只是气。屈伸往来者，气也。"②

再如魂魄，《朱子语类》记载曰：

> 问："'民受天地之中以生'，中是气否？"
>
> 曰："中是理，理便是仁义礼智，曷常有形象来？凡无形者谓之理，若气，则谓之生也。清者是气，浊者是形。气是魂，谓之精；血是魄，谓之质。所谓'精气为物'，须是此两个相交感，便能成物。'游魂为变'，所禀之气至此已尽，魂升于天，魄降于地。阳者，气也，魂也，归于天；阴者，质也，魄也，降于地。"③

朱熹认为，理乃事物存在与运行之法则和原理，无形迹可见；气则生发显现于事物之中，具有生生之意，赋予万物以明确可见的生命迹象。但它又有着清、浊之分，"清者是气，浊者是形"，这里的气显然是物理之气。朱熹在另外的场合又曾说，"气之清者为气，气之浊者为质"，"气

---

① （宋）朱熹：《中庸章句》，《四书章句集注》，《朱子全书》第 6 册，上海古籍出版社、安徽教育出版社，2002，第 41 页。

② （宋）黎靖德编《朱子语类》卷三，《朱子全书》第 14 册，上海古籍出版社、安徽教育出版社，2002，第 154 页。

③ （宋）黎靖德编《朱子语类》卷八十三，《朱子全书》第 17 册，上海古籍出版社、安徽教育出版社，2002，第 2860 页。

为魂，体为魄。"① 在他看来，人体之中精气为魂，血质为魄，魂魄便构成了人的精神与肉体这两个基本部分。而魂为阳气，魄为一种有形的血肉物质，为阴气所聚成。因此，魂魄皆为气，只是有着清浊、阴阳的不同。

从《礼记》到郑注与孔疏，都只是强调鬼、魄为可见之"形""质"，神、魂为无形之气，然鬼神、魂魄皆为气所构成。同时，《礼记》亦将天地阴阳与神鬼魂魄相对应，认为以鬼神魂魄为对象的祭礼所展现和遵循的便是天地阴阳之义："魂气归于天，形魄归于地，故祭求诸阴阳之义也。"② 到了张载、朱熹，便直接以阴阳之气解释鬼神魂魄的形成及运行，这是对传统礼乐哲学的一大发展。

2. 气为祭祀行为的物理依据

鬼神与人体中的魂魄为物质性的气所构成，人死之后"精神魂魄"同样也散化为流行于天地之间的气，只是没有了肉眼可见的形质，这就为人们祭祀天地鬼神以及后世子孙祭祀祖考提供了物理依据。如：

> 问："性即是理，不可以聚散言。聚而生，散而死者，气而已。所谓精神魂魄，有知有觉者，气也。故聚则有，散则无。若理则亘古今常存，不复有聚散消长也？"
>
> 曰："只是这个天地阴阳之气，人与万物皆得之气，聚则为人，散则为鬼。然其气虽已散，这个天地阴阳之理生生而不穷。祖考之精神魂魄虽已散，而子孙之精神魂魄自有些小相属。故祭祀之礼，尽其诚敬便可以致得祖考之魂魄。"③

气聚为人，人死气散为鬼。然祖考之精神魂魄虽然在死后已散，但只是其形质散化为无形之气，却与其子孙的精神魂魄之气仍有关联。所以，朱熹认为，后世子孙在祭祀时只需"尽其诚敬"，便可与祖考之魂魄相通："如子祭祖，先以气类而求，以我之气感召，便是祖先之气，故想之

---

① （宋）黎靖德编《朱子语类》卷三，《朱子全书》第 14 册，上海古籍出版社、安徽教育出版社，2002，第 158 页。

② 《礼记·郊特牲》。

③ （宋）黎靖德编《朱子语类》卷三，《朱子全书》第 14 册，上海古籍出版社、安徽教育出版社，2002，第 169 页。

如在。此感通之理也。"① 如何得以感通？因为子孙与祖先之气同一，皆为天地之间生生流行的气，故而才有了得以感通的平台："自天地言之只是一个气。自一身言之，我之气即祖先之气，亦只是一个气，所以才感必应。"②

在之后的一次讲论中，朱熹对此作了更为详尽的解释：

> 毕竟子孙是祖先之气，他气虽散，他根却在这里；尽其诚敬，则亦能呼召得他气聚在此。如水波漾，后水非前水，后波非前波，然却通只是一水波。子孙之气与祖考之气，亦是如此。他那个当下自散了，然他根却在这里。根既在此，又却能引聚得他那气在此。③

朱熹此处所谓的"根"，即是"天地阴阳之理"，也就是气的聚散变化以生成万物之理。它随物换，伴星移，不管世事如何变迁，均"生生不穷"。所以尽管由祖考之气所聚集成的质体已消散，但"既有此理，便有此气"，祖考之气实际上是散而未尽，只要子孙尽得"诚敬"之心，便可以引聚它来与自身之气相感格交通。

在朱熹看来，祭祀祖先是如此，祭祀天地、古圣先贤以及《礼记·祭义》中所谓"春禘""秋尝"等时祭同样如此。他指出：

> 祖考亦只是此公共之气。此身在天地间，便是理与气凝聚底。天子统摄天地，负荷天地间事，与天地相关，此心便与天地相通。

---

① （宋）黎靖德编《朱子语类》卷三，《朱子全书》第 14 册，上海古籍出版社、安徽教育出版社，2002，第 176 页。朱熹这里强调子孙祭祖"以气类而求"，这一点似乎在动物的某些行为中也能看到些许端倪，比如大象。大象是以家族为单位的群居性动物，在生活中遇见动物的尸骸时，家族中领头的雌象往往会先上去通过鼻子的闻嗅而判断是否为本家族的成员，若是，则会带领全体家族成员举行特殊的悼念仪式。大象通过鼻子的闻嗅能分辨出冥冥中彼此间的血缘联系，应当就是源于基因家族中的生物信息链，这或许同样能够为人类祭祀"以气类而求"提供一定程度上的遗传基因学方面的辩护。

② （宋）黎靖德编《朱子语类》卷三，《朱子全书》第 14 册，上海古籍出版社、安徽教育出版社，2002，第 170 页。

③ （宋）黎靖德编《朱子语类》卷三，《朱子全书》第 14 册，上海古籍出版社、安徽教育出版社，2002，第 171—172 页。

不可道他是虚气，与我不相干。如诸侯不当祭天地，与天地不相关，便不能相通。圣贤道在万世，功在万世。今行圣贤之道，传圣贤之心，便是负荷这物事，此气便与他相通。如释奠列许多笾豆，设许多礼仪，不成是无此，姑谩为之。人家子孙负荷祖宗许多基业，此心便与祖考之心相通。《祭义》所谓"春禘秋尝"者，亦以春阳来则神亦来，秋阳退则神亦退，故于是时而设祭。初间圣人亦只是略为礼以达吾之诚意，后来遂加详密。①

人与天地、鬼神、魂魄、圣贤、祖考等均为天地阴阳之气化生而成，有着生成论上的一致性。故而无论是人与天地、圣贤、祖考的相通，还是"春禘""秋尝"等时令之祭，都是因为这一气之流行幻化才有了基本的前提。当然，有了这个前提之后，还有个"当祭"与"不当祭"，即是否"合理"的问题，人与祭祀对象能否感格交通，气是基本条件，而理则是最根本的合理性依据。

祭礼为传统礼乐最为重要的内容，我们通过对朱熹所论气与祭礼之关系的考察，即可看出在他的礼乐哲学思想体系里，气之于礼乐所具备的重要作用。不过，气的运行仍然要受理的支配，理无疑更具本体意义。在礼乐的形成与具体实践中，二者缺一不可，而彼此之间的关系也对礼乐的理论及其实践产生着重要影响。

三　理气关系与礼乐

关于朱熹的理气关系问题，在许多有关理学的论著中讨论都已较为详尽，笔者在此无意作过多的重复。我们所关注的问题，主要是理气关系论在朱熹礼乐哲学中的影响与意义。大致说来，朱熹的理气关系论可分为以下几个方面，它们对朱熹的礼乐哲学思想的形成与演化起到了不同程度的作用。

（一）理气"不离不杂"与礼乐

二程指出："心所感通者，只是理也"，"若言涉于形声之类，则是

---

① （宋）黎靖德编《朱子语类》卷三，《朱子全书》第 14 册，上海古籍出版社、安徽教育出版社，2002，第 170 页。

气也"，① 将理气作了形上与形下的界分。朱熹则在此基础上进一步用理和气将整个世界分为了形上与形下两个逻辑层次。他说："天地之间，有理有气。理也者，形而上之道也，生物之本也；气也者，形而下之器也，生物之具也。"② 理气虽有形而上与形而下的区别，但二者却是"不离不杂"，"所谓理与气，此决是二物。但在物上看，则二物浑沦，不可分开各在一处，然不害二物之各为一物也；若在理上看，则虽未有物而已有物之理，然亦但有此理而已，未尝实有是物也。"③ 他认为，从逻辑上看，理气各为一物，分属形而上与形而下两个层次，各不相杂；但在物理上却是理在气中，理气合构而成万物，并同聚于万物之体，互不相离。所以，朱熹又道："人之所以生，理与气合而已。天理固浩浩不穷，然非是气，则虽有是理而无所凑泊。故必二气交感，凝结生聚，然后是理有所附著。"④ 朱熹在此十分清楚地指出，理气之间虽各自独立，但有分也有合，天地万物的生成必须二者共同作用才可。清代宗朱学者陆陇其就曾评价说："若夫理气之为分为合，一而二，二而一，不离不杂，则朱子之论备矣。"⑤ 不过，在朱熹看来，理气之间却又有着本末之分："有是气便有是理，但理是本。"⑥ 气不过是构成万物的物质材料，有此气便有此理如影随形，而理则是这一气得以流行生聚的主宰力量，起着决定性作用。

理为本，气为末，而理随气在。故而"凡人之能言语动作，思虑营为，皆气也，而理存焉。故发而为孝弟忠信仁义礼智，皆理也"。⑦ 理存于人的言行思虑之内，具体显发出来则为仁义礼智等德性。礼乐在生活

---

① （宋）程颐、程颢：《河南程氏遗书》卷二下，《二程集》，中华书局，1981，第56页。

② （宋）朱熹：《答黄道夫》，《晦庵先生朱文公文集》卷五十八，《朱子全书》第23册，上海古籍出版社、安徽教育出版社，2002，第2755页。

③ （宋）朱熹：《答刘叔文》，《晦庵先生朱文公文集》卷四十六，《朱子全书》第22册，上海古籍出版社、安徽教育出版社，2002，第2146页。

④ （宋）黎靖德编《朱子语类》卷四，《朱子全书》第14册，上海古籍出版社、安徽教育出版社，2002，第194页。

⑤ （清）陆陇其：《理气论》，《三鱼堂文集》卷一，《景印文渊阁四库全书》第1325册，台湾商务印书馆，1986，第5页。

⑥ （宋）黎靖德编《朱子语类》卷一，《朱子全书》第14册，上海古籍出版社、安徽教育出版社，2002，第114页。

⑦ （宋）黎靖德编《朱子语类》卷四，《朱子全书》第14册，上海古籍出版社、安徽教育出版社，2002，第194页。

实践中，其本身不仅由理气合聚而得，也是在理的主导之下通过气来运行和实践。所以，理气之间"不离不杂"而又"理本气末"的关系，对礼乐的生活实践产生了很大影响，也决定着礼乐的基本哲学形态。最典型的仍是体现于祭祀之中的"当祭"与"不当祭"的区别：

> 或言鬼神之异。曰："世间亦有此等事，无足怪。"味道举以前曰"魂气归天，体魄降地；人之出入气即魂也，魄即精之鬼，故气曰阳，魄曰阴，人之死则气散于空中"之说，问："人死气散是无踪影，亦无鬼神。今人祭祀，从何而求之？"曰："如子祭祖先，以气类而求。以我之气感召，便是祖先之气，故想之如在，此感通之理也。"味道又问："子之于祖先固是如此。若祭其它鬼神，则如之何？有来享之意否？"曰："子之于祖先，固有显然不易之理。若祭其它，亦祭其所当祭。'祭如在，祭神如神在。'如天子则祭天，是其当祭，亦有气类，乌得而不来歆乎？诸侯祭社稷，故今祭社亦是从气类而祭，乌得而不来歆乎？今祭孔子必于学，其气类亦可想。"①

由上可知，在朱熹看来，子孙祭祀祖考自是因为其血气相关，以"气类而求"，是"显然不易之理"。而祭祀其他天地鬼神，虽与己之气不相关，但只要是"当祭"者，也就是合祭祀之理者，彼此之气就自然相若（类），亦可以感通。譬如天子祭天、诸侯祭社稷，以及今人祭社神、学子祭孔圣人，等等，皆是因为有可祭之理，所以"其气类"，遂可感格交通。这是因为"道理合如此，便有此气"，"合当祭他，便有些气"。倘若"不当祭"，没有祭祀之理，气便聚合不来，即所谓"若理不相关，则聚不得他；若理相关，则方可聚得他"。② 很显然，有此理即有此气，无此理自无此气，理随气在，但又各为一物，互不相杂。不过，虽然"通天地人只是这一气"，礼乐实践中气是至关重要的物质条件，而理却是决定礼乐实践是否合理有效的最高准则，无可替代。

---

① （宋）黎靖德编《朱子语类》卷三，《朱子全书》第 14 册，上海古籍出版社、安徽教育出版社，2002，第 176—177 页。
② （宋）黎靖德编《朱子语类》卷三，《朱子全书》第 14 册，上海古籍出版社、安徽教育出版社，2002，第 177 页。

（二）"理生气"与礼乐

前面我们说朱熹认为理气"不离不杂"，但有个理本气末的分别；他后来与学生的讲论中，则又提出了"理生气"的说法：

> 谦之问："天地之气，当其昏明驳杂之时，则其理亦随而昏明驳杂否？"曰："理却只恁地，只是气自如此。"又问："若气如此，理不如此，则是理与气相离矣。"曰："气虽是理之所生，然既生出则理管他不得。如这理寓于气了，日用间运用都由这个气，只是气强理弱。譬如大礼赦文，一时将税都放了相似。有那村知县硬自捉缚须要他纳，缘被他近了，更自叫上面不应，便见得那气粗而理微。又如父子，若子不肖父，亦管他不得。圣人所以立教，正是要救这些子。"①

理是世间万物生聚运行的最高形上原则，气作为生成万物的基本物质元素，自然是在理的主宰之下。朱熹此处所谓的"理生气"，并非说由理孕生出一个活生生的气来，它仍只是强调理为气本的逻辑结构。② 但"理生气"一说，又远比"理为气本"的说法更能够生动贴切地解释理气关系所造成的在人物之间以及人与人之间气禀差异的缘由。因为气有清浊昏明之别，而理随气在，故其弟子有当气昏浊驳杂之时理是否亦相同之问。但同时理气不杂，一为形而上之本体，一为形而下之用，二者有着逻辑层次上的本质分别，所以此时理又自是理，气亦自是气。弟子接着问：既如此，二者岂非就不是"不离"而是分开了吗？在这样一环紧扣一环的追问之下，于是朱熹自然出现了"气虽是理之所生，然既生

---

① （宋）黎靖德编《朱子语类》卷四，《朱子全书》第 14 册，上海古籍出版社、安徽教育出版社，2002，第 200 页。

② 对于朱子"理生气"说的理解，历来学者们可谓聚讼纷纭。现代新儒家如冯友兰、唐君毅、钱穆、牟宗三等都未曾对朱熹的"理生气"说做出纯粹生成论意义上的诠释（详见冯兵、乐爱国《现代新儒家的朱子学研究——以冯、唐、钱诸先生对朱熹"理生气"说的诠释为例》，《学术研究》2017 年第 6 期）。陈来则认为："朱熹所谓生气以及《易》与《太极图说》所谓'生'的观念都可有两种解释。一种是理可产生气，另一种是把'生'解释为'使之生'，这两种意思在朱熹可能都有。"（见陈来《朱子哲学研究》，华东师范大学出版社，2000，第 91～92 页）但无论作何解释，"理生气"说都主要是为理本气末的理本论作论证而已。

出则理管他不得"的比喻。理不仅"管他不得",理置身于气之中还免不了要受气的遮蔽影响,二者运行于人伦日用中,气往往更占据着主动性,这就是所谓"气强理弱"。即如"理在气中,如一个明珠在水里。理在清底气中,如珠在那清底水里面,透底都明;理在浊底气中,如珠在那浊底水里面,外面更不见光明处"。① 尽管珠是珠,水是水,但何等样的水对于珠的光华能否闪亮却十分关键。对于人而言,性理天然清明纯粹,如同那"明珠"一般,但人所禀受之气却各自不同。"但禀气之清者,为圣为贤,如宝珠在清冷水中;禀气之浊者,为愚为不肖,如珠在浊水中。所谓'明明德'者,是就浊水中揩拭此珠也。"② 所以,"圣人所以立教,正是要救这些子"。其"救"的方式则如"就浊水中揩拭此珠",亦即《论语·颜渊》中的"克己复礼为仁",圣人所立之教正是礼乐之教。而其教化的目的就是要拨云见日,祛除人心中遮蔽天理的"昏明驳杂"之气,以复明其天理。

朱熹的"理生气"说认为,气由理生出之后理即"管他不得",因此气便有了清浊、厚薄、偏正、通塞等的不同。而人由理气合聚而成,人之性便也与理气都相关,遂有了"天命之性"("天地之性")与"气质之性"的区别。所谓"天命之性",《礼记·中庸》曰:"天命之谓性",朱熹在《中庸集注》里解释说:"命,犹令也。性,即理也。天以阴阳五行化生万物,气以成形,而理亦赋焉,犹命令也。于是人物之生,因各得其所赋之理,以为健顺五常之德,所谓性也。"③ 朱熹认为,人、物甫一出生即禀受了天理,此即为其本性,就如同天所予的一道命令似的,所以称之为"天命之性"。但又由于天生人、物需理气合聚才可,而气禀则各有差别,人、物之天性必须又要受到所禀之气的影响,受影响部分的人性即为"气质之性"。"论天地之性,则专指理言;论气质之

① (宋)黎靖德编《朱子语类》卷四,《朱子全书》第 14 册,上海古籍出版社、安徽教育出版社,2002,第 203 页。
② (宋)黎靖德编《朱子语类》卷四,《朱子全书》第 14 册,上海古籍出版社、安徽教育出版社,2002,第 203 页。
③ (宋)朱熹:《中庸集注》,《四书章句集注》,《朱子全书》第 6 册,上海古籍出版社、安徽教育出版社,2002,第 32 页。

性，则以理与气杂而言之。"① 二者在人性之中缺一不可，否则"有气质之性，无天命之性，亦做人不得；有天命之性，无气质之性，亦做人不得"②。但"人性虽同，禀气不能无偏重"，③ 所以"气质之性，固有美恶之不同矣"，可见人性的善恶只是体现于气质之性中，为"气习之染也"。于是，"故君子有教，则人皆可以复于善，而不当复论其类之恶矣"。④ 圣人、君子运用礼乐教化手段，要去除的乃是因为气习所染而来的人性之"恶"，表现于现实生活中，则是各种私欲恶念。

《礼记·乐记》说："是故先王之制礼乐也，非以极口腹耳目之欲也，将以教民平好恶而反人道之正也。""反人道之正"，在程朱理学中正是"明明德"，"存天理、灭人欲"之举。被称为儒学"别宗"的荀子则曰："礼起于何也？曰：人生而有欲，欲而不得，则不能无求，求而无度量分界，则不能不争。争则乱，乱则穷。先王恶其乱也，故制礼义以分之，以养人之欲，给人之求。使欲必不穷乎物，物必不屈于欲，两者相持而长，是礼之所起也。"⑤ 荀子认为人生性为恶，而礼乐之起就是为了克制人性之恶以控制争斗，维护社会秩序，实现社会的富裕与安宁。朱熹则认为，"性即理"，天命之性本善，只是各人气禀不同，在气质之性中才有了善恶之分。而"荀、扬、韩诸人虽是论性，其实只说得气。荀子只见得不好人底性，便说做恶"。⑥ 但无论如何，圣人所立之礼乐教化的目的正是于人性之中纠偏救失。这一点，在历代思想家中显然有着高度的历史一致性。而朱熹的理生出气后便"管他不得"的说法，即为其人性观奠定了理论基础，并进而为礼乐的存在及其实践确立了合法性依据。

---

① （宋）黎靖德编《朱子语类》卷四，《朱子全书》第 14 册，上海古籍出版社、安徽教育出版社，2002，第 196 页。

② （宋）黎靖德编《朱子语类》卷四，《朱子全书》第 14 册，上海古籍出版社、安徽教育出版社，2002，第 193 页。

③ （宋）黎靖德编《朱子语类》卷四，《朱子全书》第 14 册，上海古籍出版社、安徽教育出版社，2002，第 205 页。

④ （宋）朱熹：《论语集注》，《四书章句集注》，《朱子全书》第 6 册，上海古籍出版社、安徽教育出版社，2002，第 210 页。

⑤ 《荀子·礼论》。

⑥ （宋）黎靖德编《朱子语类》卷四，《朱子全书》第 14 册，上海古籍出版社、安徽教育出版社，2002，第 209 页。

（三）"理先气后"与礼乐

前述朱熹的"理生气"一说，虽然其本意只是想要说明理气之间"理本气末"的本末逻辑关系，但实际却暗示了在时间上也存在理先于气的顺序。更明确的说法为："未有天地之先，毕竟也只是理。有此理，便有此天地；若无此理，便亦无天地。无人无物，都无该载了。有理便有气流行，发育万物。"① 理出现在天地形成之先，显然理就已经在时间上先于气而存在了。但朱熹晚年，认为理气有时间先后的观点已慢慢地转向了逻辑上的先后问题。如他指出："理未尝离乎气。然理形而上者，气形而下者。自形而上下言，岂无先后！"② 此时的理气先后已不再是时间上的先后问题，而是"自形而上下言"的逻辑先后了。所以，"此本无先后之可言，然必欲推其所从来，则须说先有是理。""理与气本无先后之可言。但推上去时，却如理在先，气在后相似。"两处的"推"，就充分说明了理先气后说的推论性质，其乃是一种逻辑上的先后。此为朱熹晚年的定论。

有学者认为，朱熹关于理气先后的讨论经历了一个发展演变的历史过程，"早年他从理本论出发，主张理气无先后。理在气先的思想由南康之后经朱陈之辩到朱陆太极之辩逐步形成。理能生气曾经是他们的理气先后思想的一个内容。而他的晚年定论是逻辑在先，逻辑在先说是在更高的形态上返回本体论思想，是一个否定之否定。当然，这个发展和演变的过程并不是对立面的演进和交替，在本质上，是以不同的形式确认理对于气的第一性地位"。③ 朱熹关于理气关系的种种讨论，其最终目的不过就是要确立理本气末，理对于气永远处于第一性的理本论思想。这也正是朱熹的学术思想体系被称为"理学"的根本所在。

理本论被朱熹运用于其思想体系的各个方面，他说："五方之民，言语不通，却有暗合处。盖是风气之中，有自然之理，便有自然之字，非

① （宋）黎靖德编《朱子语类》卷一，《朱子全书》第 14 册，上海古籍出版社、安徽教育出版社，2002，第 114 页。

② （宋）黎靖德编《朱子语类》卷一，《朱子全书》第 14 册，上海古籍出版社、安徽教育出版社，2002，第 115 页。

③ 陈来：《朱子哲学研究》，华东师范大学出版社，2000，第 99 页。

人力所能安排，如‘福’与‘备’通。"① 在语言文字的起源上，亦是先有那语言文字的产生之理，才有相应的字词出现；又因这一理具有普遍性意义，所以各方之民在言语字词方面往往也会有暗合处；等等。于此可见，理于任何事物（气）的产生与发展均有着至高无上的普遍性的指导意义。对于礼乐的起源、发展及其在日常生活中的运行实践而言，理本论同样产生着决定性的作用。"所谓礼乐，只要合得天理之自然，则无不可行也。"② 礼乐之用，最根本的就是"合得天理之自然"。

如有弟子问："'礼乐之极乎天而蟠乎地，行乎阴阳而通乎鬼神，穷高极远而测深厚'，此是言一气之和无所不通否？"朱熹答道："此亦以理言。有是理，即有是气。亦如说'天高地下，万物散殊，而礼制行矣'。"而弟子陈文蔚接着道："《正义》却有'甘露降，醴泉出'等语。"朱熹回曰："大纲亦是如此。缘先有此理，末梢便有这征验。"③ 在这一组对话中，"礼乐之极乎天而蟠乎地，行乎阴阳而通乎鬼神，穷高极远而测深厚"和"天高地下，万物散殊，而礼制行矣"两句出于《礼记·乐记》，④ 前后文意本是说天地阴阳之气相摩相荡而化生百物，礼乐兴于其间，作于其间，以"别宜敦和"。朱熹的弟子们认为礼乐于其中的运行与作用全是"一气之和"的体现，朱熹则强调说应当是对于礼乐之理的描述，有

---

① （宋）黎靖德编《朱子语类》卷八十七，《朱子全书》第 17 册，上海古籍出版社、安徽教育出版社，2002，第 2973 页。

② （宋）黎靖德编《朱子语类》卷八十七，《朱子全书》第 17 册，上海古籍出版社、安徽教育出版社，2002，第 2973 页。

③ （宋）黎靖德编《朱子语类》卷八十七，《朱子全书》第 17 册，上海古籍出版社、安徽教育出版社，2002，第 2975 页。

④ 其完整内容为："王者功成作乐，治定制礼。其功大者其乐备，其治辩者其礼具。干戚之舞非备乐也，孰亨而祀非达礼也。五帝殊时，不相沿乐；三王异世，不相袭礼。乐极则忧，礼粗则偏矣。及夫敦乐而无忧，礼备而不偏者，其唯大圣乎？天高地下，万物散殊，而礼制行矣。流而不息，合同而化，而乐兴焉。春作夏长，仁也；秋敛冬藏，义也。仁近于乐，义近于礼。乐者敦和，率神而从天；礼者别宜，居鬼而从地。故圣人作乐以应天，制礼以配地。礼乐明备，天地官矣。天尊地卑，君臣定矣。卑高已陈，贵贱位矣。动静有常，小大殊矣。方以类聚，物以群分，则性命不同矣。在天成象，在地成形；如此，则礼者天地之别也。地气上齐，天气下降，阴阳相摩，天地相荡，鼓之以雷霆，奋之以风雨，动之以四时，暖之以日月，而百化兴焉。如此则乐者天地之和也。化不时则不生，男女无辨则乱升，天地之情也。及夫礼乐之极乎天而蟠乎地，行乎阴阳而通乎鬼神，穷高极远而测深厚。乐著大始，而礼居成物。著不息者天也，著不动者地也。一动一静者天地之间也。故圣人曰礼乐云。"

了此理方才有此气的发用流行。《礼记正义》对此所做的解释为："此经盛论礼乐之大厚，虽取象于天地功德，又能遍满于天地之间。《礼运》云'天降膏露'，是极乎天也。'地出醴泉'，是蟠乎地也。"①"膏露"与"醴泉"都是礼乐形成并运行之后的祥瑞气象，而朱熹认为，它们的出现正是因为先有了礼乐之理，才有了这一气象的发生。因此，对于礼乐在生活中的实践而言，这种逻辑上理先气后的理气关系论就有着绝对性的理论主导意义。譬如朱熹关于祭礼的种种解说，也充分显示出了这一点：

> 问："祭先贤先圣如何？"
> 曰："有功德在人，人自当报之。古人祀五帝，只是如此。后世有个新生底神道，缘众人心邪向它，它便盛。如狄仁杰只留吴太伯、伍子胥庙，坏了许多庙，其鬼亦不能为害，缘是他见得无这物事了。"因举上蔡云："可者欲人致生之，故其鬼神；不可者欲人致死之，故其鬼不神。"②

对于祖考的祭祀主要是因为有气的接续与感格交通，对于古圣先贤的祭祀却无血亲之气可以作为沟通的桥梁，但由于圣贤"有功德在人"，后世自有当"报本反始"的祭祀之理，而有此理之后便有了此气的存在，所以仍能够与圣贤感通。一旦无此理，此气也就不复来。事实上，照朱熹的理气和鬼神观念来看，由于鬼神本身也是一气流行化生的产物，若无其存在之理，其气自然也无，鬼神也就不在了，所以狄仁杰毁了许多庙却也没有任何妨害，便很好理解。

综上可见，朱熹的"理先气后"观念最终被确定为是一种逻辑上的先后，究其实质，则仍是强调理本气末的理本论，而这一理气关系论为其诠释"三礼"经典（尤其是其中关于祭礼的种种设计及其相关义理的辨析）、建构新的合乎时代精神与时代需要的新礼学设立了形而上学的理

---

① （汉）郑玄注，（唐）孔颖达疏《礼记正义》，《十三经注疏》（标点本），李学勤主编，北京大学出版社，1999，第1097页。
② （宋）黎靖德编《朱子语类》卷三，《朱子全书》第14册，上海古籍出版社、安徽教育出版社，2002，第178页。

论基础，以充分保障其礼学的形上维度和儒家道统属性，从而与世俗的一般宗教性仪式文化泾渭分明，不相淆乱。

第二节　礼乐鬼神论

儒家关于作为传统礼乐重要内容的鬼神问题所形成的一系列哲学思辨体系，也是构成礼乐形上学的重要内容。"三礼"中关于鬼神的记载和论述就十分常见，如"祷祠祭祀，供给鬼神，非礼不诚不庄"①，"卒哭而讳，生事毕而鬼事始已"，② "致其敬于鬼神"，③ 以及《周礼·天官》所述"小宰"之职："以官府之六职辨邦治：……三曰礼职，以和邦国，以谐万民，以事鬼神。"上述表述充分说明，鬼神既是传统礼乐的主要实践对象之一，也是其思想体系的重要内容。所以《礼记·乐记》就说："夫礼乐之极乎天而蟠乎地，行乎阴阳而通乎鬼神，穷高极远而测深厚。"关于鬼神的形成、运行方式及其与礼乐的关系等，历代哲学家和礼经学家都曾作过较多的讨论，并由此形成了礼乐鬼神哲学思想。

如《大戴礼记》中道："阳之精气曰神，阴之精气曰灵；神灵者，品物之本也，而礼乐仁义之祖也，而善否治乱所由兴作也。"④ 作者认为，神、灵分别是阳气和阴气之精华，为礼乐仁义之本源。又据《礼记·祭义》所载，宰我曾问孔子鬼神之义，孔子解释说："气也者，神之盛也；魄也者，鬼之盛也；合鬼与神，教之至也……"他认为，精气为神，形魄为鬼，鬼神之运行在于气的充盈或消散。而圣人制礼作乐以尊奉鬼神，其目的乃是教化民众："教民相爱，上下用情"，使"百众以畏，万民以服"。但在日常生活中，孔子却强调"敬鬼神而远之"，⑤ 并指出："未能事人，焉能事鬼？"⑥ 由此可见，儒家一方面坚持在礼乐传统中以"神道设教"，另一方面则又体现出了一种难能可贵的人文精神。正是这种看似矛盾的鬼神观念影响了数千年来的儒学传统，为儒家礼乐文化的人文理

① 《礼记·曲礼》。
② 《礼记·檀弓下》。
③ 《礼记·礼运》。
④ 《大戴礼记·曾子天圆》。
⑤ 《论语·雍也》。
⑥ 《论语·先进》。

性特征奠定了基础，从而也在较大程度上决定了华夏文明不同于世界上其他文明的独特性。

朱熹在有关礼乐的讨论中同样形成了颇富哲学意蕴的鬼神观念，他的鬼神观主要是对"三礼"尤其是《礼记》的继承与发展，同时，也与和他基本处于同一时代的理学家张载和二程等人的鬼神观有着思想渊源，并受到了世俗鬼神观念及佛道二教的一些影响。因此，朱熹的鬼神观既与传统礼学一脉相承，又有着浓厚的理学背景与时代特征，是儒家鬼神论在新的历史时期的集大成者。

一　鬼神的形成与性质

在"三礼"和《尚书》《诗经》《春秋》《易经》等原始经籍中，关于鬼神的存在及活动的记载都较为常见。事实上，鬼神思想自人类文明产生以来就已经出现，并且随着时代的发展而被赋予了越来越丰富的内涵。在经历过春秋战国时期的一场人类文明的"轴心突破"之后，鬼神思想更是具备了较充分的人文理性。如《论语·雍也》篇所载："樊迟问知。子曰：'务民之义，敬鬼神而远之，可谓知矣。'"而当子路问如何服事鬼神时，孔子反问道："未能事人，焉能事鬼？"又对子路所问生死之道回答说："未知生，焉知死？"[1] 孔子既不否定鬼神的存在，又对其敬而远之，并极力强调了人之于鬼神、生之于死的先导性地位，儒家重人轻鬼神、重生轻死的态度自此就已经基本定型。而后世中除了王充、韩愈等极少数思想家明确否定鬼神的存在之外，鬼神的存在基本上也没有受到太多怀疑。尤其是佛教传入东土以及道教产生并兴盛起来以后，宗教鬼神观念更是深入社会的各个层面。然而，到了两宋理学的时代，却在朱熹等理学家那里又出现了有关鬼神有无、鬼神怎样产生及其本质如何等问题的具有一定理性主义色彩的思辨。具体内容主要体现在以下几个方面。

（一）　鬼神的有无

鬼神究竟存在与否，在宋明理学家看来，其实也是值得怀疑的。譬如程颢，在这一问题上就有些闪烁其词。"问鬼神有无。曰：'待说与贤

---

[1]　《论语·先进》。

道没时，古人却因甚如此道？待说与贤道有时，又却恐贤问某寻。'"①
这一番讲述即显示出了他们在讲论鬼神时的尴尬境地：说无时，那些被
奉为圭臬的传统经典全说有；说有时，又从不曾亲见。朱熹对此也是深
有体会，他多次引用程颢的这段言论，如说："虚空偪塞，无非此理，自
要人看得活，难以言晓也。所以明道答人鬼神之问云：'要与贤说无，何
故圣人却说有？要与贤说有，贤又来问某讨。'说只说到这里，要人自看
得。"② 在朱熹看来，鬼神的有无问题，全在个人对于鬼神之理的理解，
他人是难以用语言解说清楚的。佛教禅宗讲"缘起性空""三界唯心，
万法唯实"，天堂、地狱以及其间的鬼神等，非有非无，亦有亦无，皆心
之所现，全在人的一念之间而难以言说。朱熹讲鬼神有无常"说只说到
这里，要人自看得"，此类论说方式倒与禅宗语录有几分近似。那么，鬼
神究竟是有还是无，他在另外的时候却又曾给予了肯定，如其弟子叶贺
孙所记：

> 说鬼神，举明道有无之说，因断之曰："有。若是无时，古人不
> 如是求。'七日戒，三日斋'，或'求诸阳'，或'求诸阴'，须是见
> 得有。如天子祭天地，定是有个天，有个地；诸侯祭境内名山大川，
> 定是有个名山大川；大夫祭五祀，定是有个门、行、户、灶、中溜。
> 今庙宇有灵底，亦是山川之气会聚处。久之，被人掘凿损坏，于是
> 不复有灵，亦是这些气过了。"③

朱熹以古人的各种祭祀活动为例，并辅以当今庙宇鬼神显灵的理由所在，
解说了鬼神存在的合理性。他还指出："如禹鼎铸魑魅魍魉之属，便是有
这物。深山大泽，是彼所居处，人往占之，岂不为祟。"④ 肯定了一些传
说中的鬼神的存在性。不过，此处所论鬼神的这种存在往往出于推论，

---

① （宋）程颢、程颐：《河南程氏遗书》卷三，《二程集》，中华书局，1981，第59页。
② （宋）黎靖德编《朱子语类》卷三，《朱子全书》第14册，上海古籍出版社、安徽教
育出版社，2002，第173页。
③ （宋）黎靖德编《朱子语类》卷三，《朱子全书》第14册，上海古籍出版社、安徽教
育出版社，2002，第176页。
④ （宋）黎靖德编《朱子语类》卷三，《朱子全书》第14册，上海古籍出版社、安徽教
育出版社，2002，第156页。

显然更多的只是一种理论上的存在。

对于现实生活中的各种神怪传言，朱熹的态度则显得比较复杂。他给弟子讲述了邵雍和程颢之间的一段对话：

> 邵先生语程先生："世间有一般不有不无底人马。"程难之，谓："鞍辔之类何处得？"如邵意，则是以为有之。邵又言："蜥蜴造雹。"程言："雹有大者，彼岂能为之？"①

邵雍意谓鬼神实有，程颢则诸般质疑。讲完这段对话之后，朱熹随之又举了好几个他人所亲见"蜥蜴造雹"和"龙行雨"之类的神怪现象，似乎也是要证明世俗传言之鬼神的实存。但接着他又说："尝以此问李先生，曰：'此处不须理会。'"李先生即是李侗，他对此类鬼怪灵异传言强调"不须理会"，朱熹因之便又指出："蜥蜴造雹，亦有如此者，非是雹必要此物为之也。"② 在当时的科技水平下，对于许多事物的理解自然是不可避免地要受到在我们今天看来是迷信的观念的影响，不过朱熹能认识到"非是雹必要此物为之也"，已显示出了一定的科学实证主义精神，亦是难能可贵。

朱熹接下来的几段话，则较为完整地体现出了他鬼神有无观念的实质。他说：

> 鬼神主乎气而言，只是形而下者。但对物而言，则鬼神主乎气，为物之体；物主乎形，待气而生。盖鬼神是气之精英，所谓"诚之不可掩"者。诚，实也。言鬼神实有者，屈是实屈，伸是实伸。屈伸合散，无非实者，故其发见昭昭不可掩如此。③

朱熹此处认为，从鬼神"主乎气"的角度来说，鬼神是形而下的实有之

---

① （宋）黎靖德编《朱子语类》卷三，《朱子全书》第14册，上海古籍出版社、安徽教育出版社，2002，第156页。
② （宋）黎靖德编《朱子语类》卷三，《朱子全书》第14册，上海古籍出版社、安徽教育出版社，2002，第157页。
③ （宋）黎靖德编《朱子语类》卷六十三，《朱子全书》第16册，上海古籍出版社、安徽教育出版社，2002，第2082页。

物。同时，鬼神作为"气之精英"，也是物之形体的基本构成。所以，若是承认鬼神"实有"，则鬼神的"屈伸合散"之运动流行"发见昭昭"，是有明确的形迹可见的。然而在另外的场合朱熹却又指出：

> 说道无，又有；说道有，又无。物之生成，非鬼神而何？然又去那里见得鬼神？至于"洋洋乎如在其上"，是又有也。"其气发扬于上，为昭明，焄蒿凄怆"，犹今时恶气中人，使得人恐惧凄怆，此百物之精爽也。①

此中引文出自《礼记·祭义》。朱熹先是指出鬼神似有若无，难以实见，后因《礼记》所说鬼神"洋洋乎"如在人的上下左右而确定鬼神"是又有也"。但鬼神之气"发扬于上，为昭明，焄蒿凄怆"的形态，则令朱熹将其视作了一种可以"使得人恐惧凄怆"的神秘的心灵感应之物。然而，

> 因论薛士龙家见鬼，曰："世之信鬼神者，皆谓实有在天地间；其不信者，断然以为无鬼。然却又有真个见者。郑景望遂以薛氏所见为实理，不知此特虹霓之类耳。"必大因问："虹霓只是气，还有形质？"曰："既能啜水，亦必有肠肚。只才散，便无了。如雷部神物，亦此类。"②

由此看来，朱熹似乎又认为确有部分并非"实理"的鬼神（确切地说应当是"鬼怪"），如"虹霓""雷部神物"等，真有可见之实体存在。

综上所述，我们认为：在鬼神有无的问题上，朱熹明确地肯定了鬼神"实有"；而真正的鬼神，即出于"理之正"的鬼神是不可见的；另有"非理之常"的鬼神，即后面所说的"鬼怪"，则有可见的"形质"。不过，在朱熹和他的弟子们关于鬼神的具体讨论里，这两者也造成了一

---

① （宋）黎靖德编《朱子语类》卷六十三，《朱子全书》第16册，上海古籍出版社、安徽教育出版社，2002，第2086页。
② （宋）黎靖德编《朱子语类》卷三，《朱子全书》第14册，上海古籍出版社、安徽教育出版社，2002，第157页。

些理论上的混乱，在有些时候导致了他表述上的含混不清，甚或前后矛盾。

（二）鬼神的产生

那么，鬼神从何而来？《礼记·祭法》中指出："山林川丘谷陵能出云，为风雨，见怪物，皆曰神"，而"大凡生于天地之间者皆曰命，其万物死者皆曰折，人死曰鬼，此五代之所不变也"。所谓鬼神，在《礼记》的时代，儒家是认为天地之间的种种风云异变皆为神，而人死为鬼，神乃天神，鬼乃人鬼，神鬼亦有着天人之别。但鬼神由何构成，《礼记》却没有明确的交代。只是强调说："地气上齐，天气下降，阴阳相摩，天地相荡，鼓之以雷霆，奋之以风雨，动之以四时，暖之以日月，而百化兴焉。"① 肯定了世间万物的化生是由天地阴阳之气相摩相荡，再佐以雷霆风雨、四时日月的势能而成。到了北宋，理学家中以气说著称的张载，亦以阴阳气化为天地万物肇生运变之源，说："造化所成，无一物相肖者，以是知万物虽多，其实一物；无无阴阳者，以是知天地变化，二端而已。"② 这里所谓"万物虽多，其实一物"，"一物"即是指气，而"天地变化"之"二端"便是指气分阴阳。此外，"鬼""神"的字源意义本就是"归"和"伸"，张载亦把气化生万物的观念引入鬼神的出现上来，说："天道不穷，寒暑也；众动不穷，屈伸也；鬼神之实，不越二端也矣。"③ 在他看来，鬼神的实质不外乎"屈"（"归"）"伸"运行的阴、阳二气。而后张载进一步说明了"鬼神乃气之屈伸往来"的观点：

> 动物本诸天，以呼吸为聚散之渐；植物本诸地，以阴阳升降为聚散之渐。物之初生，气日至而滋息；物生既盈，气日反而游散。至之谓神，以其伸也；反之谓鬼，以其归也。④

张载明确地指出：阴阳之气化生万物，气至物生，而万物之气的扬伸滋长即为"神"；物极必反，动植物的生长发育到了一定程度之后就走向

---

① 《礼记·乐记》。
② （宋）张载：《正蒙·太和篇第一》，《张载集》，中华书局，1978，第10页。
③ （宋）张载：《正蒙·太和篇第一》，《张载集》，中华书局，1978，第9页。
④ （宋）张载：《正蒙·动物篇第五》，《张载集》，中华书局，1978，第19页。

衰亡，此时气息日渐游散，返归于天地间，便为"鬼"。因此，所谓的鬼神就是指天地阴阳之气在万物生死过程中的出入聚散或升降等的变化形态。这无疑是对《礼记》鬼神观的继承与发展。

朱熹则在此基础上作了更加清楚和肯定的说明：

> 神，伸也；鬼，屈也。如风雨雷电初发时，神也；及至风止雨过，雷住电息，则鬼也。
>
> 鬼神不过阴阳消长而已。亭毒化育，风雨晦冥，皆是。
>
> 鬼神只是气。屈伸往来者，气也。①

由上可见，朱熹在继承《礼记》和张载鬼神观念的基础上，一方面肯定了鬼神为气之屈伸往来的辩证的运行方式或形态，另一方面又指出鬼神的物质构成为气，确认鬼神是一种物质存在。而气又有"一气"与"二气"之别，各自代表了朱熹鬼神观的两个方面：

> 以二气言，则鬼者阴之灵也，神者阳之灵也。以一气言，则至而伸者为神，反而归者为鬼。一气即阴阳运行之气，至则皆至，去则皆去之谓也。二气谓阴阳对峙，各有所属。②

所谓"以一气言"，是指鬼神作为天地中流行往来之气的运行方式而言；"以二气言"则指鬼属阴气之灵异者，神属阳气之灵异者，强调鬼神的物质构成虽同为气，但有阴阳之别。吕焘也曾问："鬼神便只是此气否？"朱熹答道："又是这气里面神灵相似。"③ 可见鬼神并非普通的阴阳之气，而是阴阳之气中具有神灵般的非同寻常的性质与功能的部分，即"气之精英"，如同《礼记·礼运》说人之所禀为"五行之秀气"一样："故人者，其天地之德，阴阳之交，鬼神之会，五行之秀气也。"但陈淳

---

① （宋）黎靖德编《朱子语类》卷三，《朱子全书》，第 14 册，上海古籍出版社、安徽教育出版社，2002，第 154 页。

② （宋）黎靖德编《朱子语类》卷六十三，《朱子全书》第 16 册，上海古籍出版社、安徽教育出版社，2002，第 2087 页。

③ （宋）黎靖德编《朱子语类》卷三，《朱子全书》第 14 册，上海古籍出版社、安徽教育出版社，2002，第 155 页。

在《北溪字义》中则解释朱熹论鬼神为阴阳二气之灵一句中的"灵"说:"灵云者,只是自然屈伸往来恁地活尔。"① 可见阴阳二气之"灵"强调的又只是气的屈伸往来运行十分灵活,鬼神不过是相对更好的"造化之迹"而已,《礼运》中"鬼神之会"的说法其本意即是如此。朱熹在不同场合中的上述两种理解并不完全一致,不过却正好体现出了其鬼神观内涵的两个基本面向。

然而天地阴阳之气何以会屈伸往来?鬼神何以作为气中之"灵"?这些问题在《礼记》和张载那里都无法得到解答。朱熹则明确地指出万物的化生与运行受道(或曰理)的主宰:"是孰使之然哉?乃道也。"② 又说:"至于天下之物,则必各有所以然之故,与其所当然之则,所谓理也。"③ 阴阳之气,以及作为天地阴阳之气中的"精英"的鬼神同属于"天下之物",它们的存在与运行显然也是理(或道)"使之然"。故而当弟子程端蒙问:"'鬼神者,造化之迹也',此莫是造化不可见,唯于其气之屈伸往来而见之,故曰迹?'鬼神者二气之良能',此莫是言理之自然不待安排?"认为鬼神或许是天理通过阴阳之气所体现出来的迹象,是天理带有目的性却又"自然不待安排"的造化结果时,朱熹就对此表示赞同,曰:"只是如此。"④ 很显然,从生成论上来看,朱熹是认为构成鬼神的阴阳二气之"灵"正是理之"自然不待安排"、毫无阻滞的运行状态的体现,而鬼神的产生与运行则源于理气共同的作用。

如他又曾指出:"天地之间,有理有气。理也者,形而上之道也,生物之本也;气也者,形而下之器也,生物之具也。是以人物之生,必禀此理然后有性,必禀此气然后有形。"⑤ 鬼神的形成同样遵循这一规律。其中,理为"生物之本",气为"生物之具",理本气末。所以,当有人

---

① (宋)陈淳:《北溪字义》,中华书局,1983,第56页。

② (宋)黎靖德编《朱子语类》卷七十四,《朱子全书》第16册,上海古籍出版社、安徽教育出版社,2002,第2523页。

③ (宋)朱熹:《大学或问上》,《朱子全书》第6册,上海古籍出版社、安徽教育出版社,2002,第512页。

④ (宋)黎靖德编《朱子语类》卷六十三,《朱子全书》第16册,上海古籍出版社、安徽教育出版社,2002,第2087页。

⑤ (宋)朱熹:《答黄道夫》,《晦庵先生朱文公文集》卷五十八,《朱子全书》第23册,上海古籍出版社、安徽教育出版社,2002,第2755页。

问起"死生鬼神之理"时，朱熹就强调道："天道流行，发育万物，有理而后有气。虽是一时都有，毕竟以理为主"，① 认为对于鬼神的出现与运行来说，气是物理基础，理是最高的形而上的"所以然"与"所当然"的依据和原则。这就为鬼神的产生与运行提供了哲学依据，使其不至于成为无源之水，此乃朱熹的鬼神观源于传统礼学和张载气学最终又超越了二者的地方。

　　古代神灵系统除了鬼、神之外，还有祇（或曰示），在三礼，尤其是《周礼》中，便常常将鬼、神、示三者并称。如曰："大宗伯之职：掌建邦之天神、人鬼、地示之礼，以佐王建保邦国"，② 等等。朱熹运用自己的鬼神生成论体系对之也曾作过较为详细的解说："今且说个大界限，则《周礼》言'天曰神，地曰示，人曰鬼'。三者皆有神，而天独曰神者，以其常流动不息，故专以神言之。若人亦自有神，但在人身上则谓之神，散则谓之鬼耳。鬼是散而静了，更无形，故曰'往而不返'。"③ 鬼神为天地之间阴阳二气的屈伸往来，天、地、人三者皆有神，天曰神是因为阴阳之气常常流动不息，故称作神；而人身之神在人死后即游散并"往而不返"，故为鬼；至于"地示"，朱熹亦另有专论：

　　　　问："横渠谓'鬼神者，往来屈伸之意，故天曰神，地曰示，人曰鬼。''示'字之义如何？"
　　　　曰："《说文》'示'字，以有所示为义，故'视'字从'示'。天之气生而不息，故曰神；地之气显然示人，故曰示。"……又曰："'天曰神，地曰示'者，盖其气未尝或息也。人鬼则其气有所归矣。"④

张载之语出自《正蒙·神化篇》，他认为鬼神之义就是气的屈伸，但此处对于地示之"示"却无明确说明，故而使得朱熹的弟子有此一问。朱

---

① （宋）黎靖德编《朱子语类》卷三，《朱子全书》第14册，上海古籍出版社、安徽教育出版社，2002，第157页。
② 《周礼·地官·大宗伯》。
③ （宋）黎靖德编《朱子语类》卷八十七，《朱子全书》第17册，上海古籍出版社、安徽教育出版社，2002，第2981页。
④ （宋）黎靖德编《朱子语类》卷九十九，《朱子全书》第17册，上海古籍出版社、安徽教育出版社，2002，第3331页。

熹在张载的基础上，依照气的运行状态对之做了进一步的阐释。他认为在字源意义上"视""示"相通，"地示"乃是地之阴阳二气显发宣扬以昭示于人。如他又说："地祇者，《周礼》作'示'字，只是示见著见之义。"① 而天神与地示之气"未尝或息也"，皆为气之伸；人鬼之气有所归，便又不同。"伸""示""归"，三者是气在理的主导下所具备的三种运行样态。朱熹曾反复强调"有是理，便有是气；有是气，便有是形，无非实者"。② 将这一理气关系论运用到此处，我们即可说：有"伸"之理便有"伸"之气，有"示"之理便有"示"之气，有"归"之理便有"归"之气。理气如此汇通，遂构成了天神、地示、人鬼的鬼神系统。

（三）鬼神与鬼怪

至于坊间传说及民间信仰里的种种神怪之事，以及佛道二教中所宣扬的各类鬼神说法及现象，朱熹很多时候也无法予以完全否定，只是要求尽量以理去判断分析，若实在难以理会，就不去管它。他说："鬼神死生之理，定不如释家所云，世俗所见。然又有其事昭昭，不可以理推者，此等处且莫要理会。"③ 他从祭祀活动中人与鬼神感格之理谈及了对佛教之鬼神以及传说和现实生活中所见各种神怪现象的正确认识：

> 夫聚散者，气也。若理，则只泊在气上，初不是凝结自为一物。但人分上所合当然者便是理，不可以聚散言也。然人死虽终归于散，然亦未便散尽，故祭祀有感格之理。先祖世次远者，气之有无不可知。然奉祭祀者既是他子孙，必竟只是一气，所以有感通之理。然已散者不复聚。释氏却谓人死为鬼，鬼复为人。如此，则天地间常只是许多人来来去去，更不由造化生生，必无是理。至如伯有为厉，伊川谓别是一般道理。盖其人气未当尽而强死，自是能为厉。子产

---

① （宋）黎靖德编《朱子语类》卷三，《朱子全书》第 14 册，上海古籍出版社、安徽教育出版社，2002，第 176 页。

② （宋）黎靖德编《朱子语类》卷六十三，《朱子全书》第 16 册，上海古籍出版社、安徽教育出版社，2002，第 2085 页。

③ （宋）黎靖德编《朱子语类》卷三，《朱子全书》第 14 册，上海古籍出版社、安徽教育出版社，2002，第 155 页。

为之立后，使有所归，遂不为厉，亦可谓知鬼神之情状矣。①

朱熹认为，气有聚散，理虽寓于气中，却无聚散可言。而人死气虽散，但散不净尽，子孙与先祖同出于一气，故而能以气相感格。这便是礼乐实践中祭祀鬼神之原理。不过，毕竟祖先之气随身死而散，并不能重新聚合成人，与佛教所宣扬的人死为鬼然后又可转世为人的观念有很大区别。关于伯有死后为厉鬼一事见《左传》。② 当时与伯有同为郑国大夫的子产对此的解释是："人生始化曰魄，既生魄，阳曰魂。用物精多，则魂魄强。是以有精爽，至于神明。匹夫匹妇强死，其魂魄犹能冯依于人，以为淫厉。况良宵……而三世执其政柄，其用物也弘矣，其取精也多矣。而强死，能为鬼，不亦宜乎？"③ 子产认为伯有死于非命，其魂魄自然不肯散去，加之生前用具既精且多，摄取各种器物的精华远比常人为甚，故而死后能为厉鬼。此说中本就有较丰富的气论思想，孔颖达的相关解释中就说明了这一点。孔颖达说："厉者，阴阳之气相乘不和之名。""魂魄神灵之名，本从形气而有。形气既殊，魂魄亦异。"④ 同时他也以气来解释何以用物精多则魂魄强的道理："魂既附气，气又附形。形强则气强，形弱则气弱。魂以气强，魄以形强。若其居高官而任权势，奉养厚，则魂气强，故用物精而多，则魂魄强也。"⑤ 朱熹则以程颐所说"别是一番道理"来解释伯有为厉之事。按他的说法，是伯有之气本不当尽，所以其气不肯散去，并现形为厉鬼。此处虽然朱熹并没有明确提及理，但其说"气未当尽"，气之"当"与"未当"背后的根据必然就是理。

---

① （宋）黎靖德编《朱子语类》卷三，《朱子全书》，第 14 册，上海古籍出版社、安徽教育出版社，2002，第 158 页。

② 伯有，春秋时郑大夫良霄的字，他主持国政时常通宵饮酒，行事多不义，后被贵族驷带率兵杀于贩羊的市场上。他死后变为厉鬼作祟，使郑人互相惊扰，一听说"伯有至矣"便惊慌奔逃。后来郑大夫子产立同样被杀的大夫子孔的儿子公孙泄和伯有的儿子良止两人为郑国大夫，以安抚住伯有的鬼魂，郑国才得以安宁。事见《左传·昭公七年》。

③ 《左传·昭公七年》。

④ （晋）杜预注，（唐）孔颖达疏《春秋左传正义》，《十三经注疏》（标点本），李学勤主编，北京大学出版社，1999，第 1248 页。

⑤ （晋）杜预注，（唐）孔颖达疏《春秋左传正义》，《十三经注疏》（标点本），李学勤主编，北京大学出版社，1999，第 1249 页。

因此，朱熹显然是在继承子产之说的基础上又以理学做了进一步的演绎和发挥，体现出了程朱理学鬼神论的基本特点。

对于《左传》中"伯有为厉"之事，朱熹曾和弟子反复讨论，可见他对此事非常重视。他所要表达的主要观点之一，便是厉鬼等神怪事物的出现虽不是"理之所无"，却也并非"正理"。如：

> 问："伊川言：'鬼神造化之迹。'此岂亦造化之迹乎？"
>
> 曰："皆是也。若论正理，则似树上忽生出花叶，此便是造化之迹。又如空中忽然有雷霆风雨，皆是也。但人所常见，故不之怪。忽闻鬼啸、鬼火之属，便以为怪。不知此亦为造化之迹，但不是正理，故为怪异。如《家语》云：'山之怪曰夔魍魉，水之怪曰龙罔象，土之怪曰羵羊。'皆是气之杂糅乖戾所生，亦非理之所无也，专以为无则不可。如冬寒夏热，此理之正也。有时忽然夏寒冬热，岂可谓无此理。但既非理之常，便谓之怪。孔子所以不语，学者亦未须理会也。"①

朱熹指出，包括鬼神在内的各种事物的产生均为"造化之迹"，即使是不常见的异象也是天理之所使，只不过如"鬼啸""鬼火"，"山之怪""水之怪""土之怪"，以及反常的气候现象等，均是"杂糅乖戾所生"，体现的是非常之理，而非"正理"所出。对于受佛教影响在世俗中广泛传言的"托生"之事，朱熹有着另外的一番解释："死而气散，泯然无迹者，是其常。道理恁地。有托生者，是偶然聚得气不散，又怎生去凑着那生气，便再生，然其非常也。"② 由此看来，他认为托生之事确有可能，只是它全属偶然，并非正理，而且从其生成的机理来看，也是因气的聚合而成形，与佛教"转世为人"的观念有着本质的区别。从中我们可看出佛教对当时社会生活的影响之大，即便是充满"强烈的理性主

① （宋）黎靖德编《朱子语类》卷三，《朱子全书》第 14 册，上海古籍出版社、安徽教育出版社，2002，第 158—159 页。

② （宋）黎靖德编《朱子语类》卷三，《朱子全书》第 14 册，上海古籍出版社、安徽教育出版社，2002，第 166 页。

义"① 精神的朱熹，也难以完全自觉地克服和摆脱佛学的影响，并造成了其理论上的一些矛盾。如前述对"释氏谓人死为鬼，鬼复为人"的批评与此时对佛教"托生"观念的部分确认之间就有所抵牾，但朱熹始终以理气论为最高哲学依据予以解释，又使得这类矛盾显得较为温和而有转圜余地。

但要如何对待这些"非理之常"的鬼怪及其现象，除了前面所言消极的"莫要理会"，朱熹又在和弟子讨论"神怪事"时，强调"人心平铺着便好，若做弄，便有鬼怪出来"。② 此处所谓将心"平铺"，也就是坚持以理为评判标准，不得受鬼怪之说的影响而动摇了心志。这就谈到了涵养个人德性、存养道心的道德修养问题。不过，这还只是从个体修养的角度而言，最根本的则在于君主必须"王道修明"，要求从政治与社会的全局来考虑：

> 问："道理有正则有邪，有是则有非。鬼神之事亦然。世间有不正之鬼神，谓其无此理则不可。"
>
> 曰："老子谓'以道莅天下，其鬼不神'。若是王道修明，则此等不正之气都消铄了。"③

此处老子之言出于《道德经》第60章，全句为："以道莅天下，其鬼不神；非其鬼不神，其神不伤人；非其神不伤人，圣人亦不伤人。夫两不相伤，故德交归焉。"然老子之道与朱熹之道的主旨并不相同，朱熹在此有选择性地引用前两句，不过是为了强调道（即理）之于鬼神的重要意义，认为当今统治者若能以道治天下，使政治清明、人民安居乐业，各种不正之鬼怪自然就会销声匿迹。朱熹借论鬼神以劝谕统治者行仁政，正好与他的《经筵讲义》《延和奏札》等相呼应，亦足见其事功精神及爱国爱民之情志。

---

① 陈来：《朱子哲学研究》，华东师范大学出版社，2000，第421页。
② （宋）黎靖德编《朱子语类》卷三，《朱子全书》第14册，上海古籍出版社、安徽教育出版社，2002，第155页。
③ （宋）黎靖德编《朱子语类》卷三，《朱子全书》第14册，上海古籍出版社、安徽教育出版社，2002，第180页。

（四）鬼神与魂魄

据《礼记·中庸》记载，孔子曾对鬼神的形态、功能等做过较详细的解说：

> 子曰："鬼神之为德，其盛矣乎！视之而弗见，听之而弗闻，体物而不可遗。使天下之人齐明盛服，以承祭祀，洋洋乎如在其上，如在其左右。《诗》曰：'神之格思，不可度思！矧可射思！'夫微之显，诚之不可掩如此夫。"

在孔子看来，鬼神无声无形，人难以耳闻目睹其存在。但鬼神又无所不在，随处皆能发显其盛德，使天下之人对之祭拜不已。朱熹在《中庸章句》中对孔子所言鬼神的形态与功效评价说："鬼神无形与声，然物之终始，莫非阴阳合散之所为，是其为物之体，而物所不能遗也。"[1] 朱熹认为，自然万物的产生与消亡这一终始过程全由阴阳之气聚散而成；然鬼神乃理气合构所生，是阴阳二气中之灵秀者，因此，世上无一物中无气，亦无一物中无鬼神。对于人而言，"洋洋乎如在其上，如在其左右"的鬼神亦在人体之中，并且是构成人的身形与"思虑营为"功能的主体。《礼记》道："故人者，其天地之德，阴阳之交，鬼神之会，五行之秀气也。"[2] 朱熹便称赞"人者，鬼神之会"一说"说得好"。[3] 所以，当门人叶贺孙问："鬼神便是精神魂魄。如何？"朱熹答曰：

> 然。且就这一身看，自会笑语，有许多聪明知识，这是如何得恁地？虚空之中，忽然有风有雨，忽然有雷有电，这是如何得恁地？这都是阴阳相感，都是鬼神。看得到这里，见一身只是个躯壳在这里，内外无非天地阴阳之气。……
> 又云："如鱼之在水，外面水便是肚里面水。鳜鱼肚里水与鲤鱼

---

① （宋）朱熹：《中庸章句》，《朱子全书》第 6 册，上海古籍出版社、安徽教育出版社，2002，第 41 页。

② 《礼记·礼运》。

③ （宋）黎靖德编《朱子语类》卷八十七，《朱子全书》第 17 册，上海古籍出版社、安徽教育出版社，2002，第 2961 页。

肚里水，只一般。"①

他认为，人身的言笑思虑功能与天地自然的风雨雷电等气象变化，都是源于同样的天地阴阳之气的感应与聚合，这便是鬼神之功。天地宇宙是一个有机整体，人是这一有机体中的重要一分子，在物理构成方面人与天地万物相应相通，鬼神之"盛德"在天地之间和人体之内的运行表现也是一致的，故此人体"内外均无非天地阴阳之气"。而人体中的鬼神又即"精神魂魄"。朱熹说："精气就物而言，魂魄就人而言，鬼神离乎人而言。"② 精气为所有事物所共有，因而从本质上说，鬼神与魂魄均为精气之流行；二者的区别则在于：魂魄仅是对应于人而言，鬼神则超越于人，并无专指。

此外，孔子和其弟子宰我有一段关于鬼神与魂魄的对话，其原文和《礼记正义》对它的注疏一起亦曾被朱熹广泛征引：

宰我曰："吾闻鬼神之名，而不知其所谓。"子曰："气也者，神之盛也。魄也者，鬼之盛也。"③

其中的气与魄，郑玄注曰："气，谓嘘吸出入者也。耳目聪明为魄。"④（此处的气便是魂，而《礼记》中本就有"魂气"一说，如"魂气归于天，形魄归于地"，⑤ 又引孔子之言曰："若魂气则无不之也，无不之也。"⑥）孔颖达进一步疏解了上述孔子关于鬼神气（魂）魄的话：

"气，谓嘘吸出入也"者，谓气在口嘘吸出入，此气之体无性

---

① （宋）黎靖德编《朱子语类》卷三，《朱子全书》第14册，上海古籍出版社、安徽教育出版社，2002，第162页。
② （宋）黎靖德编《朱子语类》卷六十三，《朱子全书》第16册，上海古籍出版社、安徽教育出版社，2002，第2082页。
③ 《礼记·祭义》。
④ （汉）郑玄注，（唐）孔颖达疏《礼记正义》，《十三经注疏》（标点本），李学勤主编，北京大学出版社，1999，第1324页。
⑤ 《礼记·郊特牲》。
⑥ 《礼记·檀弓下》。

识也。但性识依此气而生，有气则有识，无气则无识，则识从气生，性则神出入也。故人之精灵而谓之神。云"耳目聪明为魄"者，魄，体也。若无耳目形体，不得为聪明，故云"耳目聪明为魄"。①

气本无性与识，但识依此气而生，性是神出入之所由来，② 气被附上性识之后即"谓之神"；魄指人的耳目手足等知觉运动器官，是人的"聪明"等感觉与思维功能的形质载体，若无其存在，"聪明"也就无从显现，于是"耳目聪明为魄"，为"鬼之盛"者。从此处来看，孔颖达似乎是认为，气（魂）是人的生命产生和延续的基础，是人的精神所凭附之物；魄是人的感官功能所依凭的物质实体，即血肉之躯。

朱熹在此基础上则给予了魂魄的内涵与性质更加清晰合理的说明。他首先肯定气有清浊之分，"清者是气，浊者是形"。而"气是魂，谓之精；血是魄，谓之质。所谓'精气为物'，须是此两个相交感，便能成物"。③ 质也就是形体。魂是清气，魄是浊气，二者交感合构成人的精神与肉体。魂魄之间的联系与区别具体表现为以下方面：

> 阴主藏受，阳主运用。凡能记忆，皆魄之所藏受也，至于运用发出来是魂。这两个物事本不相离。他能记忆底是魄，然发出来底便是魂；能知觉底是魄，然知觉发出来底又是魂。虽各自分属阴阳，

---

① （汉）郑玄注、（唐）孔颖达疏：《礼记正义》，《十三经注疏》（标点本），李学勤主编，北京大学出版社，1999，第 1325 页。

② 此"性"当是程朱理学之理，程朱亦在不同场合多次说"性即理"。孔颖达强调气无性识，和朱熹强调理气"不离不杂"、各为二物的观点也是吻合的。可见朱熹的理气思想当与孔氏不无关系，只是孔氏一点即过，并无系统论述。而孔颖达的理气说又是在阐释礼学经典如《礼记》的基础上加以发挥的，所以先秦儒家礼乐哲学思想的传承脉络也由此可见一斑。同时，在此我们也大致可以判定两点：一、儒家礼乐哲学思想的传承与发展主体上从属于经学学脉；二、朱熹的理学思想不仅如传统所论渊源于周、张、二程以及释老，实质上也直接渊源于先秦如《易》《礼》等重要的经与经学系统。当然，周、张、二程等理学先驱的思想在很大程度上也必然是受到了儒家经学原典的启发和影响的，这一点应不容置疑。不过，学界关于这一方面的讨论目前还并没有充分展开，所以，从经学的层面辨析宋明理学乃至整个儒家哲学的深层理论结构与发展脉络，实为当下中国哲学研究的一个重要的新路向。

③ （宋）黎靖德编《朱子语类》卷八十三，《朱子全书》第 17 册，上海古籍出版社、安徽教育出版社，2002，第 2860 页。

然阴阳中又各自有阴阳也。

魄盛，则耳目聪明，能记忆，所以老人多目昏耳聩，记事不得，便是魄衰而少也。老子云"载营魄"，是以魂守魄。盖魂热而魄冷，魂动而魄静。能以魂守魄，则魂以所守而亦静，魄以魂而有生意，魂之热而生凉，魄之冷而生暖。惟二者不相离，故其阳不燥，其阴不滞，而得其和矣。不然，则魂愈动而魄愈静，魂愈热而魄愈冷。二者相离，则不得其和而死矣。①

魄为阴气，主人的记忆知觉的"藏受"，是记忆知觉的载体；而魂为阳气，是记忆知觉的显发与运用。② 由此处看，似乎魄为体，魂为用，乃体用关系。其中，魂热魄冷，魂动魄静，二者一热一冷，一动一静，热冷相济，动静互依，始终维持着一种动态平衡，以保障人体生命特征与各种智识活动的和谐稳定。所以，魂魄不得相离，否则人会"不得其和而死"。

朱熹说："大凡说鬼神，皆是通生死而言。"③ 他讲鬼神魂魄，往往最终就指向了人的生死问题。又如：

如气之呼吸者为魂，魂即神也，而属乎阳；耳目鼻口之类为魄，魄即鬼也，而属乎阴。"精气为物"，精与气合而生者也；"游魂为

① （宋）黎靖德编《朱子语类》卷八十七，《朱子全书》第 17 册，上海古籍出版社、安徽教育出版社，2002，第 2981 页。

② 朱熹以魂、魄对言时，魂主清气、阳气，代表着人之精神思虑的运行，主要是精神或心理学意义上的客观存在；魄为浊气、阴气，构成人的血肉躯体，是人之思虑营为的载体，主要是生物学或物理学意义上的客观存在。但魄若单言，也有另外的含义。如《礼记·乡饮酒义》中说："月者，三日则成魄，三月则成时。"朱熹在《仪礼经传通解》中将其辑入，并引孔颖达的疏解"魄，谓明生，傍有微光也"于前，以按语作解于后，道："魄者，月之有体而无光处也。"朱熹与孔颖达的解释有所不同，孔氏似乎强调的是农历每月初三之后上弦月刚露月牙时的微熹状态，朱熹则是以魄为月初时人们所见上弦月的暗影部分。但此中说魄"有体"，与魂魄观念中的魄为血肉躯体之"体"具有相似的性质，即都是客观可见的物质存在。而且其"无光"的特性若以阴阳属性来划分自然也是属于阴，与魂魄之魄属阴是一致的，可见两者的本质完全一致。（宋）朱熹：《仪礼经传通解》卷七，《朱子全书》第 2 册，上海古籍出版社、安徽教育出版社，2002，第 307 页。

③ （宋）黎靖德编《朱子语类》卷八十七，《朱子全书》第 17 册，上海古籍出版社、安徽教育出版社，2002，第 2980 页。

变"，则气散而死，其魄降矣。①

《周易·系辞上》中说："原始反终，故知死生之说。精气为物，游魂为变，是故知鬼神之情状。"认为通过推导人的生死之所由来即可了解何为生死，何为鬼神。朱熹对"精气为物，游魂为变"的解说相当繁复，除此处之外，他在《答吕子约》的书信中阐述得更为详细："精，魄也（耳目之精明为魄）；气，魂也（口鼻之嘘吸为魂），二者合而成物。精虚魄降，则气散魂游而无不之矣。魄为鬼，魂为神。"② 朱熹指出，精为魄，魂为气，二者相合构成人物之生命；气散则魂游于空中，四处飘荡，而魄则沉降于地下，生命随之也就结束。这便是整个生死的基本过程。换言之，鬼神魂魄直接关系到了人的生死："人生时魂魄相交，死则离而各散去，魂为阳而散上，魄为阴而降下。"③ 于人而言，其鬼神魂魄之气相交则生，相离则死。

二 鬼神与礼乐的关系

朱熹认为，鬼神是"阴阳之灵"，由受理主宰的阴阳二气在天地之间的运化流行所生成。然而当弟子问他"鬼神有无"的问题时，他却说：

> 此岂卒乍可说。便说，公亦岂能信得及。须于众理看得渐明，则此惑自解……人且理会合当理会底事，其理会未得底，且推向一边。待日用常行处理会得透，则鬼神之理将自见得，乃所以为知也。
>
> 天下大底事，自有个大底根本；小底事，亦自有个紧切处。若见得天下亦无甚事。如鬼神之事，圣贤说得甚分明，只将《礼》熟读便见。二程初不说无鬼神，但无而今世俗所为鬼神耳。古来圣人

① （宋）黎靖德编《朱子语类》卷六十三，《朱子全书》第16册，上海古籍出版社、安徽教育出版社，2002，第2087页。
② （宋）朱熹：《答吕子约》，《晦庵先生朱文公文集》卷四十七，《朱子全书》第22册，上海古籍出版社、安徽教育出版社，2002，第2169页。
③ （宋）黎靖德编《朱子语类》卷八十七，《朱子全书》第17册，上海古籍出版社、安徽教育出版社，2002，第2981页。

所制祭祀，皆是他见得天地之理如此。①

他认为鬼神"难理会"，人应当在礼乐实践等"日用常行处"用功，若能将此理领悟透彻，自然能了解鬼神之理。同时，他也确认了自己对《礼》中鬼神思想的继承，并强调了二程对世俗所言之鬼神的不予理会，实际上这也正是朱熹的基本态度。

故而朱熹一再强调说：

> 鬼神事自是第二着。那个无形影，是难理会底，未消去理会，且就日用紧切处做功夫。子曰："未能事人，焉能事鬼。未知生，焉知死。"此说尽了。此便是合理会底理会得，将间鬼神自有见处。若合理会底不理会，只管去理会没紧要底，将间都没理会了。②

鬼神之事是次要的，不仅是因为它"无形影""难理会"，更重要的是由于对它若花费过多时间去了解，会"将久我着实处皆不晓得"，反而影响到对那些更重要的道理的理解。此处的"我着实处"即是"日用紧切处"，具体说来，"所谓'《诗》、《书》、执礼，皆雅言也'，这个皆是面前事，做得一件，便是一件"。③读《诗》《书》，践礼乐，就正是学者们在日常生活中需要努力"着实"的"面前事"。由此可见，鬼神与礼乐的关系中，礼乐的学习与实践显然是第一位的。

然而鬼神与礼乐却同出于一理，联系十分紧密。如朱熹与其弟子关于《礼记·乐记》中"明则有礼乐，幽则有鬼神"一句的反复讨论，便阐明了这一点。《乐记》篇说："大乐与天地同和，大礼与天地同节。和，故百物不失；节，故祀天祭地。明则有礼乐，幽则有鬼神。"郑玄注"明则有礼乐"为"教人者"，"幽则有鬼神"乃"助天地成物者也"；孔颖达进一步疏释曰："'明则有礼乐'者，圣王既能使礼乐与天地同和

---

① （宋）黎靖德编《朱子语类》卷三，《朱子全书》第14册，上海古籍出版社、安徽教育出版社，2002，第154页。

② （宋）黎靖德编《朱子语类》卷三，《朱子全书》第14册，上海古籍出版社、安徽教育出版社，2002，第153页。

③ （宋）黎靖德编《朱子语类》卷三，《朱子全书》第14册，上海古籍出版社、安徽教育出版社，2002，第153页。

节，又于显明之处尊崇礼乐以教人。'幽则有鬼神'者，幽冥之处尊敬鬼神以成物也。"① 从郑注与孔疏看来，这一句本是指圣王将礼乐与鬼神有机结合起来以教化百姓，治理国家，以达致天人之间的和谐共荣。不过，发展到朱熹这里，他关注的除了其政治意蕴之外，更多的还是礼乐与鬼神之间的内在区别与联系：

> 问"明则有礼乐，幽则有鬼神"。曰："礼主减，乐主盈。鬼神亦只是屈伸之义。礼乐、鬼神一理。"
>
> "'明则有礼乐，幽则有鬼神'，礼乐是可见底，鬼神是不可见底。礼是收缩节约底，便是鬼；乐是发扬底，便是神。"
>
> 问"明则有礼乐，幽则有鬼神。"曰："此是一个道理，在圣人制作处便是礼乐，在造化处便是鬼神。"又云："鬼神只是礼乐底骨子。"②
>
> 问丘曰："明则有礼乐，幽则有鬼神。"曰："只这数句，便要理会。明，便如何说礼乐？幽，便如何说鬼神？须知乐便属神，礼便属鬼。"③

朱熹认为，礼乐与鬼神的主要区别在于：一方面，礼乐可见，鬼神却"是不可见底"，有着"明"与"幽"的区别；另一方面，礼乐为圣人所制作，鬼神乃自然力所化生，一系人为，一出天成。两者的联系则是朱熹讨论得更多的，归纳起来，大致有以下两点。

首先，"礼乐鬼神一理"，同为一气之流行。《礼记·郊特牲》认为："乐由阳来者也，礼由阴作者也"，并说"乐，阳气也"，可见乐乃阳气，礼属阴气。所谓的礼乐之"减"与"盈"，便是指构成礼乐之阴阳二气的运行状态。显然传统礼学中对礼乐的构成属性也有两方面的解释：一是强调礼乐分属阴阳二气，二是认为礼乐也体现了阴阳二气的运动模式。

---

① （汉）郑玄注，（唐）孔颖达疏《礼记正义》，《十三经注疏》（标点本），李学勤主编，北京大学出版社，1999，第1087—1088页。

② （宋）黎靖德编《朱子语类》卷八十七，《朱子全书》第17册，上海古籍出版社、安徽教育出版社，2002，第2974页。

③ （宋）黎靖德编《朱子语类》卷六十三，《朱子全书》第16册，上海古籍出版社、安徽教育出版社，2002，第2086页。

这与朱熹对鬼神的构成属性的看法基本一致。如他说："鬼者阴之灵也，神者阳之灵也"，① 此处的"灵"，便既可以理解成阴阳二气中之灵秀者，也可按陈淳所解释的为气的伸缩往来的灵活状态。② 朱熹一面说"礼主减，乐主盈"，又说"神，伸也；鬼，屈也。如风雨雷电初发时，神也；及至风止雨过，雷住电息，则鬼也"。③ 这就说明，礼乐与鬼神各自内部都只是或收缩或充盈，或屈或伸的气机表现上的差异，两者之间有着明确的一致性："礼是收缩节约底，便是鬼；乐是发扬底，便是神"，④ "乐便属神，礼便属鬼"。⑤ 可见圣人制礼做乐，与天地阴阳之气造化鬼神的原理完全一致，同属"一理"。

其次，"鬼神只是礼乐底骨子"。鬼神乃天地"造化"之理的体现，礼乐的运行亦以此理为根本依据。同时，鬼神是礼乐的理论与实践中均不可或缺的主干部分，如果否定鬼神，礼乐中尤其是祭礼就失去了存在的依据。除此之外，朱熹鬼神思想中所蕴涵的理性主义精神与生死观等，同样也是礼乐价值体系的基本内容。因此，在朱熹的礼乐哲学思想中，鬼神便构成了礼乐的根本。

总之，礼乐相比于鬼神始终是处于第一位的，但礼乐与鬼神之间又有着密切的联系：从形而下的层面上说，礼乐与鬼神同为天地阴阳之气的流行运化而来，鬼神是礼乐的实践对象，也是其核心内容之一，"鬼神只是礼乐底骨子"；从形而上的层面看，鬼神与礼乐的产生与运行均同出于一理，"乐便属神，礼便属鬼"，二者有着相同的内在规定性。

三　朱熹礼乐鬼神论的特点

方旭东教授指出，二程与朱熹所理解的鬼神"不再是某种可见的形

---

① （宋）朱熹：《中庸章句》，《朱子全书》第 6 册，上海古籍出版社、安徽教育出版社，2002，第 41 页。
② 陈淳说："自二气言之，神是阳之灵，鬼是阴之灵。灵云者，只是自然屈伸往来恁地活尔。"见（宋）陈淳《北溪字义》，中华书局，1983，第 56 页。
③ （宋）黎靖德编《朱子语类》卷三，《朱子全书》第 14 册，上海古籍出版社、安徽教育出版社，2002，第 154 页。
④ （宋）黎靖德编《朱子语类》卷八十七，《朱子全书》第 17 册，上海古籍出版社、安徽教育出版社，2002，第 2974 页。
⑤ （宋）黎靖德编《朱子语类》卷六十三，《朱子全书》第 16 册，上海古籍出版社、安徽教育出版社，2002，第 2086 页。

象，而是宇宙间一切运动变化的基本形式"，"是对鬼神存在予以有限承认的比较复杂的无鬼神论"。① 尽管他是以程朱"鬼神事自是第二着"的道学立场对程朱"哲学的鬼神观"进行论证，但我们认为，说朱熹的鬼神观乃"无鬼神论"似乎仍然不太恰当。一方面，此处方先生说程朱"对鬼神存在予以有限承认"，这一"有限承认"当是指朱熹等人对"非正理所出"、有可见之形质的鬼神的勉强"承认"；另一方面，虽然朱熹所论之鬼神的确有着代表事物的阴阳辩证属性以及事物运行的辩证方式等强烈的哲学意蕴，但他对祭礼的合法性论证及祭祀行为内在原理的阐发中所论及的鬼神则是毫不犹豫地给予了明确肯定："鬼神是本有底物事"，② 这说明朱熹还是认为"有"鬼神存在的，后面又怎可说是"无鬼神论"呢？由此我们就可看出，朱熹对鬼神的性质、存在及运行方式等问题的看法不仅"比较复杂"，甚至可以说是十分复杂的了。

朱熹对于鬼神究竟是指"阴阳消长"之气的运动变化形式还是由气聚而生的某种物质实体，一直没有一个十分确定的结论。这直接关系到鬼神是否可见的问题：若是由气聚而成物，显然是有"形质"可见的；若"只是气"或气的辩证的运动变化形式，则基本上只能凭心灵感知而无法见到实物。事实上，在朱熹的鬼神观中这两种鬼神形态都是存在的，但朱熹可能并没有完全自觉到这点，他往往是在不同的场合做出了不同的理解和阐述。朱熹自己曾将鬼神分为三种：

> 雨风露雷，日月昼夜，此鬼神之迹也，此是白日公平正直之鬼神。若所谓"有啸于梁，触于胸"，此则所谓不正邪暗，或有或无，或去或来，或聚或散者。又有所谓"祷之而应，祈之而获"，此亦

---

① 方旭东：《道学的无鬼神论：以朱熹为中心的研究》，《哲学研究》2006 年第 8 期。

② （宋）黎靖德编《朱子语类》卷三，《朱子全书》第 14 册，上海古籍出版社、安徽教育出版社，2002，第 171 页。全文如下："陈后之问：'祖宗是天地间一个统气，因子孙祭享而聚散？'曰：'这便是上蔡所谓'若要有时，便有；若要无时，便无'，是皆由乎人矣。鬼神是本有底物事。祖宗亦只是同此一气，但有个总脑处。子孙这身在此，祖宗之气便在此，他是有个血脉贯通。所以'神不歆非类，民不祀非族'，只为这气不相关。如'天子祭天地，诸侯祭山川，大夫祭五祀'，虽不是我祖宗，然天子者天下之主，诸侯者山川之主，大夫者五祀之主。我主得他，便是他气又总统在我身上，如此便有个相关处。"

　　所谓鬼神，同一理也。世间万事皆此理，但精粗小大之不同尔。①

　　第一类是将鬼神视为一种宇宙间万物万象的生成与运行的形式，因其具备着辩证的色彩，因而有了较强烈的形上性，同时也被赋予了至善的道德性；第二类则是指"不正"之鬼神，其亦表现为气的运行，已具有了一定的宗教神秘意味；第三类则纯属宗教意义上的鬼神。朱熹的弟子们对其日常讲论中的鬼神观念也曾做过一些总结，如黄士毅在编定《朱子语类门目》时，也将朱熹所论之"鬼神"分为三类："其别有三：在天之鬼神，阴阳造化是也；在人之鬼神，人死为鬼是也；祭祀之鬼神，神示、祖考是也。三者虽异，其所以为鬼神者则同。"② 陈淳在总结朱子学关于鬼神魂魄问题的讨论时则将其分为四种："鬼神一节，说话甚长，当以圣经说鬼神本意作一项论，又以古人祭祀作一项论，又以后世淫祀作一项论，又以后世妖怪作一项论。"③ 陈淳此处的"圣经说鬼神本意"一项应可以涵括黄士毅的前两种分类，即"在天"与"在人"之鬼神；黄氏所分第三类则为陈淳所分的第二项。陈淳另外补充了"后世淫祀"与"后世妖怪"两类。而陈淳的"说话甚长"之语，便充分说明了朱熹鬼神观的复杂性。

　　不过，从总的倾向来看，朱熹主要是将鬼神理解为随气的聚散往来的可感却不可见的某种存在，即便偶有"不正之鬼神"或如"虹霓""龙行雨"等"雷部神物"有形体可见者，它们也不可能如宗教及民间信仰中的鬼神一般永久存留，而只能随气的倏忽聚散而生灭。他以理学为理论总纲，在传统儒家礼学鬼神论的基础上，一方面接受了张载的鬼神只是一种气的屈伸往来之运动形式的观点，强调其"无形与声"；另一方面又受到世俗宗教信仰中关于鬼神形体实有的认识的影响，往往于自觉不自觉中承认了现实生活里许多鬼神灵异现象的实存性甚至可见性。

---

① （宋）黎靖德编《朱子语类》卷三，《朱子全书》第 14 册，上海古籍出版社、安徽教育出版社，2002，第 155 页。

② （宋）黄氏：《朱子语类门目》，《朱子全书》第 14 册，上海古籍出版社、安徽教育出版社，2002，第 107 页。此处作者"黄氏"应是朱熹弟子黄士毅。按黎靖德所作《朱子语类卷目后识语及考订》中说："语之从类，黄子洪士毅始为之"，"子洪所定门目颇精详，为力崖矣。"（同前书，第 103、104 页）黄士毅字子洪。

③ （宋）陈淳：《北溪字义》，中华书局，1983，第 56 页。

如他亲口讲说："某人夜行淮甸间，忽见明灭之火横过来当路头。其人颇勇，直冲过去，见其皆似人形，仿佛如庙社泥塑未装饰者，亦未散之气，不足畏。"[1] 尽管朱熹多是将世俗传言中各类可见的，如"虹霓""雷部神物"以及其他的许多灵异现象及事物称作"神怪""鬼怪"，认为它们乃"杂糅乖戾所生"或当散却"未散之气"，"非理之常"，但仍然认可它们是理气共同作用的产物，属于真实可见的"造化之迹"，而无法把它们排除于鬼神系统。因此，朱熹认为鬼神"实有"，这一观念实际上有两个层面的内涵：其一是在受到世俗宗教鬼神观念的影响下对鬼神的物质存在所给予的勉强认同；其二是从哲学层面上对鬼神的性质、产生及运行方式所做出的复杂而深入的探讨。后者才是朱熹鬼神观的主体内容，换言之，朱熹的鬼神观本质上是一种哲学化了的鬼神观。只是在具体的讲论中，朱熹的鬼神理论偶尔也会出现含糊不清甚至前后矛盾的问题，显得错综复杂。他自身在讲论中似乎也意识到了这一点，所以在讨论鬼神时，时或采用"说只说到这里，要人自看得"[2] 之类模棱两可、类似于禅宗的论说方式。对此，我们固然也可说朱熹是受到了佛教禅宗论鬼神之非有非无，非是非非，不执着于有无是非两端的观念的影响，但其鬼神理论体系自身的复杂性才应当是迫使他采用此类言说方式的根本原因。

朱熹常说"鬼神事自是第二着"，从他论鬼神与《诗》《书》、礼乐的主次先后关系来看，朱熹显然并无意建构一套完备的鬼神思想体系，更没有如佛、道以及世界上其他宗教一样模仿人间社会形态去设计一个结构和秩序齐整的天帝与鬼神的世界。甚至他还对"上帝"的存在给予了明确否定："如今若说文王真个在上帝之左右，真个有个上帝，如世间所塑之像，固不可。"[3] 又道："苍苍之谓天。运转周流不已，便是那个。

---

① （宋）黎靖德编《朱子语类》卷六十三，《朱子全书》第 16 册，上海古籍出版社、安徽教育出版社，2002，第 2084 页。

② （宋）黎靖德编《朱子语类》卷三，《朱子全书》第 14 册，上海古籍出版社、安徽教育出版社，2002，第 173 页。

③ （宋）黎靖德编《朱子语类》卷三，《朱子全书》第 14 册，上海古籍出版社、安徽教育出版社，2002，第 172 页。

而今说天有个人在那里批判罪恶，固不可；说道全无主之者，又不可。"① 那么，这个"主之者"到底是谁呢？朱熹曾指出："然所谓主宰者，即是理也。"② 在他看来，天地莽莽苍苍，其间万物的生灭盛衰全赖一气之运转流行，世俗所谓具有意志、可以"批判罪恶"的人格神的"上帝"是不存在的，真正主宰世间这一切的，只是客观、抽象又无处不着于实的理。他对于鬼神的诸般探讨，也主要是以理为理论依据展开的。从中我们可以看出，朱熹的鬼神观所主要体现出来的，是他在理学与礼学的双重理论背景下，关于宇宙间一切生命及其运行和延续的形式、生命的本质和意义的终极追问，有时候我们甚至也可以说它就是一种朴素的生命科学与生命哲学观念。但由于科学认知水平的客观局限③和世俗宗教化鬼神观念的影响，朱熹所认识到的鬼神又一定程度染上了神秘性、宗教性色彩，显得复杂难辨。也正因为如此，朱熹才承续了早期儒家"敬鬼神而远之"的理性态度，认为鬼神相比"《诗》《书》、礼乐"而言"自是第二着"。所以，鬼神思想自然就不是朱熹关注的重点，它只是朱熹继往开来，恢复与重建礼学进或建设新儒学的附属部分。朱熹并没有建构儒家宗教思想体系的主观愿望，他关于鬼神的论述所侧重的主要还是礼乐之形上本体建构以及当下的人生礼仪实践，从而强调人作为

---

① （宋）黎靖德编《朱子语类》卷一，《朱子全书》第14册，上海古籍出版社、安徽教育出版社，2002，第118页。

② （宋）黎靖德编《朱子语类》卷一，《朱子全书》第14册，上海古籍出版社、安徽教育出版社，2002，第117页。

③ 事实上，直到今天，人类已有的科学认知能力对于世界上所出现的种种灵异现象仍然难以完全把握，当今西方科学界也有一些人正从生理学、心理学和物理学等学科领域探研鬼魂的存在及运行方式的问题。从另一角度来看，这也说明人类对于鬼神问题自古以来就有着强烈的好奇心和研究欲望，并将一直延续下去。而今天的物理科学与生物科学的发展，在某些方面似乎也给鬼神魂魄问题的科学解释提供了可能，比如生物电、暗物质理论等，都可以用来为鬼神魂魄的"显灵"（也就是朱熹所说的"非出于正理"的、有形体可见的各种鬼神）做出辩护。就以前述《左传·昭公七年》中所载"伯有为厉"一事为例，伯有一方面"用物精多"，所以"其气强"，加之被人杀死于市场上而"强死"，其临死时求生的意志必然极为强烈，而其强烈的求生意志在自身的生物电的推动下，很可能会产生或转化为某种物理的"力"，这种"力"或许又可以用暗物质予以解释。当然，这一脑洞大开的猜测不一定具有足够的学理性，但至少有助于我们对朱熹的致思路径形成一种同情的理解：他对鬼神魂魄问题的讨论所采取的哲学范式与朴素的生物科学、生命科学以及物理科学范式的努力，实质上是代表着人类在这方面研究的基本发展方向的。这也充分说明朱熹的礼乐哲学思想兼具自然理性与人文理性双重精神，十分难能可贵。

道德价值主体应当在现世生活中努力追求"天人合一""身心合一"的境界，而缺乏对于彼岸世界的身后的期许。在传统儒家的鬼神观念中，朱熹的鬼神观是一个典型，具有代表性。

综上所述，我们即可看出朱熹鬼神观的基本特点。

第一，兼具礼学与理学的双重理论背景，礼学与理学在朱熹的鬼神观里得到了有机的融合；

第二，对人格神的否定，以理气等哲学范畴解释鬼神的生成与运行机理，强调《诗》、《书》、礼乐等的学习与实践远比鬼神在现实生活中更为"紧要"，体现出了较浓的理性主义与人文主义色彩；

第三，在其鬼神观的具体形成过程中，又不自觉地受到了世俗的宗教性鬼神观念的影响，引用并讨论了许多坊间的鬼神传闻，显得含混不清，甚或自相矛盾。

由此可见，朱熹的鬼神观可谓十分复杂，而其复杂性主要就源于朱熹哲学体系中的理性主义、人文主义精神与世俗宗教鬼神信仰在现实生活里对他的强大影响力之间的剧烈冲突。他一方面力图以哲学思辨的方式来给予鬼神以科学合理的解释，而另一方面，鬼神问题本身又是一个难以辨清甚或无法辨清的历史难题，其自身浓烈的神秘性、宗教性本质不断地消解朱熹的努力，对朱熹的鬼神观产生了消极影响，使其显得不仅复杂和自相矛盾，而且还有一定迷信色彩。但事实上，朱熹所表现出来的这样一种充满内在矛盾的、复杂的鬼神观念，直到今天都仍然在我们的社会意识形态中有所体现，只不过其成因和表现更为复杂：一方面，由于受到传统祭祀文化和宗法伦理思想的影响，人们祭祖敬宗的意识及其实践在不断地传播和深化传统儒家的鬼神观念；另一方面，混合了佛、道等宗教观念于其中的世俗宗教鬼神思想，在整个社会意识形态中也有一定的影响；再者，马克思唯物主义无神论在较长一段时间以来，对于人们的传统鬼神观念产生了很大的冲击，但又始终无法彻底消除前两者的社会影响力。于是，这三者同时并存于当今社会关于鬼神所形成的思想意识之中，让不少人对于鬼神的认识和态度都显得比较复杂和暧昧。而朱熹的鬼神观所体现出来的这种复杂性，其实也正代表着中国人数千年来鬼神观念的总体特征。

第三节　礼乐文质论

礼乐文质的内涵及其关系问题历来都是各代思想家在讨论礼乐时所关注的重点内容，不同时代的思想家在这方面的观点与态度，基本上就决定着不同时代礼乐文化的发展面貌。朱熹虽然关于礼乐文质论的讨论并不算太多，但他对之所形成的基本观点，却与其礼乐哲学思想的基本性质以及礼乐的实践智慧息息相通，是其礼乐形上学的重要内容。

有学者认为，礼乐的文质"是一对极具涵盖性的范畴。从宏观上看，它们是对社会文明状态的总体概括，文质的不同，反映了一个时代的礼乐制度的发育、发展程度。在微观层面上，礼的文质关系反映的是礼的形式与内容、意蕴，或礼呈现的式样与其本质、精神、功能的关系"。①但对于具体的"文"与"质"的理解，在不同时代的不同思想家那里，却都有着一定的差异。这种差异既与思想家自身的学术气质有关，也和时代的理论背景有着根本联系。朱熹关于礼乐文质内涵和关系的讨论，就不仅继承了原始儒家的礼乐精神，而且有着浓郁的理学色彩。

一　礼乐之"质"

朱熹说："然凡物之理，必先有质而后有文，则质乃礼之本也。"②朱熹从万物皆为先"质"后"文"之理推而至于礼，则"质"是礼之本，"文"显然就是礼之末了。而事实上，对于礼乐的本末问题，早在春秋时期人们就已经有所思考。如《左传·昭公五年》记载，鲁侯访问晋国，此时晋人对于鲁侯是否真正知礼曾有过一番讨论：

> 公如晋，自郊劳至于赠贿，无失礼。晋侯谓女叔齐曰："鲁侯不亦善于礼乎？"对曰："鲁侯焉知礼！"公曰："何为？自郊劳至于赠贿，礼无违者，何故不知？"对曰："是仪也，不可谓礼。礼，所以守其国，行其政令，无失其民者也。今政令在家，不能取也。有子

---

① 见梅珍生《晚周礼的文质论》一书的"内容摘要"，湖北人民出版社，2004。
② （宋）朱熹：《论语集注》卷二，《朱子全书》第6册，上海古籍出版社、安徽教育出版社，2002，第84页。

家羁，弗能用也。奸大国之盟，陵虐小国；利人之难，不知其私。公室四分，民食于他；思莫在公，不图其终。为国君，难将及身，不恤其所。礼之本末将于此乎在，而屑屑焉习仪以亟，言善于礼，不亦远乎？"君子谓叔侯于是乎知礼。

陈来先生对此做出过允当分析，说："鲁国保存周之礼乐最多，鲁昭公即位时间不长，他在访问晋国的各种仪典之上，其进退应对都能合于礼数，这说明他对礼制的仪节度数素有了解，也显示鲁国礼乐文化的基础的深厚。昭公与晋侯相见，本无失礼之处，但晋臣女叔齐郄批评昭公不懂得'礼'。可见，'礼'的观念在这个时候已经出现了突破性的变化，而这种突破就在于注重'礼'与'仪'的区分。"① 笔者亦认为，此时的"礼"已不再仅是外在的制度、仪式等形式化的、具体的事物，而主要是一种内在的政治与伦理的价值观念，是一种形而上的意识形态。"礼"与"仪"在政治与社会生活中也随之有了本与末的区别，其实质就正是礼乐的"质"与"文"的差异。

　　与这一事件的发生基本处于同一时代的孔子亦曾指出："礼云礼云，玉帛云乎哉？乐云乐云，钟鼓云乎哉？"② 强调礼乐重在本质，而非外在的表现形式。由此可见，当时人们对于礼乐的文质本末问题的思考似乎已经趋于普遍化。后来朱熹解释孔子之言道："敬而将之以玉帛，则为礼；和而发之以钟鼓，则为乐。遗其本而专事其末，则岂礼乐之谓哉？"③ 礼之本是"敬"，末是"玉帛"；乐之本是"和"，末是"钟鼓"。虽然本末并用才有礼乐，但显然本先于末。二程则曰："然推本而言，礼只是一个序，乐只是一个和。只此两字，含畜（蓄）多少义理。"④ 在二程处，礼之本质可用一个"序"字概括，乐则是"和"。

　　二程与朱熹对于礼乐本末或文质的规定在《礼记》中完全能够找到依据，如其《乐记》篇说"乐者，天地之和也；礼者，天地之序也"，

① 陈来：《春秋时代礼乐文化的解体与转型》，《中国文化研究》2002 年第 3 期。

② 《论语·阳货》。

③ （宋）朱熹：《论语集注》卷九，《朱子全书》第 6 册，上海古籍出版社、安徽教育出版社，2002，第 222 页。

④ （宋）程颢、程颐：《河南程氏遗书》卷十八，《二程集》，中华书局，1981，第 225 页。

"乐者敦和，率神而从天，礼者别宜，居鬼而从地"，等等。礼乐所代表的是天地之"序"与"和"，乃天地所内蕴的基本精神的化身。而所谓"别宜"，也就是强调"有序"，"序"的具体内容则如《荀子》所说："贵贵、尊尊、贤贤、老老、长长"，① "少事长，贱事贵，不肖事贤"，② 强调长幼有序、亲疏有别、贵贱有等的社会等差秩序，所以"义者循礼，循礼故恶人之乱之也"。③ 荀子所憎恶的是人们对礼之"序"的扰乱，换言之，亦是强调人们对礼序的敬畏与遵循。二程主张"序"是礼之本，朱熹强调的则是"敬"，其所"敬"的内容其实质就正是"序"，二者并没有本质区别，所以朱熹在讲论中也多次引用二程之言。而从敬鬼神、敬天地的原初意义可见，礼的本旨一开始就是"敬"，如《左传·僖公十一年》中周内史过说："礼，国之干也；敬，礼之舆也。不敬则礼不行。"《礼记》开篇即言"毋不敬"，④ 关于"敬"更是有着相当丰富的阐述，譬如子路对孔子之祭礼原则的转述就是如此："祭礼，与其敬不足而礼有余也，不若礼不足而敬有余也"。⑤ 而在国家政治管理活动中，君主也应当持敬，因为"敬而亲之，先王之所以得天下也"，⑥ 故而孔子说道："所以治礼，敬为大……爱与敬，其政之本与！"⑦ 二程门人范祖禹便总结说："经礼三百，曲礼三千，亦可以一言以蔽之，曰毋不敬。"⑧

除了"敬"与"和"之外，朱熹关于礼乐的"质"的理解，随着他对不同的经典的解说也有着不同的具体内容，但基本性质却是一贯的。在有关《论语》中"林放问礼之本"一章的解说里，他对孔子"礼，与其奢也，宁俭；丧，与其易也，宁戚"的文质论作了阐释。孔子认为俭朴、哀戚是礼之本，朱熹更进一步引申说："在丧礼，则节文习熟，而无

---

① 《荀子·大略》。

② 《荀子·仲尼》。

③ 《荀子·议兵》。

④ 《礼记·曲礼》。

⑤ 《礼记·檀弓上》。

⑥ 《礼记·郊特牲》。

⑦ 《礼记·哀公问》。

⑧ （宋）朱熹：《论语集注》卷一，《朱子全书》第 6 册，上海古籍出版社、安徽教育出版社，2002，第 75 页。

哀痛惨怛之实者也。戚则一于哀，而文不足耳。"① 治丧礼时若对礼仪的操作表现得太过娴熟老练，显然是缺乏真正的哀恸之情，难以表现出礼的伦理内涵与教化功能；但一味地哀戚而忽略了应有的礼仪，又无法展现礼的人文精神与文化意义。所以，他认为这二者都"未合礼"。但什么是礼的"质"呢？朱熹在该节内容里同时集纳了范祖禹、杨时的相关解释。范祖禹曰："夫祭与其敬不足而礼有余也，不若礼不足而敬有余也。丧与其哀不足而礼有余也，不若礼不足而哀有余也。礼失之奢，丧失之易，皆不能反本，而随其末故也。礼奢而备，不若俭而不备之愈也；丧易而文，不若戚而不文之愈也。俭者物之质，戚者心之诚，故为礼之本。"② 范氏所说祭礼与丧礼的"哀敬"原则出自《礼记·檀弓上》一篇，是子路对孔子之语的转述。范氏接着对《论语》中孔子关于礼之本的说法作了发挥，认为奢、易为礼之末，并从物质与精神两个层面阐发了俭、戚为礼之本质的认识。杨时则从"礼始诸饮食"和"丧不可以径情而直行，为之衰麻哭踊之数，所以节之也"③ 这一礼的起源论入手，阐述了孔子以俭、戚为礼之本的合理性。礼以俭、戚为本质，这一认识同时也就是朱熹关于礼乐之"质"的另一种理解。有弟子问"礼之本"，朱熹说："初间只有个俭戚，未有那文。俭戚是根，有这根然后枝叶自发出来"，认为俭戚是本根，即"质""文"都由此生发。而俭戚又只是礼的"近本"，是"对奢、易言之，且得说俭、戚是本。若论礼之本，则又在俭、戚之前"。④ 所谓"在俭戚之前"，显然是指礼乐实践最重要的本质，即"敬"与"和"。

---

① （宋）朱熹：《论语集注》卷二，《朱子全书》第6册，上海古籍出版社、安徽教育出版社，2002，第84页。

② （宋）朱熹：《论语集注》卷二，《朱子全书》第6册，上海古籍出版社、安徽教育出版社，2002，第84页。

③ （宋）朱熹：《论语集注》卷二，《朱子全书》第6册，上海古籍出版社、安徽教育出版社，2002，第84页。杨氏关于"礼始诸饮食"一段的原文出自《礼记·礼运》，全文为："夫礼之初，始诸饮食，其燔黍捭豚，污尊而抔饮，蒉桴而土鼓，犹若可以致其敬于鬼神。"其"哭踊之节"的观点同样来自《礼记》，如《礼记·檀弓上》曰："弁人有其母死而孺子泣者，孔子曰：'哀则哀矣，而难为继也。夫礼，为可传也，为可继也。故哭踊有节。'"

④ （宋）黎靖德编《朱子语类》卷二十五，《朱子全书》第14册，上海古籍出版社、安徽教育出版社，2002，第886页。

　　而在子夏和孔子关于《诗经》的一句逸诗"巧笑倩兮，美目盼兮，素以为绚兮"的讨论中，孔子说："绘事后素"，① 朱熹解说曰："言人有此倩盼之美质，而又加以华采之饰，如有素地而加采色也"，并最终引申到对礼的"质"的理解上来，强调"礼必以忠信为质，犹绘事必以粉素为先"。②《礼记·礼器》说："忠信，礼之本也。"朱熹以"忠信"为质的观点，当是直接源于此。在《论语·里仁》中，孔子说："能以礼让为国乎？何有？不能以礼让为国，如礼何？"孔子强调礼之"让"，《左传》即有"卑让，礼之宗"③ 的说法，可见当时的人们已普遍认为"让"也是礼的重要内涵之一。朱熹在做解释时就指出："让者，礼之实也。""礼之实"即"礼之质"。其弟子朱敦儒（字希真）问：孔子说"人而不仁"与"不能以礼让为国"皆"无如礼何"，两者意思是否相同？朱熹答曰："'人而不仁'，是以仁对礼乐言。'不以礼让'，是以礼之实对礼之文言。能以逊让为先，则人心感服，自无乖争凌犯之风。"④ 显然此处也是以"让"为礼之本质。能让则不争，不争则和敬，礼之"让"的本质最终同样指向了"敬"与"和"。

　　由此可见，朱熹对于礼乐之"质"的观点，主要仍是以"敬"与"和"为主体，而在不同的场合，针对不同的经典内容，又形成了"俭戚""忠信""让"等稍显不同的概念。但实际上，这些概念都是"敬"与"和"两者在礼乐的日常生活实践和政治实践中的具体衍化，它们共同构成了朱熹关于礼乐之"质"的观念体系。据《朱子语类》所记载朱熹与其弟子们关于孔子"人而不仁如礼何，人而不仁如乐何"的讨论中，朱熹曾说："如礼乐何，谓其不奈礼乐何也。'心中斯须不和不乐，而鄙诈之心入之；外貌斯须不庄不敬，而慢易之心入之。'既不和乐、不庄敬，如何行得礼乐？"另一弟子李儒用则将这段话记录为："不庄不

① 《论语·八佾》。
② （宋）朱熹：《论语集注》卷二，《朱子全书》第 6 册，上海古籍出版社、安徽教育出版社，2002，第 86 页。
③ 《左传·昭公二年》。
④ （宋）黎靖德编《朱子语类》卷二十五，《朱子全书》第 14 册，上海古籍出版社、安徽教育出版社，2002，第 880—881 页。

敬、不和不乐，便是不仁。暴慢鄙诈，则无如礼乐何矣。"① 从文意可见，反之，"庄敬""和乐"就是"仁"（的具体体现）。所以，我们认为，朱熹作为礼乐之"质"的主体内容的"敬"与"和"，其根本又在于"仁"。随后弟子吕焘问道：

> 礼者，天理之节文；乐者，天理之和乐。仁者，人心之天理。人心若存得这天理，便与礼乐凑合得著。若无这天理，便与礼乐凑合不着。

朱熹回答说：

> 固是。若人而不仁，空有那周旋百拜，铿锵鼓舞，许多劳攘，当不得那礼乐。②

"仁"是礼乐之所以为礼乐的根本依据，与礼乐一道同为天理在不同层面的体现，天理便成了"仁"与礼乐得以贯通为一体的理论基础。于是，礼乐之"质"的核心为"仁"，而"仁"以及"敬""和"等礼乐之"质"的哲学依据无不是天理，朱熹关于礼乐之"质"的讨论最终就回归到了理的范畴，体现出了理学的基本特点。

二　礼乐之"文"

所谓"文"，《说文解字》曰："错画也。"段注说："'错'当作'逪'。'逪画'者，交逪之画。《考工记》曰：'青与赤谓之'文'，逪画之一端也'。逪画者，'文'之本义。"③《易传·系辞下》也指出："物相杂，故曰'文'。"综上所述，"文"的原始意义当是指条纹、纹彩，乃物物错杂、色彩交错的样态。《易传》对于"文"的阐释较多，

---

① （宋）黎靖德编《朱子语类》卷二十五，《朱子全书》第 14 册，上海古籍出版社、安徽教育出版社，2002，第 879 页。

② （宋）黎靖德编《朱子语类》卷二十五，《朱子全书》第 14 册，上海古籍出版社、安徽教育出版社，2002，第 880 页。

③ （汉）许慎撰，（清）段玉裁注《说文解字注》，上海古籍出版社，1981，第 425 页。

从"观鸟兽之文"① 到"观乎天文，以察时变；观乎人文，以化成天下"，② 形成了一个统括天、地、人的"文"的观念系统。而这个观念体系中也就相应地有了"鸟兽之文""天文""人文"三种由具体到抽象、由形而下到形而上的层次。礼乐之"文"显然属于最高层次，即"人文"，但其中又有着广义与狭义的区别。

当"礼坏乐崩"之后，先秦诸子在三代礼乐传统的基础上进行了一番极其重要的理论重构，礼乐的人文精神得到了深入广泛的发掘和提炼，"文"的"人文""文化"等意涵也就更加明确。如《礼记·表记》感叹道："殷周之文，至矣"，"殷周之文"，便是指殷、周二代灿烂辉煌的文化与文明。《论语·宪问》说："文之以礼乐，则可以成人矣"，孔子也正是依据礼乐所蕴涵的人文内涵而将其视为教化的内容。此处的"文"是广义的"人文"或者"文化"的意思，而礼乐制度则是这一抽象宽泛的"文"的主要载体，是其表现形式。具体到礼乐之"文"，当人们将其与"质"作为相对应的概念范畴并列使用，以表述礼乐的形式与内涵的关系时，它主要体现的就是一种狭义的、具象的实践性意义，这也是"文"之于礼乐最为广泛和普遍的用法。

无论是先秦儒家还是道家、墨家等，在讨论礼乐的文质关系时都对"文"有过一定的描述。到了"三礼"，则将其进一步系统化与明朗化了。如《周礼》对"五色""六采""九章"以及与五行相配应的"五方"的规定与描述，对礼乐器物的设计，各种制度的制定；《仪礼》对具体仪式的各种安排、祭物数量通过奇数偶数错杂或对应排列，乐舞或礼仪动作的节奏与幅度的规范，等等，都为礼乐之"文"的体现。有学者归纳"礼文"的基本内涵为："礼的外在形式，无论是仪式、仪节的规定，还是进退揖让的动作仪容，抑或是典礼中的俎豆器具，乃至国家的各种制度，均属于'礼文'的范畴。"③

朱熹对于"文"的理解也有着抽象与具体、广义与狭义之分。他说：

> 夫古之圣贤，其文可谓盛矣，……但自一身接于万事，凡其语

---

① 《易·系辞下》。
② 《易·贲卦·彖传》。
③ 梅珍生：《晚周礼的文质论》，湖北人民出版社，2004，第3页。

默动静，人所可得而见者，无所适而非文也。姑举其最而言，则《易》之卦画、《诗》之咏歌、《书》之记言、《春秋》之述事，与夫礼之威仪、乐之节奏，皆已列为"六经"而垂万世，其文之盛，后世固莫能及。[①]

"夫古之圣贤，其文可谓盛矣"，此处对"文"的理解显然是广义的、抽象的，就如同他说"《诗》、《书》、《礼》、《乐》，射、御、书、数，都是文"[②]一样。当他接下来以"文""实"（即"质"）对言，"文"的内涵便趋于具体化。"姑举其最而言"，即更具体些说，所谓"文"就如同"卦画"之于《易》，"咏歌"之于《诗》，"记言"之于《书》，"述事"之于《春秋》，都是各种经籍内容的表现形式或途径。对于礼乐来说，"威仪"与"节奏"则是其最基本的"文"。当然，"威仪"与"节奏"乃礼乐之"文"的说法仍显得较为宽泛，更为狭义和具体的理解，即如前述"三礼"等经籍中相关的种种细致规定。朱熹对《家礼》以及《仪礼经传通解》的编纂审订，尤其是后者皇皇一百多万字的内容，都可视为对礼乐之"文"的跨时代的传承与革新，由此也足见其对于"文"的重视。

除了作为礼乐本质内容的表现形式之外，礼乐之"文"在朱熹这里还有更深一层的意义，这在他对一些礼学经典内容的选择和理解上展现得十分清楚。《礼记·乐记》说："乐也者，动于内者也。礼也者，动于外者也。故礼主其减，乐主其盈。礼减而进，以进为文。乐盈而反，以反为文。"郑玄注曰："礼主于减，人所倦也。乐主于盈，人所欢也。"又说："进，谓自勉强也。反，谓自抑止也。文，犹美也，善也。"孔颖达则进一步疏解道："'故礼主其减'者，行礼在于困匮，主在减损，谓人不能行也。'乐主其盈'者，作乐，人所欢乐，言乐主于盈满，人皆欲得闻也。'礼减而进，以进为文'者，礼既减损，当须勉励于前。进文，谓美善之名。若能前进，则为美善也。'乐盈而反，以反为文'者，

---

① （宋）朱熹：《读唐志》，《晦庵先生朱文公文集》卷七十，《朱子全书》第23册，上海古籍出版社、安徽教育出版社，2002，第3374页。

② （宋）黎靖德编《朱子语类》卷三十四，《朱子全书》第15册，上海古籍出版社、安徽教育出版社，2002，第1251页。

乐主其盈，当须抑退而自反，则为美善也。"① 郑玄与孔颖达均认为礼主
"减损"，会让人产生倦怠心理，所以必须自勉，克服困难，努力继续下
去；乐主"盈满"，让人感觉欢快，但人人都可能会因为喜欢而难以自
制，所以又应当自我约束，以使心态平和。只有这样才能实现"文"，
即"美善"的境界。但二人对于"减"和"盈"的具体内涵的解释则显
得比较含糊，令人不好理解。朱熹在此基础上，不仅在字词方面解说得
更详尽，而且对其主旨做了更为深入具体的阐发：

> 减，是退让、撙节、收敛底意思，是礼之体本如此。进者，力
> 行之谓。盈，是和说、舒散、快满底意思，是乐之体如此。反者，
> 退敛之谓。"礼主其减"，却欲进一步向前着力去做；"乐主其盈"，
> 却须退敛节制，收拾归里。如此则礼减而却进，乐盈而却反，所以
> 为得情性之正也，故曰"减而不进则消，盈而不反则亡"也。

又说：

> "礼主于减"，谓主于敛束；然敛束太甚，则将久意消了，做不
> 去，故以进为文，则欲勉行之。"乐主于盈"，谓和乐洋溢；然太过
> 则流，故以反为文，则欲回来减些子。故进反之间，便得情性之正。
> 不然，则流矣。②

朱熹与其弟子反复讨论着这一话题，仅在《朱子语类》中的记载就不下
五次，可见他们十分重视《礼记》关于礼乐"进反以为文"的说法。
"进反之间，便得情性之正"本是程颢所言，原文为"礼乐只在进反之
间，便得性情之正"，③ 朱熹在解说《礼记》这一段话的时候曾多次引
征。礼乐以"进""反"为"文"，郑注与孔疏均认为"文"是"美善"

---

① （汉）郑玄注，（唐）孔颖达疏《礼记正义》，《十三经注疏》（标点本），李学勤主编，
　　北京大学出版社，1999，第 1142 页。
② （宋）黎靖德编《朱子语类》卷九十五，《朱子全书》第 17 册，上海古籍出版社、安
　　徽教育出版社，2002，第 3218—3219 页。
③ （宋）程颢、程颐：《河南程氏遗书》卷三，《二程集》，中华书局，1981，第 68 页。

之意；而从程、朱的解说来看，他们显然是理解为"得情性之正"。"美善"既强调了礼乐的形式美感，也强调了礼乐内在的伦理蕴涵的完满；而"得情性之正"则更为关注礼乐之"文"在行为主体的道德心性与道德情感方面的意义，充分显现出了理学性情论的美德伦理乃至伦理美学色彩。

综上所述，我们可以发现，朱熹对于礼乐之"文"的认识共有三个方面的内容：一是指涵括了礼乐在内的整个社会的文化体系，这是最宽泛和抽象的表述，属于形而上学。二是礼乐之"质"的表现形式，广义地说，即"威仪""节奏"；狭义地理解，则是如"三礼"中所载的各种"退让、撙节"的行为规范以及"和悦、舒散、快满"等情感的表达方式，乃形而下的具体的礼乐实践，就理气论的角度而言，其无疑应属于气的范畴。三是形而下与形而上的结合，强调礼乐实践对于道德心性与道德情感的培养，即所谓"得情性之正"，为礼乐外在形式的具体价值体现。

三　礼乐的文质关系及其意义

在朱熹看来，礼、乐都是出自"天地自然之理"，即天理（或曰理）："礼乐者，皆天理之自然。节文也是天理自然有底，和乐也是天理自然有底。……所谓礼乐，只要合得天理之自然，则无不可行也。"[①] 礼乐的设计与施行，最根本的是要"合得天理之自然"。而"礼者，天理之节文，人事之仪则也"，[②] 只这一句，就明确了礼的"质"（"天理之节文"）与"文"（"人事之仪则"）的基本内容。但事实上，无论是礼乐的"质"还是"文"，其最终的理论基础和价值判断的标准均为天理。对此，朱熹进一步解释道：

> 礼是那天地自然之理。理会得时，繁文末节皆在其中。"礼仪三百，威仪三千"，却只是这个道理。……一草一木，与他夏葛冬裘，

---

① （宋）黎靖德编《朱子语类》卷八十七，《朱子全书》第 17 册，上海古籍出版社、安徽教育出版社，2002，第 2973 页。

② （宋）朱熹：《论语集注》卷一，《朱子全书》第 6 册，上海古籍出版社、安徽教育出版社，2002，第 72 页。

渴饮饥食，君臣父子，礼乐器数，都是天理流行。活泼泼地，那一件不是天理中出来！见得透彻后，都是天理。①

　　人世间的万事万物都是天理流行的表现，领会到这一点，礼乐的各种繁文末节也就具备了充足的哲学依据，成为天理在人事活动中流行与显现的工具或途径。朱熹的弟子吕焘说："礼者，天理之节文；乐者，天理之和乐。仁者，人心之天理"，② 显然亦是据此而来。

　　"天理"是讨论"何为礼乐之文、质"的哲学依据，而礼乐的文质关系问题同样是"天理"在礼乐实践中的体现。具体而言，朱熹的文质关系论有以下两个方面的内容。

　　第一，"实与文元相离不得"。朱熹门人郑南升（字文振）曾问道："何以谓之'事不成则礼乐不兴'？"其所问"事不成则礼乐不兴"一语出自《论语·子路》，全句原文是"名不正，则言不顺；言不顺，则事不成；事不成，则礼乐不兴；礼乐不兴，则刑罚不中；刑罚不中，则民无所措手足。"当时子路问孔子若去为卫国国君主持政事，首先会做什么，孔子答曰："正名"，其字面意义大体即如杨伯峻先生所理解的"纠正名分上的用词不当"。③ 而"名不正，则言不顺"，最终会导致礼乐、刑罚体系出现问题而引起社会的混乱。因此，"正名"的实质乃是纠正偏离了三代伦理精神的东周政治与社会秩序，为孔子政治哲学思想的重要内容。朱熹则对此解释说："'事不成'，以事言；'礼乐不兴'，以理言。盖事不成，则事上都无道理了，说甚礼乐！"④ 认为礼乐的内在依据是天理，礼乐与事之间其实就是礼乐之天理与礼乐之实践的关系。天理蕴藏在礼乐实践中，并通过它体现出来；若礼乐实践没能做好，天理也就难以体现，反之它对于礼乐实践的指导亦无法成功，礼乐也就不成其为礼乐了。另一弟子亚夫随之追问道："此是礼乐之实，还是礼乐之

①　（宋）黎靖德编《朱子语类》卷四十一，《朱子全书》第 15 册，上海古籍出版社、安徽教育出版社，2002，第 1456 页。

②　（宋）黎靖德编《朱子语类》卷二十五，《朱子全书》第 14 册，上海古籍出版社、安徽教育出版社，2002，第 880 页。

③　杨伯峻：《论语译注》，中华书局，1980，第 134 页。

④　（宋）黎靖德编《朱子语类》卷四十三，《朱子全书》第 15 册，上海古籍出版社、安徽教育出版社，2002，第 1519 页。

文?"朱熹答曰:"实与文元相离不得,譬如影便有形,要离那形说影不得。"也就是说,礼乐之理为"实"(即"质"),礼乐的各种仪式器具及其操作实践乃"文",二者彼此依赖,如影随形,互不能分离,惟有"兼文质本末言之"方才成其为礼乐之"全体"。①

又如朱熹在其《读唐志》一文中所言:

> 欧阳子曰:"三代而上,治出于一,而礼乐达于天下;三代而下,治出于二,而礼乐为虚名。"此古今不易之至论也。然彼知政事礼乐之不可不出于一,而未知道德文章之尤不可使出于二也。夫古之圣贤,其文可谓盛矣。然初岂有意学为如是之文哉?有是实于中,则必有是文于外,如天有是气则必有日月星辰之光耀,地有是形则必有山川草木之行列。圣贤之心,既有是精明纯粹之实以旁薄充塞乎其内,则其著见于外者,亦必自然条理分明,光辉发越而不可掩盖,不必托于言语、著于简册,而后谓之文,但自一身接于万事,凡其语默动静,人所可得而见者,无所适而非文也。②

欧阳修之语出自《唐书》卷十一《礼乐志第一》,欧阳修认为,三代以前的统治者但知教民安习礼乐,养成"孝慈、友悌、忠信、仁义"之德,使他们于潜移默化中"迁善远罪",以此而化民成俗。统治者融教化与政治一体,此即为"治出于一"。三代之后,统治者"大抵安于苟简而已,其朝夕从事则以簿书、狱讼、兵食为急",曰:"此为政也,所以治民",并将三代礼乐之名物制度"藏于有司",只是偶尔拿出来一用,还掩耳盗铃地说:"此为礼也,所以教民。"此时统治者已将"治民"与"教民"分开,礼乐被从现实政治生活中剥离开来,这就是所谓的"治出于二"。因此,在秦以后的政治实践里,礼乐实际上徒有虚名。朱熹则指出,欧阳修只知礼乐与政治不能割裂,却不知"道德"与"文章"也不得相分。所谓"道德"与"文章",就其实质而言,虽然朱熹

---

① (宋)黎靖德编《朱子语类》卷二十五,《朱子全书》第14册,上海古籍出版社、安徽教育出版社,2002,第884页。

② (宋)朱熹:《读唐志》,《晦庵先生朱文公文集》卷七十,《朱子全书》第23册,上海古籍出版社、安徽教育出版社,2002,第3373~3374页。

随后还举了"《易》之卦画,《诗》之咏歌,《书》之记言,《春秋》之述事"为例说明二者关系,但最根本的"道德"仍主要是礼乐之"实",是礼乐所代表的哲学与伦理的理论体系;"文章"也同样以礼乐之"文"为主体,"卦画""咏歌""记言""述事"以及《礼》的"威仪"、《乐》的"节奏"均可被纳入广义的礼乐文化系统。

三代礼乐可谓"郁郁乎文哉",但"文章"并非凭空而至,而是因为有着深沉厚重的"道德"之实:"有是实于中,则必有是文于外。""文"因为"实"的存在自然光彩夺目,"实"也因为"文"而得以展现,亦正所谓"有质则有文,有本则有末"。① 在具体的社会生活里,人的德性如何,于寻常可见的言行举止中均可得到淋漓尽致的体现。对礼乐的实践而言,就更是如此了。当弟子郑南升问道:"……若天理不亡,则见得礼乐本意,皆是天理中发出来,自然有序而和。若是胸中不有正理,虽周旋于礼乐之间,但见得私意扰扰,所谓升降揖逊,铿锵节奏,为何等物。不是礼乐无序与不和,是他自见得无序与不和,而礼乐之理只在也。"朱熹赞曰:"只是如此。"② 在理学家看来,人只要胸中有天理(仁),便能理解礼乐本意,其一言一行自然处处"皆中节";反之,则只见得"私意扰扰",无法与作为礼乐之"文"的"升降揖逊,铿锵节奏"的内在依据,即礼乐之天理("质")相沟通。礼乐之理即是天理,它作为礼乐之"质",是永恒存在的,关键就在于人能否察识体认得到,它直接关系到人们对于礼乐之"文"的演绎能否准确到位的问题。所以,有"质"则有"文","文""质"互为存在前提,在礼乐中二者必须兼备,不得相离。

第二,"先有质而后有文"。朱熹强调礼乐的"文""质"不得分离,但彼此之间的关系是完全对等的吗?答案显然是否定的。《论语·八佾》中,孔子弟子林放曾和孔子讨论"礼之本"的问题——"林放问礼之本。子曰:'大哉问! 礼,与其奢也,宁俭;丧,与其易也,宁戚。'"朱熹注曰:

---

① (宋) 黎靖德编《朱子语类》卷二十五,《朱子全书》第 14 册,上海古籍出版社、安徽教育出版社,2002,第 884 页。

② (宋) 黎靖德编《朱子语类》卷二十五,《朱子全书》第 14 册,上海古籍出版社、安徽教育出版社,2002,第 883 页。

林放，鲁人。见世之为礼者，专事繁文，而疑其本之不在是也，故以为问。子曰："大哉问！"孔子以时方逐末，而放独有志于本，故大其问。盖得其本，则礼之全体无不在其中矣。"礼，与其奢也，宁俭；丧，与其易也，宁戚。"易，去声。易，治也。孟子曰："易其田畴。"在丧礼，则节文习熟，而无哀痛惨怛之实者也。戚则一于哀，而文不足耳。礼贵得中，奢易则过于文，俭戚则不及而质，二者皆未合礼。然凡物之理，必先有质而后有文，则质乃礼之本也。①

从上可见，在孔子之世，人们因为过于重视礼乐的繁文缛节，反而忽略了礼乐的本质。林放能有此一问，显得他不流于时俗，因此令孔子很高兴，便表扬林放之问"大哉"。而孔子"与其……宁……"的句式，就明确地表示了他对礼乐本末的看法。对此，二程亦有过许多讨论，如程颢说："礼者，理也，文也。理者，实也，本也。文者，华也，末也。理是一物，文是一物。文过则奢，实过则俭。奢自文所生，俭自实所出。故林放问礼之本，子曰：'礼，与其奢也，宁俭。'言俭近本也。"② 明道在此强调：礼中文质兼备，"质"（即理）为本，"文"为末。朱熹则在上文中进一步指出了礼乐之"质"与"文"的本末先后："然凡物之理，必先有质而后有文，则质乃礼之本也。"从物理逻辑上看，必然是先有物的内在本质而后才有物之外形。又"譬如树木，必有本根，则自然有枝叶华实。若无本根，则虽有枝叶华实，随即萎落矣"。因此，在礼乐的实践中，"徒文而无质，如何行得？"③ 若有"文"无"质"，就如同树木无根。而"质"为根，"文"为枝叶，显然"质"就比"文"重要得多。"质"为礼之本，"文"为礼之末，礼乐的"质"与"文"之间有着本末先后之分。

不过，此处所涉及的只是逻辑上的"质"先"文"后关系，朱熹还

---

① （宋）朱熹：《论语集注》卷二，《朱子全书》，第6册，上海古籍出版社、安徽教育出版社，2002，第84页。

② （宋）程颢、程颐：《河南程氏遗书》卷十一，《二程集》，中华书局，1981，第125页。

③ （宋）黎靖德编《朱子语类》卷二十五，《朱子全书》第14册，上海古籍出版社、安徽教育出版社，2002，第884页。

讨论过其时间上的先后。如陈淳问道："夫子何故只以俭戚答礼之本？"朱熹答曰：

> 初头只是如此，未有后来许多文饰，文饰都是后来事。丧初头只是戚，礼初头只是俭。当初亦未有那俭，俭是对后来奢而言之，盖追说耳。如尧土阶三尺，当初只是恁地，不是为俭，后来人称为俭尔。东坡说忠、质、文，谓当初亦未有那质，只因后来文，便称为质。孔子曰："从先进。"周虽尚文，初头尚自有些质在。①

在丧礼与其他普通的礼仪中，"戚"与"俭"等本质内涵一开始就具备了，文饰之事都是后来才有的。朱熹在此就从时间上推导出了礼乐的"质"与"文"的先后问题，进一步论证了"质"先而"文"后的文质关系。但所谓的"俭"与"奢"、"质"与"文"，都只是相对而言，皆因为随着后来时代的发展有了文饰的出现，才有了礼乐的各种"质"与"文"的区别。由此可见，朱熹在讨论礼乐文质关系时，亦体现出了其辩证的、历史的哲学思维特征。

但在具体的礼乐实践中如何处理其文质关系才是合理的呢？朱熹指出："礼贵得中，奢易则过于文，俭戚则不及而质，二者皆未合礼。"②"过犹不及"，这便是"奢易"与"俭戚""皆未合礼"的原因。所以朱熹就提出，处理礼与乐、文与质关系的基本原则为"得中"。"中"，朱熹释曰："中者，不偏不倚，无过不及之名"。③ 所谓"不偏不倚，无过不及"，强调的是"适中""适当"，而并非指方位的正中或者事物各要素所占比重的对等性。程颢说："中者，且谓之中，不可捉一个中来为中"，④ 即是此意。朱熹更是明确地解释道："中是理，理便是仁义礼智，

① （宋）黎靖德编《朱子语类》卷二十五，《朱子全书》第 14 册，上海古籍出版社、安徽教育出版社，2002，第 885 页。

② （宋）朱熹：《论语集注》卷二，《朱子全书》第 6 册，上海古籍出版社、安徽教育出版社，2002，第 84 页。

③ （宋）朱熹：《中庸章句》，《朱子全书》第 6 册，上海古籍出版社、安徽教育出版社，2002，第 32 页。

④ （宋）程颢、程颐：《河南程氏遗书》卷十二，《二程集》，中华书局，1981，第 135 页。

曷常有形象来?"① "中"本身即是理,而朱熹又说:"至于天下之物,则必各有所以然之故,与其所当然之则,所谓理也。"② 理包含了指事物发展规律的"所以然"及其中内蕴的伦理规范——"所当然"两者,因此,"合理"既强调合乎事物的本来面目和发展规律,也要求合乎社会的基本伦理准则。"礼贵得中",在此就并非说礼乐的文质关系中二者所占比重完全对等,而是要求符合"天理之自然",要求恰到好处。这就是人们在礼乐实践过程中准确把握文质关系的哲学依据和指导原则。

　　朱熹说"礼贵得中",但孔子也指出:"中庸之为德也,其至矣乎!民鲜久矣。"③ 尽管"中"道"不偏不倚,无过不及"说起来简单,但实践中却很难准确把握。因此,所谓"得中",也只是给人们设定的一个努力的方向而已。唯有"圣人"才有可能收发随心却"无不中节",而现实生活中的人们对礼乐文质关系的处理往往都会有一些遗憾,"奢、易"与"俭、戚"皆不能"合礼"就是如此。那么,在这种情况下究竟又该如何"损过就中",④ 尽最大努力合理安排礼乐的文质关系?朱熹指出:"奢、易过于文,俭、戚则不及而质。与其过也,宁不及,不及底可添得。"⑤ 虽然二者皆不能"合礼",但若实在无法达至"中"道,则宁取"俭戚"不取"奢易"。因为"俭戚"尽管"不及",但其本身即是礼之"质",礼乐实践者能坚守"俭戚",至少说明其本心醇正,只是"文"不足,略有缺憾而已,完全能够通过后面的努力来补正。一旦"奢易",则显出该礼乐实践者禀性不淳正,"生固无诚实,人才太滑熟",⑥ 其心既已失,再要纠正,就显得很困难了。"两害相权取其轻",就看哪一方更接近天理,更符合礼乐之"质"的要求,这样一来,我们

① (宋) 黎靖德编《朱子语类》卷八十三,《朱子全书》第 17 册,上海古籍出版社、安徽教育出版社,2002,第 2860 页。

② (宋) 朱熹:《大学或问上》,《朱子全书》第 6 册,上海古籍出版社、安徽教育出版社,2002,第 512 页。

③ 《论语·公冶长》。

④ (宋) 黎靖德编《朱子语类》卷三十九,《朱子全书》第 15 册,上海古籍出版社、安徽教育出版社,2002,第 1403 页。

⑤ (宋) 黎靖德编《朱子语类》卷二十五,《朱子全书》第 14 册,上海古籍出版社、安徽教育出版社,2002,第 886 页。

⑥ (宋) 黎靖德编《朱子语类》卷二十五,《朱子全书》第 14 册,上海古籍出版社、安徽教育出版社,2002,第 885 页。

该如何做出价值判断也就一目了然了。所以，在强调文质兼备的前提下，"质先而文后"便不仅是礼乐文质关系的基本内容之一，同时也成为正确处理文质关系、尽力"损过就中"的具体方法论原则。

实际上这也是朱熹对于礼乐实践的基本态度。如他在其《家礼序》中说："凡礼有本有文。自其施于家者言之，则名分之守、爱敬之实者，其本也；冠婚丧祭仪章度数者，其文也。……大抵谨名分、崇敬爱以为之本，至其施行之际，则又略浮文、务本实，以窃自附于孔子从先进之遗意。"① 在现实生活中的具体礼乐实践里，朱熹一方面强调"有本有文"，要求"文""质"兼备；又主张"质先而文后"，"略浮文、务本实"，认真贯彻"谨名分、崇敬爱"的礼乐之"质"，最终由家庭、宗族推而至于整个国家与社会的和谐稳定。

朱熹对礼乐文质内涵及关系的理解，主要都是在讨论传统礼乐经典的过程中形成的。礼乐文质论的本质不过是礼乐的内容与形式的理论依据与相互关系问题，但在朱熹这里，则在继承与发展传统礼学思想的过程中融入了理学的一些核心概念，体现出了礼学和理学相互融通的基本特点，构成了其独具特色的礼学形上学思想的一部分，同时也是朱熹礼乐实践的具体方法论原则。但朱熹常说的"礼即理"，若从其礼乐文质论的角度看，理具备的是抽象的哲学与伦理学意义，为礼乐之"质"；而礼乃实践层面的礼乐操作仪则的统称，为礼乐之"文"；"礼即理"实际上指的是礼乐之"文"与"质"的融通，蕴含着"文""质"兼备、"元相离不得"之意。所以，若空谈理，则"大抵谢与范，只管就见处，却不若行上做功夫。只管扛，扛得大，下梢直是没着处"，② 朱熹批评一些学者（如谢良佐、范祖禹等，乃至对二程在此方面都有微词）只顾讲论与求索"上达"之理，缺乏贯通上达与下学的践履精神，而这正是当时理学家们的一个通病。因此，"只说理，却空去。这个礼，是那天理节文，教人有准则处。"③ 强调必须认真践行"克己复礼"，注重礼乐在生

① （宋）朱熹：《家礼序》，《朱子全书》第 7 册，上海古籍出版社、安徽教育出版社，2002，第 873 页。

② （宋）黎靖德编《朱子语类》卷四十一，《朱子全书》第 15 册，上海古籍出版社、安徽教育出版社，2002，第 1476 页。

③ （宋）黎靖德编《朱子语类》卷四十一，《朱子全书》第 15 册，上海古籍出版社、安徽教育出版社，2002，第 1454 页。

活实践中的"准则"意义，即"文"的"下学"功夫。朱熹主张礼乐的"文""质"兼备，对于当时受佛道二教的影响所形成的尚空谈高妙之理，而不肯着实的学术风气有着较强的现实针对性。他强调"礼贵得中"，又坚持"质先而文后"的礼乐关系论，则又充分保障了礼乐之中天理的主体地位，使得礼乐的实践不至于迷失理学的方向。在此，朱熹将重建礼学与剔出理学的空谈之时弊两方面的问题在其礼乐文质论中有机结合了起来，为礼学与理学的发展都起到了积极的作用，这便是他的礼乐文质论在当时的现实意义所在。事实上，它对于今天的学术风气与学术发展也同样具有一定程度的借鉴和启示价值。

小　结

　　理、气以及理气关系论历来被认为是朱熹哲学思想体系的理论基础，在其礼乐哲学思想中自然也不例外。我们通过对朱熹关于礼乐与理、气之间的各种联系展开分析，不难发现，朱熹的礼学和理学之间有着十分重要的联系，其理学思想体系的完善，在很大程度上得益于其礼学思想体系的成熟。实际上，这也是造成他和陆王心学之间的重要区别之一。反之，他的理学思想背景又为其礼学的义理化努力提供了丰富的理论资源，尤其是为礼乐之生成与运行提供了形上学依据，这是其对先秦以来传统礼学的重大发展。而他对传统礼乐的义理化阐释，即构成了其礼乐哲学思想。也正因为有了深厚的理学体系作为理论基础，朱熹的礼乐哲学思想才显得如此系统而深邃。譬如，受理学中的理气思想的影响，朱熹的礼乐鬼神论富于自然理性和人文理性双重色彩，他力图超越世俗宗教观念中充满神秘和恐惧意味的鬼神意象，充分发掘出了传统礼乐系统里的鬼神、魂魄等观念的哲学和伦理意蕴，体现了朱熹在理气论的主导下对礼乐的运行原理的探索。而朱熹对于礼乐文质及文质关系的讨论也完整地展现出了他将礼学理学化的致思路径，同时又力求将理学礼学化以努力去除当时理学尚空谈而轻社会实践这一流弊的客观事实。朱熹对礼乐文质内涵及相互关系的理解，在很大程度上也可说是朱熹在理气论的主导下对礼、理关系以及礼乐之形上与形下间的关系的理解。

　　总之，无论是朱熹关于礼乐理气论、礼乐鬼神论还是礼乐文质论的辨析和探讨，其中都贯穿着一个理字，理是其构建礼乐之形上学基础的关键，而礼乐的实践则是理的具体体现和落实。所以，"言礼而求理、将社会秩序建立在理性与人文的基础上才是宋儒论学行道的真精神"。① 此言不虚。当然，如果说理是朱熹认识和理解自然世界的"钥匙"，气则是他认知世界的"锁孔"，而他对思想世界的建构同样是以此理气论为基本进路。我们有关朱熹礼乐鬼神论、文质论的讨论，也就必然要以其理气论为共同基础。同时，二者与朱熹的理气论紧密结合，实际上是体现出了一体（理气论）与两翼（鬼神论、文质论）的关系，三者共同构成了其礼乐形上学的基本内容，为其礼乐价值论、礼乐实践观奠定了重要的理论基础。

---

① 何俊：《由礼转理抑或以理合礼：唐宋思想转型的一个视角》，《北京大学学报》（哲学社会科学版）2007 年第 6 期。

第四章　朱熹的礼乐价值论

从三代到先秦诸子，再经过汉唐发展到两宋，在文化与思想的数度转型之中，华夏民族的生存智慧与人文理性内涵已有了不少变化，理论体系也已足够庞大和完整。但其基本性质却是一以贯之的，即都是人类为了更有效地生存与发展而做出的自我调适和完善，这一点在礼乐所内涵的丰富的价值论系统中体现得尤为明显。而朱熹作为礼经学大师，在理学的背景下，他对于礼乐价值论的阐述相当丰富，也独具时代特色，构成了其礼乐哲学思想的重要内容。总体来看，朱熹的礼乐价值论主要讨论了"仁"、"敬"与"和"、"义"与"利"三大范畴。其中，"仁"乃朱熹礼乐价值论的核心，为其所有伦理范畴的理论基础。

第一节　"仁"

"仁"的观念是中国传统伦理思想的核心内容，原始儒家在继承三代礼乐文化传统的基础上，对之已有过充分的讨论，并以之为基点而建构起了整个儒学伦理学体系。到了朱熹，在关于礼乐的哲学与伦理思想的辨析中，"仁"是他和师友及弟子们反复论及的话题。我们要辨析朱熹的礼乐价值论体系，"仁"乃最为关键的一环，也是最根本的部分。在延续孔、孟及子思之仁学"道统"的基础上，朱熹做出了系统的发展，其主要理论贡献就在于对"仁"的价值哲学层面的进一步升华。

一　"仁"的内涵与性质

关于"仁"，《说文解字》释曰："仁，亲也。从人二。"《礼记·中庸》说："仁者，人也。"段玉裁综合二者进一步解释道："'人也'读如'相人耦'之'人'。"又"按：'人耦'犹言尔我亲密之词。独则无耦，耦则相亲，故其字从人二。"①"耦"，《说文解字》释曰："耕广五寸为伐，二伐为耦。"段氏认为，"耦"乃指以耜耕田，"古者耜一金，两人并发之"，此处的"发"即"伐"；又指出："引申为凡人耦之称，俗借'偶'。"②从段注看来，"耦"的本意是指二人同耕，后来泛指偶数之意，"人耦"则言人数成双，借以描述人与人之间的亲密情态。③"仁"字"从人二"，同"人耦"，因而有着人与人相亲爱之意。《辞源》中解释"仁"字为："古代一种含义广泛的道德观念，其核心指人与人相亲，爱人。"④可见，自古以来"爱人"就是"仁"的核心内涵，"仁"乃处理人际关系的基本准则。

在《论语·颜渊》篇，有颜渊、仲弓、司马牛、樊迟四个弟子"问仁"，孔子根据不同弟子的这一问题"因材施教"做出了不同的解答，其实质则是"仁"的基本内涵的不同层次与面向。而其中最根本的两种理解就是"克己复礼"与"爱人"，即《论语·颜渊》："颜渊问仁。子曰：'克己复礼为仁。一日克己复礼，天下归仁焉。为仁由己，而由人乎哉？'"又有："樊迟问仁。子曰：'爱人。'"后世儒家关于"仁"所形成的伦理思想体系大体不出这一范畴。

所谓"克己复礼为仁"，"克己"意指克尽己私，是"复礼为仁"的手段；而"复礼"同样可视作"为仁"的途径，同时却也是"为仁"的目的。李泽厚先生就说："孔子讲'仁'是为了释'礼'，与维护'礼'直接相关。""礼"是"以血缘为基础，以等级为特征的氏族统治体系。要求维护或恢复这种体系是'仁'的根本目标"。⑤孔子以恢复三代礼乐传统为己任，但在实际生活中，"复礼"与"为仁"却往往互为目的和方法，而且，由于"礼"的实践性与可验证性，其作为实现"仁"的方法和实践参照物的情况似乎更多。到了宋明理学，"仁"的理论被进一步抽象化、系统化之后，其作为最高层次的哲学与伦理学概念，则完全

---

① （汉）许慎撰，（清）段玉裁注《说文解字注》，上海古籍出版社，1981，第365页。

② （汉）许慎撰，（清）段玉裁注《说文解字注》，上海古籍出版社，1981，第184页。

③ "耦"的用法在"三礼"中也很常见，如《仪礼·乡射礼》中说："三耦俟于堂西，南面，东上。""三耦"，杨天宇注释道："案射箭比赛二人为一组，称为一耦，三耦则六人。"杨天宇：《仪礼译注》，上海古籍出版社，2004，第101页。

④ 《辞源》，商务印书馆，1998，第164页。

⑤ 李泽厚：《中国古代思想史论》，天津社会科学院出版社，2003，第10页。

成为礼的实践目的。

　　关于"仁"的另一基本内涵——"爱人"，《墨子·经说下》道："仁者，仁爱也"，孟子更是一再强调"君子以仁存心，以礼存心"，"仁者爱人，有礼者敬人"，[①] 要求"爱人不亲，反其仁"。[②] 但要如何去"爱人"？孔子说："仁者，人也，亲亲为大；义者，宜也，尊贤为大。亲亲之杀，尊贤之等，礼所生也。"[③] 孟子也指出："仁之实，事亲是也。"[④] 孔、孟从人际间最为基础也最为重要的血缘关系出发，认为仁的本质就是"爱人"，而爱由亲始，"亲亲而仁民，仁民而爱物"，[⑤] 以血缘纽带为中心，由近及远，由人及物，逐层向外推扩，形成一圈一圈的"仁"的事实关系网络。照前引《礼记》所载孔子的"亲亲之杀，尊贤之等，礼所生也"一语来看，这一以人为实践主体的社会——自然的关系与秩序的网状结构就正是"礼"。

　　由上可见，无论是"仁"的实现方式还是基本内涵，都与礼有着十分紧密的关系，"仁"乃传统礼乐哲学思想的重要伦理概念。在朱熹的礼乐哲学思想中，关于"仁"的讨论同样十分丰富。他以"仁者，心之德，爱之理也"[⑥] 为理论基础，对孔、孟的"仁"学观念作了阐释；在其文集的《仁说》一篇中，则又继承并发展了二程的"仁"具"生意"的看法，指出："盖仁之为道，乃天地生物之心，即物而在。"[⑦] 所以，对朱熹关于"仁"的内涵与性质的理解，我们大致可以从以下几个方面加以辨析。

（一）"心之德"

　　朱熹早年在求学于李侗的过程中就已形成了"仁"乃天理在心中的

---

① 《孟子·离娄上》。

② 《孟子·离娄下》。

③ 《礼记·中庸》。

④ 《孟子·离娄上》。

⑤ 《孟子·尽心上》。

⑥ （宋）朱熹：《孟子集注》卷一，《朱子全书》第6册，上海古籍出版社、安徽教育出版社，2002，第246页。又见《论语集注》卷一曰："仁者，爱之理，心之德。"同上册，第68页。

⑦ （宋）朱熹：《仁说》，《晦庵先生朱文公文集》卷六十七，《朱子全书》第23册，上海古籍出版社、安徽教育出版社，2002，第3280页。

流行发用的观点，如他说："仁是心之正理，能发能用底一个端绪"，①
"大抵仁字正是天理流动之机。以其包容和粹，涵育融漾，不可名貌，故
特谓之仁。"② 此时的"仁"，在他看来，尚只是一种无所不包却无实在
内涵的广义的德性。当朱熹将仁学与礼学结合起来之后，"仁"作为
"心之全德"便有了现实依据和具体内容。因此，在最能代表其成熟观
点的《四书集注》中，他对"仁"的理解就显得十分丰满。

如他解释"克己复礼为仁"时说："仁者，本心之全德。克，胜也。
己，谓身之私欲也。复，反也。礼者，天理之节文也。为仁者，所以全
其心之德也。盖心之全德，莫非天理，而亦不能不坏于人欲。故为仁者
必有以胜私欲而复于礼，则事皆天理，而本心之德复全于我矣。"③ 朱熹
认为，"仁"乃人心本具的纯粹完全之德性，为天理在人性中的体现，
因此"莫非天理"；而"克己复礼"则是行"仁"之方，其与"仁"乃
事与理的关系，并即事见理，人若能做到"克己复礼"，"日日克之，不
以为难，则私欲净尽，天理流行，而仁不可胜用矣"，④ 则作为"本心之
德"的天理——"仁"，便在人心之中完满起来。何以朱熹会认为"仁"
乃人心之德？孟子曰："仁，人心也。义，人路也"，又说："君子所性，
仁义礼智根于心。"⑤ 朱熹"仁者，心之德"的理解当是直接来源于孟
子。在他和弟子的两段对话中，曾对"仁"与"心"的关系做过比较系
统的解释：

　　问："伊川曰：'仁是性也。'仁便是性否？"曰："'仁，性
也。''仁，人心也。'皆如所谓乾卦相似。卦自有乾坤之类，性与
心便有仁义礼智，却不是把性与心便作仁看。性，其理；情，其用。

---

① （宋）朱熹：《延平李先生师弟子答问》，《延平答问》，《朱子全书》第 13 册，上海古
　　籍出版社、安徽教育出版社，2002，第 332 页。
② （宋）朱熹：《延平李先生师弟子答问》，《延平答问》，《朱子全书》第 13 册，上海古
　　籍出版社、安徽教育出版社，2002，第 336 页。
③ （宋）朱熹：《论语集注》卷六，《朱子全书》第 6 册，上海古籍出版社、安徽教育出
　　版社，2002，第 167 页。
④ （宋）朱熹：《论语集注》卷六，《朱子全书》第 6 册，上海古籍出版社、安徽教育出
　　版社，2002，第 167 页。
⑤ 《孟子·离娄上》。

心者，兼性情而言；兼性情而言者，包括乎性情也。孝弟者，性之用也。恻隐、羞恶、辞让、是非，皆情也。"

　　问："伊川何以谓'仁是性'？孟子何以谓'仁人心'？"曰："要就人身上说得亲切，莫如就'心'字说。心者，兼体、用而言。程子曰'仁是性，恻隐是情'。若孟子，便只说心。程子是分别体、用而言；孟子是兼体、用而言。"①

朱熹将程颐所言"仁是性"与孟子"仁，人心"的观念作了一番比较，指出：性与情是体用范畴，性即理，为体，而情乃性理之用；心则"兼性情而言"，是人之性与情的统一体。程颐是将性情分别言之，孟子则统言为心，"兼体用而言"。但性与心本身却并不就是"仁"，"仁"只是天理在人心或曰人之性情中的运化流行；除天理之外，人心之中还会有人欲的侵扰。所以，"克己复礼"在此所要做的，就是扫尽人心私欲的阴霾，还人心一片明洁的天空，使天理畅行无碍。即如"克得那一分人欲去，便复得这一分天理来；克得那二分己去，便复得这二分礼来"，② 以保全"心之德"的全粹醇正。

（二）"爱之理"

所谓"爱之理"，朱熹说："理便是性。缘里面有这爱之理，所以发出来无不爱"，③ 认为人性之中本就天然具备了"爱之理"。依照程颐"仁性爱情"的说法，④ 仁即性，而性即理，爱则为性体的发用，乃人之道德情感的表现，因此性为体、情为用。朱熹便指出："仁是爱之理，爱是仁之用。未发时，只唤做仁，仁却无形影；既发后，方唤做爱，爱却

① （宋）黎靖德编《朱子语类》卷二十，《朱子全书》第 14 册，上海古籍出版社、安徽教育出版社，2002，第 704 页。
② （宋）黎靖德编《朱子语类》卷四十一，《朱子全书》第 15 册，上海古籍出版社、安徽教育出版社，2002，第 1454 页。
③ （宋）黎靖德编《朱子语类》卷二十，《朱子全书》第 14 册，上海古籍出版社、安徽教育出版社，2002，第 696 页。
④ 如程颐说："……孟子曰：'恻隐之心，仁也。'后人遂以爱为仁。恻隐固是爱也。爱自是情，仁自是性，岂可专以爱为仁？孟子言恻隐为仁，盖为前已言'恻隐之心，仁之端也'，既曰仁之端，则不可便谓之仁。退之言'博爱之谓仁'，非也。仁者固博爱，然便以博爱为仁，则不可。"见（宋）程颢、程颐《河南程氏遗书》卷十八，《二程集》，中华书局，1981，第 182 页。

有形影。"① 他在此显然是继承了伊川的观点,强调"仁"是"爱"的内在哲学与伦理的先验性依据,为人人皆有的伦理本性。这又正所谓"'爱之理',便是'心之德'",② 两者统归到了"仁"之一体。

因此,据《孟子·梁惠王上》所载:"孟子见梁惠王。王曰:'叟不远千里而来,亦将有以利吾国乎?'孟子对曰:'王何必曰利?亦有仁义而已矣。'"朱熹随后便注解"仁义"一词道:"仁者,心之德,爱之理。义者,心之制,事之宜也。"并说:"盖天地之性,人为贵。故人之与人,又为同类而相亲。是以恻隐之发,则于民切而于物缓;推广仁术,则仁民易而爱物难。今王此心能及物矣,则其保民而王,非不能也,但自不肯为耳。"③ 此处所言"恻隐之发",即指"仁"在人心中的发显,而"天地之性,人为贵"的说法又与《礼记·中庸》所言"仁者,人也"一脉相承。朱熹说"仁"乃"爱之理",然爱由亲始,爱有等差乃是先秦儒家礼乐伦理思想的基本观念,如孟子曰:"君子之于物也,爱之而弗仁;于民也,仁之而弗亲。亲亲而仁民,仁民而爱物。"④ 从"亲亲"至"仁民"再至"爱物","爱物"乃"仁"之一事的最外一层,相对前面两者难度也更大。因此,朱熹指出:梁惠王既能"爱物","仁民"想必应当是比较容易做到的,只是"不肯为耳"。

先秦儒家认为爱由亲始,故而"亲亲"乃最基础之事,孝悌则为"亲亲"实践的具体表现,所以也就成了"为仁"之根本。孔子的弟子有子说:"君子务本,本立而道生。孝弟也者,其为仁之本与!"⑤ 有子在孔门弟子中言行与其师最为接近,故而其说也基本可视作孔子的观点。朱熹对此解释道:"言君子凡事专用力于根本,根本既立,则其道自生。若上文所谓孝弟,乃是为仁之本,学者务此,则仁道自此而生也。"又说:"谓行仁自孝弟始,孝弟是仁之一事。谓之行仁之本则可,谓是仁之

---

① (宋)黎靖德编《朱子语类》卷二十,《朱子全书》第 14 册,上海古籍出版社、安徽教育出版社,2002,第 691 页。

② (宋)黎靖德编《朱子语类》卷二十,《朱子全书》第 14 册,上海古籍出版社、安徽教育出版社,2002,第 694 页。

③ (宋)朱熹:《孟子集注》卷一,《朱子全书》第 6 册,上海古籍出版社、安徽教育出版社,2002,第 255 页。

④ 《孟子·尽心上》。

⑤ 《论语·学而》。

本则不可。盖仁是性也，孝弟是用也，性中只有个仁、义、礼、智四者而已，曷尝有孝弟来？然仁主于爱，爱莫大于爱亲，故曰：'孝弟也者，其为仁之本与！'"① 他在此反复强调的是，孝悌只能为"行仁之本"，而非"仁之本"。因为"仁"是天理在人性中的体现，孝悌是"仁"之德性实践于人类社会生活中的初始阶段，所指的是"仁"的实践活动，绝非"仁"的本质内涵。

所以，在朱熹看来，"仁"作为性理，其基本内涵只是"仁、义、礼、智"四德而已，这四德为体，孝悌则为用。他说：

> 孝弟便是仁。仁是理之在心，孝弟是心之见于事。性中只有个仁义礼智，曷尝有孝弟？见于爱亲，便唤做孝；见于事兄，便唤做弟。如"亲亲而仁民，仁民而爱物"，都是仁。性中何尝有许多般，只有个仁。自亲亲至于爱物，乃是行仁之事，非是行仁之本也。故仁是孝弟之本。推之则义为羞恶之本，礼为恭敬之本，智为是非之本。②

他指出"仁是理之在心，孝弟是心之见于事"，明确说明孝悌为"仁"于"爱亲事兄"的具体生活实践，二者为体用关系。但是，又为何"孝弟为仁之本"？朱熹曾专门就此解答过弟子的疑问："这个仁，是爱底意思。行爱自孝弟始。"接着又说："亲亲、仁民、爱物，三者是为仁之事。亲亲是第一件事，故'孝弟也者，其为仁之本与'。"③ 按朱熹的理解，孔子所谓"为仁之本"的"为"字显然并非"是"的意思，而是指"实践"。所以，"仁"是"孝弟"的理论之本；"孝弟"乃"仁"的实践中最初始、最重要的人事活动，是"仁"的实践之本。随后再由"孝弟"推而至于博爱天下之人、物，形成天、地、人的和谐统一，繁荣并存，则是"仁"作为"爱之理"的社会功能的完整体现。

---

① （宋）朱熹：《论语集注》卷一，《朱子全书》第6册，上海古籍出版社、安徽教育出版社，2002，第68页。

② （宋）黎靖德编《朱子语类》卷二十，《朱子全书》第14册，上海古籍出版社、安徽教育出版社，2002，第703页。

③ （宋）黎靖德编《朱子语类》卷二十，《朱子全书》第14册，上海古籍出版社、安徽教育出版社，2002，第686页。

(三)"天地生物之心"

据《左传·昭公二十五年》记载,郑国大夫子产认为礼乐是人类"则天之明,因地之性",取法天地自然运行规律的产物。子产对此作了更为具体详尽的演绎与发挥,指出礼乐中的"三牺""五牲""九文""五章"等内容均与天地之间的气所生发出来的"五味""五色""五声"有着根本联系,"夫妇外内""君臣上下""婚媾姻娅"等人伦关系则是人类模仿顺应"天明""地义""四时"等的产物。其中言道:"为温慈惠和,以效天之生殖长育",意指"温慈惠和"作为人们践行礼乐的行为与情感表现,源于对天的生育万物之道德行为的模仿。这句话说明,一方面,"温慈惠和"是礼乐的内在伦理规定;另一方面,人类对天地生育万物等自然行为赋予了充分的伦理化色彩,对它十分膜拜,并通过效仿它建构起了礼乐哲学与礼乐伦理的内涵和各种具体仪节形式。而"温慈惠和"可以说正是人心之"仁"的基本外在表现,其本质就是"仁"。这样一来,我们即可看到,早在春秋时期其实就已经有了"仁者,天地生物之心"这一认识的雏形。只不过到了两宋理学家这里,他们进一步将人心与礼乐以及"天地之心"三者更加明确地、有机地统一在了一起。

"仁"为人的"心之德""爱之理"的特性,在程朱的思想中,就正是"天人合一"这一儒家传统哲学观念的具体体现。朱熹曾于讨论《孟子·梁惠王上》中齐宣王"不忍一牛之死"时说道:

> 不忍者心之发,而仁者天地生物之心,而人之所得以为心者也。是心之存,则其于亲也,必知所以亲之;于民也,必知所以仁之;于物也,必知所以爱之矣。然人或蔽于物欲之私,而失其本心之正,故其所发有不然者,然其根于天地之性者,则终不可得而亡也。故间而值其不蔽之时,则必随事而发见焉。[①]

在《朱子语类》中,朱熹亦针对弟子所问"心"字义指出:

---

① (宋)朱熹:《孟子或问》卷一,《四书或问》,《朱子全书》第6册,上海古籍出版社、安徽教育出版社,2002,第923~924页。

> 一言以蔽之，曰"生"而已。"天地之大德曰生"，人受天地之气而生，故此心必仁，仁则生矣。

> 心须兼广大流行底意看，又须兼生意看。且如程先生言"仁者天地生物之心"，只天地便广大，生物便流行，生生不穷。①

他关于天地有生生之德为"仁"，人禀受天地之气，自然也就承续和贯通了天地之性而具备了仁心的观点，在其日常讲论以及和师友弟子的书信往来中十分常见。以上所举仅是其中较具代表性的说法之一二。在他看来，人心之"仁"根于天地之性，这便将天、人在"仁"的德性方面有机地结合起来。同时，又由于人虽秉承了天地之"仁"性，但又时常被物欲所蔽，故而就必须借助礼乐的现实规定性对之予以有效控制，这就给传统礼乐在理学道德修养论中的合法性地位奠定了基础。

然而，"仁"何以具有"生意"？其所具备的"生意"对于人心之德有何影响？对这一问题，朱熹亦曾做过许多讨论。

"生生之谓仁"是二程与朱熹关于仁学的重要观点之一。朱熹说："'仁'字有生意，是言人之生道也。"② 又说："仁是个生底意思。如四时之有春，彼其长于夏，遂于秋，成于冬，虽各具气候，然春生之气皆通贯于其中。仁便有个动而善之意。"③ 由此处看来，朱熹所谓"仁"具备"生意"的观点不仅是针对人，而且是针对自然万物而言。"仁"的本质就体现在包括人类在内的自然万物的生机之中，若无这生机，也就没有了"仁"的存在。所以，朱熹在与门人讨论"仁者，爱之理"一节时，就说道：

> 仁自是个和柔底物事。譬如物之初生，自较和柔；及至夏间长茂，方始稍坚硬；秋则收结成实，冬则敛藏。然四时生气无不该贯。

---

① （宋）黎靖德编《朱子语类》卷五，《朱子全书》第 14 册，上海古籍出版社、安徽教育出版社，2002，第 219 页。

② （宋）黎靖德编《朱子语类》卷六十一，《朱子全书》第 16 册，上海古籍出版社、安徽教育出版社，2002，第 1978 页。

③ （宋）黎靖德编《朱子语类》卷二十，《朱子全书》第 14 册，上海古籍出版社、安徽教育出版社，2002，第 702～703 页。

如程子说生意处，非是说以生意为仁，只是说生物皆能发动，死物则都不能。譬如谷种，蒸杀则不能生也。①

有生命的物体才能够发动那份生气，有了生气的流动贯通，才会有作为万物性理的"仁"的表现，这也正是"仁"作为"爱之理"的前提。

在他的《仁说》篇中，关于"仁"的"生意"有过更为详细的讨论：

天地以生物为心者也，而人物之生，又各得夫天地之心以为心者也。故语心之德，虽其总摄贯通无所不备，然一言以蔽之，则曰仁而已矣。请试详之。

盖天地之心，其德有四，曰元亨利贞，而元无不统。其运行焉，则为春夏秋冬之序，而春生之气无所不通。故人之为心，其德亦有四，曰仁义礼智，而仁无不包。其发用焉，则为爱恭宜别之情，而恻隐之心无所不贯。故论天地之心者，则曰乾元、坤元，则四德之体用不待悉数而足。论人心之妙者，则曰"仁，人心也"，则四德之体用亦不待遍举而该。盖仁之为道，乃天地生物之心，即物而在，情之未发而此体已具，情之既发而其用不穷，诚能体而存之，则众善之源、百行之本，莫不在是。此孔门之教所以必使学者汲汲于求仁也。其言有曰："克己复礼为仁。"言能克去己私，复乎天理，则此心之体无不在，而此心之用无不行也。又曰："居处恭，执事敬，与人忠。"则亦所以存此心也。又曰："事亲孝，事兄弟，及物恕。"则亦所以行此心也。又曰："求仁得仁。"则以让国而逃、谏伐而饿为能不失乎此心也。又曰："杀身成仁。"则以欲甚于生、恶甚于死为能不害乎此心也。此心何心也？在天地则块然生物之心，在人则温然爱人利物之心，包四德而贯四端者也。②

---

① （宋）黎靖德编《朱子语类》卷二十，《朱子全书》第 14 册，上海古籍出版社、安徽教育出版社，2002，第 690～691 页。

② （宋）朱熹：《仁说》，《晦庵先生朱文公文集》卷六十七，《朱子全书》第 23 册，上海古籍出版社、安徽教育出版社，2002，第 3279～3280 页。

天地之心具有"生意"，人、物以天地之心为心，也就同样有了"生意"。天地之心与人心都具备相应的四种德性，前者为"元""亨""利""贞"，后者为"仁""义""礼""智"；其中，"元"与"仁"又分别统括包容着其余的几种德性。朱熹随之归纳总结了孔孟关于"仁"的几种主要观点，即"仁，人心也""克己复礼为仁""居处恭，执事敬，与人忠""事亲孝，事兄弟，及物恕""求仁得仁""杀身成仁"等。他强调人心之首德为"仁"，而"克己复礼""居处恭，执事敬，与人忠""事亲孝，事兄弟，及物恕"等说法则是"仁"在日常礼仪生活中的具体实践以及修养方式。从中可见，朱熹等理学家所主张的"仁"有"生生"之意，乃是对于"天地有好生之德"和"仁"为"心之德，爱之理"观念的有机结合与融通。此外，若从"仁"的社会实践效果而言，人人皆仁，天地间的万物必然也就充满了生机与活力，有了欣欣向荣的气象。或许，这也是朱熹论"仁者，天地生物之心"的潜在含义吧。

二　"仁"与礼乐的关系

孔子说："人而不仁，如礼何？人而不仁，如乐何？"[①] 认为"仁"是礼乐的内在哲学与伦理依据，人若不仁，礼乐也就难以真正实践下去。朱熹对此做了进一步的理学化演绎："如礼乐何，谓其不奈礼乐何也。'心中斯须不和不乐，而鄙诈之心入之；外貌斯须不庄不敬，而慢易之心入之。'既不和乐、不庄敬，如何行得礼乐。"[②] "心中斯须不和不乐，而鄙诈之心入之；外貌斯须不庄不敬，而慢易之心入之"一句源出《礼记·乐记》。另一弟子李儒用将朱熹的这番话记录整理为："不庄不敬，不和不乐，便是不仁。暴慢鄙诈，则无如礼乐何矣。"[③] "暴慢鄙诈"之心即是人欲，人欲入于心，天理便为其所蔽，自然也就不仁；而心中既难以和乐，外貌亦难以庄敬，一旦缺失了"仁"，礼乐的实践就成了

---

① 《论语·八佾》。
② （宋）黎靖德编《朱子语类》卷二十五，《朱子全书》第 14 册，上海古籍出版社、安徽教育出版社，2002，第 879 页。
③ （宋）黎靖德编《朱子语类》卷二十五，《朱子全书》第 14 册，上海古籍出版社、安徽教育出版社，2002，第 879 页。

空谈。

可见在朱熹这里，"仁"亦为礼乐的内在依据和前提，同时，礼乐又是"仁"的实践方式。又如孟子曾说道："仁之实，事亲是也；义之实，从兄是也。"① 朱熹在《孟子集注》中解释说："仁主于爱，而爱莫切于事亲；义主于敬，而敬莫先于从兄。故仁义之道，其用至广，而其实不越于事亲从兄之间。盖良心之发，最为切近而精实者。有子以孝弟为为仁之本，其意亦犹此也。"② "事亲从兄"正是礼乐在人类社会生活中最根本的实践活动，乃"仁义之道"的"用"，亦即"仁义之实"，为仁义的具体实践；而其基本原则为"孝弟"，是"为仁之本"。当孟子接着指出："智之实，知斯二者弗去是也；礼之实，节文斯二者是也；乐之实，乐斯二者，乐则生矣；生则恶可已也？恶可已，则不知足之蹈之、手之舞之。"③ 朱熹注曰：

> 斯二者，指事亲、从兄而言。知而弗去，则见之明而守之固矣。节文，谓品节文章。乐则生矣，谓和顺从容，无所勉强，事亲、从兄之意油然自生，如草木之有生意也。既有生意，则其畅茂条达，自有不可遏者，所谓恶可已也。其又盛，则至于手舞足蹈而不自知矣。④

礼是以仁义为准则的对"事亲从兄"活动的裁制，而乐则为"事亲从兄"寻求和顺畅达、无所倦怠的情感的支撑。孟子讲"乐则生矣，生则恶可已也"，朱熹认为此处的"乐""音洛"，指情感上的愉悦快乐，乐于从事礼乐实践活动之意。他以"仁具生意"的观点阐释孟子所言之"生"如"草木之有生意也"，认为人们既乐于从事礼乐之于"仁"的具体实践活动，便会如天地万物之生生不息一般而具有绵绵不绝的生命活力。

---

① 《孟子·离娄上》。
② （宋）朱熹：《孟子集注》卷七，《朱子全书》第 6 册，上海古籍出版社、安徽教育出版社，2002，第 350 页。
③ 《孟子·离娄上》。
④ （宋）朱熹：《孟子集注》卷七，《朱子全书》第 6 册，上海古籍出版社、安徽教育出版社，2002，第 350 页。

但"仁"何以能够成为礼乐的内在依据,礼乐又何以是"仁"的具体实践呢?朱熹的弟子吕焘曾说:"礼者,天理之节文;乐者,天理之和乐。仁者,人心之天理。人心若存得这天理,便与礼乐凑合得着。若无这天理,便与礼乐凑合不着。"朱熹对此十分赞赏,道:"固是。若人而不仁,空有那周旋百拜,铿锵鼓舞,许多劳攘,当不得那礼乐。"① 在他们看来,"仁"为天理在人心的流行贯通,而礼乐是天理在人类社会生活中的表现形式;所以,天理也就成了"仁"与礼乐的共同基础,二者因之具备了发生关联的理论前提。人心一旦具有了"仁"的本性,即是存有天理,则可真正实践礼乐而"无不中节";若能常保天理不为私欲所蔽,最终便可达至"从心所欲,不逾矩"的最高境界。

三　"仁"与"义""礼""智"的关系

孟子说:"恻隐之心,仁之端也;羞恶之心,义之端也;辞让之心,礼之端也;是非之心,智之端也。"② 朱熹注释曰:"恻隐、羞恶、辞让、是非,情也。仁、义、礼、智,性也。心,统性情者也。端,绪也。因其情之发,而性之本然可得而见,犹有物在中而绪见于外也。"③ 朱熹强调"仁、义、礼、智"四者同为性体,而恻隐、羞恶、辞让、是非乃人之情,为性体的发用显现,并与性体统一于心。关于孟子的"仁、义、礼、智"四端说,朱熹曾做过详细论述:

> 性是太极浑然之体,本不可以名字言,但其中含具万理,而纲理之大者有四,故命之曰仁、义、礼、智。孔门未尝备言,至孟子而始备言之者,盖孔子时性善之理素明,虽不详著其条而说自具;至孟子时,异端蜂起,往往以性为不善,孟子惧是理之不明而思有以明之,苟但曰浑然全体,则恐其如无星之秤、无寸之尺,终不足

---

① (宋)黎靖德编《朱子语类》卷二十五,《朱子全书》第 14 册,上海古籍出版社、安徽教育出版社,2002,第 880 页。

② 《孟子·公孙丑上》。

③ (宋)朱熹:《孟子集注》卷三,《朱子全书》第 6 册,上海古籍出版社、安徽教育出版社,2002,第 289~290 页。

以晓天下，于是别而言之，界为四破，而四端之说于是而立。①

　　孟子以人性为善，而"仁、义、礼、智"为性之四端，即人性之善的主要内容。朱熹则认为，在孔子时就已持人性为善的观点，只是未曾明确说明，孟子的性善说是对孔子人性思想的明朗化和具体化，四端说便是在这一过程中所衍生出来的结果。②并且他还指出，四端之中"仁"又是最大者，为"心之全体"（或曰"心之全德"），贯通并涵括了仁、义、礼、智四端。他说："当来得于天者只是个仁，所以为心之全体。却自仁中分四界子：一界子上是仁之仁，一界子是仁之义，一界子是仁之礼，一界子是仁之智。一个物事，四脚撑在里面，唯仁兼统之。"③"仁""兼统"四端，朱熹有时候亦表述为"仁包四端"，或者除开"仁"而只说"包（义、礼、智）三者"。具体表述虽大同小异，其义则一："仁"相对于"义""礼""智"有兼统之义。至于为何能够如此，朱熹曾说："仁所以包三者，盖义礼智皆是流动底物，所以皆从仁上渐渐推出。"④"仁"是"定体"，"义""礼""智"则是"流动底物"，依次从"仁"逐步生发出来，故而可以"包三者"。

　　不过，"仁"不仅能涵容"义""礼""智"，为它们的立论基础，四者彼此之间也有着相对待而言的不同的阴阳属性。对此他曾做出十分详尽的论述：

　　　　仁、义、礼、智，既知得界限分晓，又须知四者之中，仁义是个对立底关键。盖仁，仁也，而礼则仁之著；义，义也，而智则义

---

① （宋）朱熹：《答陈器之》，《晦庵先生朱文公文集》卷五十八，《朱子全书》第23册，上海古籍出版社、安徽教育出版社，2002，第2778页。

② 关于孔子的人性观，笔者曾经指出，孔子实质上应当是持善恶混存的潜在人性观念，孟子的性善论所承继和抉发的是其中的性善因素，荀子的性恶论则走了一条相反的路径，但二者最终均可在孔子的人性思想中找到依据（详见冯兵《论孔子善恶混存的人性观》，《哲学研究》2008年第1期）。宋明理学排斥荀学，仅从孟子、子思一路上溯到孔子，故而有此一说。

③ （宋）黎靖德编《朱子语类》卷六，《朱子全书》第14册，上海古籍出版社、安徽教育出版社，2002，第256页。

④ （宋）黎靖德编《朱子语类》卷六，《朱子全书》第14册，上海古籍出版社、安徽教育出版社，2002，第247页。

之藏。犹春、夏、秋、冬虽为四时，然春、夏皆阳之属也，秋、冬皆阴之属也。故曰："立天之道，曰阴与阳；立地之道，曰柔与刚；立人之道，曰仁与义"。是知天地之道不两则不能以立，故端虽有四，而立之者则两耳。仁义虽对立而成两，然仁实贯通乎四者之中。盖偏言则一事，专言则包四者。故仁者，仁之本体；礼者，仁之节文；义者，仁之断制；智者，仁之分别。犹春、夏、秋、冬虽不同，而同出乎春。春则春之生也，夏则春之长也，秋则春之成也，冬则春之藏也。自四而两，自两而一，则统之有宗，会之有元矣。故曰"五行一阴阳，阴阳一太极"，是天地之理固然也。

仁包四端，而智居四端之末者，盖冬者藏也，所以始万物而终万物者也。智有藏之义焉，有终始之义焉，则恻隐、羞恶、恭敬，是三者皆有可为之事，而智则无事可为，但分别其为是为非尔，是以谓之藏也。又恻隐、羞恶、恭敬皆是一面底道理，而是非则有两面，既别其所是，又别其所非，是终始万物之象。故仁为四端之首，而智则能成始、能成终。犹元气虽四德之长，然元不生于元，而生于贞。盖由天地之化，不翕聚则不能发散，理固然也。仁智交际之间，乃万化之机轴，此理循环不穷，吻合无间。程子所谓动静无端、阴阳无始者，此也。①

朱熹认为，"仁""义""礼""智"四者既有界限分别，又有着阴阳属性的对立。其中，"礼"为"仁"的发用，同属阳；"智"为"义"的敛藏，属阴；"仁""义"便分属阴阳之首，乃是对立的关键。但"仁"实际上又贯通流行于四端之中，为四端共同的立论基础。因此，若专言"仁"，"仁"便是涵括了四端；若与其余三者并言，则"仁"只是"仁"，与"义""礼""智"各为四端之一。依前所述，四端分属阴阳，阴阳又统归于"太极"，即理，"仁""义""礼""智"四者最终并于一理。这便是前文朱熹所指"自四而两，自两而一，则统之有宗，会之有

① （宋）朱熹：《答陈器之》，《晦庵先生朱文公文集》卷五十八，《朱子全书》第23册，上海古籍出版社、安徽教育出版社，2002，第2779～2880页。

元"的含义。由此可见，"'仁'字须兼义、礼、智看，方看得出"。①
"仁"与"义""礼""智"有着十分紧密的理论联系。

　　随后朱熹又将"仁""义""礼""智"四端与代表天地宇宙之生气
的"元""亨""利""贞"四德相比拟，认为"元"生于"贞"，"仁"
亦生于"智"，"元""贞""仁""智"分属"四德""四端"之首尾，
彼此遇合相交，便是天地万物得以化生的关键。这一生生之理循环往复，
吻合无间，没有穷尽。朱熹的这一生成论原理，我们即可称之为循环生
成论，只是他将宇宙生成论与道德生成论混同糅合在了一起，而这也正
是理学伦理学的一大特点。最后，至于二程所说的"动静无端、阴阳无
始"，在朱熹有关"仁"与"智"的关系的讨论中，也可直接找到解释：
"仁"属阳，"智"属阴，这在前面已有讨论；至于动静，朱熹说："仁
者敦厚和粹，安于义理，故静；知者明彻疏通，达于事变，故动。"②
"仁""智"分别具有静与动的属性。而两者交际遇合，循环不已，所代
表的"动静""阴阳"自然就没有终始之别，所以便有了"动静无端、
阴阳无始"的说法。

　　综上所述，我们认为，先秦儒家关于"仁"的内涵以及"仁"为礼
乐之内在依据的礼乐伦理观念，在朱熹这里得到了进一步的继承与发展。
他主要以宋明理学思想中的理气论、心性论为理论背景，强调"仁"是
"心之德，爱之理"，并融入了"生生之谓仁"的传统德性论观点，对
"仁"这一概念的内涵与性质作了较为全面的再诠释。而他对"仁"与
礼乐以及"仁"与"义""礼""智"等德目的关系也做出了系统的理
学化阐释，并以理学式的哲学思辨细致地分梳了传统礼乐的这一伦理内
涵，丰富和完善了传统儒家的礼乐价值论思想。

第二节　"敬"与"和"

　　"敬"与"和"是我国传统伦理思想里的重要概念，乃中华民族的

---

① （宋）黎靖德编《朱子语类》卷六，《朱子全书》第 14 册，上海古籍出版社、安徽教
　育出版社，2002，第 249 页。
② （宋）朱熹：《答滕德粹》，《晦庵先生朱文公文集》卷四十九，《朱子全书》第 22 册，
　上海古籍出版社、安徽教育出版社，2002，第 2277 页。

道德智慧与人文精神的重要体现。尤其是在礼乐价值论当中，二者分别构成了礼、乐内在之基本价值观念，更是有着相当重要的地位。如《论语·八佾》中，孔子说："居上不宽，为礼不敬，临丧不哀，吾何以观之哉?"《礼记·哀公问》也记载孔子之语："所以治礼，敬为大"，《大戴礼记·劝学》亦曰："不敬无礼，无礼不立"，等等，都说明了"敬"之于礼的首要地位。关于"和"，《礼记·乐记》指出"礼以道其志，乐以和其声"，"乐者，天地之和也；礼者，天地之序也"，等等，就强调了"和"为乐的主要伦理属性与功能。当礼、乐并举时，"和"专属于乐。而在单言"礼"时，"和"也是礼的重要伦理属性，如《礼记·儒行》道："礼之以和为贵"，《论语·学而》中孔子门人有子也说："礼之用，和为贵"，等等。显然此处的"礼"乃是广义，为礼乐的合称。而从上可见，"敬"与"和"早在先秦时期就已成为传统礼乐哲学与伦理思想体系中十分重要的伦理范畴。

到了朱熹这里，在继承"敬"与"和"分别为礼乐之"本"的传统礼乐哲学思想的基础上，他又进一步丰富和发展了这一礼乐价值论的基本内容。他曾明确指出"为礼以敬为本"，[①] 又道："礼主于敬……和是乐之本。"[②] 肯定了"敬"与"和"为礼乐之"本"。同时，在朱熹的礼乐价值论中，"敬"与"和"的关系既代表着礼乐的相互关系，也是人们实践礼乐、修身养性的认识论与方法论原则。

一　"敬"的含义

"敬"，《说文解字》曰："敬，肃也。"段玉裁注云："肃部曰：肃也，持事振敬也。与此为转注。"[③] 现代汉语中，与此相关的"敬"字义有三：一、"恭敬，端肃"；二、"尊敬，尊重"；三、"警戒"。[④] 实际上，"敬"字及其意义早在三代和春秋时期就已大量出现于人们的日常生活当中，如《诗·小雅·小弁》"维桑与梓，必恭敬止"，《易·坤卦》

① （宋）朱熹：《论语集注》卷二，《四书章句集注》，《朱子全书》第 6 册，上海古籍出版社、安徽教育出版社，2002，第 92 页。

② （宋）黎靖德编《朱子语类》卷二十二，《朱子全书》第 14 册，上海古籍出版社、安徽教育出版社，2002，第 763～764 页。

③ （汉）许慎撰，（清）段玉裁注《说文解字注》，上海古籍出版社，1981，第 434 页。

④ 《辞源》，商务印书馆，1998，第 1351 页。

"君子敬以直内，义以方外"，《国语·周语上》"肃恭明神，而敬事耆老"，等等。在《论语》中，"敬"字出现 21 次，共约两层含义：一、"对工作的严肃认真"，如《学而》篇"敬事而信"，《宪问》"修己以敬"；二、"对待人物真心诚意的有礼貌"，如《里仁》："又敬不违"，等等。① 朱熹则在《四书章句集注》里明确阐释"敬""敬者，主一无适之谓"。② 段玉裁认为朱熹的这一解释"与敬义无关"，而朱熹的弟子陈淳却对之十分推崇，并作了进一步演绎和诠释。他说："程子谓主一之谓敬，无适之谓一。文公合而言之，曰主一无适之谓敬，尤分晓。"陈淳认为二程在孔、孟论"敬"的基础上提出"涵养须用敬，进学则在致知"，"人道以敬为本"的说法，其"敬"字主要便是"就学者做功夫处说"，"所关最大"。而朱熹对"敬"字的解释融会了二程之言，更为晓畅明白。不过，何谓"主一无适"，朱熹并没有对此做出过详细的解说，陈淳则道："所谓敬者无他，只是此心常存在这里，不走作，不散慢，常惺惺地惺惺，便是敬。"③ 由此来看，"主一，就是心思集中"，"无适，就是心常在这里"。④ 也就是说，朱熹所主张的"敬"之一义，主要仍是在二程的基础上提出来的修养心性的功夫要诀，强调持敬应当专一坚定。他所作的《敬斋箴》就专讲日常持敬的修为功夫，受到了其弟子及后世理学家们的大力推崇，陈淳即撰有《敬斋箴解》，对之逐段做了详细的注释。

朱熹将"敬"在礼乐实践和道德修养活动中提升到了极其重要的地位，认为"'敬'字功夫，乃圣门第一义，彻头彻尾，不可顷刻间断"。又道："'敬'之一字，真圣门之纲领，存养之要法。"甚至认为："敬则万理具在。"⑤ 根据他的相关阐述，我们大致可从以下几个方面来理解其"敬"之义的基本内涵。

---

① 杨伯峻：《论语译注》，中华书局，1980，第 290 页。

② （宋）朱熹：《论语集注》卷一，《四书章句集注》，《朱子全书》第 6 册，上海古籍出版社、安徽教育出版社，2002，第 69 页。

③ （宋）陈淳：《北溪字义》，中华书局，1983，第 35 页。

④ 邱汉生：《四书集注简论》，中国社会科学出版社，1980，第 189 ~ 190 页。

⑤ （宋）黎靖德编《朱子语类》卷十二，《朱子全书》第 14 册，上海古籍出版社、安徽教育出版社，2002，第 371 页。

（一）"畏"

孔子说："君子有三畏：畏天命，畏大人，畏圣人之言。小人不知天命而不畏也，狎大人，侮圣人之言。"① 朱熹注释道："畏者，严惮之意也。天命者，天所赋之正理也。知其可畏，则其戒谨恐惧，自有不能已者。"② 今人杨伯峻释"畏"作"害怕"，③ 朱熹释曰"严惮"，"惮"即"害怕"，而前有一"严"字，"严"亦有整肃与尊敬之意，④ 可见"严惮"当有敬的含义，实指"敬畏"。很显然，此处君子对"天命"、"大人"（位居高位者）、"圣人之言"的害怕应当有一个"敬"的前提，乃由"敬"生"畏"，并非简单的"害怕"可以解释完全。所以，笔者以为朱熹的注解更符合原意。而且朱熹本身也曾以"畏"释"敬"，他说："敬不是万事休置之谓，只是随事专一，谨畏，不放逸耳。"故而又道："敬，只是一个'畏'字。"⑤ "敬"即是"畏"，乃"谨畏"，"戒谨恐惧"的道德心理与道德情感。小人"不畏"是因为"不知天命，故不识义理"，"天命"是指"天所赋之正理也"，又"即天道之流行而赋予物者，乃事物所以当然之故也"。⑥ 由此可见，"天理"正是促使人生出敬畏之心的理论基础。唯有晓天理、知天命的君子才有可能对"天命""大人""圣人之言"产生真正的"敬畏"。此处朱熹将"敬"与"畏"紧密结合起来，使得二程"主敬"的工夫论思想得到了进一步的发展。

（二）"爱"

礼主于"敬"，"敬"的外在表现虽然有些缺乏温情，然在朱熹看来，其内涵中却也有着"爱"的成分。如在关于祭礼的讨论中，有弟子问孔子"祭如在，祭神如神在"⑦ 一句的含义，朱熹说："祭先主于孝，

---

① 《论语·季氏》。
② （宋）朱熹：《论语集注》卷八，《四书章句集注》，《朱子全书》第 6 册，上海古籍出版社、安徽教育出版社，2002，第 215 页。
③ 杨伯峻：《论语译注》，中华书局，1980，第 177 页。
④ 《辞源》，商务印书馆，1998，第 555～556 页。
⑤ （宋）黎靖德编《朱子语类》卷十二，《朱子全书》第 14 册，上海古籍出版社、安徽教育出版社，2002，第 372 页。
⑥ （宋）朱熹：《论语集注》卷一，《四书章句集注》，《朱子全书》第 6 册，上海古籍出版社、安徽教育出版社，2002，第 75 页。
⑦ 《论语·八佾》。

祭神主于敬。虽孝敬不同，而如在之心则一。圣人万一有故而不得与祭，虽使人代，若其人自能极其恭敬，固无不可；然我这里自欠少了，故如不祭。"又道："祭先如在，祭外神亦如神在。爱敬虽不同，而如在之诚则一。"① 在此，朱熹显然是认为"孝"的实质就是"爱"，祭礼之中"孝""敬"之异实际上乃是"爱""敬"之别："孝"源于血亲之爱，其爱自然而亲切，故此是对祖先而言；"敬"则主于"外神"之祭，因为"敬，相待如宾"，② 和"孝"相比，虽然"祭如在"的诚意相同，却仍有情感上的亲疏之分。但"爱"与"敬"并非毫不相干，在朱熹这里，"爱""敬"之间恰是有着根本联系的，彼此互为前提和依据："爱而不敬，非真爱也；敬而不爱，非真敬也。敬非严恭俨恪之谓，以此为敬，则误矣。只把做件事，小心畏谨，便是敬。"③ 朱熹指出，"敬"中有"爱"，"爱"中有"敬"。尤其是"敬"，虽然主要是指日常做事时"小心畏谨"的心理状态，然之所以朱熹强调其并非严肃僵硬、不通人情，就正在于"敬"与"爱"的交互涵容，"敬"中有着"爱"的温情的一面。由此亦可见，朱熹对礼的阐发与践履其实都较为注重行为主体的情感因素，而非后人所理解的那般冷硬迂执。

（三）"诚"

"敬"是礼乐所内含的根本德性之一，在朱熹的礼乐价值论中，"敬"的内涵也有着"诚"的元素。"诚""敬"结合，乃朱熹"为礼以敬"的观念在礼乐实践活动中具体展开时的重要价值指导。

《礼记·中庸》道："诚者，天之道也；诚之者，人之道也。"朱熹解释说："诚者，真实无妄之谓，天理之本然也。诚之者，未能真实无妄，而欲其真实无妄之谓，人事之当然也。"④ "诚"乃"天理之本然"，

---

① （宋）黎靖德编《朱子语类》卷二十五，《朱子全书》第 14 册，上海古籍出版社、安徽教育出版社，2002，第 897~898 页。朱熹"祭先主于孝，祭神主于敬"之说当是源于程颐，后者曾有"祭先，主于孝。祭神，主于恭敬"之说。见（宋）程颢、程颐《河南程氏遗书》卷二十二上，《二程集》，中华书局，1981，第 285 页。

② 《左传·僖公三十三年》。

③ （宋）黎靖德编《朱子语类》卷二十三，《朱子全书》第 14 册，上海古籍出版社、安徽教育出版社，2002，第 824~825 页。

④ （宋）朱熹：《中庸集注》，《四书章句集注》，《朱子全书》第 6 册，上海古籍出版社、安徽教育出版社，2002，第 48 页。

是天理的真实呈现，人求取和涵养"诚"的努力，实际上就是一个祛除人欲之私以彰显并存养天理的道德修养过程。具体而言，在日常人伦事务里，"诚"主要就体现在为人处世的"真实无妄"之上，为道德准则之"当然"，同时也是个体修养的道德目标。而欲"诚"则必有对天理的"敬"，"敬"为"诚"的基础，"诚"为"敬"的表现。这一意义上的"敬"即朱熹所言之"诚敬"，它同样是在祭礼的过程中得到了尤为明显的体现。《论语·八佾》说："祭如在，祭神如神在"，朱熹在《论语集注》里便指出这是"门人记孔子祭祀之诚意"。[①] 另在《朱子语类》中朱熹对此更是有着相当系统深入的讨论：

> "祭如在，祭神如神在。"此是弟子平时见孔子祭祖先及祭外神之时，致其孝敬以交鬼神也。孔子当祭祖先之时，孝心纯笃，虽死者已远，因时追思，若声容可接，得以竭尽其孝心以祀之也。祭外神，谓山林溪谷之神能兴云雨者，此孔子在官时也。虽神明若有若亡，圣人但尽其诚敬，俨然如神明之来格，得以与之接也。"吾不与祭，如不祭"，孔子自谓当祭之时，或有故而使人摄之，礼虽不废，然不得自尽其诚敬，终是不满于心也。范氏所谓"有其诚则有其神，无其诚则无其神"。盖神明不可见，惟是此心尽其诚敬，专一在于所祭之神，便见得"洋洋然如在其上，如在其左右"。然则神之有无，皆在于此心之诚与不诚，不必求之恍惚之间也。[②]

孔子认为："祭如在，祭神如神在"，"吾不与祭，如不祭"。[③] 朱熹解释说，人们祭祀祖先当"竭尽其孝心"，如同祖先的音容笑貌就在眼前一样的诚恳；祭祀鬼神时则惟求"尽其诚敬"而不必执着于鬼神是否实有。他还指出，若祭祀者"专一在于所祭之神"，其"诚敬"德性的完满自然能够引发如同已与神明成功交感一般神圣充实的精神体验。然而，

---

① （宋）朱熹：《论语集注》卷二，《四书章句集注》，《朱子全书》第6册，上海古籍出版社、安徽教育出版社，2002，第87页。

② （宋）黎靖德编《朱子语类》卷二十五，《朱子全书》第14册，上海古籍出版社、安徽教育出版社，2002，第898页。

③ 《论语·八佾》。

尽管朱熹在引申发挥孔子观点的时候提及了这样一种类似于宗教的神秘心理与情感体验，鬼神是否实有以及人是否真能与之相交感，却从来就不是自孔子到朱熹以来大多数儒学思想家所特别在意之处，他们主要关注的仍是行为个体本身的德性是否足够充分和完善。由此可见，无论是对祖先的"孝"还是对鬼神的"敬"，关键只在于祭祀者心诚与否。所以，"诚"之德性也是礼乐实践活动中持"敬"的一个重要理论前提，朱熹所论"敬"的内涵里自有"诚"的必然性存在。

综上所述，"敬"主要有"畏""爱""诚"等内涵，随之也有着谨慎等态度表现。大体又可分为两大方面：一是庄重、严谨而肃穆的做事态度，即"敬事"；一是对天命、鬼神及他人的真诚的礼敬，最根本的则是"敬人"。概言之，朱熹强调"礼主于敬"，"敬"不仅是礼的伦理本质规定，也是人们在日常礼乐实践活动中体认与践行天理的最基本的方法论原则。

二　"和"的意蕴

"和"字在甲骨文中有着多种写法，如"和""盉""龢""鉌"等。从上述"和"字的异体字字义来看，"和"的早期意义主要有音声相和、五味调和及人内心情感的谐和等。① 而在关于礼乐的讨论中，朱熹对于"和"的解释也比较多，而尤以"和是乐之本"最多，② 但我们关于朱熹所论之"和"得从两个层面来理解。首先是就乐经学的层面来看"和"何以是"乐之本"。朱熹曾在《仪礼经传通解》中论及"十二律正变倍半之法"时，先后辑引《国语》及韦昭之注为传："《国语》：周景王问于伶州鸠曰：'七律者何？'韦昭注曰：'周有七音，黄钟为宫，大簇为商，姑洗为角，林钟为徵，南宫为羽，应钟为变宫，蕤宾为变徵。'"后又引《淮南子》，"《淮南子》曰：'姑洗生应钟，比于正音，故为和；应钟生蕤宾，不比于正音，故为缪。'"此处的"缪"即指声之不"比于"正音而乖谬于声律之法。对此，朱熹以按语从"数"的角度阐释了乐之

---

① 详见王礼贤《释和》，《中医药文化》2009 年第 2 期；修林海《古乐的沉浮》，山东文艺出版社，1989，第 169～172 页。

② （宋）黎靖德编《朱子语类》卷二十二，《朱子全书》第 14 册，上海古籍出版社、安徽教育出版社，2002，第 763～764 页。

"和"的大致的传统乐学原理：

> 五声相生，至于角位，则其数六十有四，隔八下生当得宫，前
> 一位以为变宫，然其数三分损一，每分各得二十有一，尚余一分不
> 可损益，故五声之正至此而穷。若欲生之，则须更以所余一分析而
> 为九，损其三分之一分，乃得四十二分余九分之六，而后得成变宫
> 之数。又自变宫隔八上生当得徵，前一位，其数五十有六余九分，
> 分之八以为变徵，正合相生之法。自此又当下生，则又余二分不可
> 损益，而其数又穷，故立均之法至于是而终焉，然而二变但为和、
> 缪，已不得为正声矣。①

五声相生，如合乎相生之法自然便是乐之和，反之便会五声失序而音声
不和谐。在此，我们可以说音律中的"相生之法"的实质就是理，而五
声之序是乐中之礼，朱熹"和为乐之本"的认识背后其实也有着理与礼
的规定。但在朱熹关于礼乐之"和"的日常讲论中，则往往超越了乐经
学的限制，更加具有哲学与伦理学的意蕴，我们的讨论也就多以这一层
面的内容为主。具体而言，主要可归纳为以下三个方面。

（一）"情之正也"

朱熹说："喜怒哀乐，情也。其未发，则性也，无所偏倚，故谓之
中。发皆中节，情之正也，无所乖戾，故谓之和。"② 喜、怒、哀、乐之
未发为性，已发为情。未发时若能不偏不倚，即是"中"；已发为情之
后，若能合乎礼节，无乖戾偏倚之情感表现，则是得"情之正"，便是
"和"。"和"指的是一种正当合理的情感状态。"中"与"和"乃性与
情的理想化的伦理表现，而性为体，情为用，"和"相应的也就以"中"

---

① （宋）朱熹：《仪礼经传通解》卷十三，《朱子全书》第 2 册，上海古籍出版社、安徽
　教育出版社，2002，第 494～495 页。此处的"正声"与"子声"相对，所谓"十二正
　律各有一定之声"（见《仪礼经传通解》卷十三，第 496 页），"正声"即此正律的
　"一定之声"，而子声之律管的长度是正声之律管的一半。"正音"一方面源于"正
　声"，另一方面又指合乎相生之法的音。
② （宋）朱熹：《中庸集注》，《四书章句集注》，《朱子全书》第 6 册，上海古籍出版社、
　安徽教育出版社，2002，第 33 页。

为主体和依据。有学者就强调："从哲学上分析，中与和是体与用的关系。"① 田树生亦曾指出："中"本就有"和"的内涵，朱骏声的《说文通训定声》，桂馥《说文解字义证》，王筠的《说文句读》都作"中，和也"。盖出自《说文系传》。另外，《玉篇》《广韵》《集韵》《类编》《韵会》《经籍纂诂》《中华大字典》《中文大辞典》等都有"中即和"这样一个义项。② 这与朱熹所认为的"然中庸之中，实兼中和之义"③ 之说甚为契合。所以，在朱熹这里，"和"为"情之正也"，最终所体现的是"中"的思维智慧与价值诉求。

（二）"合于礼便是和"

有弟子问"礼乐之用相反相成"之意，朱熹答曰：

> 且如而今对面端严而坐，这便是礼；合于礼，便是和。如君臣之间，君尊臣卑，其分甚严。若以势观之，自是不和。然其实却是甘心为之，皆合于礼，而理自和矣。且天子之舞八佾，诸侯六，大夫四，皆是当如此。若天子舞天子之舞，诸侯舞诸侯之舞，大夫舞大夫之舞，此便是和。若诸侯僭天子，大夫僭诸侯，此便是失礼；失礼便不和。《易》言："利者，义之和也。"若以理言之，义自是个断制底气象，有凛然不可犯处，似不和矣，其实却和。若臣而僭君子，而犯父，不安其分，便是不义；不义则不和矣。孟子云"未有仁而遗其亲者也，未有义而后其君者也"，即是这意思，只是个依本分。若依得本分时，你得你底，我得我底，则自然和而有别。若"上下交征利"，则上下相攘相夺，便是不义不和，而切于求利矣。④

合礼便"和"，失礼便不"和"。此处的"和"显然是强调社会秩序的井然有序给政治管理与社会伦常所带来的和谐状态，是一种社会秩序之

---

① 赵载光：《儒家"中和"哲学与社会和谐理念》，《湘潭大学学报》（哲学社会科学版）2006 年第 2 期。

② 田树生：《释"中"》，《殷都学刊》1991 年第 2 期。

③ （宋）朱熹：《中庸章句》，《四书章句集注》，《朱子全书》第 6 册，上海古籍出版社、安徽教育出版社，2002，第 34 页。

④ （宋）黎靖德编《朱子语类》卷二十二，《朱子全书》第 14 册，上海古籍出版社、安徽教育出版社，2002，第 767 页。

"和"。这一种"和"的关键又在于"义","义"便是"循礼",要求各"依本分",不得"上下交征利"。如他又说:"君君臣臣,父父子子,兄兄弟弟,夫妇朋友各得其位,自然和。若君失其所以为君,臣失其所以为臣,如何会和?"① 便是如此。这里的"和"主要就有了政治和谐的意思,其思想主旨直接渊源于孔子的"正名"思想。孔子强调为政必先"正名","君君,臣臣,父父,子子",上下尊卑等秩各自有序,"实"副其"名",不相淆乱,因为"名不正,则言不顺;言不顺,则事不成;事不成,则礼乐不兴;礼乐不兴,则刑罚不中;刑罚不中,则民无所措手足"。② 一旦到礼乐、刑罚"不兴""不中"时,民众就将"无所措手足",天下也就不和了。故而归根结底,"正名"必以礼,合礼则自"和",朱熹上文之意便是如此。

(三)"吾心安处便是和"

朱熹十分看重人在实践礼乐时的内心情感状态,他说:"和者,从容不迫之意",③ 认为"和"是指"从容不迫"的祥和安宁的情绪表现。而且,人唯有在"从容不迫"、完全出于自然的状态下实践礼乐才是真正有效的,对于其道德情感而言,也才是和谐的。如《朱子语类》所载:

> 问:"礼之用,和为贵。"曰:"礼如此之严,分明是分毫不可犯,却何处有个和?须知道吾心安处便是和。如'入公门,鞠躬如也',须是如此,吾心方安。不如此,便不安;才不安便是不和也。以此见得礼中本来有个和,不是外面物事也。"又问;"'知和而和'是如何?"曰:"'知和而和',却是一向去求和,便是离了礼。且如端坐不如箕踞,徐行后长者不如疾行先长者,到这里更有甚礼,可知是不可行也。"
>
> "'礼之用,和为贵'。见君父自然用严敬,皆是人情愿,非由抑勒矫拂,是人心固有之同然者,不待安排,便是和。才出勉强,

---

① (宋)黎靖德编《朱子语类》卷二十二,《朱子全书》第14册,上海古籍出版社、安徽教育出版社,2002,第764页。

② 《论语·子路》。

③ (宋)朱熹:《论语集注》卷一,《四书章句集注》,《朱子全书》第6册,上海古籍出版社、安徽教育出版社,2002,第72页。

便不是和。圣人品节裁限，使事事合于中正，这个当在这里，那个当在那里，更不得过，才过，便不是礼。若和而知限节，便是礼。"

"'礼之用，和为贵'。和是自家合有底，发见出来，无非自然。"

或问"礼之用，和为贵"。曰："礼是严敬之意。但不做作而顺于自然，便是和。和者，不是别讨个和来，只就严敬之中顺理而安泰者便是也。礼乐亦止是如此看。"①

所谓的"吾心安处"，朱熹强调必须出于"情愿""顺于自然"，不得有半点拘迫，同时也不能如孔子所批评的"知和而和"——为了求得内心之"和"而人为造作，刻意求"和"。真正的"和"只是"顺理而安泰者"，是完全由依循天理所获取的安宁祥和的情感与心理体验。这样一种体验无疑又是愉悦和乐的，所以朱熹又说："和便有乐的意思，故和是乐之本。"前一个"乐"（读 lè）为"欢乐"之意，后一个"乐"（读 yuè）乃指礼乐之"乐"，朱熹此处将两者紧密结合起来，充分体现出了其礼乐伦理观念对于人的情感的作用和价值的高度重视。

总之，作为朱熹礼乐价值论的另一个核心概念，"和"主要有两重意义：一、强调道德实践主体之内在道德情感与心理体验的和乐愉悦，呈现出内向性、个体性的特点；二、是指政治文化与伦理风尚的和谐，关注的是社会秩序的稳定与安宁，具有外向性、社会性特征，乃是一种政治生活的和谐。

三　"敬"与"和"的关系

"敬"与"和"在朱熹的礼乐价值论中是一组对应的范畴，二者既有联系，也有区别，其相互关系大体如下。

（一）"和是碎底敬，敬是合聚底和"

《论语·学而》中，有子说："礼之用，和为贵。"《礼记·燕义》也道："和宁，礼之用"，都认为"和"是礼的功用之表现。朱熹则说"敬是礼之本"，"和是乐之本"，认为"敬"与"和"分属礼乐的基本精

---

① （宋）黎靖德编《朱子语类》卷二十二，《朱子全书》第 14 册，上海古籍出版社、安徽教育出版社，2002，第 761～762 页。

神。然广义的礼与乐并没有明显的界分，许多时候礼便是包含了乐而言；与之相应，"和"也往往就蕴藏在"敬"之中。在朱熹看来，"敬与和，犹'小德川流，大德敦化'"①。"小德川流，大德敦化"出自《礼记·中庸》，朱熹注释曰："所以不害不悖者，小德之川流；所以并育并行者，大德之敦化。小德者，全体之分；大德者，万殊之本。川流者，如川之流，脉络分明而往不息也。敦化者，敦厚其化，根本盛大而出无穷也。"② 由此可知，"小德"与"大德"的关系乃是理学在伦理学意义上的万殊与一理的关系。

朱熹说："和是碎底敬，敬是合聚底和。"③ 具体言之，则如陈淳所录的一段朱子语录云："敬只是一个敬，无二个敬，二便不敬矣。和便事事都要和，这里也恰好，那里也恰好。这处也中节，那处也中节。若一处不和，便不是和矣。"④ 朱熹认为"主一无适之谓敬"，强调"持敬"的专一与集中，"敬"也就具备了"合聚"的特征，乃"全体"，是万殊之本；"和"则是"小德"，为"全体之分"，散化于万事之中，要求事事都要呈现出"和"的状态。而从本质上说来，"敬与和，亦只一事"。如有弟子问朱熹关于二程门人谢良佐所说"礼乐之道，异用而同体"该如何理解，朱熹就回答道："礼主于敬，乐主于和，此异用也；皆本之于一心，是同体也。然敬与和，亦只一事。"⑤ 他认为，"敬"与"和"皆本于一心，同时也具有本质的同一性，即都源于天理之自然，故而"只一事"。

由此可知，"敬"与"和"的关系乃"大德"与"小德"、一理与万殊的关系，二者同出于一心，同为天理在人心中的运化流行的表现。

---

① （宋）黎靖德编《朱子语类》卷二十二，《朱子全书》第 14 册，上海古籍出版社、安徽教育出版社，2002，第 766 页。

② （宋）朱熹：《中庸章句》，《朱子全书》第 6 册，上海古籍出版社、安徽教育出版社，2002，第 56 页。

③ （宋）黎靖德编《朱子语类》卷二十二，《朱子全书》第 14 册，上海古籍出版社、安徽教育出版社，2002，第 765—766 页。

④ （宋）黎靖德编《朱子语类》卷二十二，《朱子全书》第 14 册，上海古籍出版社、安徽教育出版社，2002，第 766 页。

⑤ （宋）黎靖德编《朱子语类》卷二十二，《朱子全书》第 14 册，上海古籍出版社、安徽教育出版社，2002，第 765 页。

（二）"敬"先"和"后

"敬"与"和"作为礼乐的本质精神，要得以实现，就必须在具体的礼乐实践活动中把握好二者的关系。朱熹指出："礼主于敬，而其用以和为贵。然如何得他敬而和？着意做不得。才着意严敬，即拘迫而不安；要放宽些，又流荡而无节。须是真个识得礼之自然处，则事事物物上都有自然之节文，虽欲不如此，不可得也。故虽严而未尝不和，虽和而未尝不严也。"① 他认为，一方面不得刻意去保持"严敬"，一旦着意去做，便会"拘迫而不安"，达不到"和"的状态；另一方面又不能太过宽松，否则会显得轻浮而无节制，难以实现"敬"的要求。显然，在"敬"与"和"之间存在着一种既互为存在前提又有着内在张力的动态平衡关系。

其中，"敬"相对于"和"而言，则是处于第一位的。朱熹说：

> 也须先是严敬，方有和。若直是尽得敬，不会不和。臣子入朝，自然极其恭敬，也自和。这不待勉强如此，是他情愿如此，便自和。君君臣臣，父父子子，兄兄弟弟，夫妇朋友各得其位，自然和。若君失其所以为君，臣失其所以为臣，如何会和？如诸公在此坐，都恁地收敛，这便是和。若退去自放肆，或乖争，便是不和。②

在他看来，臣子入朝觐见，其恭敬之心乃是由人心自然生发，无须任何外力的强迫，这一种礼敬的意识为人心中本有之天理，显发出来后就是"和"，此便是"礼之自然处"。由此可见，"敬"在"和"先，只要人能够尽得内心的那份"敬"，"和"也就水到渠成。这种"先"又并不只是逻辑上的先后，还有主次轻重之分。朱熹说："有礼而不和，则尚是存得那本之体在。若只管和，则并本都忘了。就这两意说，又自有轻重。"③ "敬"为礼之本，"有礼而不和"显然也可看作"有敬而无和"。

---

① （宋）黎靖德编《朱子语类》卷二十二，《朱子全书》第 14 册，上海古籍出版社、安徽教育出版社，2002，第 763 页。

② （宋）黎靖德编《朱子语类》卷二十二，《朱子全书》第 14 册，上海古籍出版社、安徽教育出版社，2002，第 764 页。

③ （宋）黎靖德编《朱子语类》卷二十二，《朱子全书》第 14 册，上海古籍出版社、安徽教育出版社，2002，第 763 页。

他于此认为，有"敬"无"和"尚可接受，因为本体还在；若只有"和"而失去了"敬"，便是连本都不在了。因此在理论的重要性方面，"敬"要比"和"更胜一筹。但朱熹在另外的场合又说："敬则和，和则自然敬"，① 认为有"敬"便有"和"，反之，有"和"自然也就有了"敬"，二者流转变化，无所窒碍。这一说法与前述对二者轻重的判别就出现了一定的逻辑矛盾。但经过对比分析，我们即可发现：前者是在承认现实生活中"敬""和"并非必然关联的基础上说的，而后说则是对"敬""和"关系的应然状态的描述。这一矛盾的实质乃实然与应然、现实与理想之间的差异性，但"敬"与"和"的基本关系却是一贯的，即"敬"先"和"后，"敬"为"和"之前提，"和"为"敬"之表征。

（三）"敬"体"和"用

《论语·学而》中说："礼之用，和为贵。先王之道斯为美，小大由之。"朱熹注曰："礼者，天理之节文，人事之仪则也。和者，从容不迫之意。盖礼之为体虽严，而皆出于自然之理，故其为用，必从容而不迫，乃为可贵。先王之道，此其所以为美，而小事大事无不由之也。"② 他所谓"礼之为体虽严"即是指"敬"，而"其为用""从容而不迫"，则是"和"。随后他又集注二程弟子范祖禹之语："凡礼之体主于敬，而其用则以和为贵。敬者，礼之所以立也；和者，乐之所由生也。若有子可谓达礼乐之本矣。"从范氏所言中，我们可以看出，"敬"与"和"为礼乐之本的观点早已成熟，而二者为体用关系的思想此时也比较明确了。朱熹随之解说道："愚谓严而泰，和而节，此理之自然，礼之全体也。毫厘有差，则失其中正，而各倚于一偏，其不可行均矣。""严而泰，和而节"，是指"敬"中有"和"，"和"中有"敬"，"敬"与"和"同出于天理，既相辅相成，又有着体用的分别。"中正"则是把持这种关系的最佳原则，也是天理的自然表现。

陈淳曾和朱熹关于此有过一番问答：

---

① （宋）黎靖德编《朱子语类》卷二十二，《朱子全书》第 14 册，上海古籍出版社、安徽教育出版社，2002，第 765 页。

② （宋）朱熹：《论语集注》，《学而第一》，《朱子全书》第 6 册，上海古籍出版社、安徽教育出版社，2002，第 72 页。

　　问："礼乐同体，是敬与和同出于一理否?"曰："敬与和同出于一心。"曰："谓一理，如何?"曰："理亦说得。然言心，却亲切。敬与和，皆是心做。"曰："和是在事否?"曰："和亦不是在事，在心而见于事。"①

朱熹认为，"敬"与"和"虽同出于天理，但由于"皆是心做"，是天理在人心中对各种人伦生活事务的反应；所以，说二者"同出于一心"便更为切近生活实际，显得"亲切"。在另一场问答中，朱熹进一步解说了心与"敬""和"以及"敬""和"之间的体用关系问题：

　　童问："上蔡云'礼乐异用而同体'，是心为体，敬和为用。《集注》又云，敬为体，和为用，其不同何也?"曰："自心而言，则心为体，敬和为用；以敬对和而言，则敬为体，和为用。大抵体用无尽时，只管恁地移将去。如自南而视北，则北为北，南为南；移向北立，则北中又自有南北。体用无定，这处体用在这里，那处体用在那里。这道理尽无穷，四方八面无不是，千头万绪相贯串。"以指旋，曰："分明一层了，又一层，横说也如此，竖说也如此。翻来覆去说，都如此。如以两仪言，则太极是太极，两仪是用；以四象言，则两仪是太极，四象是用；以八卦言，则四象又是太极，八卦又是用。"②

在此，朱熹深入阐述了其关于体用的理解，认为体用关系无处不在。就礼乐伦理中的心性与"敬""和"问题而言，其体用关系则表现为：在心性关系方面，心为体，"敬""和"为心之用；而在"敬""和"之间则"敬"为体，"和"为用。

　　"敬"与"和"分别作为礼、乐之"本"，既彼此涵容，互为存在基础，又有着内在的紧张，且呈现出一种体用关系。同时，二者的关系也

① （宋）黎靖德编《朱子语类》卷二十二，《朱子全书》第 14 册，上海古籍出版社、安徽教育出版社，2002，第 766 页。

② （宋）黎靖德编《朱子语类》卷二十二，《朱子全书》第 14 册，上海古籍出版社、安徽教育出版社，2002，第 766 ~ 767 页。

代表着礼与乐的关系。朱熹说："礼乐固必相须，然所谓乐者，亦不过谓胸中无事而自和乐耳，非是着意放开一路而欲其和乐也。然欲胸中无事，非敬不能。故程子曰'敬则自然和乐'，而周子亦以为礼先而乐后，此可见也。"① 他认为，一方面礼乐"相须"，彼此相辅相成；另一方面，礼乐之"乐"又与代表人之喜悦情感的"乐"相通，表示道德实践主体内心情感的和悦。而这一份和悦情绪（即"和"）又以礼的"敬"为存在前提，所以礼乐之间也就因此有了逻辑上的先后，这便是周敦颐"礼先而乐后"思想的体现。

四 "敬"与"和"的礼乐价值论意义

我们从朱熹对礼乐之"敬"与"和"的辨析中即可发现，无论是"敬"与"和"的概念内涵还是相互关系，都体现出了一种浓烈的情感性特征。这实际上与礼乐和人类情感的天然联系有关。如《礼记》中说："夫乐者乐也，人情之所不能免也"，②"凡礼之大体，体天地，法四时，则阴阳，顺人情，故谓之礼"，③ 等等，都提到了礼乐对"人情"的关注与考量。但先秦儒家的礼乐思想对"人情"的关注基本上是出于政治的目的。《礼记·礼运》道："故圣王修义之柄、礼之序，以治人情。故人情者，圣王之田也。修礼以耕之，陈义以种之，讲学以耨之，本仁以聚之，播乐以安之。"圣王施行王道政治，关键就在于对"人情"的治理，思想家们对"人情"的关注，对"人心"的关怀，显然主要都是源于政治的需要，具有显著的经验性和实用性特征。因此，我们认为，先秦儒家的礼乐思想对"人心"或"人情"的关注，与其说是一种情感方面的人文关怀，毋宁说是一种政治的关照与考察更为恰当。而随后的魏晋玄学对情感的关注也只是着重强调精神世界的超脱与完善，却相对忽视了情感与世俗伦理生活应有的紧密联系。至于佛、道两教，他们对于个人情感的言说则有着了生脱死或者养生延命的宗教宣传目的，并没有深入触及人类情感的伦理本质问题。在中国哲学史上，可以说直到两

---

① （宋）朱熹：《答廖子晦》，《晦庵先生朱文公文集》卷四十五，《朱子全书》第 22 册，上海古籍出版社、安徽教育出版社，2002，第 2078 页。

② 《礼记·乐记》。

③ 《礼记·丧服四制》。

宋理学才算是真正有了关于道德情感本身的生活实践与哲学思辨，并建构起了较完整的哲学与伦理的理论体系。

自魏晋以降，经过玄学思潮与佛、道二教在性情论、心性论方面的相互推动发展，到理学产生与兴盛之后，思想家们对"人心"与"人情"的关注就已从政治哲学移到了心理—伦理的理论结构中来。如朱熹等人对"心统性情"、性体情用等关于心、性、情之关系的理解和演绎，以及"仁者，心之德，爱之理"的伦理认识，都说明了两宋新儒学对道德心理与情感的本质内容的关注已大大超过了以往。在这一时期，个体情感在伦理生活与修养实践中的地位和作用得到了极大重视，朱熹礼乐价值论中对"敬""和"观念的讨论便是从道德心理与道德情感的角度展开的。

亚当·斯密认为："情感或心里的感受，是各种行为产生的根源，也是品评整个行为善恶最终必须倚赖的基础。"① 礼乐的产生和发展与人类情感的需求紧密相关，而朱熹对礼乐之"敬""和"伦理本质及相互关系的讨论，同样多是出于人的情感的考量，这就充分印证了亚当·斯密的观点。当代学者郭淑新明确指出："在朱熹那里，'敬'不仅是求仁之方，亦是人类最为浓郁的生命情感。生命情感是生命本性的显发，更是人之为人的基本特质的体现。"② 所以，我们认为，被朱熹视作礼乐之伦理本质的"敬""和"观念就是一种情感伦理。而这一组情感伦理范畴不仅如亚当·斯密所说是礼乐生活中道德行为产生的根源以及评价依据，更重要的还是它在道德修养方面所具备的方法论意义。

朱熹说："'敬'之一字，万善根本，涵养省察、格物致知，种种工夫皆从此出，方有据依。"③ 此处所谓"万善根本"，是指诸般善端皆源于道德实践主体的"持敬"，"持敬"主要指的就是修养功夫。在亚当·斯密的观点的基础上，我们若进一步细化朱熹之"敬"的情感伦理意义，其中所蕴涵的畏惧、亲爱之情便是礼敬行为得以产生的心理与情感根源，严谨、真诚则可视为行为"是礼""非礼"之是非善恶等价值判

---

① 〔英〕亚当·斯密：《道德情操论》，谢宗林译，中央编译出版社，2008，第15页。

② 郭淑新：《朱熹的敬畏伦理思想及其现代意蕴》，《中国哲学史》2009年第1期。

③ （宋）朱熹：《答潘恭叔》，《晦庵先生朱文公文集》卷五十，《朱子全书》第22册，上海古籍出版社、安徽教育出版社，2002，第2313页。

断的准则。因此，"敬"就被朱熹作为修养德性的重要方式。孔子说："居敬而行简，以临其民，不亦可乎?"① 认为"居敬"是统治者成就个人品德并"为政以德"的基本途径。朱熹则将其平民化，普及为普罗大众人人皆可行的修身之要："学者功夫，唯在居敬、穷理二事，此二事互相发。能穷理，则居敬功夫日益进；能居敬，则穷理工夫日益密。"由此，"居敬穷理"便成为个人修身养德以体认天理的认识论、修养论准则，最终即可完全归结落实为"敬"之一字。于是，朱熹"因叹'敬'字功夫之妙，圣学之所以成始成终者，皆由此，故曰：'修己以敬'"，② 对"敬"给予了极大的肯定。

礼、乐统称为"礼"时，"敬"是其核心本质，但若礼、乐分说，则"敬"与"和"各为礼、乐之本。礼、乐既必须相须为用，"敬""和"自然也不得完全独立存在。行礼以"敬"之时，其严谨肃穆的态度必须出于"情愿"，"从容而不迫"，方才是完满的礼乐实践或曰道德修养实践。而"情愿""从容而不迫"便是"和"。如朱熹说："这不待勉强如此，是他情愿如此，便自和，君君臣臣，父父子子，兄兄弟弟，夫妇朋友各得其位，自然和。"③ 在他看来，政治与日常社会生活中，人们各得其位，各顺其理，将礼的伦理规范与道德情感真正内化于心，成为情感之自然流露显现，就是和谐而美好的理想社会状态了。其关键就在于礼乐实践中"敬"与"和"的相互融摄："然而自肯甘心为之，而无厌倦之意者，乃所以为和也。至严之中，便是至和处，不可分做两截去看。"④ "至严"为"敬"，"至和"即"和"，"敬""和"相依相融，流转变化无所窒碍，和谐而自然。也正因为此，"礼之和处，便是礼之乐；乐有节处，便是乐之礼。"⑤ 礼与乐亦是水乳交融，合为一体。

---

① 《论语·雍也》。

② （宋）黎靖德编《朱子语类》卷十二，《朱子全书》第 14 册，上海古籍出版社、安徽教育出版社，2002，第 368 页。

③ （宋）黎靖德编《朱子语类》卷二十二，《朱子全书》第 14 册，上海古籍出版社、安徽教育出版社，2002，第 764 页。

④ （宋）黎靖德编《朱子语类》卷二十二，《朱子全书》第 14 册，上海古籍出版社、安徽教育出版社，2002，第 760 页。

⑤ （宋）黎靖德编《朱子语类》卷二十二，《朱子全书》第 14 册，上海古籍出版社、安徽教育出版社，2002，第 763 页。

　　礼在朱熹及其弟子们这里，是"天理之节文"，乐则是"天理之和乐"，[①] 天理被礼乐在日常生活中赋予了充分的人情味和可操作性。故而"只说理，却空去"，唯有通过礼乐才可以将天理在日常生活中演绎得具体和真实。这是朱熹在理学的指导下，对传统礼乐思想的一大发展。与此同时，朱熹又严格地继承了传统礼乐的基本性质，即礼乐对人心人欲的规范性意义。他讲"存天理、灭人欲"，实际上是延续和综合了《礼记》与二程的相关认识，突出天理与人欲之间的本质矛盾。但是，他对礼乐之义理与实践的重视，尤其是对作为礼乐之道德本质的"敬"与"和"这一对伦理范畴的强烈的情感伦理属性的充分抉发，则不仅是"存天理、灭人欲"何以可能的重要保障，也有效地消解了这一践履功夫中的情感的紧张。朱熹对礼之"敬"的"畏""爱"及乐之"和"的"情之自然"、强调"心安"等内涵的情感伦理本质的强调，就是在将天理通过礼乐渗入世俗生活的方方面面以及每一个体的心灵深处的过程中，对道德行为主体的情感的充分重视与深刻的体认。而"敬"先"和"后、"敬"体"和"用的主"敬"的价值导向，随着朱子后学在统治阶层的推波助澜下的片面夸大与拔高，又为朱子学走向僵化和陈腐，导致后世如戴震等近现代思想家对朱熹"存天理、灭人欲"观念的"以理杀人"的无情与迂执等批评埋下了种子。今天回过头来再看这些批评，除开朱子学理论在其后的发展中的诸多被误读以及时代与社会的革新需求之外，与批评者忽略了朱熹思想体系中在天理与人欲之间还有一个礼乐以及礼乐浓烈的情感伦理属性也有着莫大关系。或许我们甚至还可以这样说，朱熹的思想在近现代所受的批评，其实主要应由朱熹之后的时代和社会埋单，而不是因为朱熹的哲学体系本身的问题。在朱熹的时代，他的哲学体系的建构已臻于那个时代的极致，且有着自我修正和完善的机制。当然，这已是另一个主题了。

第三节　"义"与"利"

　　关于"义""利"内涵及相互关系的讨论，历来就是儒家伦理思想

---

① （宋）黎靖德编《朱子语类》卷二十五，《朱子全书》第 14 册，上海古籍出版社、安徽教育出版社，2002，第 880 页。

的主要论题之一。孔子说"君子喻于义，小人喻于利"，[①] 传统观点即由此认为孔子乃以求"义"还是求"利"作为判别君子与小人的伦理依据。郭齐勇等学者认为此处的"君子""小人"主要是指统治者与被统治者的社会地位之别，"并不主要是价值判断和道德判断"，[②] 笔者对此表示赞同。但无论如何，对于义利关系的态度仍然是我国秦汉以来的传统伦理思想中划分道德意义上的君子与小人的重要标准，这是儒家伦理在义利观方面的基本历史事实。而关于"义"与"利"的具体内涵和相互关系，事实上在不同的时代，即使是同一时代的不同思想家那里，都有着不同层次和面向的理解。南宋叶适指出："古人之称曰：'利，义之和；'其次曰：'义，利之本；'其后曰：'何必曰利？'然则虽和义犹不害其为纯义也，虽废利犹不害其为专利也，此古今之分也。"[③] 有学者在此基础上进一步阐发道："历史上，孟、董（仲舒）、朱（熹）等崇尚道德义理，倾向于别义利为二；墨家虽注重功利，却提倡合义利为一；孔、荀、张（载）、程（颐）尚义而不绝对排斥利，实质倾向义利兼行；而明确主张兼重义利的，则是陈亮、叶适以及颜习斋。也就是说，有关义利之辨，传统哲学的实际情形与叶适的描述大致无二。"[④] 从宋儒和当代学者的阐述中，我们即可大体了解晚宋以前的中国哲学史上关于义利之辨的一个发展脉络。

朱熹的义利观主要形成于他对传统儒家经典的注解、阐发，以及对二程及其门人等前辈或同时代的理学家的相关论点的集注与辨析，因此，他的义利观不仅延续了传统儒家的基本伦理精神，又颇具时代特色，是其应对佛、老思想之挑战的一个重要领域。而朱熹对义利观的辨析与思考，在较大程度上也是以其礼乐哲学思想为基本理论背景的，是其礼乐价值论的重要构成部分。

---

① 《论语·里仁》。

② 郭齐勇、陈乔见：《孔孟儒家的公私观与公共事务伦理》，《中国社会科学》2009 年第 1 期。

③ （宋）叶适：《左传二·昭公》，《习学记言序目》卷十一，中华书局，1977，第 155 页。

④ 麻桑：《叶适功利儒家伦理观管窥——以"义""利""害"范畴之解析为进路兼以朱学为基本参照》，《浙江社会科学》2005 年第 5 期。

一　"义"的本旨

"义"通常以"仁义""礼义"并称的方式出现，关于"义"的内涵的理解，历代思想家也大都不出"仁""礼"两方面的范围。朱熹关于"义"的理解同样如此，其主要体现为以下几个方面。

（一）"心之制，事之宜"

在《孟子·梁惠王上》中记载，孟子见梁惠王，后者道："叟不远千里而来，亦将有以利吾国乎？"孟子对曰："王何必曰利？亦有仁义而已矣。"朱熹在《孟子集注》里注解"仁义"为"仁者，心之德、爱之理。义者，心之制、事之宜也"。① 朱熹认为，"义"是"心之制、事之宜"，乃人的道德理性与道德情感对人心的裁制以及对具体人伦事务的合理状态的准确判断与把握。

朱熹"义者，心之制"的说法，当是直接上承孟子的"仁义内在"说。在《孟子·告子上》中记载了孟子与告子关于"仁""义"之内外问题的一个辩论："告子曰：'食色，性也。仁，内也，非外也；义，外也，非内也。'"告子主张"仁"内"义"外，认为"仁""义"是两种异质异构的伦理精神："仁"是出自血亲之爱的自然的情感伦理，具有主观性，所以为"内"；"义"源于外在的尊老敬长的道德秩序要求，具有客观性和社会性，所以为"外"。孟子则坚持"仁""义"皆内在于心，是人之本性的观点。他批评告子"未尝知义"，② 而称许弟子孟季子、公都子皆知"义，内也"，③ 并强调"仁义礼智根于心"。④ 他在《孟子·公孙丑上》篇中具体阐述道："恻隐之心，仁之端也；羞恶之心，义之端也；辞让之心，礼之端也；是非之心，智之端也。"朱熹也就因此而指出："仁""义"分别为"心之德""心之制"，认为"仁""义"均为人心之内在的德性，"仁"为人心之德性本体，"义"则是人心依据德性本体对情感、欲念的裁断与控制，表现于外便是处事合理适

---

① （宋）朱熹：《孟子集注》卷一，《四书章句集注》，《朱子全书》第 6 册，上海古籍出版社、安徽教育出版社，2002，第 246 页。

② 《孟子·公孙丑上》。

③ 《孟子·告子上》。

④ 《孟子·尽心上》。

宜，即"事之宜"。

朱熹这里所说的"义者，事之宜"，其实自先秦以来"义"就有了"宜"的含义。如《管子·心术上》说："礼出乎义，义出乎理，理因乎宜者也。"间接地将"义"与"宜"画上了等号。《礼记·中庸》则直接指出"义"就是"宜"，道："仁者，人也，亲亲为大；义者，宜也，尊贤为大。亲亲之杀，尊贤之等，礼所生也。"所谓"尊贤为大"，乃是强调对社会各阶层的等差秩序的尊重与遵循，作者认为这便是"宜"，是合乎事理规则的行为。东汉学者刘熙所著《释名》即因此而解释说："义，宜也，裁制事物使合宜也。"① 强调使一切事物都合于事理，保持适中合宜的状态即是"义"。由此可见，《中庸》等典籍中的"义者，宜也"等说法，就正是朱熹关于"义"的认识的基本理论源泉，他还在此基础上进一步给予了理学化的发挥："义者，天理之所宜"，② 又说："义者，宜也，乃天理之当行，无人欲之邪曲"，③ 认为"义"是本于天理的正当合宜的为人处世原则，其具有的"宜"的道德属性正是天理所赋。

而朱熹强调"义者，事之宜也"，④ "宜"落实在人伦生活事务中的具体表现又如何？他指出：

> 仁是"亲亲而仁民，仁民而爱物"，义是长长、贵贵、尊贤。然在家时，未便到仁民爱物；未事君时，未到贵贵；未从师友时，未到尊贤。且须先从事亲从兄上做将去，这个便是仁义之实。仁民爱物、贵贵尊贤，是仁义之英华。若理会得这个，便知得其它，那分明见得而守定不移，便是智之实。行得恰好，便是礼之实。由中而出，无所勉强，便是乐之实。⑤

---

① 《释名·释言语》。

② （宋）朱熹：《论语集注》卷二，《四书章句集注》，《朱子全书》第6册，上海古籍出版社、安徽教育出版社，2002，第96页。

③ （宋）朱熹：《孟子集注》卷七，《四书章句集注》，《朱子全书》第6册，上海古籍出版社、安徽教育出版社，2002，第343页。

④ （宋）黎靖德编《朱子语类》卷六，《朱子全书》第14册，上海古籍出版社、安徽教育出版社，2002，第250页。

⑤ （宋）黎靖德编《朱子语类》卷五十六，《朱子全书》第15册，上海古籍出版社、安徽教育出版社，2002，第1822页。

朱熹在此认为，"长长、贵贵、尊贤"为"义之实"。而"长长、贵贵、尊贤"的实践以及具体的规范仪则便是礼，是"义"之德在日常伦理生活实践中的展现与落实。接下来他又说："仁民爱物，贵贵尊贤，是仁义之英华"，在此一认识的基础上"行得恰好，便是礼之实。由中而出，无所勉强，便是乐之实"。他所谓"行得恰好""由中而出"，即是指在人们具体的行事为人中一切都把握得恰到好处，合情合理。这就是合于"义"的典型表现，乃"事之宜也"。很显然，朱熹实际上是将礼乐作为"宜"的实践准则和具体展现。这一点在先秦儒家的思想中就已经较为成熟了，如《左传》中就有"礼以行义"的说法，① 荀子也道："行义以礼，然后义也"，②《礼记·礼运》中亦说："故礼也者，义之实也"，其主要表现为"父慈、子孝、兄良、弟弟、夫义、妇听、长惠、幼顺、君仁、臣忠十者"。朱熹的上述认识显然有着对于先秦儒家相关思想的吸纳与总结。

综上所述，朱熹理解"义"为"事之宜"，乃是源于先秦以来传统思想家对于"义"的一贯认识；而他的"心之制"的说法，则显然是在继承孟子"仁义内在"说的基础上有所发挥。同时，从朱熹的相关论述中也可见，在他看来，礼乐的实践乃是"义"在现实生活层面的具体体现，"礼"与"义"之间有着十分紧密的联系。当然，这本也是原始儒家就有的思想观念，只是在朱熹这里得到了进一步的强化与系统化。

（二）"善善恶恶为义"

朱熹强调说，"义"为"心之制，事之宜"，在日常伦理生活中，"义字如一横剑相似，凡事物到前，便两分去。""'克己复礼为仁'，善善恶恶为义。"③ 他用了一个非常形象的比喻——"如一横剑相似"，认为事物一触"义"之"剑锋"，其中的善恶是非便昭然若揭。而关于朱熹此处的"善善恶恶为义"，笔者以为，当是指以善意善行善待善者，以恶意恶行恶待恶者，这种行为及态度就是"义"。究其实质，则是强调人们应当以"义"为判分是非善恶的依据和行事做人的基本准则。所以，"义"不仅是一种重要的道德智慧与实践原则，也是一种爱憎分明、

---

① 《左传·僖公二十八年》，又见《左传·成公二年》。

② 《荀子·大略》。

③ （宋）黎靖德编《朱子语类》卷六，《朱子全书》第 14 册，上海古籍出版社、安徽教育出版社，2002，第 263 页

不惧权贵、敢做敢当，充满正义与激情的人格力量和担当精神。它绝非孔子所指斥的"乡愿"，也非荀子所批评的子张氏、子夏氏、子游氏之类的"贱儒"所能拥有。

又如朱熹及其弟子关于《孟子·万章下》中"万章问士不托诸侯章"的讨论：

> 至之问："孟子所以出处、去就、辞受，都从'义路也，礼门也，惟君子能由是路，出入是门也'做出。"①
>
> 曰："固是不出此二者，然所谓义，所谓礼，里面煞有节目。如'往役，义也；往见，不义也'，'周之则受，赐之则不受'之类，便都是义之节目。如云'廪人继粟，庖人继肉，不以君命将之'之类，都是礼之节目，此便是礼。'以君命将之'，'使己仆仆尔亟拜也'，便不是礼。又如'于齐，王馈兼金一百而不受。于宋，馈五十镒而受。于薛，馈七十镒而受'，这个则都有义。君子于细微曲折一一都要合义，所以《易》中说'精义入神，以致用也'。义至于精，则应事接物之间无一非义。不问小事、大事，千变万化，改头换面出来，自家应副他如利刀快剑相似，迎刃而解，件件剖作两片去。孟子平日受用，便是得这个气力。今观其所言所行，无不是这个物事。初见梁惠王，劈初头便劈作两边去。"②

朱熹指出，"礼"与"义"都有着内在的情理之谊，一件事物合礼义与否，全在于人们切合事物当下情境所做出的具体伦理判断。他前一番回答中所引话语除《易经》之外，皆出于《孟子》。如孟子的弟子万章问："庶人，召之役，则往役；君欲见之，召之，则不往见之，何也？"孟子回答说："往役，义也；往见，不义也。"③孟子认为，老百姓服从君主所召而服役是理所应当的，合于"义"的要求；若主动去拜见君主，则

---

① 此处所引孟子"义路也，礼门也"一句，在王星贤点校、中华书局版的《朱子语类》第4册中为"礼门也，义路也"。中华书局，1986，第1373页。
② （宋）黎靖德编《朱子语类》卷五十八，《朱子全书》第16册，上海古籍出版社、安徽教育出版社，2002，第1871～1872页。
③ 《孟子·万章下》。

与身份礼法不符，不合乎"义"。朱熹便以孟子关于此类事情的道义判断作为"义"的内在情理准则。又据《孟子·公孙丑下》，孟子周游列国，在离开齐国时齐王欲赠上等黄金一百镒，被孟子拒绝了，但在宋、薛两国，孟子却分别接受了两国君主所馈赠的七十镒和五十镒黄金。后来其弟子陈臻对此提出质疑，孟子则认为自己这三件事情处理得都有道理，他说：在宋国时，国君是以盘缠的名义馈赠黄金，而薛地的君主则以防身需要购置武器的理由给予装备费用，他们的赠送都事出有因；而齐君毫无理由地送钱于我，这形同收买，但"焉有君子而可以货取乎？"（君子哪能被金钱所收买呢？）① 二程弟子尹焞认为这一段是"言君子之辞受取予，惟当于理而已"。② 朱熹对孟子的观点更是深表赞赏，说"这个则都是义"，强调"君子于细微曲折一一都要合义"，认为君子一旦掌握"义"之德臻于精熟的境地，即可如孟子一般于义理的判分驾轻就熟，无论遇到多么复杂多变的事情都能迎刃而解，毫无错失。

（三）"义"与"仁""礼"的关系

朱熹认为"事亲从兄""贵贵尊贤""仁民爱物"是"仁义之实"，此"实"即是"礼"，而"礼之实"又是"仁义"，"仁义"与"礼"之间是一种互为体用的关系。但实际上，在他那里"仁""义""礼"三者均互为体用。

《孟子·离娄上》道："仁，人之安宅也；义，人之正路也"，荀子也提出了"唯仁之为守，唯义之为行"的说法。③ 孟、荀认为"仁"

---

① 全文如下：陈臻问曰："前日于齐，王馈兼金一百而不受；于宋，馈七十镒而受；于薛，馈五十镒而受。前日之不受是，则今日之受非也；今日之受是，则前日之不受非也。夫子必居一于此矣。"孟子曰："皆是也。当在宋也，予将有远行，行者必以赆，辞曰：'馈赆。'予何为不受？当在薛也，予有戒心，辞曰：'闻戒，故为兵馈之。'予何为不受？若于齐，则未有处也。无处而馈之，是货之也。焉有君子而可以货取乎？"

② （宋）朱熹：《孟子集注》卷四，《四书章句集注》，《朱子全书》第6册，上海古籍出版社、安徽教育出版社，2002，第297页。

③ 《荀子·不苟》中说："君子养心莫善于诚。致诚无它事矣，唯仁之为守，唯义之为行。"荀子"致诚以养心"的观点与孟子如出一辙，而他对仁、义的"守"与"行"的看法和孟子"宅"与"路"的观点也可以说是基本一致。由此可见，孟、荀在修养论方面具有相似之处；而荀子作为儒家的重要人物之一，也同样有一些关于心性工夫论的认识，只是被其峻刻鲜明、近似于法家的政论锋芒所掩蔽，所以才造成了随后的中国哲学史对此问题的忽视。

"义"之间是一种代表体用的"宅"与"路"、"守"与"行"的关系，实质则有着道德修养实践中的本体论（"仁"）与方法论（"义"）的区别。朱熹对上述思想作了更加深入的演绎与发挥，他说："仁之体本静，而其用则流行不穷；义之用本动，而其体则各止其所。义之严肃，即是仁底收敛。"① 同时，他也指出，"仁""义"之间既有如同阴与阳所呈现出的对待关系，又彼此涵摄互通："仁便有义，如阳便有阴。亲亲尊贤，皆仁之事。亲之尊之，其中自有个差等，这便是义与礼。亲亲，在父子如此，在宗族如彼，所谓'杀'也；尊贤，有当事之者，有当友之者，所谓'等'也。"② 在朱熹看来，"亲亲""尊贤"从根本上说都是"仁"的表现，而在具体的实践活动中，又各有等差，等差的内在依据和实践原则为"义"，"义"的外在表现即是体现和保障等差秩序的制度化、规范化的"礼"。

孟子前面说："仁，人之安宅也；义，人之正路也"，③ 又道："夫义，路也；礼，门也。惟君子能由是路，出入是门也。"④ 在他看来，"义"贯穿日常生活中道德实践的各个方面，有如人们常行之路，人久行之而不自觉其存在；"礼"则为明确的仪则规范，有着确定的约束力和现实规定性。换言之，"义"沉潜渗透在一个长期的实践"仁"的过程当中，而"礼"乃"义"在某一件或同时多件事情上的具体呈现；"礼""义"的终极归宿为"仁"，"仁"是人之为人的根本。对此，《礼记》亦有着十分明确的论述："礼也者，义之实也"，"仁者，义之本也"。⑤ "仁"与"义"、"义"与"礼"之间因此也就分别有了抽象与具体的区别，表现为一种体用关系："义"相对于"仁"而言，"义"为"仁"之具体体现，为用，"仁"为体；相对于"礼"，"义"又为体，"礼"为"义"之具象化，乃"义"之用。荀子则对"仁""义""礼"三者的关系作了更完整的说明："君子处仁以义，然后仁也；行义以礼，

---

① （宋）黎靖德编《朱子语类》卷六，《朱子全书》第 14 册，上海古籍出版社、安徽教育出版社，2002，第 263 页。

② （宋）黎靖德编《朱子语类》卷六十四，《朱子全书》第 16 册，上海古籍出版社、安徽教育出版社，2002，第 2102 页。

③ 《孟子·离娄上》。

④ 《孟子·万章下》。

⑤ 《礼记·礼运》。

然后义也；制礼反本成末，然后礼也。三者皆通，然后道也。"① 在荀子看来，"仁""义""礼"三者由内向外逐层推衍，"仁"为"义""礼"之内在伦理本质，"义"则为行"仁"之方法原则，又是制"礼"的理论依据。"礼"作为经过提炼成文而形成的一种制度，难免不够全面和灵活，往往也必须以"义"来权衡裁定和进行正确的伦理导向。② 而从上述朱熹关于三者关系的理解中，我们便可看出，孟、荀、《礼记》的观点在朱熹这里被有机融合在了一起，③ "义"乃朱熹礼学思想的核心价值观念之一。

二　"利"的内涵

关于"利"，在朱熹看来，主要当有两层意义。他说："有自然之利，如云'利者义之和'是也。但专言之，则流于贪欲之私耳。"④ "利"有积极意义上的"自然之利"，有消极意义上的"贪欲之私"。

（一）"自然之利"

朱熹对于"自然之利"的观点与《周易》经、传紧密相关。

《周易·乾卦》开篇即言："乾：元、亨、利、贞。"《周易正义》疏曰：

> "元、亨、利、贞"者，是乾之四德也。《子夏传》云："元，始也。亨，通也。利，和也。贞，正也。"言此卦之德，有纯阳之性，自然能以阳气始生万物而得元始亨通，能使物性和谐，各有其利，又能使物坚固贞正得终。此卦自然令物有此四种使得其所，故

---

① 《荀子·大略》。

② 详见冯兵《论荀子的义政思想——以荀子礼、法制度的制度伦理蕴涵为中心》，《河南大学学报》（社会科学版）2008 年第 2 期。

③ 宋明理学对于荀学主体上持排斥态度，因而对荀学讨论不多，这是学术史上的定论。但从礼乐哲学的角度看，朱熹与荀子的观点实有很多近似之处。对此，一方面我们可以理解为是礼乐哲学所具备的历史普遍性使然；另一方面也说明，朱熹的礼乐哲学思想乃至其整个理学思想体系与荀学之间都应当存在着一定的继承性。这一问题有待进一步的研究，其中还有可供学者进行深入辨析的很大空间。

④ （宋）朱熹：《答李尧卿》，《晦庵先生朱文公文集》卷五十七，《朱子全书》第 23 册，上海古籍出版社、安徽教育出版社，2002，第 2701 页。

谓之四德：言圣人亦当法此卦而行善道，以长万物，物得生存而为
"元"也。又当以嘉美之事，会合万物，令使开通而为"亨"也。
又当以义协和万物，使物各得其理而为"利"也。又当以贞固干
事，使物各得其正而为"贞"也。是以圣人法乾而行此四德，故曰
"元、亨、利、贞"。①

孔颖达认为，天地有生生之德，"元、亨、利、贞"四者是对天地生万
物的四个发展阶段的伦理性叙述。其中，以"义"调和处理万物之间的
联系，使万物各依内在规律而和谐顺利地发展，便是"利"。

孔颖达对"元、亨、利、贞"四德的理解出自《周易·乾·象传》，
《象传》道："《文言》曰：元者，善之长也；亨者，嘉之会也；利者，
义之和也；贞者，事之干也。君子体仁足以长人，嘉会足以合礼，利物
足以和义，贞固足以干事。君子行此四德者，故曰：'乾，元、亨、利、
贞。'"朱熹对此曾有过一番详细的阐释：

"元者，善之长也"，亦仁而已。体仁则痒疴疾痛举切吾身，故
足以长人。"亨者，嘉之会。"会，通也，会而通也。通有交之意，
"嘉会"犹言庆会。会通而不嘉者有矣，如小人同谋，其情非不通
也，然非嘉美之会，又安有亨乎？"利者，义之和"，和合于义即利
也。"利物足以和义"，盖义者得宜之谓也。处得其宜，不逆于物，
即所谓利。利则义之行，岂不足以和义乎？"贞者，事之干"，彻头
彻尾不可欠阙。人之遇事，所以颓惰不立而失其素志者，不贞故也。
此所谓贞，固足以干事。《文言》四德大概就人事言之。自"君子
体仁"以下，体乾之德，见诸行事者也。是以系之曰："君子行此
四德者，故曰乾，元、亨、利、贞。"

"嘉之会"，众美之会也，如万物之长，畅茂蕃鲜，不约而会
也。君子能嘉其会，则可以合于礼矣。如"动容周旋，无不中礼"
是也。利是义之和处，义有分别断割，疑于不和，然行而各得其宜，

①　（魏）王弼等注，（唐）孔颖达疏《周易正义》，《十三经注疏》（标点本），李学勤主
　　编，北京大学出版社，1999，第 1 页。

是乃和也，君子之所谓利也。"利物"，谓使物各得其所，非自利之私也。"干"犹身之有骨，故板筑之栽谓之贞干。推此可以识贞之理矣。①

孔颖达理解"元、亨、利、贞"为天地生物之德，朱熹则说："《文言》四德大概就人事言之"，将天地生物之德与人伦之德比附起来，认为"元"对应于"仁"，"亨"对应于"礼"，"利"对应于"义"，"贞"大约是相当于"坚贞""正直"之类的个人德性，但朱熹此处却没能将它直接推导入"智"（或曰"知"）。不过他在另外的场合实现了这一联系，说："'贞者事之干'，伊川说'贞'字只以为'正'，恐未足以尽贞之义，须是说'贞而固'。然亦未推得到知上。看得来合是如此：知是那默运事变底一件物事，所以为事之干。"② 又说："盖正而能固，万事依此而立。在人则是智，至灵至明，是是非非确然不可移易，不可欺瞒，所以能立事也。"③ 至此，我们可以看到，朱熹完全将"元""亨""利""贞"（天地之德）与"仁""礼""义""智"（人伦之德）一一对应起来，而他在这里对"利"的理解，所着重强调的是"义"与"利"之间内在的积极意义上的必然联系。

对于《易传》中"利者义之和"一句，朱熹曾不厌其烦地反复辨析，如他指出："义初似不和，却和。截然而不可犯，似不和，分别后万物各止其所，却是和。不和生于不义，义则无不和，和则无不利矣。"④ "义"有着严格判别是非善恶、维护人伦等差秩序的刚性的一面（这显然与其同礼制的内在联系有关），貌似在情感上显得生硬而不和谐，然而一旦有了明晰的区别，万物便各顺其理，各得其所，是真正的和谐，而和谐乃自然与人类社会最大的利益所在。因此，"利是那义里面生出来

---

① （宋）朱熹：《答范崇伯》，《晦庵先生朱文公文集》卷三十九，《朱子全书》第22册，上海古籍出版社、安徽教育出版社，2002，第1776～1777页。

② （宋）黎靖德编《朱子语类》卷六十八，《朱子全书》第16册，上海古籍出版社、安徽教育出版社，2002，第2283页。

③ （宋）黎靖德编《朱子语类》卷六十八，《朱子全书》第16册，上海古籍出版社、安徽教育出版社，2002，第2287页。

④ （宋）黎靖德编《朱子语类》卷六十八，《朱子全书》第16册，上海古籍出版社、安徽教育出版社，2002，第2283页。

底。凡事处制得宜，利便随之，所以云'利者义之和'。盖是义便兼得利。若只理会利，却是从中间半截做下去，遗了上面一截义底。小人只理会后面半截，君子从头来。"① 朱熹在此将"义""利"分为上下两截，强调"利"由"义"所生，"义"是通贯上下两截的根本德性。而小人只顾弃"义"求"利"，君子所求之"利"则是"自然之利"，它源于君子对天理之自然的依循，也就是所谓"从头来"，从"义"处入手以求"利"。

（二）"贪欲之私"

"自然之利"是由"义"所主导、依循天理之自然而产生的"利"，其表现是"使物各得其宜"而"足以和义"，为"君子之所谓利也"。"贪欲之私"则是来自对"利"的"专言"，即只求个人私欲或眼前利益的满足，毫不顾及他人、社会及宇宙万物的整体性利益，乃小人之"利"。对于这种小人之"利"的解释，朱熹主要便落脚于"贪欲"二字上。

关于"贪"，朱熹一方面从个人修身的角度指出："人能无贪欲之心，则何用为不善矣。"② 认为戒除贪欲是个人成就良善之德的基础。另一方面，朱熹又从国家政治层面出发，强调"上贪于利，则下人侵畔，得其旨矣"。③ 认为统治阶层如果贪于私利，普通百姓便会上行下效，如此，世道人心必乱。那么，"贪"的心理与行为是如何形成的？他对此曾有过相关的详细讨论。

朱熹的弟子胡泳曾问："'用人之知，去其诈；用人之勇，去其怒；用人之仁，去其贪。'知与诈，勇与怒，固相类。仁却如何贪？""用人之知，去其诈；用人之勇，去其怒；用人之仁，去其贪。"一句出自《礼记·礼运》，是对君主政治哲学的讨论，认为人的品性中好坏善恶往往是相互依存关联的，君主用人时必须坚持辩证的态度，发挥其品性中

---

① （宋）黎靖德编《朱子语类》卷六十八，《朱子全书》第 16 册，上海古籍出版社、安徽教育出版社，2002，第 2282 页。
② （宋）朱熹：《论语精义》卷五上，《朱子全书》第 7 册，上海古籍出版社、安徽教育出版社，2002，第 341 页。
③ （宋）朱熹：《大学或问》，《朱子全书》第 6 册，上海古籍出版社、安徽教育出版社，2002，第 542 页。

好的一面，戒除与之相关联的负面因素。胡泳承认"知"与"诈"、"勇"与"怒"存在关联性，但将"仁"与"贪"联系起来却令他费解。朱熹便解释说："盖是仁只是爱，爱而无义以制之，便事事都爱。好物事也爱，好官爵也爱，钱也爱，事事都爱，所以贪。诸家解都不曾恁地看得出。"① 朱熹指出，"仁"为"爱之理"，"爱"若无礼义的节制，便会事事都爱，爱得过多就成了"贪"。弟子吕焘所记的另外几条语录更进一步说明了朱熹的这一观点：

> 智与诈相近，勇与怒相似，然仁却与贪不相干。盖"南方好也，好行贪狠；北方恶也，恶行廉贞"。盖好便有贪底意思。故仁属爱，爱便有个贪底意思。
>
> 又云："大率慈善底人，多于财上不分晓。能廉者，多是峻刻、悍悷、聒噪人底人。"
>
> "用人之仁，去其贪。"盖人之性易得偏。仁缘何贪？盖人善底人便有好便宜底意思。今之廉介者，便多是那刚硬底人。②

朱熹认为，"爱"很容易滑向"贪"，仁善之人往往秉性温和，不够刚硬耿介，因此常会有贪小便宜的毛病，在钱财方面缺乏足够的自控能力，这乃是一种"人之性易得偏"的人性缺陷。

在朱熹看来，"人之所以生，理与气合而已"。③ 其中，理为天地万物的最高本体，由其所构成的人性为"天地之性"（又叫"天命之性"），是"人所受之天理"，为人（包括宇宙间一切事物）得以形成的本体性依据。而造成人与物、人与人之别的根由为其所禀赋之气。因为气有"清浊""精粗""厚薄""偏正""明暗""通塞"等表现情态的区别，相对于物来说，人禀得的气最为灵秀清正，但不同的人所禀赋之气的情态又各不相同。由纯粹之理所构成的"天地之性""堕在气质之中"，与

---

① （宋）黎靖德编《朱子语类》卷八十七，《朱子全书》第 17 册，上海古籍出版社、安徽教育出版社，2002，第 2959 页。

② （宋）黎靖德编《朱子语类》卷八十七，《朱子全书》第 17 册，上海古籍出版社、安徽教育出版社，2002，第 2959—2960 页。

③ （宋）黎靖德编《朱子语类》卷四，《朱子全书》第 14 册，上海古籍出版社、安徽教育出版社，2002，第 194 页。

人所禀之气相混处，这便构成了人的"气质之性"（又叫"气禀之性"）。"天地之性"即"气质之性"中的纯然至善的理，"气质之性"则是人性的实然状态。按照朱熹弟子陈淳所说："其实天地之性亦不离气质之中，只是就那气质中分别出天地之性"，① 朱熹自己也曾明确指出这一点："大抵本然之性与气质之性亦非判然两物也"，② 可见天地之性与气质之性本属于一体，"不能说在气质之性以外另有本然之性"。陈来先生便指出："从'性之本体'的观念来看，气质之性是本然之性的转化形态，指受到气质熏染的性理之性，本然之性是气质之性的本体状态，并不是与气质之性并立的、在气质之性以外、与气质之性共同构成人性的性。而气质之性所反映出的，既有理的作用，也有气的作用，是道德理性与感性需求的交错综合，并不是一个仅仅决定血气知觉的性。"③ 换言之，人的"天地之性"纯正至善，具有普遍性和永恒性；"气质之性"则因人而异，存在着善恶刚柔与轻重缓急等个体差异性，且是可变化的。

由此可见，前述"人之性易得偏"的原因即在于，"人性虽同，禀气不能无偏重"，④ 又"因气偏，这性便偏了"。⑤ 朱熹受前人的影响，认为气分阴阳，阴阳分合又生木、火、金、水、土五行之气，对应着仁、义、礼、智、信五德。所谓"禀气有偏重"是指人的气禀之中五行之气并非均衡分布，而是有所偏重，并最终导致了人性的偏失。他说："大凡物事禀得一边重，便占了其他底。如慈爱底人少断制，断制之人多残忍。盖仁多，便遮了义；义多，便遮了那仁。"⑥ 在朱熹看来，"慈爱"为"仁"的外化，"断制"则为"义"的表现。禀得的"仁"气过重便遮蔽了"义"气，故而多"慈爱""少断制"，往往流于"贪"；禀得的"义"气过重便遮蔽了"仁"气，故而多"断制"少"慈爱"，往往偏

---

① （宋）陈淳：《北溪字义》，中华书局，1983，第9页。
② （宋）朱熹：《答方伯谟》，《晦庵先生朱文公文集》卷四十四，《朱子全书》第22册，上海古籍出版社、安徽教育出版社，2002，第2012页。
③ 陈来：《朱子哲学研究》，华东师范大学出版社，2000，第206页。
④ （宋）黎靖德编《朱子语类》卷四，《朱子全书》第14册，上海古籍出版社、安徽教育出版社，2002，第205页。
⑤ （宋）黎靖德编《朱子语类》卷四，《朱子全书》第14册，上海古籍出版社、安徽教育出版社，2002，第201页。
⑥ （宋）黎靖德编《朱子语类》卷四，《朱子全书》第14册，上海古籍出版社、安徽教育出版社，2002，第184页。

于"残忍"，却也"廉介"。

在此，朱熹对人性"易得偏"的特质的种种讲说所要回应的，主要是作为个体的人以及人类社会中如"贪""残忍"等"恶"从何而来的问题。故而他亦强调指出："须知气禀之害，要力去用功克治，裁其胜而归于中乃可。"① 当然，朱熹这里所说的"气禀之害"并不是说但凡气禀都有害，事实上天地万物非气禀不得成形，气禀是人、物得以生成的必要条件，只是因为气禀有偏重、厚薄、通塞、清浊等等不同，所以才可能会于现实中对人性造成种种遮蔽妨害。也正因为"气禀之害"主要是对人性而言，所以程朱理学才非常重视心性的工夫。而对于究竟如何"克治"造成人性偏失的"气禀之害"，他们的主要办法是反复强调"存天理，灭人欲""克己复礼"，要求通过在自我德性方面不间断地进行艰苦卓绝的磨砺修习，来努力克服人性中所禀五行之气的偏差，以形成气禀的动态平衡，从而达到中正和谐的"合天理"状态。即如朱熹所说："阴阳合德，五性全备，然后中正而为圣人也。"② 在朱熹看来，现实人性的"中正"，要求的是人的"气禀"阴阳谐和，其木、金、火、水、土五行之气均匀分布，各自所对应的仁、义、礼、智、信五常之德也就随之而齐整完备，如此方为圣人。在此，朱熹以"气禀"的中正无偏来规定"圣人"，既为民众确立了"圣人"的人性标准，表明"圣人"是可学而至，又为人们指示了修养的路径与方向——培养"中正"之德。而"中正"的外在标准自然就是礼了！

在"欲"方面，朱熹则着重讨论了"欲"和"爱"、"欲"和"懥"的区别。他指出："爱与欲相似，欲又较深，爱是说这物事好可爱而已，欲又是欲得之于己。"又道："爱是泛爱那物，欲则有意于必得，便要拿将来。"③ 朱熹认为，"爱"是一种泛爱某物的情感，"欲"则强调对某物的占有，比"爱"的程度更深（不过，从社会与历史的经验来看，"爱"通常不会引起纷争，而"欲"却是人际争斗与社会动乱的根源）。至于

---

① （宋）黎靖德编《朱子语类》卷四，《朱子全书》第 14 册，上海古籍出版社、安徽教育出版社，2002，第 198 页。

② （宋）黎靖德编《朱子语类》卷四，《朱子全书》第 14 册，上海古籍出版社、安徽教育出版社，2002，第 205 页。

③ （宋）黎靖德编《朱子语类》卷八十七，《朱子全书》第 17 册，上海古籍出版社、安徽教育出版社，2002，第 2959 页。

"欲"和"慾"的区别，弟子胡曼问："欲与慾字有何分别？"朱熹答曰："无心欲字虚，有心慾字实。有心慾字是无心欲字之母，此两字亦通用。今人言灭天理而穷人慾，亦使此慾字。"① 今天的《辞源》中解"欲"字为："一、贪欲；二、婉顺貌；三、希望，想要，期愿。"② 解释"慾"字则仅为"欲望，嗜好"。③ 从这一解释我们或许大致也可以从侧面了解朱熹所言之"有心慾字是无心欲字之母，此两字亦通用"的含义："慾"乃"欲望，嗜好"，其中就包括了"贪欲"这一贬义和"希望，想要，期愿"等中性含义，所以从意义的包含性上看，"慾"为"欲"之母。另外，从朱熹的阐述来看，有"心"之"慾"为实，无"心"之"欲"为虚，所谓"虚"指的就是"欲"之由来无根（因为无"心"），"实"则强调"慾"的由来有自，即"心"。从这一角度而言，"有心慾字是无心欲字之母"也就更好理解了。

总之，朱熹一方面认为贪欲来自人类的物质占有欲，是一种心理需求，"利者，人情之所欲"；④ 另一方面则强调贪欲自私之心与作为人之本性的"仁"并非毫无联系，这便是"人之性易得偏"，是人性之五行气禀的大多数情况下难以避免的现实缺陷。由此，强化礼义对"仁"的有效节制也就具备了必然性与合法性。

三　"义"与"利"的关系

传统儒家思想对"义""利"内涵的阐释，往往也是将二者作为一组对应的哲学与伦理范畴来进行的。如《周易·系辞下》道："理财正辞，禁民为非，曰义"，财便是利的基本内容之一；《周易·乾·象传》曰："利者，义之和也"；《礼记·乐记》则道："见利而让，义也"；《论语·宪问》强调"见利思义"；《左传·僖公二十五年》亦说："《诗》、《书》，义之府也；《礼》、《乐》，德之则也；德、义，利之本也。"等等。由此可见，"义""利"之间恰是一种对立统一的辩证关系：

---

① （宋）黎靖德编《朱子语类》卷八十七，《朱子全书》第 17 册，上海古籍出版社、安徽教育出版社，2002，第 2960 页。

② 《辞源》，商务印书馆，1998，第 1653 页。

③ 《辞源》，商务印书馆，1998，第 1163 页。

④ （宋）朱熹：《论语集注》卷二，《四书章句集注》，《朱子全书》第 6 册，上海古籍出版社、安徽教育出版社，2002，第 96 页。

"义"作为一种道德智慧，正因为对"利"的理性控制才得以彰显；反之，"利"也由于"义"的存在而有了具备道德合理性的可能。

在朱熹这里，"义"与"利"同样是作为一组相对待的辩证的伦理范畴被加以广泛讨论的。大体说来，朱熹对义利关系的理解主要有以下几个方面。

（一）"义"即"利"与重"义"轻"利"

利有"自然之利"与"贪欲之私"两重意义，其中"自然之利"由"义"所生，是天理之自然流行所产生的结果。因此，朱熹强调说："义未尝不利"，①"盖凡做事，只循这个道理做去，利自在其中矣"，② 又道："循天理，则不求利而自无不利"。③ 此处的道理、天理就是"义"，而循"义"必"利"。从这个角度说，"义"也就是"利"。只是这种"利"不仅仅利己，而且利他、利社会，是一种正当的、符合天理之善的标准的"自然之利"，"是那义里面生出来底"。

朱熹在此对"利"给予了充分肯定，而原始儒学也从不曾否定过人类正当的利益需求。如《论语·述而》中，孔子说："富而可求也，虽执鞭之士，吾亦为之。如不可求，从吾所好。"孔子强调，只要是"可求"之富贵利禄，哪怕是为人执鞭驱车也足可为之。反之，"不义而富且贵，于我如浮云"。由此可见，只要是符合"义"的标准的"利"即"可求"。两宋道学家们则继承了这一观点，如程颐说："凡顺理无害处便是利，君子未尝不欲利。然孟子言'何必曰利'者，盖只以利为心则有害。"④ 朱熹亦指出："欲富贵而恶贫贱，人之常情，君子小人，未尝不同。"⑤ 他认为"欲富贵""恶贫贱"是人的正常情感欲求，君子与小

---

① （宋）黎靖德编《朱子语类》卷五十一，《朱子全书》第 15 册，上海古籍出版社、安徽教育出版社，2002，第 1681 页。

② （宋）黎靖德编《朱子语类》卷三十六，《朱子全书》第 15 册，上海古籍出版社、安徽教育出版社，2002，第 1322 页。

③ （宋）朱熹：《孟子集注》卷一，《四书章句集注》，《朱子全书》第 6 册，上海古籍出版社、安徽教育出版社，2002，第 247 页。

④ （宋）程颢、程颐：《河南二程遗书》卷十九，《二程集》，中华书局，1981，第 249 页。

⑤ （宋）朱熹：《论语或问》卷四，《四书或问》，《朱子全书》第 6 册，上海古籍出版社、安徽教育出版社，2002，第 678 页。

人对此并无不同。而君子与小人的区别则在于："君子……只是理会个义，却不曾理会下面一截利。小人却见得下面一截利，却不理会事之所宜"；① "小人只理会下一截利，更不理会上一截义。盖是君子之心，虚明洞彻，见得义分明。小人只管计较利，虽然毫底利也自理会得"；② 又说："且如有白金遗道中，君子过之，曰：'此他人物，不可妄取。'小人过之，则便以为利而取之矣。"③ 朱熹将"义""利"分为上下两截，君子行事做人"只是理会个义"，却不去理会"利"；小人则相反，"只管计较利"，即使毫末之利也不放过。但事实上，君子"循天理，则不求利而自无不利"，"惟仁义，则不求利而未尝不利也"。④ 因此，君子或圣人"'罕言利'者，盖凡做事，只循这道理做去，利自在其中矣。……圣人岂不言利？"小人所见之"利"只是眼前的一己私利，为"贪欲之私"；而君子与圣人并非不言"利"，只是他们"见得思义"，"义以为上"，其识见超卓，洞明世事，"见得义分明"，所见所得乃"自然之利"，是一种利他、利社会、利后世子孙的大利、远利。从这一层面来看，显然"义""利"是相通的，"义"即"利"。

然而，朱熹以人们对待义、利关系的态度确定君子与小人之别，显然他总体上又是重"义"轻"利"的。当然，他也并没有绝对否定私利在人类社会生活中的客观必要性，只是强调不可"专以利为心"，心心念念唯以一己之"私"为重。如有弟子"问或生于形气之私"，朱熹就回答说："如饥饱寒暖之类，皆生于吾身血气形体，而它人无与，所谓私也。亦未能便是不好，但不可一向徇之耳。"⑤ 在他看来，"饥饱寒暖之类"的"私"并非"不好"，只是不得对之过分贪求。

朱熹总体上的这种重"义"轻"利"观念，实质上是以理学的概念

① （宋）黎靖德编《朱子语类》卷二十七，《朱子全书》第15册，上海古籍出版社、安徽教育出版社，2002，第1004页。
② （宋）黎靖德编《朱子语类》卷二十七，《朱子全书》第15册，上海古籍出版社、安徽教育出版社，2002，第1005页。
③ （宋）黎靖德编《朱子语类》卷二十七，《朱子全书》第15册，上海古籍出版社、安徽教育出版社，2002，第1005页。
④ （宋）朱熹：《孟子集注》卷一，《朱子全书》第6册，上海古籍出版社、安徽教育出版社，2002，第247页。
⑤ （宋）黎靖德编《朱子语类》卷六十二，《朱子全书》第16册，上海古籍出版社、安徽教育出版社，2002，第2012页。

系统对正统儒家（孔、孟、董仲舒等）义利观念在继承的基础上所做的重新诠释。如他指出："但只要向义边一直去，更不通思量第二着。……不要做这一边，又思量那一边。仲舒所以分明说'不谋其利，不计其功'。"① 董仲舒说："正其谊不谋其利，明其道不计其功"，"谊"与"宜"可互通，而"义者，宜也"，"谊"也便是"义"，董仲舒这种重道义而不计功利的思想就深受朱熹所欣赏。于是，这似乎就出现了一个矛盾：一方面朱熹承认"利"由"义"所生，"义未尝不利"，而君子、圣人也并非"不言利"，对"利"做出了肯定；另一方面却又将孜孜于求利之人视为"小人"，并假程颐所言之"计利则害义"② 而表现出重"义"轻"利"的态度。但倘若我们仔细回顾朱熹对于"利"的两重意义——"自然之利"与"贪欲之私"的分析，这一疑惑便可迎刃而解：君子、圣人重"义"，"义"自然生"利"，此"利"即"自然之利"，它乃"义之和"，是人、我、社会三者利益的有机结合，是一种求"义"之中利益的自然而然、不需力求的最大化，当然值得肯定；小人"专以利为心"，只知重"利"而不计其"义"，所顾及的只是一己之私利，即"贪欲之私"，它正如太史公所说"利，诚乱之始也"，③ 当然也就需要加以贬斥以引起人们的警惕防范了。因此，这两者实际上并不矛盾。

（二）"义""利"关系的实质

朱熹的义利观上接二程，且与陆九渊有着较大的一致性。二程道："义利云者，公与私之异也"，④ 陆九渊也说："又曰公私，其实即义利也。"⑤ 义利关系即公私关系，朱熹对此也是认同的。他说："人只有一个公私，天下只有一个邪正。"⑥ 他在此所提出的人的"公私"，当是指

① （宋）黎靖德编《朱子语类》卷五十一，《朱子全书》第 15 册，上海古籍出版社、安徽教育出版社，2002，第 1681 页。

② （宋）朱熹：《论语集注》卷五，《四书章句集注》，《朱子全书》第 6 册，上海古籍出版社、安徽教育出版社，2002，第 139 页。

③ 为朱熹《孟子集注》卷一所引。见（宋）朱熹《孟子集注》卷一，《四书章句集注》，《朱子全书》第 6 册，上海古籍出版社、安徽教育出版社，2002，第 247 页。

④ （宋）程颢、程颐：《河南程氏粹言》卷一，《二程集》，中华书局，1981，第 1172 页。

⑤ （宋）陆九渊：《与王顺伯》，《陆九渊集》卷二，中华书局，1980，第 17 页。

⑥ （宋）黎靖德编《朱子语类》卷十三，《朱子全书》第 14 册，上海古籍出版社、安徽教育出版社，2002，第 393 页。

人对于物质利益及各种利害关系所持的基本态度，即公心或私心。具体而言，"将天下正大底道理去处置事，便公；以自家私意去处之，便私。"① 朱熹认为，"公"是以天理为准则的处事态度，"私"则是指仅凭一己之私心来应对各种人事。以今天的话语来表述，"公"乃是一种完全以社会整体利益为重的道德理性，"私"则是只顾满足个人私欲，缺乏自我约束的自私及短视的道德心理。而"义"为天理之所宜，"义"便是"公"；"利"为人欲之所系，"利"便是"私"。他说："而今须要天理人欲，义利公私，分别得明白，"② 就将"义利"与"公私"联系在了一起。不过，"义""利"之辨、"公""私"之分，其根本正是天理人欲之别。朱熹指出："……仁义根于人心之固有，天理之公也。利心生于物我之相形，人欲之私也。循天理，则不求利而自无不利；殉人欲，则求利未得而害已随之。"③ 因此，"义"与"利"之间，以及"公"与"私"之间，实质上也就是天理与人欲的关系。

从理论上说，"义"可生"利"，"公"也就应当能够兼顾"私"，"义"与"利"、"公"与"私"之间都并非一定就产生严重的对立。但在理学家那里，两者却又往往是非此即彼、不可兼顾的，原因就在于：人际间的各种利害关系为公私义利的存在前提，而"利"与"害"又恰好是完全对立的，作为道德实践主体的人对于人事中利害关系的态度便是判断其所具公私义利之德性的根本标准。如程允夫道：

> "放于利而行，多怨"。利与害为对，利于己必害于人，利于人必害于己。害于己则我怨，害于人则人怨，是利者怨之府也。君子循理而行理之所在，非无利害也，而其为利害也公，故人不得而怨。人且不得而怨，而况于己乎。④

① （宋）黎靖德编《朱子语类》卷十三，《朱子全书》第 14 册，上海古籍出版社、安徽教育出版社，2002，第 393 页。
② （宋）黎靖德编《朱子语类》卷十三，《朱子全书》第 14 册，上海古籍出版社、安徽教育出版社，2002，第 392 页。
③ （宋）朱熹：《孟子集注》卷一，《四书章句集注》，《朱子全书》第 6 册，上海古籍出版社、安徽教育出版社，2002，第 247 页。
④ （宋）朱熹：《答程允夫》，《晦庵先生朱文公文集》卷四十一，《朱子全书》第 22 册，上海古籍出版社、安徽教育出版社，2002，第 1868—1869 页。

程氏指出，孔子所言之"利"与"害"是一组绝相反对、不可调和的伦理范畴，君子循天理而行事（即以"仁义"为行事原则），其中也会涉及各种利害关系，但其所持的为公心，所以人、己皆无怨怼情绪。朱熹对此深表赞同，道："此说得之。"① 这便正如程颐所说："利害者，天下之常情也。人皆知趋利而避害，圣人则更不论利害，惟看义当为与不当为，便是命在其中也。"② 程颐所强调的也正是唯仁义为上的绝对道德主义思想。结合到公私关系中，朱熹指出："无私以间之则公，公则仁。"又道："公不可谓之仁，但公而无私便是仁。"③ 他强调"公"必须没有半点私欲杂于其间，否则便不能上升到"仁"的高度，这就将"公""私"完全对立起来。

朱熹一方面主张"义"可生"利"，并认为人求取私利之心并非绝对不合理，④ 只是不可放纵欲望，如他对"天理""人欲"在日常生活中的具体表现的解释便是如此："饮食者，天理也；要求美味，人欲也。"⑤ 他认为，饮食男女是人类维持生存与发展的根本，是正当合理的，为天理之必然；而要求美味则是超越了这一基本物质需求的非分之想，便是人欲。但另一方面他又将"义"与"利"、"公"与"私"、"天理"与"人欲"截然对立："人之一心，天理存，则人欲亡；人欲胜，则天理

---

① （宋）朱熹：《答程允夫》，《晦庵先生朱文公文集》卷四十一，《朱子全书》第 22 册，上海古籍出版社、安徽教育出版社，2002，第 1869 页。

② （宋）程颢、程颐：《河南程氏遗书》卷十七，《二程集》，中华书局，1981，第 176 页。

③ （宋）黎靖德编《朱子语类》卷六，《朱子全书》第 14 册，上海古籍出版社、安徽教育出版社，2002，第 258 页。

④ 在对合"义"之"利"的正当性予以充分肯定这一点上，朱熹与先秦儒家的义利观是一脉相承的。如《论语·里仁》中，孔子就说："富与贵，是人之所欲也，不以其道得之，不处也；贫与贱，是人之所恶也，不以其道得之，不去也。君子去仁，恶乎成名？君子无终食之间违仁，造次必于是，颠沛必于是。"《论语·述而》也说："富而可求也，虽执鞭之士，吾亦为之。如不可求，从吾所好。"孟子在《孟子·滕文公上》中也强调："民之为道也，有恒产者有恒心，无恒产者无恒心。"肯定了"恒产"（"利"）对于"恒心"（"义"）的积极的养护作用。荀子则更是明确指出："义与利者，人之所两有也，虽尧舜不能去民之欲利，然而能使其欲利不克其好义也。"（《荀子·大略》）等等。

⑤ （宋）黎靖德编《朱子语类》卷十三，《朱子全书》第 14 册，上海古籍出版社、安徽教育出版社，2002，第 389 页。

灭，未有天理人欲夹杂者。学者须要于此体认省察之。"①　由此可见，"义"与"利"、"公"与"私"之间的对立，最根本的就在于他对"天理"与"人欲"关系的认识，所以朱熹对于"明天理，灭人欲"分外看重。他指出："孔子所谓'克己复礼'，《中庸》所谓'致中和'，'尊德性'，'道问学'，《大学》所谓'明明德'，《书》曰'人心惟危，道心惟微，惟精惟一，允执厥中'，圣贤千言万语，只是教人明天理，灭人欲。"②　伪古文尚书对"道心""人心"的分辨深受理学家的重视，并得到了进一步的发展与演绎。如程颐就把二者同天理与人欲配应起来，说："人心私欲，故危殆。道心天理，故精微。"③　朱熹对此一说法则有所批评，他说："若说道心天理，人心人欲，却是有两个心。人只有一个心，但知觉得道理底是道心，知觉得声色臭味底是人心，不争得多。"④　而"'人心，人欲也'，此语有病。虽上智不能无此，岂可谓全不是？"⑤　由此可见，朱熹乃主张道心、人心均为人之一心，而君子与小人皆同此心，区别仅在于君子重道心，小人重人心。而这也正是君子与小人在"天理""人欲"之辨上的区别之由来。但君子与圣贤"教人明天理，灭人欲"，除了"千言万语"之外，也还有礼乐。如《礼记·乐记》道："是故先王之制礼乐也，非以极口腹耳目之欲也，将以教民平好恶而反人道之正也。"先王制礼乐以教化民众"反人道之正"，在朱熹这里便是"将天下正大底道理去处置事"之举，亦是《论语·颜渊》中的"克己复礼"，可见礼乐乃是"存天理，灭人欲"、端正民众义利之辨的关键环节，无论是在先秦儒家还是在朱熹，皆是如此。

①　（宋）黎靖德编《朱子语类》卷十三，《朱子全书》第 14 册，上海古籍出版社、安徽教育出版社，2002，第 388—389 页。

②　（宋）黎靖德编《朱子语类》卷十二，《朱子全书》第 14 册，上海古籍出版社、安徽教育出版社，2002，第 367 页。

③　（宋）程颢、程颐：《河南程氏遗书》卷二十四，《二程集》，中华书局，1981，第 312 页。

④　（宋）黎靖德编《朱子语类》卷七十八，《朱子全书》第 16 册，上海古籍出版社、安徽教育出版社，2002，第 2664 页。

⑤　（宋）黎靖德编《朱子语类》卷七十八，《朱子全书》第 16 册，上海古籍出版社、安徽教育出版社，2002，第 2664 页。

四　义利观的礼乐价值论意义

综上所述，朱熹的义利观与传统儒家的义利观一脉相承，都是基于道德动机而对社会效应的价值判断，其大体不外乎两层内涵：一是义利一体，即体现在"义者，利之和"的自然之利中的义利关系，二是出于天理人欲与公私之辨的义利对立。这两个层面的义利观与礼都具有内在联系，最重要的一点便是对行为之动机与过程是否"合礼"的外部评价的要求，而且礼乐在正确义利观的养成方面也具备了较为重要的作用，如礼的规范与乐的涵养之功。因此，朱熹的义利观属于其礼乐价值论的重要构成部分，于此自不待多言。

我们前面说朱熹论义、利关系的实质乃是一种强调社会整体利益与个体利益之关系的公私观念，而其理论基础则是"存天理，灭人欲"这一初始于早期礼乐哲学的理欲观。① 学术界通常认为："朱熹'存天理、灭人欲'在理论上的缺陷，是把天理与人欲对立起来，所谓'天理存则人欲亡，人欲胜则天理灭'。这就有可能把属于社会伦理的'天理'看作独立于人之外的存在，在社会还没有制定出合法的程序来确立'天理'的内容时，而被任意赋予各种规定，从而造成如清代戴震所说的'以理杀人'。当然，这并不是朱熹提出'存天理、灭人欲'所希望看到的。"② 我们从朱熹的义利观来看，即不难发现，朱熹的礼乐价值论总体上呈现出了一种道德至上主义倾向。有学者指出："道德的基本特征就在于，强调在道德意识活动中用道德理性限制、压制个体的利己情欲，使人服从于社会通行的道德规范。"③ 但朱熹显然是将天理与人欲之间的对立一面看得过于严重，由此也就将"义""利"在很大程度上严重对立起来，造成了其主张的义利观在实际社会生活中难以真正贯彻，并因此而受到了与其同时代的功利主义儒学者陈亮、叶适以及清代学者颜元、

---

① 《礼记·乐记》中说："人生而静，天之性也；感于物而动，性之欲也。物至知知，然后好恶形焉。好恶无节于内，知诱于外，不能反躬，天理灭矣。夫物之感人无穷，而人之好恶无节，则是物至而人化物也。人化物也者，灭天理而穷人欲者也。"天理与人欲被早期儒家在礼学思想中就已经看作是一种对立关系，到了理学家这里，"存天理、灭人欲"之说更是使得二者势同水火。

② 乐爱国：《朱熹的"存天理、灭人欲"》，《光明日报》2008 年 9 月 8 日。

③ 陈来：《宋明理学》，辽宁教育出版社，1991，第 185 页。

戴震等人的批评，在近代的新文化运动中，也成了被批判的传统伦理文化的典型。而其作为朱熹的礼乐价值体系的一部分，亦同样构成了后世对朱熹"礼教吃人"之批评的一个因由。

小　结

朱熹以传统礼乐哲学思想为背景，结合两宋理学，对礼乐的伦理内涵作了广博而细致的阐发。其中，"仁"、"敬"与"和"、"义"与"利"等可以说是最重要的几个范畴。此说理由何在？根据朱熹的相关认识，我们可以如此理解："仁"为礼乐存在和运行的内在伦理基础；"敬"与"和"则分别构成了礼乐之基本精神和价值旨归；而"义""利"问题既是儒家伦理中的主要范畴之一，同时更为礼乐提供了存在的价值前提。这些观念虽然早在先秦以来的儒家伦理思想中均有过详略不等的阐述，但到了朱熹这里，则被以贯通礼乐经学和两宋理学的形式得到了更加全面系统的哲学升华与深化。所以，综观朱熹在礼乐思想体系下对这些伦理概念的辨说，我们不难看出，其间也都贯穿着一个"理"字。譬如，朱熹论"仁"，即以"理"来规定和升华这一传统儒家的核心伦理观念，强调说："浑然天理便是仁"，[1] 同时又以"仁"来界定"理"的伦理属性，以"仁"为"心之德，爱之理"；论作为礼乐之本的"敬"与"和"，亦是强调情与理的有机统一，其实质乃是对天理的严格恪守的道德理性追求与"合于天理之自然"的道德情感境界的有机结合；论"义""利"内涵及其相互关系，最终也仍是归结到天理与人欲问题上来，等等，就是典型的例子。

由上可知，朱熹的礼乐价值观既是儒家礼乐哲学思想的重要部分，也是两宋理学的基本内容之一，是理学与礼学之"联姻"在中国传统伦理思想方面的理论结晶。其中对理与礼的种种融会与判别，则体现出了朱熹对"人欲"与"天理"，对道德心理、道德情感和社会规范、自然规律等之间的关系的哲学思考。在此，我们不妨以杨国荣在一篇讨论朱熹伦理思想的论文中的结语为本章画上一个句号："朱熹伦理思想中的多

---

① （宋）黎靖德编《朱子语类》卷二十八，《朱子全书》第 15 册，上海古籍出版社、安徽教育出版社，2002，第 1029 页。

重趋向无疑表现了其体系的复杂性，而它的更深刻的意义则在于为我们重新思考伦理学中形式与实质的关系并对二者作合理的定位，提供了某种理论资源。"① 杨国荣在此所谈到的"伦理学中形式与实质的关系"，其中必然会涉及道德哲学的实践问题。朱熹的礼乐价值观同样需要在礼乐的实践活动中得到展现和完善，而儒家礼乐如何在后世社会生活中进行有效的传承与实践，亦需要实践智慧。

① 杨国荣：《论朱熹的伦理思想》，载朱杰人主编《迈入 21 世纪的朱子学——纪念朱熹诞辰 870 周年，逝世 800 周年论文集》，华东师范大学出版社，2001，第 115 页。

第五章　朱熹的礼乐实践观

礼乐一直是儒家修身齐家治国平天下的重要手段，《礼记·曲礼》中说："道德仁义，非礼不成；教训正俗，非礼不备；分争辩讼，非礼不决；君臣、上下、父子、兄弟，非礼不定；宦学事师，非礼不亲；班朝治军，莅官行法，非礼威严不行；祷祠祭祀，供给鬼神，非礼不诚不庄。"因而出于更有效地传承和发展的目的而对传统礼乐所进行的反复修订与创新性诠释，以及在日常生活与政治生活中的具体礼乐实践，都颇受儒家重视，并在此基础上形成了关于礼乐的实践观体系，也可以说是一种广义的实践哲学，[①] 它是构成儒家礼乐哲学的重要部分。朱熹既是理学的集大成者，同时也是宋代经学的代表人物之一，尤其是在礼经学方面，其所制订的《家礼》以及主持编修的《仪礼经传通解》在礼学的发展史上均有着重要地位和影响。他在传统礼乐的传承和修订实践以及礼乐的生活实践与政治实践中所形成的实践智慧，既体现出其"内圣"的修养观，也展现出了其"外王"的政治理想与政治哲学观念。

第一节　礼乐的传承与修订

朱熹的整个学术思想体系基本是在诠释甚或在一定程度上修订传统经典的基础上建立起来的，他对于中国哲学史的贡献，就不仅仅在于他作为两宋新儒学的集大成者，为宋明理学确立了完整而系统的形而上的理论依据，提升了中国哲学的整体思维水平与理论层次，也在于他诠释

---

① 朱熹的礼乐实践论大致相当于西方哲学中的广义的实践哲学。"实践哲学"的内涵有狭义和广义之分。狭义的实践哲学仅指道德哲学和政治哲学，广义的实践哲学是关于人类生活的正确方式与目的，以及公共世界和政治生活，人的自由活动和人际交往活动等等的哲学思考（参见张汝伦《实践哲学：中国古代哲学的基本特质》，《文汇报》2004 年 7 月 25 日）。"实践哲学"概念虽说是源自西方哲学，但它的基本性质显然与中国哲学的属性是大体一致的，因而朱熹关于礼乐实践的诸多哲学思考亦可视为一种广义的实践哲学思想。

和修订传统经典的过程中所体现出的方法论原则为后世经学家与哲学家们提供了重要的指导与借鉴价值，为经典的传承与传播奠定了很好的理论基础。张立文指出："朱熹的经典诠释学是在打破汉唐章句训诂解经'疏不破注'情境下，兴起'疑经改经'的以义理解经思潮中的主将和集大成者，他的经典诠释学代表当时最高成就。"① 其中，以经典为文本依据，对传统礼乐进行创造性诠释与修订是朱熹一生学术活动的主要内容之一，其方法论原则既是朱熹经典诠释与传承传播思想的重要体现，也是朱熹礼乐实践观的理论依据和基本内容。

一 "以义起"

《礼记·礼运》道："故礼也者，义之实也。协诸义而协，则礼虽先王未之有，可以义起也。"礼乐是"义"的现实表现，由于时移世变，礼乐凡有不合时宜之处就需要以"义"为依据进行变革，即便先前没有的，也可以遵循"义"的原则而重新制定。这一"以义起"的原则，同样也是朱熹传承与修订、诠释传统礼乐，建构礼乐哲学的主要方法之一。而促使朱熹遵照这一礼乐发展演变的内在规律的根本原因，便在于其在继承传统礼学并结合程朱道学的基础上所形成的礼乐起源论观点。他说：

> "天叙有典，敕我五典五惇哉！天秩有礼，自我五礼有庸哉！"许多典礼，都是"天叙"、"天秩"下了，圣人只是因而敕正之，因而用出去而已。凡其所谓冠、昏、丧、祭之礼，与夫典章制度、文物礼乐、车舆衣服，无一件是圣人自做底，都是天做下了，圣人只是依傍他天理行将去。如推个车子，本自转将去，我这里只是略扶助之而已。②

"天叙有典，敕我五典五惇哉！天秩有礼，自我五礼有庸哉！"语出《尚书·皋陶谟》。所谓"五典""五惇"，《尚书正义》指出："五典"与

---

① 见张立文为蔡方鹿著《朱熹经学与中国经学》一书所作之"序"，人民出版社，2004，第 4 页。
② （宋）黎靖德编《朱子语类》卷七十八，《朱子全书》第 16 册，上海古籍出版社、安徽教育出版社，2002，第 2676 页。

"五品""五教"实乃同一事物，"一家之内品有五，谓父母兄弟子也。教此五者各以一事，教父以义，教母以慈，教兄以友，教弟以恭，教子以孝，是为五教也。五者皆可常行，谓之'五典'，是五者同为一事，所从言之异耳。"① 简而言之，"五典"就是指"父义、母慈、兄友、弟恭、子孝"，② "'五典'是五常之教，谓此父义之等五事也。"③ 又释"天秩有礼，自我五礼有庸哉"道："庸，常。自，用也。天次秩有礼，当用我公、侯、伯、子、男五等之礼以接之，使有常。"④ 从中可见，"五典""五惇"为礼乐的基本伦理内涵，"五礼"是代表社会生活里各种位阶等秩的具体礼法规范。朱熹此处则特别强调了这些"典礼"乃"天"所予的特点，认为所有的人伦礼义都由"天"制定，圣人只是依循其理施行于社会生活之中。

所谓"天"，朱熹曾说："苍苍之谓天。运转周流不已，便是那个。而今说天有个人在那里批判罪恶，固不可；说道全无主之者，又不可。"⑤ 由此可见，朱熹并不认为真有个人格神的"天"在世间主宰一切，"然所谓主宰者，即是理也。"⑥ 这个对自然与社会具有主导作用的"天"实际上就是指理，或曰"天理"。朱熹所谓"典章制度，文物礼乐，车舆衣服""都是天做下了"，质言之，也就是指礼源于"（天）理"。

对于礼与理的关系，先秦及秦汉时期的思想家们早已有了一定程度的认识。如《礼记·仲尼燕居》说："礼也者，理也；乐也者，节也。君子无理不动，无节不作。"强调礼即是理。而《礼记·丧服四制》道：

① （汉）孔安国传，（唐）孔颖达疏《舜典第二》，《尚书正义》卷三，李学勤主编《十三经注疏》（标点本），北京大学出版社，1999，第52—53页。
② （汉）孔安国传，（唐）孔颖达疏《舜典第二》，《尚书正义》卷三，李学勤主编《十三经注疏》（标点本），北京大学出版社，1999，第51页。
③ （汉）孔安国传，（唐）孔颖达疏《舜典第二》，《尚书正义》卷三，李学勤主编《十三经注疏》（标点本），北京大学出版社，1999，第53页。
④ （汉）孔安国传，（唐）孔颖达疏《皋陶谟第四》，《尚书正义》卷四，李学勤主编《十三经注疏》（标点本），北京大学出版社，1999，第108页。
⑤ （宋）黎靖德编《朱子语类》卷一，《朱子全书》，第14册，上海古籍出版社、安徽教育出版社，2002，第118页。
⑥ （宋）黎靖德编《朱子语类》卷一，《朱子全书》，第14册，上海古籍出版社、安徽教育出版社，2002，第117页。

"理者，义也"，认为"理"与"义"相通。《礼记·郊特牲》又指出："礼之所尊，尊其义也。失其义，陈其数，祝史之事也"，主张礼的实践应当以"义"为依据。《管子·心术上》则明确说明了"礼""理""义"三者的关系："礼出乎义，义出乎理，理因乎宜者也。"管子学派主张"礼"出乎"义"，"义"又出于"理"，而"理因乎宜者也"，"理"是一种使事物合理与适宜的理性原则。这当是在先秦及秦汉思想家中较为普遍的观点。到了两宋，理学家们对传统礼学中的上述认识多有继承，只是赋予了"礼""义""理"三者浓郁的理学色彩，使之具备了更加丰富复杂的哲学内涵。尤其是"理"，被升华为一种客观实在的至上本体，统括"天道、物理、性理、义理"等"自然的普遍法则"及"人类社会的当然原则"于其中。[1] 礼则是这一天理在日常生活中的具体表现，如程颐说："视听言动，非理不为，即是礼，礼即是理也。"[2] 朱熹道："义者，天理之所宜"，[3] 强调"义"是天理在实践过程中得以准确运行的基本原则，具方法论意义。于是，南宋卫湜在《礼记集说》中引述延平黄氏之言道："礼者，理也；而行礼者，义也。"[4] 直接将"义"视为了礼的实践原则。如此一来，两宋理学对礼的起源与实践的看法，我们就可以总结为：礼的形成源于天理，同时礼也是天理在现实生活中的表现和实践，而这一由理化礼、以礼见理的理、礼关系中的枢机和准则即为"义"。所以，"义之所在，礼有时而变。"[5] 在朱熹看来，后世对礼的传承、诠释和修订必须以天理为本根，以"义"为方法论依据，顺时而变，因事制宜。

朱熹"礼有时而变"的观念当是直接源于《礼记》，如《礼记·礼器》明确说道："礼，时为大"，强调礼乐必须随时代的发展而变化，其

---

① 陈来：《宋明理学》，辽宁教育出版社，1991，第79~81页。
② （宋）程颢、程颐：《河南程氏遗书》卷十五，《二程集》，中华书局，1981，第144页。
③ （宋）朱熹：《论语集注》卷二，《四书章句集注》，《朱子全书》第6册，上海古籍出版社、安徽教育出版社，2002，第96页。
④ （宋）卫湜：《礼记集说》卷九十二，《景印文渊阁四库全书》第119册，商务印书馆，1986，第36页。
⑤ （宋）朱熹：《孟子集注》卷四，《四书章句集注》，《朱子全书》第6册，上海古籍出版社、安徽教育出版社，2002，第305页。

实质也就是"以义起"。"时"是我国古代哲学中的重要概念，强调以历史的、辩证的思维方式看待事物的发展。《周易》谈"时"甚多，如"与时偕行""与时偕极""以时发也""承天而时行""时止则止，时行则行"等。有学者就指出："'变易'为《周易》一书丰富哲理意蕴之核心内容，而'变易'的根本及必要之条件，就是'时'。"① 但是，"时"的哲学意义并非《周易》所独有，它作为"以义起"的一个重要方面，在礼及礼学的发展中也有着重要的地位。程朱理学即认为，"时"是礼乐的历史演化以及后世学者传承与编订礼经的基本法则，如程颐曰："礼之本，出于民之情，圣人因而道之耳。礼之器，出于民之俗，圣人因而节文之耳。圣人复出，必因今之衣服器用而为之节文。其所谓贵本而亲用者，亦在时王斟酌损益之耳。"② 程颐主张，礼乐出于民情民俗，后世圣王也就必须依照当时的情形做出"斟酌损益"，使其"贵本而亲用"，既延续了礼乐之本，又能切于时用。这就是礼乐制定及其经典诠释之"时"的原则，而讲究时变，其最根本的理论依据就是"义"，"义"要求一切都适中合宜。运用到具体的传统礼乐之传承与修订实践中来，朱熹便强调，既不可"泥古"，也"不可以己意辄增损也"。③

　　如在朱熹与郭子从（字叔云）关于丧服制度的书信往返中，郭子从说："古者男子殊衣裳，妇人不殊裳。今以古人连属之衰加于妇人，殊裳之制加于男子，则世俗未之尝见，皆以为迂且怪，而不以为礼也。"朱熹回信道："若考得古制分明，改之固善。若以为难，即且从俗，亦无甚害。"④ 二人就丧服中古礼今用的问题作了一番讨论。

　　其中郭氏所谓"古者男子殊衣裳，妇人不殊裳"，在《毛诗正义》与《仪礼注疏》中有着较为详细的解释。《诗·邶风·绿衣》云：

---

① 黄黎星：《与时偕行、趣时变通——〈周易〉"时"之观念辨析》，《周易研究》2004年第 4 期。

② （宋）程颢、程颐：《河南程氏遗书》卷二十五，《二程集》，中华书局，1981，第 327页。

③ （宋）朱熹：《答郭子从》，《晦庵先生朱文公文集》卷六十三，《朱子全书》第 23 册，上海古籍出版社、安徽教育出版社，2002，第 3051 页。

④ （宋）朱熹：《答郭子从》，《晦庵先生朱文公文集》卷六十三，《朱子全书》第 23 册，上海古籍出版社、安徽教育出版社，2002，第 3051～3052 页。

绿兮衣兮，绿衣黄里。心之忧矣，曷维其已？

绿兮衣兮，绿衣黄裳。心之忧矣，曷维其亡？

绿兮丝兮，女所治兮。我思古人，俾无訧兮。

絺兮绤兮，凄其以风。我思古人，实获我心。

《绿衣》本为卫国夫人庄姜因失宠于国君而作的伤怀之诗。"绿兮衣兮，绿衣黄里"，郑玄认为"绿"当作"褖"，"褖衣"为祭服的一种。按照礼制规定，诸侯夫人身着祭服有三个等次，地位最高者服鞠衣（黄色），其次展衣（白色），再次褖衣（黑色），三者皆以白色素纱为衬里。庄姜夫人在这一句诗中，以褖衣用黄色为衬里颜色，即卑贱的色彩在外，尊贵的色彩反而在内的僭礼行为，来讽喻卫君之妾与己争宠乃非礼之举。下面一句"绿兮衣兮，绿衣黄裳"，① 郑玄笺注道："妇人之服，不殊衣裳，上下同色。今衣黑而裳黄，喻乱嫡妾之礼。"② 郑玄指出，三代及春秋时期的妇人服饰之礼规定，妇女的上衣与下裳相连，颜色必须同一。所以，此处卫庄姜夫人同样是以上黑下黄，衣裳颜色不一致，而且黑色居上，黄色反而在下的非礼行为来比喻贱妾蒙宠而尊、正嫡夫人反居下位的不合礼法。全诗借衣裳之制抒发了卫国夫人庄姜因卫君之妾僭位而失宠的愤懑忧伤之情，也表达出了她对于礼制应当严格维护贵贱秩序的深切呼唤。

对于诗中所描述的衣裳之制，孔颖达在郑玄之注的基础上做了进一步的解释："言不殊裳者，谓衣裳连，连则色同，故云上下同色也。"又道："若男子，朝服则缁衣素裳，丧服则斩衰素裳，吉凶皆殊衣裳也。"③ 在《仪礼注疏》中，孔颖达亦引郑玄之语"妇人尚专一德，无所兼，连衣裳不异其色"，视衣裳同色为妇人专一之德的表征。④ 其中的理论依据，则是以男属阳，阳多变；而女属阴，阴少变的阴阳动静说为主。

---

① 按：春秋时人着装上为衣，下为裳。

② （汉）郑玄笺，（唐）孔颖达疏《邶风》，《毛诗正义》卷二，李学勤主编《十三经注疏》（标点本），北京大学出版社，1999，第119页。

③ （汉）郑玄笺，（唐）孔颖达疏《邶风》，《毛诗正义》卷二，李学勤主编《十三经注疏》（标点本），北京大学出版社，1999，第119页。

④ （汉）郑玄注，（唐）贾公彦疏《士昏礼》，《仪礼注疏》卷五，李学勤主编《十三经注疏》（标点本），北京大学出版社，1999，第76页。

但是，由于时移世易，许多古礼已经不为人所知，在生活中实践和推广起来不仅困难，甚而为人所侧目，以为非礼。如郭子从在上述信中所举"古者男子殊衣裳，妇人不殊裳"之丧服礼制难以推行就是典型的例子。朱熹则强调，在将古礼考证得真切准确的基础上，如果能够改变当前的俗礼自然好，若很难推行就不可过于"泥古"，只要"识得大纲"，"理会大本大原"，① 依从俗礼加以修订也算是"合时之宜"，未为不可。

又如朱熹在与弟子讲论《论语·先进》篇的"先进于礼乐章"时，说：

> 夫子于礼乐欲从先进。今观礼书所载燕飨之礼，品节太繁，恐亦难用。不若只如今人宴集，就中删修，使之合义。如乡饮酒礼，向来所行，真成强人，行之何益！所以难久。不若只就今时宴饮之礼中删改行之，情意却须浃洽。②

孔子说："先进于礼乐，野人也；后进于礼乐，君子也。如用之，吾从先进。"所谓的"先进""后进"，朱熹认为"犹言前辈、后辈"，③ 今人杨伯峻意谓乃"先学习"或"后学习"礼乐之意，意思与朱熹近似，但更为确切。④ 至于"野人"与"君子"，朱熹在《论语集注》中，结合《周礼》释之为："野人，谓郊外之民；君子，谓贤士大夫也。"并借引二程的话予以进一步的疏释："先进于礼乐，文质得宜，今反谓之质朴，而以为野人。后进之于礼乐，文过其质，今反谓之彬彬，而以为君子。盖周末文盛，故时人之言如此，不自知其过于文也。"⑤ 傅斯年对此则有着与程朱类似但更为详尽的解说，他认为：此处孔子口中的"野人"是

---

① （宋）黎靖德编《朱子语类》卷八十四，《朱子全书》，第 17 册，上海古籍出版社、安徽教育出版社，2002，第 2878 页。

② （宋）黎靖德编《朱子语类》卷三十九，《朱子全书》，第 15 册，上海古籍出版社、安徽教育出版社，2002，第 1404 页。

③ （宋）朱熹：《论语集注》卷六，《四书章句集注》，《朱子全书》第 6 册，上海古籍出版社、安徽教育出版社，2002，第 157 页。

④ 杨伯峻：《论语译注》，中华书局，1980，第 109 页。

⑤ （宋）朱熹：《论语集注》卷六，《四书章句集注》，《朱子全书》第 6 册，上海古籍出版社、安徽教育出版社，2002，第 157 页。

指有着几百年礼乐文化传统、开化较周人更早的殷商遗民，殷灭之后其幸存者被周王朝安置在城郊（"野"），故而孔子称其"先进于礼乐，野人也"；"君子"乃指周王朝的统治者，住在"国"内，但由于周原系西北边陲的"小邦"，其文明开化的程度较"大邦殷"自然要低，时间上也更晚一些，所以孔子称其"后进于礼乐，君子也"。① 而孔子讲"从先进"，自然是更加赞同殷商之礼乐了。

但是，倘若结合孔子在《论语·八佾》中所言："礼，与其奢也，宁俭；丧，与其易也，宁戚。"一句，我们似乎可以领会到孔子"从先进"一语的更深一层的含义。事实上，礼乐总是随着时代的发展而日渐繁复（"文"）的，历史愈往前溯，礼乐也就越简朴，同时也更接近礼乐的本义（"质"）；殷商遗民学习礼乐更早，其原始礼乐中的朴质之风保留得相比周人更多。这其实正是礼乐文质关系的历史演变所必然经历的过程。而孔子对于礼乐文质关系的态度是"宁俭""宁戚"，那他"从先进"的态度中显然就应当包含了一层以"质"为本、"文"为末的价值判断。朱熹可谓深得孔子之意，他对于礼乐文质关系的历史演变的认识也正是如此：

> 初头只是如此，未有后来许多文饰，文饰都是后来事。丧初头只是戚，礼初头只是俭。当初亦未有那俭，俭是对后来奢而言之，盖追说耳。如尧土阶三尺，当初只是恁地，不是为俭，后来人称为俭尔。东坡说忠、质、文，谓当初亦未有那质，只因后来文，便称为质。孔子曰："从先进。"周虽尚文，初头尚自有些质在。②

朱熹认为礼乐之文质关系有着"质"先"文"后的时间性顺序，"周虽尚文，初头尚自有些质在"，也就可以理解为周初"有些质在"是受了殷商遗民（即"野人"）的影响所致。孔子"从先进"，自然是以朴质为礼乐的真义，朱熹也就明确地表示"略浮文、务本实"是"孔子从先进

---

① 傅斯年：《周东封与殷遗民》，《傅斯年全集》第三卷，湖南教育出版社，2003，第243～244页。

② （宋）黎靖德编《朱子语类》卷二十五，《朱子全书》第14册，上海古籍出版社、安徽教育出版社，2002，第885页。

之遗意。"① 因此，他在讲"先进于礼乐"一章时，便强调今传礼书所载之燕飨礼仪过于烦琐，要求于当前世俗通行之宴集礼仪中加以斟酌删削，以求"亲用"。但前提是必须"合义"并"情意浃洽"，也就是"贵本"。即如他所反复强调的："'礼，时为大。'使圣贤有礼，必不一切从古之礼。疑只是以古礼减杀，从今世俗之礼，令稍有防范节文，不至太简而已。"② 以古礼为基准，以简朴实用为原则，这就是朱熹传承与修订传统礼乐的基本指导精神。究其根本，则是讲究时变，"以义起"。

然而，朱熹对于改经还是持审慎的态度。他在与陆九渊之兄陆九龄（字子寿）的书信中说："义起之事，正在盛德者行之"，③ 而在《答李尧卿》的书信中也强调"未可遽以义起也"，④ 主张变礼之举须由德性高尚之人审时度势，谨慎为之，常人则不可随意改动。

二　"缘人情"⑤

孔子说："君子礼以饰情"，⑥ 又道："夫礼，先王以承天之道，以治人之情"；⑦ 荀子也认为丧服制度的原则为"称情而立文"，⑧ 二者都强调了礼乐的产生与施行皆与人类情感的表达紧密相关，故而《礼记·乐记》指出："合情饰貌者，礼乐之事也。"在《仪礼》中，关于缘人情而制礼的例子更是比比皆是。如《丧服》篇所附的解经之《记》曰："兄弟皆在他邦，加一等。不及知父母，与兄弟居，加一等。"郑玄注为：

---

① （宋）朱熹：《家礼序》，《朱子全书》第 7 册，上海古籍出版社、安徽教育出版社，2002，第 873 页。

② （宋）黎靖德编《朱子语类》卷八十四，《朱子全书》第 17 册，上海古籍出版社、安徽教育出版社，2002，第 2886 页。

③ （宋）朱熹：《答陆子寿》，《晦庵先生朱文公文集》卷三十六，《朱子全书》第 21 册，上海古籍出版社、安徽教育出版社，2002，第 1560 页。

④ （宋）朱熹：《答李尧卿》，《晦庵先生朱文公文集》卷五十七，《朱子全书》第 23 册，上海古籍出版社、安徽教育出版社，2002，第 2704 页。

⑤ 关于"情"，《礼记·礼运》中说："何谓人情？喜怒哀惧爱恶欲，七者，弗学而能。"喜、怒、哀、惧、爱、恶、欲即为七情，而"对于朱子而言，'喜怒哀乐'只是'七情'之概称"（李明辉：《四端与七情——关于道德情感的比较哲学探讨》，"国立"台湾大学出版中心，2012，第 10 页）。可见，朱熹所言之"人情"，亦主要是针对道德情感立论的。

⑥ 《礼记·曾子问》。

⑦ 《礼记·礼运》。

⑧ 《荀子·礼论》。

"皆在他邦，谓行仕出游，若辟仇。不及知父母，父母早卒。"贾公彦释曰：

> 云"在他邦加一等"者，二人共在他国，一死一不死，相愍不得辞于亲眷，故加一等也。云"不及知父母与兄弟居加一等"者，谓各有父母，或父母有早卒者，与兄弟共居，而死亦当悯其孤幼相育，特加一等。云"皆在他邦谓行仕"者，孔子身行七十二国，不见仕者，以古者有出他国之法，故云行仕也。又云"出游"者，谓若孔子弟子朋友同周游他国，兄弟容有死者。又云"若辟仇"者，《周礼·调人》云："从父兄弟之仇，不同国。兄弟之仇，辟诸千里之外。"皆有兄弟共行之法也。云"不及知父母，父母早卒"者，或遗腹子，或幼小未有知识，而父母早死者也。①

兄弟都在异邦，无论是因做官还是避开仇家，此时若死去一人，另一人为之行丧祭礼时就应当在本服之上再加一等；因为年龄幼小而父母早逝等情况不得不依傍兄弟生活者，若去世，兄弟也应当加服一等。之所以如此重服，是因为有必要通过这种礼制来表达对死者超乎寻常的同情、怜悯或亲厚之意，这就充分体现出了礼制本身所具备的浓厚人情味。

所以，朱熹说："先王制礼，本缘人情。"在判断生活中具体的礼节仪制时，也就主张"以情度之"。他指出：

> 先王制礼，本缘人情。吉凶之际，其变有渐，故始死全用事生之礼。既卒哭祔庙，然后神之。然犹未忍尽变，故主复于寝而以事生之礼事之。至三年而迁于庙，然后全以神事之也。此其礼文见于经传者不一，虽未有言其意者，然以情度之，知其必出于此无疑矣。②

---

① （汉）郑玄注，（唐）贾公彦疏《丧服第十一》，《仪礼注疏》卷三十三，《十三经注疏》（标点本），李学勤主编，北京大学出版社，1999，第636页。

② （宋）朱熹：《答陆子寿》，《晦庵先生朱文公文集》卷三十六，《朱子全书》第21册，上海古籍出版社、安徽教育出版社，2002，第1558页。

此处所谓"吉凶之际"，"吉凶"分别是指吉礼和凶礼。祭礼即为吉礼，古人祭祀为求吉祥，故称其为吉礼。凶礼则有荒礼和丧礼两大类，如《周礼》中说："以凶礼哀邦国之忧"，即主要以消灾禳福、避免祸患的仪式为凶礼，细目包括丧礼、荒礼、吊礼、禬礼、恤礼五种。而朱熹此处仅指丧礼。亲人刚去世时行丧礼，丧礼毕则依时节等行祭礼。由于生者都有一个在情感上逐渐接受亲人去世这一残酷的人生变故的过程，在"事生之礼"与"事死之礼"之间，以及丧礼、祭礼之间，都会有一个时间不等的过渡环节，这便是朱熹所言之"其变有渐"。如在亲人刚去世时，为之沐浴、饭含、袭（更衣、加帽）等，一如其在生时一样恭敬体贴，即"事生之礼"。而后经过小敛、大敛、哭踊、卜葬等环节，再行既夕礼，即埋葬亲人的遗体，之后则行士虞礼。"整个丧礼，是围绕着处理死者的遗体和魂灵两个主题进行的。如果说既夕礼是'送形而往'，将死者的形体送到墓地安葬，则士虞礼就是'迎魂而返'，将死者的精气迎回殡宫，进行祭祀。"①士虞礼中有卒哭礼，是在死后一百天左右进行。《礼记·檀弓下》说："卒哭曰成事，是日也，以吉祭易丧祭。"卒哭礼后，丧家就无须随时号哭，只在朝夕哀哭即可。同时，卒哭礼也是由丧礼（凶礼）向祭礼（吉礼）转换的标志。卒哭之后，死者的神主由于还没有自己独立的庙可居住，就按照昭穆次序和祖宗的牌位排列在一起，附于祖庙，故称作祔庙。直到此时，生者才可以完全用事鬼神之礼对待逝去的亲人。但朱熹认为，即使到这一步，生者都还是不忍心，又将逝者木主置于自己的寝室之内，以事生之诚敬态度施行祭祀。即如朱熹又在《答严时亨》的书信中说："而于新死者亦未忍遽以鬼神之礼事之也"。②直至三年之丧结束，新主迁入祖庙之后，方才完全以事鬼神之礼祭拜。朱熹在前文中就指出，这一类的礼仪规范在礼的经与传中表述略有不同，其意义也没有得到明确的阐发，但"以情度之"，以人之常情予以揣测，则可以看出古圣先哲完全是依照人的内在情感需求而制定的这一系列丧礼、祭礼制。

　　《礼记·内则》篇道："男女未冠笄者，鸡初鸣，咸盥、漱、栉、

① 彭林：《中国古代礼仪文明》，中华书局，2004，第240页。
② （宋）朱熹：《答严时亨》，《晦庵先生朱文公文集》卷六十一，《朱子全书》第23册，上海古籍出版社、安徽教育出版社，2002，第2970页。

縰、拂髦；总角、衿缨，皆佩容臭。"大意是说：男子未行冠礼，女子未行加笄礼之前，都应当在鸡叫头遍时洗漱，梳头，用黑色缯布束发髻，拂去髦上的灰尘并戴好，然后束两边的头发为角，身上再佩戴香囊之类的香物。其中，关于"容臭"，清人孙希旦解释得十分明白："容臭，谓为小囊以容受香物也。"① "容臭"也就是香囊。而郑玄注云："容臭，香物也，以缨佩之，为迫尊者，给小使也。"② 朱熹则在《仪礼经传通解》中对之进一步解释说："（郑）注言佩容臭'为迫尊者'，盖为恐身有秽气触尊者，故佩香物也。"③ 朱熹结合人之常情，在郑注的基础上，更加详细地解释"佩容臭"之礼的"大本大原"：为了在给父母请安时避免自己的体臭让父母感觉不适。这就更准确细致地表达出了古礼强调子女对父母的爱敬之情的本义，既显现出了传统礼制本身所具备的浓郁生活化与人情味色彩，也突出了朱熹以情释礼的解经特点。

朱熹既然认为先王制礼源于人情，在其传承和诠释礼经，以及讨论编礼原则和日常生活中关于礼乐实践的具体问题时，往往也就以人情常理为重要判断依据。如他说：

> 古礼繁缛，后人于礼日益疏略。然居今而欲行古礼亦恐情文不相称，不若只就今人所行礼中删修，令有节文、制数、等威足矣。古乐亦难遽复，且于今乐中去其噍杀、促数之音，并考其律吕，令得其正；更令掌词命之官制撰乐章，其间略述教化训诫，及宾主相与之情，及如人主待臣下恩意之类，令人歌之，亦足以养人心之和平。④

礼乐的产生本是为合理表达人的情感而来，但由于时代的变迁，许多仪

---

① （清）孙希旦撰，王星贤、沈啸寰点校《礼记集解》，《十三经清人注疏》，中华书局，1989，第731页。

② （汉）郑玄注，（唐）孔颖达疏《内则第十二》，《礼记正义》卷二十七，李学勤主编《十三经注疏》（标点本），北京大学出版社，1999，第833页。

③ （宋）朱熹：《内则第五》，《仪礼经传通解》卷三，《朱子全书》第2册，上海古籍出版社、安徽教育出版社，2002，第141页。

④ （宋）黎靖德编《朱子语类》卷八十四，《朱子全书》第17册，上海古籍出版社、安徽教育出版社，2002，第2877页。

节规范已与当前社会的风俗习惯、人们的思维与情感表达的方式等等不相吻合。因此，朱熹主张立足于现实的人情常理来重订礼乐，认为只要礼乐之"质"——"节文制数等威""养人心之和平"等社会与伦理的价值得以充分体现就可以了。

由上可见，朱熹在诠释与修订传统礼乐之"经"时，充分认识并发扬了传统礼乐本有的情感性特征。他"缘情释礼"的诠释学方法论，为他在因革损益传统礼制的基础上所定各项仪则赋予了更强的可操作性，为其于后世的广泛推广与传播创造了基本条件。

三　礼乐器数为基础

朱熹强调传统礼乐的传承与修订实践应当坚持"以义起""缘人情"的原则，与此同时，他也很重视传统礼乐器数在礼乐文化传承过程中的重要性。如《礼记·郊特牲》的"冠义"一节说："传曰：礼之所尊，尊其义也。失其义，陈其数，祝史之事也。故其数可陈也，其义难知也。知其义而敬守之，天子之所以治天下也。"朱熹便解释道："此盖秦火之前，典籍具备之时之语，固为至论。然非得其数，则其义亦不可得而知矣。况今亡逸之余，数之存者不能什一，则尤不可以为祝史之事而忽之也。"[①] 我们完全可以将朱熹此言视为他给自己纂辑《仪礼经传通解》的合理性所作的辩护。他认为，古礼原貌已因时代久远而佚失大半，礼义虽然重要，传统的礼乐器数同样也必须引起充分的重视。所以，朱熹才不遗余力地和礼部官员及师友、弟子们展开关于礼仪问题的讨论，大力组织编纂《仪礼经传通解》，以及参酌司马光的《书仪》来编修《家礼》，等等，其目的就正在于对传统礼仪做出切合时代要求的传播与发展。尽管他在另外的场合也说："大抵古礼不可全用，如古服古器，今皆难用"，[②] 但其本意却并非抛弃古服古器，只是要求结合现实生活实际和人们的可接受程度做出适当变革。他说：

---

① （宋）朱熹：《冠义第二》，《仪礼经传通解》卷一，《朱子全书》，第 2 册，上海古籍出版社、安徽教育出版社，2002，第 71 页。

② （宋）黎靖德编《朱子语类》卷八十四，《朱子全书》，第 17 册，上海古籍出版社、安徽教育出版社，2002，第 2883 页。

> 古者礼乐之书具在，人皆识其器数，却怕他不晓其义，故教之曰："凡音之起，由人心生也。"又曰："失其义，陈其数者，祝、史之徒也。"今则礼乐之书皆亡，学者却但言其义，至于器数，则不复晓，盖失其本矣。①

朱熹此处一方面对古代礼经重视礼乐之义的缘由作了解释，认为古人对礼乐的仪式与器物都很熟悉，之所以要编订礼乐之书，提倡礼义，是因为古圣先哲担心庶民百姓不能准确理解礼乐器数背后的含义，所以才做出进一步的"音由心生"之类的说明；另一方面，由于如今礼乐之书皆佚失，朱熹对礼乐传承的现状也很担忧，并批评了当时部分学者只喜欢空谈礼义，却对礼乐器数并不了解，也不肯深入学习的浮躁学风。因此，他认为礼乐器数有着重要的意义，不懂礼乐器数乃"失其本"。"本"即礼义，亦即天理或道，与礼乐器数为道、器关系，其实质则是理、气之辨："天地之间，有理有气。理也者，形而上之道也，生物之本也；气也者，形而下之器也，生物之具也。"②理、气合而生万物，又"不离不杂"，道、器之间亦"器亦道，道亦器，有分别而不相离也"。③故而"有道须有器，有器须有道"。④若要谈礼义，必须就礼乐器数上看，因为礼乐器数一方面受礼义的宰制，另一方面却又正是礼义的载体和呈现。正如清儒姚际恒所说："器数亦从义理而生，苟非义理，器数焉行？苟非器数，义理焉托？义理譬之规矩，器数则其方圆也。"⑤姚氏批驳朱子礼学甚严，但对礼乐器数的重视却与朱熹极为相似，这也充分说明，礼乐器数在礼乐的经典诠释、修订与传承中的确有着非常重要的地位。

当然，朱熹所言之礼乐器数并非仅指礼器与乐器，实际上也应当包

---

① （宋）黎靖德编《朱子语类》卷八十七，《朱子全书》第 17 册，上海古籍出版社、安徽教育出版社，2002，第 2972 页。

② （宋）朱熹：《答黄道夫》，《晦庵先生朱文公文集》卷五十八，《朱子全书》第 23 册，上海古籍出版社、安徽教育出版社，2002，第 2755 页。

③ （宋）黎靖德编《朱子语类》卷七十五，《朱子全书》，第 16 册，上海古籍出版社、安徽教育出版社，2002，第 2571 页。

④ （宋）黎靖德编《朱子语类》卷七十五，《朱子全书》，第 16 册，上海古籍出版社、安徽教育出版社，2002，第 2572 页。

⑤ （清）姚际恒：《仪礼通论》，陈祖武点校，中国社会科学出版社，1998，第 7 页。

含具体的仪式、服饰及其他各种礼乐制度在内。他不但强调掌握礼乐器数的重要性，在具体的礼乐编修和生活实践中，他更是以身作则，起到了很好的表率作用，譬如他对古礼中的深衣制度的遵行就是一个典型例子。

深衣是一种上衣下裳连缀于一体的服饰，为古代诸侯、士大夫的燕居之服，也是庶民常穿的礼服，《礼记·深衣》指出其具备着"应规矩，绳权衡"的重要意义。但自秦汉以降，深衣制度并没能得到很好的保留与传播，到了唐宋时期则基本被废弃。北宋司马光在编修《书仪》时曾依照《礼记·玉藻》的遗制纂成《深衣制度》一篇，朱熹随后即以此为基础，参酌古今礼制也修成《深衣制度》。① 朱熹以深衣为"平日之常服"，不仅亲自制作深衣，② 还在自己的日常生活中经常身着深衣以为示范。如作为朱熹女婿（也是其重要门人）的黄榦在为朱熹所作的《行状》中就说："其闲居也，未明而起，深衣幅衣（巾）方履，拜于家庙以及先圣"；③ 朱熹自己也说，在家于祠堂行祭礼时衣着较为随意，"熹家则废四时正祭而犹存节祠，只用深衣凉衫之属"，④ 等等，即充分说明了这一点。

综上所述，朱熹在传统礼乐的传承与修订实践中，"以义起""缘人情"是其基本准则，但他同时也强调"不可遽以义起"，应当在准确把握和理解传统礼乐器数的制作及其意义的基础上来进行。日本学者吾妻重二先生曾对朱熹有关礼制修订问题的态度与方法做过一番概括，与我们的结论是一致的。他说：

> 对朱熹而言，"礼"就是理的具体化，这是朱子学思想中的本质内容。不仅如此，程颐和朱熹从"凡礼，以义可起"——礼可以

---

① 在《晦庵先生朱文公文集》卷六十八和《家礼》中均有载，只是前者附图六幅，后者无图，而注释也略有不同。

② 如朱熹在致颜师鲁的信中说："熹昨蒙谕及深衣，谨并幅巾大带纳上，皆温公遗制也。"由此可见，朱熹确曾制作过深衣。（宋）朱熹：《答颜鲁子》，《晦庵先生朱文公文集》卷三十七，《朱子全书》第 21 册，上海古籍出版社、安徽教育出版社，2002，第 1654 页。

③ （宋）黄榦：《行状》，《勉斋先生黄文肃公文集（下）》卷三十四。四川大学古籍整理研究所，编：《宋集珍本丛刊》（元刻本）第 68 册，线装书局，2004，第 129 页。

④ （宋）朱熹：《答窦文卿》，《晦庵先生朱文公文集》卷五十九，《朱子全书》第 23 册，上海古籍出版社、安徽教育出版社，2002，第 2823 页。

根据道理而重新制定——这一立场出发，针对礼制问题提出了极其大胆的设想。在朱子学中，存在着一种不同于复古主义或原理主义的柔软姿态。这种立场可以称之为"原则主义"。正是因为他们能够准确地把握基本原则（即程颐、朱熹所说的"大体"），所以才能够针对各种不同的具体情况而灵活地采取相应的对策。①

事实上，这不仅是朱熹传承和修订传统礼乐的基本方法与立场，也是其礼乐生活实践的重要理论依据。

第二节　礼乐日常生活实践观

礼乐起源于上古先民的日常生产与生活实践，同时也在后世的日常生活中逐步得到发展与革新。因此，礼乐在不同时代的生活实践即构成了礼乐发展史的主要内容之一。而礼乐所代表的中国传统文化之所以能够绵延数千年而不绝，就是因为它经过了生活实践的磨砺而不断自我完善。如同英国文化人类学家马林诺夫斯基对文化功能的讲述那样："文化根本是一种'手段性的现实'，为满足人类需要而存在。"② 礼乐文化正是华夏民族得以生存与繁衍的必需。朱熹虽然没有这方面的明确阐述，但他对于礼乐文化的功能在具体的"人伦日用"中的体现与完善则是十分关注的，并由之而形成了丰富的关于礼乐生活实践的哲学与伦理思想体系。陈来先生指出："中国哲学的传统非常重视实践智慧，可以说，实践智慧一直是中国哲学的主体和核心。儒家自孔子以来，更是强调哲学作为实践智慧的意义。"③ 而儒家的礼学则可以说是其实践智慧的集中凝练与体现。朱熹作为北宋以来理学的集大成者，以及两宋经学尤其是礼经学领域的翘楚，他的礼乐实践观念更是儒家实践智慧的典范。

《论语·述而》说："子所雅言，诗、书、执礼，皆雅言也。"朱熹注曰："雅，常也。执，守也。诗以理情性，书以道政事，礼以谨节文，

---

① 〔日〕吾妻重二著，吴震编《朱熹〈家礼〉实证研究》，华东师范大学出版社，2012，第198页。

② 〔英〕马林诺夫斯基：《文化论》，费孝通等译，中国民间文艺出版社，1987，第90页。

③ 陈来：《论儒家的实践智慧》，《哲学研究》2014年第8期。

皆切于日用之实，故常言之。礼独言执者，以人所执守而言，非徒诵说而已也。"① 朱熹认为，诗、书与礼都"切于日用之实"，即与生活实践紧密相关。其中唯有礼强调"执"，则是因为礼重在实践性，而非仅仅是讲说，这便敏锐地指出了礼与其他诸艺的区别所在。他又强调说："礼者，履也。谓昔之诵而说者，至是可践而履也。"又道："所谓礼之实者，皆践而履之矣。"② 在他看来，礼的实践性是其根本特征，并且贯穿于中国人的整个日常礼仪生活之中。③ 美国学者 Herbert Fingarette 曾指出，古代中国人的日常生活是以礼仪为载体的，"人是一种仪式的存在"。④ 礼仪活动显然是古代中国人日常生活实践的重要内容。同时，每一个作为礼乐实践主体的人，同样也就因为对于礼乐的认真学习和实践而具备了人的本质，如《礼记·冠义》道："凡人之所以为人者，礼义也"，懂得礼义就成为了人之为人的基本标准。

在淳熙二年的鹅湖之会上，朱熹与陆九渊兄弟就"道问学"与"尊德性"的为教与为学路径展开论辩。据陆九渊门人记载："鹅湖之会，论及教人。元晦之意，欲令人泛观博览，而后归之约。二陆之意，欲先发明人之本心，而后使之博览。"⑤ 陆九渊认为"圣人教人，只是就人日用处开端"。⑥ 强调于日常实践中"切己自反，改过迁善"，⑦ 故以朱熹的

---

① （宋）朱熹：《论语集注》卷四，《四书章句集注》，《朱子全书》第 6 册，上海古籍出版社、安徽教育出版社，2002，第 125 页。

② （宋）朱熹：《讲礼记序说》，《晦庵先生朱文公文集》卷七十四，《朱子全书》第 24 册，上海古籍出版社、安徽教育出版社，2002，第 3585 页。

③ 《荀子·大略》中说："夫行也者，行礼之谓也。"又说："礼者，人之所履也，失所履，必颠蹶陷溺。"可见礼的实践特性在荀子处就已十分显著。朱熹对礼的实践的重视，尤其是"礼者，履也"的说法亦可谓由来有自，其中恐怕与荀子的上述观点大有关系。此外，如《礼记·经解》在谈及礼的功能时说："以奉宗庙，则敬；以入朝廷，则贵贱有位；以处室家，则父子亲，兄弟和；以处乡里，则长幼有序。""奉""入""处"等字词便形象地描绘出了礼的实践与运用情况，同时也说明，实践性是礼成之为礼的基本属性。又如《论语·学而》中说："礼之用，和为贵"，《礼记·燕义》道："和宁，礼之用也"，一个"用"字，亦充分证明了礼的实践性特质。朱熹对礼的实践性特质的认识，无疑是对传统礼学的继承与发扬。

④ Herbert Fingarette, *Confucious—The Secular as Sacred*, Harper & Row Publishers, 1972, p. 15. 原文为："Man as a ceremonial being"。

⑤ （宋）陆九渊：《年谱》，《陆九渊集》卷三十六，中华书局，1980，第 491 页。

⑥ （宋）陆九渊：《陆九渊集》卷三十五，《语录下》，中华书局，1980，第 432 页。

⑦ （宋）陆九渊：《陆九渊集》卷三十四，《语录上》，中华书局，1980，第 400 页。

为教与为学乃"支离事业",有流于空谈而轻忽道德践履之虞。朱熹则认为陆氏兄弟的主张过于"易简","似闻有脱略文字、直趋本根之意",①会导致为学者疏于学问、不求穷尽义理之微,恐沦入佛禅。但朱熹此后也由陆九渊的批评对自己的教学主张做了反思,他在与学者论学时说道:"陆子静专以尊德性诲人,故游其门者多践履之士,然于道问学处欠了。某教人岂不是道问学处多了些子?故游门之士践履多不及之。"② 因此,朱熹中年以后分外强调礼的"下学"实践工夫,并"于经学中,于礼特所重视",③ 且对前贤与时人于此处多有批评,这除了朱熹对儒家礼学一以贯之的实践精神与实践智慧的抉发之外,恐怕也是受到了陆九渊重视日常践履的思想的影响。④

那么,在朱熹看来,礼乐生活实践主要应当遵循的原则有哪些?笔者认为,其主要有以下两个方面的内容。

一 "因人之情"

人类的情感因素是礼乐得以产生和发展的前提,如《礼记·乐记》道:"乐统同,礼辨异,礼乐之说,管乎人情矣",《礼记·坊记》也说:"礼者,因人之情而为之节文,以为民坊者也",等等,都说明礼乐的产生有很大一部分是源于对人类情感的合理引导与控制的需要。而在礼乐之于人类日常生活实践的过程中,作为实践主体的人的情感同时也是影响礼乐实践的重要因素。朱熹与其弟子吕焘有过一段讨论,就谈及了情感作为"人心之用"对于礼乐实践的影响:

> 问:"'林放问礼之本'一章,某看来,奢、易是务饰于外,

---

① (宋)朱熹:《答吕子约》,《晦庵先生朱文公文集》卷四十七,《朱子全书》第22册,上海古籍出版社、安徽教育出版社,2002,第2190页。

② (宋)陆九渊:《陆九渊集》卷三十四,《语录上》,中华书局,1980,第400页。

③ 钱穆:《朱子新学案》第四册,三民书局,1971,第112页。

④ 事实上,陆九渊兄弟本身就出生和成长于重礼的世家,其长兄陆九韶以礼治家在历史上负有盛名,《宋史》卷434《儒林传四》中就有明确记载。当代学者牟坚及刘丰等对此都曾做过较详细的讨论,见牟坚《朱子"实理"观下的礼学实践以及礼在朱子之学中的位置》,《中国社会科学院历史研究所学刊》第7集,商务印书馆,2011,第330页;刘丰《北宋礼学研究》,中国社会科学出版社,2016,第67页。

俭、质是由中。"曰："也如此说不得。天下事，那一件不由心做。
但俭、戚底发未尽，在奢、易底发过去了，然都由心发。譬之于花，
只是一个花心，却有开而未全开底，有开而将离披底。那俭、质底
便犹花之未全开，奢、易底便犹花之离披者。且如人之居丧，其初
岂无些哀心，外面装点得来过当，便埋没了那哀心。人之行礼，其
初岂无些恭敬之心，亦缘他装点得来过当，便埋没了那恭敬之心。
而今人初以书相与，莫不有恭敬之心。后来行得礼数重复，使人厌
烦，那恭敬之心便埋没了。"[①]

《论语・八佾》里，林放问礼之本，孔子赞曰："大哉问！礼，与其奢
也，宁俭；丧，与其易也，宁戚。"孔子此处显然是以俭戚为礼之本，奢
易为礼之文。朱熹对这一段格外重视，从他与其弟子十分繁复的相关讨
论即可看出。而在朱熹师徒的上述对话里，对照朱熹的论说，我们可以
将吕焘的观点理解为：俭戚作为礼之本，显然是由人心所发，然后体现
于礼的实践；而奢易则是"务饰于外"，只是人的外部行为，并非人心
的发显。朱熹却指出吕焘的说法有问题——"天下事那一件不由心做？"
认为在礼的实践中人所体现出的或俭戚或奢易的态度均源于人的心理与
情感，只是如同花开的样态而有着"未全开"与"离披"的不同。又如
在日常的居丧行礼等活动里，人的哀恸之心与恭敬之心原本都是有的，
但装点得过度便都埋没了。此处的"哀心"与"恭敬之心"，其实质乃
是一种对人的情感状态的表述。《礼记・礼运》说："何谓人情？喜、
怒、哀、惧、爱、恶、欲七者，弗学而能"，《荀子・正名》亦道："性
之喜、怒、哀、乐谓之情。"朱熹主张"心统性情""心主性情"，然而
当其在"心"之前加上"哀""恭敬"等表示情感的形容词时，"心"
无疑应该被视作"情"。朱熹说："感于物者心也，其动者情也，情根乎
性而宰乎心，心为之宰，则其动也无不中节矣。"[②] 情为心之发动，而心
则为情的主宰，他此处所指的便是理性对于情感的控制，而前述朱熹和

<hr>

[①]　（宋）黎靖德编《朱子语类》卷二十五，《朱子全书》第 14 册，上海古籍出版社、安
　　徽教育出版社，2002，第 886 页。

[②]　（宋）朱熹：《问张敬夫》，《晦庵先生朱文公文集》卷三十二，《朱子全书》第 21 册，
　　上海古籍出版社、安徽教育出版社，2002，第 1395 页。

吕焘的一番讨论，实际上谈的也正是礼乐实践中强调"因人之情"的情感原则。何谓"情感原则"？简而言之，就是指在具体的礼乐实践中以人的情感表达为本、为先的方法论原则。

当然，这里所谓的"情感原则"其本质必然是以性理为基础的，离不开心与性情关系的问题。朱熹说："性者，心之理也；情者，心之用也；心者，性情之主也。"① 陈来先生解释朱熹"性为心之理"的观点时说："性之为理不仅在于它是心所禀受的一种实体（天地之理），而且在于性就是人的内心原则、本质和规律。"② 按照陈来先生的说法，性是人心的"原则、本质和规律"，情显然就是人内心的"原则、本质和规律"的外在表现与运用。朱熹道："及其发而用，则仁者为恻隐，义者为羞恶，礼者为恭敬，智者为是非。随事发见，各有苗脉，不相淆乱，所谓情也。"③ 情作为心性的发用，按照朱熹的说法自然是井然有序的，但这只是一种理想的境界，现实生活中情感的表现往往是无序的，无序则有害于情感的正常表达，这又正是礼乐得以产生和发展的主要动因。《礼记》说："礼义之经也，非从天降也，非从地出也，人情而已矣。"④ 礼乐以替人类合理安排情感的表达方式为首要功能，因此，礼乐的生活实践也就以此为重要的标准和原则。朱熹便说：

> 某尝说，古者之礼，今只是存他一个大概，令勿散失，使人知其意义，要之，必不可尽行。如始丧一段，必若欲尽行，则必无哀戚哭泣之情。何者？方哀苦荒迷之际，有何心情一一如古礼之繁细委曲。古者有相礼者，所以导孝子为之。若欲孝子一一尽依古礼，必躬必亲，则必无哀戚之情矣。况只依今世俗之礼，亦未为失，但使哀戚之情尽耳。⑤

---

① （宋）朱熹：《元亨利贞说》，《晦庵先生朱文公文集》卷六十七，《朱子全书》第23册，上海古籍出版社、安徽教育出版社，2002，第3254页。

② 陈来：《朱子哲学研究》，华东师范大学出版社，2000，第185页。

③ （宋）朱熹：《玉山讲义》，《晦庵先生朱文公文集》卷七十四，《朱子全书》第24册，上海古籍出版社、安徽教育出版社，2002，第3589页。

④ 《礼记·问丧》。

⑤ （宋）黎靖德编《朱子语类》卷八十九，《朱子全书》第17册，上海古籍出版社、安徽教育出版社，2002，第3013～3014页。

他主张古礼只可行个大概，不能尽行，主要是因为古礼繁缛，如若完全依其礼仪规范行事，则人内心的真实情感就难以完整表达。他特别提到了丧礼，认为人在初临亲人离世这一人生大变故时必然"哀苦荒迷"，情绪哀伤悲苦到极致，正常情况下很难一一按照古礼的规定行事。所以，他强调礼的施行最重要的是使得情感得以完整与合理地表达出来，而不仅仅是关注外在形式。其中不只礼义是如此，礼器的设计与使用也同样如此，如他指出："礼器出人情，亦是人情用"，[①] 便是这个道理。

具体而言，朱熹关于礼乐生活实践的情感原则主要有以下几点。

（一）"敬"

"敬"作为一种重要的道德心理与道德情感元素，被朱熹视为礼乐实践的主要伦理与心理原则。朱熹的门人叶贺孙曾问祭礼的实践问题，道："祭礼，古今事体不同，行之多窒碍，如何？"朱熹便答曰："有何难行？但以诚敬为主，其它仪则，随家丰约。如一羹一饭，皆可自尽其诚。若温公《书仪》所说堂室等处，贫家自无许多所在，如何要行得？据某看来，苟有作者兴礼乐，必有简而易行之理。"[②] 叶贺孙强调，随着时代的变迁，古礼已难以尽用于今。朱熹则指出，礼的实践以"敬"为主，只要心存"诚敬"，具体仪则可以依照家庭的贫富情况量力而行。他并以北宋司马光的《书仪》为例，认为对于贫苦家庭而言，自无可能先行建造如《书仪》所载之堂室等处所后再来行礼，说明了礼乐的实践主要取决于主体情感与态度的"敬"，而非尽在外在的仪节形式。

又如朱熹在《家礼序》中所言：

> 凡礼有本有文。自其施于家者言之，则名分之守、爱敬之实，其本也；冠昏丧祭仪章度数者，其文也。其本者有家日用之常礼，固不可以一日而不修；其文又皆所以纪纲人道之始终，虽其行之有时，施之有所，然非讲之素明，习之素熟，则其临事之际，亦无以合宜而应节，是

---

① （宋）黎靖德编《朱子语类》卷八十七，《朱子全书》第17册，上海古籍出版社、安徽教育出版社，2002，第2962页。

② （宋）黎靖德编《朱子语类》卷九十，《朱子全书》第17册，上海古籍出版社、安徽教育出版社，2002，第3048页。

不可以一日而不讲且习焉者也。……大抵谨名分、崇敬爱以为之本，至其施行之际，则又略浮文、务本实，以窃自附于孔子从先进之遗意。①

孔子对于"正名"十分重视，认为其乃治理民众和国家的根本大法。②朱熹在制定《家礼》时，便也强调"正名"对于理家的重要意义，以使家庭内部的等秩伦常井然有序。"敬爱"则是协调人际关系，让"名分之守"不至于因为过于生硬而造成亲人之间感情的疏远，从而使得家人融洽和睦的礼仪实践的基本情感原则。并且他还特别要求"略浮文、务本实"，告诫人们在具体实践中必须认真把握礼乐的文质关系，不得因礼乐之"浮文"而忽略了其"重人情"之"本实"。

朱熹自己在日常生活中践行礼乐时对"敬"的情感原则的恪守也十分严格，据其弟子黄榦为朱熹所撰的《行状》中记载：

> ……威仪容止之则，自少至老，祁寒盛暑，造次颠沛，未尝有须臾之离也。行于家者，奉亲极其孝，抚下极其慈。闺庭之间，内外斩斩，恩义之笃，怡怡如也。其祭祀也，事无纤巨，必诚必敬，小不如仪，则终日不乐，已祭无违礼，则油然而喜。死丧之礼，哀戚备至，饮食衰绖，各称其情。宾客往来，无不延遇，称其有无，常尽其欢。于亲故虽疏远必致其爱，于乡闾虽微贱必致其恭。吉凶庆吊，礼无所遗；赒恤问遗，恩无所阙。③

从这一段叙述看来，朱熹在日常生活中践行礼乐十分注重"人情"，无论是对于亲人还是宾客乡邻都极尽敬爱之情意，在丧礼、祭礼中同样也显得十分诚敬。

可见，无论是祭礼中的"诚敬"还是日常人际交往礼仪中的"爱敬"，其核心都在于"敬"，"敬"构成了朱熹礼学实践的情感原则的基本要素。

---

① （宋）朱熹：《家礼序》，《朱子全书》第7册，上海古籍出版社、安徽教育出版社，2002，第873页。

② 《论语·子路》。

③ （宋）黄榦：《行状》，《勉斋先生黄文肃公文集（下）》卷三十四。四川大学古籍整理研究所编《宋集珍本丛刊》（元刻本）第68册，线装书局，2004，第129页。

（二）"礼宜从厚"

"礼宜从厚"是朱熹在日常讲论与实践礼乐的过程中，面对一时无法考证其源流而难以决断是非的具体仪则时，依据礼乐"出于人情"的礼乐发生论所提出来的实践原则。它充分展现出了朱熹礼乐实践论中所蕴涵的充满温情与善意的情感因素，是一种典型的情感原则。如弟子叶贺孙问"改葬，缌"之礼：

> 问："'改葬，缌。'郑玄以为终缌之月数而除服，王肃以为葬毕便除，如何？"曰："如今不可考。礼宜从厚，当如郑氏。"①

"缌"指缌麻，乃五种丧服（斩衰、齐衰、大功、小功、缌麻）中最低的一等，服期三个月，本为族曾祖父母、族祖父母、族父母、族兄弟，以及妻之父母、舅、甥、婿等外亲所服。所谓"改葬，缌"，原文载于《礼记·丧服》，是指为已故亲人改葬之后所服之丧。郑玄为之作了详细的注解：

> 谓坟墓以他故崩坏，将亡失尸柩也。言改葬者，明棺物毁败，改设之，如葬时也。其奠如大敛，从庙之庙，从墓之墓，礼宜同也。服缌者，臣为君也，子为父也，妻为夫也。必服缌者，亲见尸柩，不可以无服，缌三月而除之。②

改葬的情况发生于坟墓因自然力等原因而崩坏之时，③按郑玄所说，此时必须为死者服缌的有三种情况：臣为君，子为父，妻为夫，而且需要服满三个月。但魏晋学者王肃却认为改葬之礼毕即可除缌服。针对前代学者间的上述分歧，叶贺孙有些无所适从。朱熹在难以准确考证双方论据的情况下，便强调"礼宜从厚"的情感原则，坚持以郑说为准。

---

① （宋）黎靖德编《朱子语类》卷八十五，《朱子全书》第17册，上海古籍出版社、安徽教育出版社，2002，第2097页。

② （汉）郑玄注，（唐）贾公彦疏《丧服第十一》，《仪礼注疏》卷三十四，李学勤主编《十三经注疏》（标点本），北京大学出版社，1999，第643页。

③ 如贾公彦说："云他故者，谓若遭水潦漂荡之等，坟墓崩坏，将亡失尸柩，故须别处改葬也。"（汉）郑玄注，（唐）贾公彦疏《丧服第十一》，《仪礼注疏》卷三十四，李学勤主编《十三经注疏》（标点本），北京大学出版社，1999，第643页。

　　从朱熹上述以情释礼的解经与实践的方法论来看，他显然是认为，在丧祭礼的制订和施行中采取"从厚"的原则，不仅可以更充分地表达在世亲人对死者的悼念哀思之情，而且对于已故亲人的神魂也有着更好的慰藉作用。这就体现出了一种朴质善良的情感伦理。当然，"礼宜从厚"也不能没有节制，必须"无嫌于僭"，只能在礼制所允许的范围内进行，不得僭越。如李继善在书信中所问：

> 《檀弓》既祔之后，唯朝夕哭拜、朔奠。而张先生以为三年之中不彻几筵，故有日祭，温公亦谓朝夕当馈食，则是朝夕之馈当终丧行之不变，与礼经不合，不知如何？

朱熹答曰：

> 此等处，今世见行之礼，不害其为厚，而又无嫌于僭，且当从之。①

李继善指出，《礼记·檀弓》说在举行祔祭之后只需于每天的早、晚两个时段哭祭，并行朔奠之礼；而张先生（张栻）认为三年丧期之内都不能撤除祭奠用的供桌，因此有每日祭的要求；司马光则主张三年中每日早晚都应当行馈食礼。张栻与司马光的看法均与礼经不相吻合，故而李继善问朱熹该如何处置。朱熹认为，两者所言都是当今比较通行的礼制，只要不妨害"礼宜从厚"的原则，又没有僭越礼制的嫌疑，姑且遵照施行，并无不妥。由此也可见疑经改经之风在晚宋经学中的炽盛程度，朱熹"礼宜从厚"的情感伦理原则就正是在这一学术背景下提出来的，也可说是当时经学学风一定程度的变相体现。

二　"经权相济"

　　"诚敬"、"敬爱"与"礼宜从厚"等是朱熹在礼乐生活实践中提出

---

① （宋）朱熹：《答李继善》，《晦庵先生朱文公文集》卷六十三，《朱子全书》第23册，上海古籍出版社、安徽教育出版社，2002，第3048页。

来的情感伦理原则，其对于礼乐实践主体在情感与心理方面有着重要的指导意义。而在具体的礼乐实践中，朱熹又以"经权相济"作为自己最根本的实践哲学理念。那么，何谓经、权？二者的关系如何？在具体的礼乐实践活动中体现在哪些方面？

经、权作为一组相对待而生的概念，往往是并列出现的。朱熹对于经、权之含义的阐述在《朱子语类》卷三十七中得到了十分完整的展现：

> 或问经与权之义……又曰："合于权，便是经在其中。"正甫谓："'权义举而皇极立'，权、义只相似。"曰："义可以总括得经、权，不可将来对权。义当守经则守经，义当用权则用权，所以谓义可以总括得经、权。若可权、义并言，如以两字对一字，当云'经权举'乃可。伊川曰：'惟义无对。'伊川所谓'权便是经'，亦少分别。须是分别经、权自是两物，到得合于权，便自与经无异，如此说乃可。"
>
> 又问："程子谓'权只是经'，先生谓以'《孟子》援嫂之事例之，则权与经亦当有辨。'莫是经是一定之理，权则是随事以取中，既是中，则与经不异否？"曰："经是常行道理，权则是那常理行不得处，不得已而有所通变底道理。权得其中，固是与经不异，毕竟权则可暂而不可常……"①

综上所述，我们可以将朱熹对经、权内涵的理解归纳为三个方面。

首先，经是大经大法，为事物之根本规律——"常行道理"，而权则是对经在实践中的重要补充，是对经在难以贯彻实施的情况下做出的变通。他说："所谓权者，于精微曲折处曲尽其宜，以济经之所不及耳。"便是如此。

其次，经、权具有强烈的道德属性，经是"正底道理"，而"反经合道为权"，权也必须合乎"道理"，这个"道理"即是"义"。如他随

---

① （宋）黎靖德编《朱子语类》卷三十七，《朱子全书》第 15 册，上海古籍出版社、安徽教育出版社，2002，第 1378~1379 页。

后所说："经是万世常行之道，权是不得已而用之，须是合义也。""义"是经、权在实践活动中的最高伦理标准，"义可以总括得经权"，具有指导性意义。

最后，在"权得其中"，经、权皆合于义的情况下，"权便是经"，经、权有着本质上的同一性。

然而经、权毕竟又"自是两物"，两者之间仍然有所不同，所以朱熹又对二者的区别与联系作了深入辨析：

> 问经权之别。曰："经与权，须还他中央有个界分。如程先生说，则无界分矣。程先生权即经之说，其意盖恐人离了经，然而滚来滚去，则经与权都鹘突没理会了。"……
>
> 又曰："经是已定之权，权是未定之经。"
>
> 经与权之分，诸人说皆不合。曰："若说权自权，经自经，不相干涉，固不可。若说事须用权，经须权而行，权只是经，则权与经又全无分别。观孔子曰'可与立，未可与权'，孟子曰'嫂溺援之以手'，则权与经须有异处。虽有异，而权实不离乎经也。这里所争只毫厘，只是诸公心粗看不仔细。伊川说'权只是经'，恐也未尽。尝记龟山云：'权者，经之所不及。'这说却好。盖经者只是存得个大法，正当底道理而已。至精微曲折处，固非经之所能尽也。所谓权者，于精微曲折处曲尽其宜，以济经之所不及耳。所以说中之为实者。权之者，即是经之要妙处也……"又曰："庄子曰'小变而不失其大常。'便是经、权之别。"[①]

朱熹认为，经、权是紧密联系在一起的，"权实不离乎经也"。但二者之间又必须"有个界分"，程颐说"权只是经"并不完全妥当。从联系上说，朱熹道："所以说中之所贵者权，权者即是经之要妙处也。"在他看来，权是经的精妙处所在，其实质则是经的一个构成部分，乃经的方法

---

① （宋）黎靖德编《朱子语类》卷三十七，《朱子全书》第 15 册，上海古籍出版社、安徽教育出版社，2002，第 1376～1382 页。

论原则。因此，经是权的依据，权为经的补充与完善。而从两者的区别来看，经是既定的做人处事的伦理规则，权乃未定之规，适用于具体实践中经所难以完全涵盖或者准确规范之处，它需要实践者依据个人经验和价值理性予以审时度势地准确判断。又如庄子所言，经是"大常"，权是"小变"，二者不仅有着"既定"与"未定"之别，也有着主次之分。

朱熹强调经、权不相离，经为纲，权为经之变，同时也是对经在实践中的补充，其实质就正是一种"经权相济"的思想。尽管朱熹并没有明确提出"经权相济"一说，然元代学者郑玉道："呜呼！圣人既为经以定天下之常，复为权以尽天下之变，于是经权相济，若体用然，而天下事无不可为者矣。"① 郑玉十分尊崇朱学，② 在此他不仅明确提出了"经权相济"的概念，而且指出经、权为一种体用关系，可谓深得朱熹之遗意。但在具体的礼乐实践中，朱熹"经权相济"的思想又是如何体现的呢？笔者认为它主要体现在"中"与"时"两个方面。

（一）"中"

何谓"中"？朱熹解释道："中者，不偏不倚，无过不及之名。"③ "中"强调的是事物的发展不仅完全合乎规律，而且恰到好处，处于最理想的状态。在中国传统哲学思想里，"中"的实质主要乃是一种高妙的思维智慧与伦理精神，"中庸"与"中和"就是其集中体现。"中庸"一词最早出现于《论语·雍也》："子曰：中庸之为德也，其至矣乎！民鲜久矣。"但孔子对于中庸之道的直接论述并不多。到了《礼记》，其《中庸》一篇则对孔子的"中庸"说做了系统发挥，然其核心思想却是"中和"："喜怒哀乐之未发谓之中，发而皆中节谓之和。中也者，天下之大本也；和也者，天下之达道也。致中和，天地位焉，万物育焉。""中庸"与"中和"同源于"中"，但两者之间仍有着区别：

---

① （元）郑玉：《张华论》，《师山集》卷二，《景印文渊阁四库全书》第1217册，台湾商务印书馆，1986，第9页。

② 陈荣捷道："至若郑玉之尊朱，尤为明确。"详见氏著《朱学论集·元代之朱子学》，华东师范大学出版社，2007，第212页。

③ （宋）朱熹：《中庸章句》，《朱子全书》第6册，上海古籍出版社、安徽教育出版社，2002，第32页。

前者更多的是倾向为一种方法论的认识，常被人们作为实践智慧运用于具体生活实践之中；后者是一种理想的道德境界，它是由个体的道德情感与道德行为的中正和谐推衍至人类社会与自然万物间的合理与有序的合伦理状态。

朱熹显然对此亦有深刻认识，他对"中庸"与"中和"的区别与联系作了细致的分梳：

> 以性情言之，谓之中和；以礼义言之，谓之中庸：其实一也。以中对和而言，则中者体，和者用，此是指已发、未发而言。以中对庸而言，则又折转来，庸是体，中是用。如伊川云"中者，天下之正道；庸者，天下之定理"是也。此"中"却是"时中"、"执中"之中。以中和对中庸而言，则中和又是体，中庸又是用。①

按朱熹的说法，对于个体而言，"中和"主人之性情，"中庸"则关涉礼义，二者本为一物，即都是"中"的运用，只是所涉层面和范围不同。而"中和"与"中庸"之间又是体用关系，"中和"谓人之性情的实质，"中庸"乃礼义（即天理）在生活中的具体实践，二者的体用关系也就体现出了朱熹礼乐实践观中作为道德实践主体的人的道德品性与道德情感的本体意义。同时，也正因了这一层体用关系的认识，在礼乐的诠释、修订和生活实践原则的讨论中，朱熹所常言之"礼贵得中"之"中"就多是指"中庸"。②《礼记·丧服四制》说"贤者不得过，不肖者不得不及，此丧之中庸也"。"中庸"作为礼乐的实践原则，早在《礼记》中就已得到了明确运用。《礼记》作者以"中庸"为题单独成篇，也就充分说明了"中庸"思想在礼学发展中的重要意义和地位。朱熹则对之作了进一步的肯定和完善，并使其得到充分的理学化。如他对"中庸之中"的"已发""未发"问题的解释便是如此：

---

① （宋）黎靖德编《朱子语类》卷六十三，《朱子全书》第16册，上海古籍出版社、安徽教育出版社，2002，第2056页。

② 换言之，朱熹对于礼乐的哲学内涵及形上学依据的讨论，显然就是以"中和"为主，而非"中庸"。

　　问："《中庸》名篇之义：中者，不偏不倚、无过不及之名。兼此二义，包括方尽。就道理上看，固是有未发之中；就经文上看，亦先言'喜怒哀乐未发之谓中'，又言'君子之中庸也，君子而时中。'"先生曰："他所以名篇者，本是取'时中'之'中'。然所以能时中者，盖有那未发之中，在所以先开说未发之中，然后又说'君子之时中'。"

　　至之问："'中'含二义：有未发之中，有随时之中。"曰："《中庸》一书，本只是说随时之中。然本其所以有此随时之中，缘是有那未发之中，后面方说'时中'去。"

　　"'中庸'之'中'，本是无过无不及之中，大旨在时中上。若推其中，则自喜怒哀乐未发之中，而为'时中'之中。未发之中是体，'时中'之中是用。中字兼中、和言之。"直卿云："如'仁义'二字，若兼义，则仁是体，义是用。若独说仁，则义、礼、智皆在其中，自兼体用言之。"

　　"'中庸'之'中'是兼已发而中节、无过不及者得名，故周子曰：'惟中者，和也，中节也，天下之达道也。'若不识得此理，则周子之言更解不得。所以伊川谓'中者，天下之正道。'《中庸章句》以'中庸'之'中'实兼'中和'之义，《论语集注》以'中者，不偏不倚，无过不及之名'，皆此意也。"①

　　朱熹的"已发""未发"其实质乃是一种直觉式的心理体验，描述的是道德心理的不同阶段或状态。陈来先生说："按照朱熹己丑反复综合程颐各种说法所得的理解，'已发'是指思虑已萌，'未发'是指思虑未萌。"② 事实上，这种略具神秘意味的心理体验早已被宗教运用于日常修炼的追求和验证之中，"理学家因出入于佛教禅宗，也注意到这一心理体验，然而与佛教不同，他们企图把这种内心体验作为提高人的品格境界

①　（宋）黎靖德编《朱子语类》卷六十二，《朱子全书》第 16 册，上海古籍出版社、安徽教育出版社，2002，第 2004～2005 页。
②　陈来：《朱子哲学研究》，华东师范大学出版社，2000，第 175 页。

和心性修养的手段"。① 对于中庸之"中"而言，朱熹将之分为"未发之中"和"时中之中"，"时中之中"显然便是"已发之中"了。而前者是体，后者是用，由"未发之中"生发出"时中之中"。他讲"中字兼中和言之"，"中和"当是指"未发之中"，"中庸"更多的时候则落脚于"时中之中"，"大旨在时中上"。所以，朱熹主张"礼贵得中"，"中"作为礼乐生活实践的重要原则，在具体运用当中人们关注最多的仍是"时中之中"，即"中庸"的方法论意义。

而朱熹之所以反复强调"中"的"已发""未发"，其主旨就在于提醒人们在具体的道德涵养和礼乐实践活动里必须注意解决好"未发之中"和"时中之中"的关系。譬如他在《答刘平甫》的书信里说：

> 熹承询及影堂，按古礼，庙无二主。尝原其意，以为祖考之精神既散，欲其萃聚于此，故不可以二。今有祠版，又有影，是有二主矣。古人宗子承家主祭，仕不出乡，故庙无虚主，而祭必于庙。惟宗子越在他国，则不得祭，而庶子居者代之，祝曰："孝子某宗子名。使介子某庶子名。执其常事。"然犹不敢入庙，特望墓为坛以祭。盖其尊祖敬宗之严如此。今人主祭者游宦四方，或贵仕于朝，又非古人越在他国之比，则以其田禄修其荐享尤不可阙，不得以身去国而使支子代之也。
>
> 礼意终始全不相似，泥古则阔于事情，循俗则无复品节，必欲酌其中制，适古今之宜。别宗子所在，奉二主以从之，于事为宜。盖上不失萃聚祖考精神之义，二主常相依，则精神不分矣。下使宗子得以田禄荐享，祖宗宜亦歆之。处礼之变，而不失其中。所谓"礼虽先王未之有，可以义起"者盖如此。但支子所得自主之祭，则当留以奉祀，不得随宗子而徙也。所喻留影于家，奉祠版而行，恐精神分散，非鬼神所安。而支子私祭上及高、曾，又非所以严大宗之正也。明则有礼乐，幽则有鬼神，其礼一致。推此思之，则知所处矣。学绝道丧，此语世所罕闻，闻之必以为笑。然以吾友下问之勤，不敢不以正对。侍次试以禀知，更与圭甫熟讲，断然行之，

---

① 陈来：《朱子哲学研究》，华东师范大学出版社，2000，第158页。

一新弊俗。共甫博学多闻，亦不应以此为怪也。更详思之。①

对于古礼的本义，朱熹往往以人情常理释之，这是其礼乐经典诠释的一大特色，如此处他对"古礼庙无二主"的原理的解释就是典型例子。这在前文已有详论，不再赘述。从另一角度而言，这也说明了朱熹对礼乐实践的情感原则的重视，体现了他对礼乐之本体的情感性特征的认识和把握。又从此信中可见，在朱熹看来：家庙既不能有二主，则祭祀先祖就必须由宗子于庙中主持进行。春秋战国时代，国别较多，常有宗子身处国外而不得不由庶子代祭的情况；而庶子不得入庙，只能对着祖宗墓地筑坛而祭。但在宋代，宗子或奉仕于朝，或游宦四方，均不出一国之内，因此不得不主祭；却又离家庙甚远，这时即可施行俗礼中的"二主"之法——宗子"留影于家，奉祠版而行"，"支子所得自主之祭，则当留以奉祀，不得随宗子而徙也"，使仕宦在外的宗子和留守在家的庶子（支子）各有所祭，最终达到"上不失萃聚祖考精神之义""下使宗子得以田禄荐享祖宗"的两全其美的目的。这样做的依据和原则就是"中"，"处礼之变，而不失其中"，在古今异礼之两端取一折中方式，以"酌其中制，适古今之宜"。

从方法论来看，朱熹在此强调于"古礼庙无二主"和"奉二主以从之"之间"酌其中制"，则是"时中之中"；就本体论而言，若要"适古今之宜"，就必须坚守礼之本义，既能安顿萃聚祖考的精气与魂魄，也抚慰和满足了宗子荐享祖宗的孝敬之情，确保宗法伦理之大本，这一番周详细密的思虑显然又是出于"未发之中"。在此，礼乐实践中"未发之中"和"时中之中"有机结合在一起，即完美地展现了朱熹"经权相济"的实践智慧。今天，当我们仔细揣摩朱熹的这一套礼乐实践观时，不得不为其思辨的周密与完整而深感叹服。

（二）"时"

朱熹认为"中"有"未发之中"和"时中之中"两义，"中"便蕴含了"时"的意涵在其间。实际上，"礼贵得中"，"时"也是得"中"

---

① （宋）朱熹：《答刘平甫》，《晦庵先生朱文公文集》卷四十，《朱子全书》第22册，上海古籍出版社、安徽教育出版社，2002，第1795~1796页。

的一个必要条件。"时"乃中国哲学里十分重要的概念，古人无论是从事生产实践，还是在具体的日常生活中都有着很强的"时"的观念。《尚书·尧典》中说："（帝尧）乃命羲和：钦若昊天，历象日月星辰，敬授人时。"作者认为人类的"时"由尧命羲和所定，[①] 人类生活中的一切事务都要依时而行，即所谓"百揆时叙"。具体而言，又如舜在给禹、后稷等人分配任务时所说："禹，汝平水土，惟时懋哉！""汝后稷，播时百谷"，[②] 等等，都强调了"时"在生产与生活中的重要性。《左传》评价道："舜臣尧，举八恺，使主后土，以揆百事，莫不时序，地平天成。"[③] 显然作者在《尚书》所论的基础上也是认为遵守"时序"是使得天地安泰、百事顺遂的基础。此外，对于个人情感的表达来说，同样也有着"时"的规定。郑伯会虢叔时便指出："寡人闻之：哀乐失时，殃咎必至。"[④] 而在《左传·隐公十一年》中，作者则直接将"时"与礼结合起来："礼，经国家，定社稷，序民人，利后嗣者也。……度德而处之，量力而行之，相时而动，无累后人，可谓知礼矣。""相时而动"成为"知礼"的重要表现。到了《易传》，作者在总结前人对于"时"的哲学与伦理的种种思考之上，进一步引申并提炼出了"与时偕行"的概念，它随后即成为"时"在中国哲学范畴里最基本和最典型的内涵。"与时偕行"，实际上应当包含两个层面的含义：一、指的是天地自然以及人类社会的发展规律，即都是随"时"而变，这也是"易经"之"易"的本义。古希腊哲人赫拉克利特说"人不可能两次踏进同一条河流"，表达的是同样的历史辩证法思想；二、人当顺"时"而变，顺应自然与社会发展变化的规律"相时而动""量力而行"。这两层含义中，

---

① 羲和在我国的上古神话传说中是一个太阳女神。如《山海经·大荒南经》所载："东海之外，甘泉之间，有羲和国。有女子名羲和，为帝俊之妻，是生十日，常浴日于甘泉。"羲和生了十个太阳，并常为太阳洗浴，这是何其瑰丽雄伟的想象！伟大的爱国主义诗人屈原在其充满浪漫主义色彩的长诗《离骚》中，则把羲和描述成一个为太阳驾车的女神形象："吾令羲和弭节兮，望崦嵫而勿迫。"而在我们文本中所引的伪古文《尚书》里，羲和又变成了为尧帝所命制定和掌管日历的官员。这一由神逐渐到人的身份演变，显示出了人们从神事到人事的关注对象的转化，乃是华夏文明理性化发展历程的一个体现。

② 《尚书·舜典》。

③ 《左传·文公十八年》。

④ 《左传·庄公二十年》。

前者是对规律的揭示，具理论价值；后者是对人类社会实践的指导，更具实践意义。《左传》将懂得"时"的观念视为"知礼"，可见古人早已熟知"与时偕行"的实践智慧在礼乐经籍的编订与具体实践活动中有着重要的价值。《礼记》中更是十分明确地指出："礼，时为大"，①将"时"看作礼乐的重要实践原则。因此，"时"的观点在朱熹的礼乐生活实践中也就得到了广泛的运用，如他说："是圣人固用古礼，亦有随时之义"，② 便强调古礼在现实生活里的具体运用应当坚持"时"的原则。

在朱熹的礼学思想里，"时"的实践原则主要体现在对俗礼的合理采用上。如他和弟子关于"丧礼制度节目"的讨论：

> 问丧礼制度节目。曰："恐怕《仪礼》也难行。如朝夕奠与葬时事尚可。未殡以前，如何得一一恁地仔细？只如含饭一节，教人从那里转？那里安顿？一一各有定所，须是有人相，方得。孔子曰'行夏之时，乘殷之辂'，已是厌周文之烦了。某怕圣人出来，也只随今风俗立一个限制，须从宽简。而今考得礼仔细，一一如古，固是好；如考不得，也只得随俗不碍理底行去。"

> 因论丧服，曰："今人吉服皆已变古，独丧服必欲从古，恐不相称。"闳祖云："虽是如此，但古礼已废，幸此丧服尚有古制，不犹愈于俱亡乎？"直卿亦以为然。先生曰："礼时为大。某尝谓，衣冠本以便身，古人亦未必一一有义。又是逐时增添，名物愈繁。若要可行，须是酌古之制，去其重复，使之简易，然后可。"又云："一人自在下面做，不济事。须是朝廷理会，一齐与整顿过。"又云："康节说'某今人，须着今时衣服'，忞然不理会也。"③

在对话中，朱熹强调《仪礼》中的丧葬制度难以尽行，理由便是在未殡之前逝者的亲人往往悲痛难抑，无法按照仪节规定一一施礼。这也是朱

---

① 《礼记·礼器》。

② （宋）黎靖德编《朱子语类》卷八十七，《朱子全书》第 17 册，上海古籍出版社、安徽教育出版社，2002，第 2947 页。

③ （宋）黎靖德编《朱子语类》卷八十九，《朱子全书》第 17 册，上海古籍出版社、安徽教育出版社，2002，第 3002 页。

熹缘情释礼的一个典型例证。其缘情说礼的解经方式又是和他强调
"时"的礼乐实践论一脉相承的，二者都以宋人疑经改经的学术风气为
背景。在具体的礼乐实践中，他认为即使是圣人也会依循当世风俗来重
新诠释与制定礼法，而礼的发展本身也就是"逐时增添"起来的，这就
体现出了"与时偕行"的理念。又正因为礼乐随着时代发展而不断增添
内容，有越发烦琐的趋势，学者必须参酌古今时势对之加以修订和简化，
使之易于施行。不过，其底线则是"不碍理"，即以理为最基本的标准。
《孟子·离娄下》说："非礼之礼，非义之义，大人弗为。"朱熹解释道：
"察理不精，故有二者之蔽。大人则随事而顺理，因时而处宜，岂为是
哉？"① 他认为孟子所谓的"非礼之礼，非义之义"即源于人们对理的辨
识不清，这个理便是经，乃践行礼乐时的大本大原。所以人们必须"顺
理""处宜"，其原则就是"随事"与"因时"，这正是"时"的观念的
两个方面。而"时"所体现的则是权，为礼乐实践的具体方法论原则。
二者在此处的有机结合同样体现出了朱熹"经权相济"的礼乐生活实践
智慧。

　　"经权相济"是儒家哲学运用于生活实践中的一个重要原则，它所
体现出的是儒家以其德性主义本质为基础的实践智慧。朱熹的礼乐实践
论中，主要由"中"与"时"这两个概念所构成的"经权相济"思想更
是有着重要的方法论意义，它与前文所归纳总结出来的"因人之情"的
情感原则一起，形成了朱熹关于礼乐生活实践的哲学思想体系。礼乐的
产生与发展本就有一个从人类生活体验上升到生命体验的过程，而朱熹
礼乐生活实践论的成熟，同样也就体现出了他对于生活体验与生命体验
的总结与认识。

　　此外，关于儒家的实践智慧，陈来教授在肯定"儒家哲学思想的特
点是：突出人的实践智慧，而不突出思辨的理论智慧"的基础上，总结
出了这样几个特征："儒家的实践智慧始终是强调以道德为基础，从不脱
离德性；同时，儒家的实践智慧又突出体现在重视修身成己的向度，亦
即个人内心的全面自我转化；最后，儒家哲学思想总是强调实践智慧必

---

① （宋）朱熹：《孟子集注》，《四书章句集注》，《朱子全书》第 6 册，上海古籍出版社、
安徽教育出版社，2002，第 355 页。

须化为实践的行动，达到知行合一的境界。"① 而从朱熹的礼乐生活实践观来看，儒家的实践智慧也还有着重视实践主体的情感与心理体验的情感性特征，以及较强烈的思辨理性色彩，可谓情理并重。当然，朱熹礼乐生活实践观所具备的思辨理性特征并非出于完全自觉的体系性的理论建构，同样未能"突出思辨的理论智慧"。但作为我国中世纪最负盛名的哲学家、经学家之一，朱熹对礼学的传承与推广则是功若丘山且有史可鉴的。朱子情理并重的礼乐实践智慧，无论是在他《仪礼经传通解》《家礼》等礼学撰著还是日常讲论与实践活动中，都有着较为充分的展现，是朱子所取得的礼学成就的方法论基础，对于传统礼学的当代传播与实践也同样有着重要的启示价值。

第三节　礼乐政治实践观

政治一直是儒学与儒学家关注的重心，"从孔夫子到康先生，儒家思想以政治哲学为核心，大概还是可以说通的"。而"南宋朱熹是理学集大成者，他的理学，核心是政治哲学"。② 儒家的政治哲学中，礼乐则是其根本要素。早在春秋时期，人们就认为："礼，国之纪也"，③ "礼，王之大经也"，④ 又如《礼记》也说："为政先礼，礼其政之本与！"⑤ 又道："凡治人之道，莫急于礼。"⑥ 等等。鉴于此，以礼乐介入政治乃朱熹政治哲学思想的建构与实践的必然选择，就是再自然不过的了。因此，所谓礼乐政治实践，指的就是统治者如何在政治生活中践行礼乐，主要包括如何以礼乐指导政治，以及如何因政治而改造礼乐两个方面的内容。其中所蕴涵的政治哲学观念体系，即可称为礼乐政治哲学。

一　"后王安石时代"

朱熹的礼乐政治实践及其相关哲学思想是两宋士大夫政治文化的构

---

① 陈来：《论儒家的实践智慧》，《哲学研究》2014 年第 8 期。
② 周桂钿主编《中国传统政治哲学》，河北人民出版社，2001，第 19 页。
③ 《国语·晋语四》。
④ 《左传·昭公二十六年》。
⑤ 《礼记·哀公问》。
⑥ 《礼记·祭统》。

成部分。对于其时代的理论背景，余英时先生曾有过较为系统的论述。他认为在朱熹的历史世界里，士大夫的政治文化经历了三个发展阶段。第一阶段称为建立期，其高潮出现于仁宗时代。宋初儒学的复兴经过七八十年的准备，到此时已有了明确的发展方向，体现在政治思想方面，则以超越汉、唐，回归"三代"为理想政治蓝图。第二阶段为定型期，集中体现于熙宁变法。"这是回向'三代'的运动从'坐而言'转入'起而行'的阶段，是士大夫作为政治主体在权力世界正式发挥功能的时期。"第三阶段即转型期，朱熹是这一时期最具代表性的人物。王安石的熙宁变法失败之后，南宋士大夫的政治文化出现了基本范型的转变，但又并没有脱离熙宁变法的主体范畴，变法的影响力仍然在不同方面起着作用。余先生亦据此认为，朱熹的时代就是"后王安石时代"。①

　　笔者对余先生的判断深表赞同。儒学的中兴，一方面在于宋初统治者在总结唐末五代的战乱之后，深感诗赋误国，为了拯救世风而重振儒家伦理纲常；另一方面，广大的儒学士子出于捍卫儒家正统地位免受佛道二教的威胁的危机意识，也开始与朝廷并力倡扬儒家经学。他们对儒家经学的倡导，既是力图在传统经学中寻找治国图强的依据，又希望以经学改革科举，为统治者培养治世之才。其中，王安石就是这样一个极具代表性的人物。在熙宁变法之初，他就亲自主持"经义局"，重释《诗经》《尚书》《周礼》，辑成《三经新义》颁于天下，以统一经义的训释，为变法提供法定的权威依据。四库馆臣指出："安石之意，本以宋当积弱之后，而欲济之以富强。又惧富强之说必为儒者所排击，于是附会经义，以钳儒者之口，实非真信《周礼》为可行。"② 此言大致不差。同时，《三经新义》也是科举取士的标准读本："进士罢诗赋、贴经、墨义，各占治《诗》、《书》、《易》、《周礼》、《礼记》一经，兼以《论语》、《孟子》。每试四场，初本经，次兼经并大义十道，务通义理，不须尽用注疏。次论一首，次时务策三道，礼部五道。"③ 有鉴于此，各级学校也就不得不以《三经新义》为基本教材。而王安石的这一科举改革

---

① 余英时：《自序二》，《朱熹的历史世界——宋代士大夫政治文化的研究》，生活·读书·新知三联书店，2011，第 8~9 页。

② （清）永瑢等撰《四库全书总目》，中华书局，1965，第 150 页。

③ （宋）李焘：《续资治通鉴长编》卷二百二十，中华书局，1995，第 5334 页。

即使在熙宁变法失败之后也基本得到保留，对后世的科举产生了重要影响。王安石强调以经学治政和培养人才，其中对礼学尤为重视。他指出："有其权，必有礼以章其别，故惟辟玉食也。礼所以定其位，权所以固其政"，① 又道："以贤治不肖，以贵治贱，古之道也"，② 认为礼是建构和维护合理政治秩序的基本原则。

欧阳修亦曾指出："尧、舜、三代之际，王政修明，礼义之教充于天下。于此之时，虽有佛，无由而入。"③ 强调王道政治的标准就是礼义之教，随后他又讲道：

> 夫礼以治民而乐以和之，德义仁恩，长养涵泽，此三代之所以深于民者也。政以一民，刑以防之，此其浅者也。今自宰相至于州县，有司莫不行文书、治吏事。其急在督赋敛、断狱讼而已，此特浅者尔。礼乐仁义，吏不知所以为，而欲民之被其教，其可得乎？④

欧阳修强调"三代""王政"施惠于民，深得民心之处就正在于以礼乐仁义治民，而政、刑只是浅层次的施政方略。余英时对此分析说："欧阳修以'深'、'浅'分别'礼乐仁义'和'刑政'，这一思路仍是《本论》的延长。但'三代'的主要特征在前者而不在后者，则是当时士大夫的共识，故'托古改制'者莫不首重'讲道兴学'，自范仲淹至王安石都是如此。由此可知，文化重于政治原是宋人'三代'概念的基本属性，元儒'后三代'不过引申其义而已。"⑤ 宋代士大夫对"三代"政治的推崇，其实质乃是对"礼乐仁义"的政治实践的肯定和向往。

自王安石、欧阳修等人之后，程、朱理学兴起，虽然他们对于王安石的变法有着诸多非议，但在以礼治世这一点上却深为契合，并有着较

---

① （宋）王安石：《洪范传》，《王文公文集》卷二十五，上海人民出版社，1974，第289页。
② （宋）王安石：《谏官》，《王文公文集》卷三十二，上海人民出版社，1974，第378页。
③ （宋）欧阳修：《本论上》，《欧阳修全集》，中国书店，1986，第122页。
④ （宋）欧阳修：《问进士策三首》，《欧阳修全集》，中国书店，1986，第327页。
⑤ 余英时：《朱熹的历史世界——宋代士大夫政治文化的研究》（上），生活·读书·新知三联书店，2004，第193页。

为明显的承续痕迹。朱熹无论是坐而论道还是在亲力亲为的政治实践中，他关于礼乐在政治中的具体运用、功能及意义都有着深切的体悟，并在总结和扬弃包括王安石在内的各代思想家的理论之基础上形成了自己的礼乐政治哲学体系。

二　礼乐政治的思想实践

经世济民、注重事功，自古以来就是儒学及儒学家天然的气质与情怀，朱熹自然也不例外。他自幼即对于国家政治有着深切的关怀和忧虑，然而一生仕途坎坷，在十九岁中进士及第之后的五十余年中，"仕于外者仅九考，立朝才四十日。"① 他的许多关于国家政治、经济、文化、教育制度等各方面的理想设计均无法在政治实践中得到完全展现，因而只得在日常讲论及师友的书信往来，尤其是在编修与诠释礼乐经籍的过程中"借着古代文献的躯壳而建立起了他的'理想王国'"。② 朱熹反复强调："然士之必于通经，正为讲明圣贤之训，以为终身践履之资耳"，③ 并指出："古昔圣贤所以教人为学之意，莫非使之讲明义理，以修其身，然后推以及人。"④ 不过，他主张以经学治世，认为士大夫精通经学义理的目的不仅在于修身，更应在于"变化风俗""安人、安百姓"的切身政治实践。如他指出：

> 学者亦有当务。如孟子论今乐古乐，则与民同乐，乃乐之本，学者所当知也。若欲明其声音节奏，特乐之一事耳。又如修缉礼书亦是学者之一事。学者须要穷其源本，放得大水下来，则如海潮之至，大船小船莫不浮泛。若上面无水来，则大船小船都动不得。如讲学既能得其大者，则小小文义自是该通。若只于浅处用功，则必

① （元）脱脱：《宋史》，中华书局，1977，第1267页。

② 王贻梁：《〈仪礼经传通解〉与朱熹的礼学思想体系》，朱杰人主编《迈入21世纪的朱子学——纪念朱熹诞辰870周年逝世800周年论文集》，华东师范大学出版社，2001，第293页。

③ （宋）朱熹：《跋胡澹庵所作李承之论语说序》，《晦庵先生朱文公文集》卷八十二，《朱子全书》第24册，上海古籍出版社、安徽教育出版社，2002，第3872页。

④ （宋）朱熹：《白鹿洞书院揭示》，《晦庵先生朱文公文集》卷七十四，《朱子全书》第24册，上海古籍出版社、安徽教育出版社，2002，第3587页。

不免沉滞之患矣。①

"与民同乐"乃君主王道政治的一种表现，是乐之"大者"，为学者所必须深入了解的根本。故而乐之"明其声音节奏"、礼之"修缉礼书"都只是学者之"一事"，乃经义的细微浅表之处，惟其体国经野、治世安民之道才是"源本"。仅以此一斑，我们即可窥见朱熹在讲论与修订传统礼乐等实践活动中所蕴含的浓厚经世精神。

也正因为此，朱熹才十分重视礼乐的实践性。他说："然古礼非必有经，盖先王之世，上自朝廷，下达闾巷，其仪品有章，动作有节。所谓礼之实者，皆践而履之矣。"② 他一再强调礼乐的可操作性，尤其是在国家政策的颁行方面更是如此。朱熹曾总结出当时的士大夫、庶民之家"礼有不合者五"，其第一条即是："盖今上下所共承用者，《政和五礼》也。其书虽尝班布，然与律令同藏于礼官。吏之从事于法理之间者，多一切俗吏，不足以知其说。长民者又不能以时布宣，使通于下，甚者至或并其书而亡之。此礼之所以不合者一也。"③ 朱熹认为《政和五礼》的施行之弊，重要的一点就是官吏没有能够及时准确地宣教于民，使得民众无从知晓和理解礼法，就更谈不到遵行了。随后朱熹结合当时的社会现实提出了自己的解决办法：

> 礼之施于朝廷者，州县士民无以与知也，而尽颁之则传者苦其多，习者患其博，而莫能穷也。故莫若取自州县官民所应用者，参以近制，别加纂录，号曰《绍兴纂次政和民臣礼略》，锓版模印而颁行之州县，各为三通，一通于守令厅事，一通于学，一通于名山寺观。皆椟藏之，守视司察，体如诏书，而民庶所用则又使州县自锓之板，正岁则摹而揭之市井村落，使通知之，则可以永久矣。此

---

①　（宋）黎靖德编《朱子语类》卷六十，《朱子全书》第 16 册，上海古籍出版社、安徽教育出版社，2002，第 1972～1973 页。

②　（宋）朱熹：《晦庵先生朱文公文集》卷七十四，《朱子全书》第 24 册，上海古籍出版社、安徽教育出版社，2002，第 3585 页。

③　（宋）朱熹：《民臣礼议》，《晦庵先生朱文公文集》卷六十九，《朱子全书》第 23 册，上海古籍出版社、安徽教育出版社，2002，第 3352 页。

一说也。①

他看到当时礼法制定出来之后却得不到有效传布和实施，便要求州县政府结合各地实际情况，参酌社会俗礼加以简化，并刻版印行，每年正月在市井村落张贴，力求使庶民尽人皆知。《周礼·天官》称"大宰"（"大"，通"太"）之职曰："正月之吉，始和布治于邦国都鄙，乃县治象之法于象魏，使万民观治象，挟日而敛之。"② 亦说"大司徒"之职："正月之吉，始和布教于邦国都鄙。乃县教象之法于象魏，使万民观教象，挟日而敛之。乃施教法于邦国都鄙，使之各以教其所治民。"③ 两者大意是说，从周历正月初一开始，一连十天由太宰和大司徒分别向诸侯国及王畿内的采邑宣布治典与教法，主要方式就是将之形成文字挂在象魏上以供民众观看。由此可见，朱熹提出上述观点显然是源于《周礼》的启示，然后他再结合当时社会制度与风俗人情的实际做出了变通。事实上，朱熹的许多具体施政方略都源于《周礼》，与王安石如出一辙。譬如朱熹的荒政思想就是如此。

《周礼》对于荒政列出了十二条纲领："以荒政十有二聚万民：一曰散利，二曰薄征，三曰缓刑，四曰弛力，五曰舍禁，六曰去几，七曰眚礼，八曰杀哀，九曰蕃乐，十曰多昏，十有一曰索鬼神，十有二曰除盗贼。"④ 郑玄释曰：

> 救饥之政，十有二品。散利，贷种食也。薄征，轻租税也。弛力，息繇役也。去几，关市不几也。眚礼，《掌客职》所谓凶荒杀礼者也。多昏，不备礼而娶，昏者多也。索鬼神，求废祀而修之，《云汉》之诗所谓"靡神不举，靡爱斯牲"者也。除盗贼，急其刑

---

① （宋）朱熹：《民臣礼议》，《晦庵先生朱文公文集》卷六十九，《朱子全书》第 23 册，上海古籍出版社、安徽教育出版社，2002，第 3353 页。
② 所谓"象魏"，是指古代天子、诸侯宫室之台门两旁高耸出来的建筑物，郑玄谓之"阙"，又称之"观"，是悬挂法令教谕的处所。
③ 《周礼·地官》。
④ 《周礼·地官》。

以除之，饥馑则盗贼多，不可不除也。①

简言之，则包括了国家放贷、蠲缓租税徭役、采取降低各种礼仪标准等节约方式，② 以及祈神禳灾、严禁盗贼等灾后补救措施。除此之外，《周礼》重要的荒政思想还有"移民通财"和"平粜"法。如《周礼·地官·大司徒》说："大荒、大札，则令邦国移民、通财、舍禁、弛力、薄征、缓刑。"对于"移民通财"，郑玄注曰："大荒，大凶年也。大札，大疫病也。移民，辟灾就贱。其有守不可移者，则输之谷。"贾公彦进一步疏释道："'移民、通财'者，此谓两事，移民谓分口往就贱。财是米谷也，其有留守不得去者，则贱处通谷米与之。""移民"即指将灾民移往谷多价贱之地；"通财"，贾疏曰："输谷谓之通财"，意谓将米谷输往无法迁移的灾民处。关于平粜，《周礼·地官·司稼》道"司稼"之职："……巡野观稼，以年之上下出敛法。掌均万民之食，而赒其急，而平其兴。"贾疏云："以是司稼既知民之禾稼多少，则使之均万民之食，减取多者，以周给其急困者。云'平其兴'者，兴谓征赋。"③ 实行平粜，最根本的就是保障粮食调度和颁授过程中的公平公正，既保证赈灾需要，又不伤害耕稼者的积极性。

《周礼》中这一系列的荒政措施及其观念体系对于朱熹的荒政思想的形成产生了重要作用。朱熹的荒政思想可大致总结为六点：（一）提出"蠲阁、赈恤本是一事"的主张；（二）主张减免苛捐杂税，备灾备荒；（三）主张皇帝"直降睿旨"，减少救灾运作环节；（四）主张从优推赏献助之人，以筹集救灾粮款；（五）主张恩威并行，维护灾区治安；（六）救荒之要，贵在及时。④ 其中大部分有着《周礼》荒政思想的影

---

① （汉）郑玄注，（唐）贾公彦疏《天官·大司徒》，《周礼注疏》卷十，李学勤主编《十三经注疏》（标点本），北京大学出版社，1999，第259页。

② 《礼记·檀弓上》中，子思说："吾何慎哉！吾闻之：有其礼，无其财，君子弗行也；有其礼，有其财，无其时，君子弗行也。吾何慎哉！"从中可见，行礼亦须财力的支撑。故而降低抑或减损礼仪标准也能够节约财力。

③ （汉）郑玄注，（唐）贾公彦疏《地官·司稼》，《周礼注疏》卷十六，李学勤主编《十三经注疏》（标点本），北京大学出版社，1999，第429页。

④ 详见贾玉英、赵文东《略论朱熹的荒政思想与实践》，《河南大学学报》（社会科学版）2001年第5期。

子，譬如"蠲阁、赈恤"，免苛捐杂税，恩威并行，维护灾区治安等措施就和《周礼》中的"散利""薄征""缓刑""弛力""舍禁""去几""眚礼""除盗贼"十分近似，只是他根据时代的不同做出了一定程度的更革损益，但其主旨和基本方略则是一致的，体现了他对《周礼》政治思想的认同与发展。而朱熹的政治思想及政治实践中最为后世所称道的，是他在福建崇安（今武夷山市）所推行的"朱子社仓法"。

"社仓"之名本在隋唐时期就已出现，但真正得到完善与推广却是朱熹的功劳。朱熹的社仓法是在王安石的青苗法基础上制定的，王安石的青苗法又源于《周礼》。① 王安石曾针对宋神宗"患陕西财用不足"之事指出："又论理财，以农事为急，农以去其疾苦，抑兼并，便趣农为急。"② 因此，他于熙宁二年九月开始推行"青苗法"，目的在于"非惟足以待凶荒之患，又民既受贷，则于田作之时不患厥食，因可选官劝诱，令兴水土之利，则四方田事自加修益"，③ 希望通过"青苗法"的颁布抑制兼并，尽可能减轻农民的疾苦。王安石推行"青苗法"的初衷是改善国家财政和民众生计，有其积极的一面，然其本质仍是为朝廷敛财，加之在具体的实践过程中常常所用非人，最终则走向了反面。随着熙宁变法的失败，"青苗法"亦被废除。

到了宋孝宗乾道三年秋，建宁府崇安县遇到特大水灾，以致第二年春夏交替时节民众无以为食。此时朱熹正赋闲于崇安县开耀乡五夫里，为了赈灾，知县诸葛廷瑞委托朱熹和当地士绅刘如愚向富家大户劝募余粮，然后以平价卖给灾民度饥荒。同时朱熹亦上书建宁知府徐嚞，请求发放常平仓（官仓）的存粮以救济灾民，恢复生产，最终得到建宁府借粟600斛。经过此番努力，灾民"遂无饥乱以死"，获劫后余生。同年冬天，灾民积极还贷，开耀乡如数归还所借之粟。后自乾道五年起，每借贷一次，收息二分。乾道七年，朱熹遂在取得建宁府的允许并"且命以钱六万助其役"的支持之后，正式建起了"五夫社仓"。经过摸索和总结实践经验，朱熹又详细拟订了《社仓事目》，并于淳熙八年（1181）

---

① 周桂钿主编《中国传统政治哲学》，河北人民出版社，2001，第83页。
② （宋）李焘：《资治通鉴长编》卷二百二十，中华书局，1995，第5351页。
③ （清）徐松辑《食货四之十六》，《宋会要辑稿》第5册，中华书局，1957，第4854页。

呈请孝宗皇帝批准,"行下诸路州军",① 开始在全国推广。

有学者曾将朱熹社仓法的基本内容总结为四个方面:一、社仓设于乡里,官督民办;二、贷放收息,自行积累资金;三、社仓米灾年用于赈济,平年用以扶贫;四、依靠乡官、士人管理。② 王安石的"青苗法"主要是在青黄不接时向农民散发青苗钱粮,发放低息贷款,以防止大家富豪乘机进行高利贷盘剥。作为一种平日备灾备荒的农业财政措施,青苗法的本意无疑是积极的,但由于它是一种自上而下的强力政策,并受到了世家大族的抵制,在具体的操作过程中也多与地方民情不合,所以最终事与愿违。相比之下,朱熹的社仓法由于主要是民办,受到了民众的普遍欢迎;而且每一社仓覆盖范围较小,参与管理者又多为地方开明官绅,受地方豪族势力阻挠的可能性不大,因此颇便于管理,推行起来较为顺畅。事实上,这种依靠仓储备荒的政策设计早在《周礼》中就已出现。如其对"遗人"之职的规定:"遗人掌邦之委积,以待施惠。乡里之委积,以恤民之艰厄;门关之委积,以养老孤;郊里之委积,以待宾客;野鄙之委积,以待羁旅;县都之委积,以待凶荒。"③ 所谓"委积",据江永、孙诒让的观点,主要指谷物,亦兼指薪柴、草料。杨天宇亦道:"谷物、柴草等足国用而有余,所余部分储存起来,以备施惠和接待宾客,即此所谓委积。"④ 简而言之,"委积"即指剩余的粮草。"乡里""门关""郊里""野鄙""县都"均有"委积",说明商周时期的这一制度已很普遍。王安石的熙宁变法主要以《周礼》等为理论依据,其青苗法的创立与《周礼》中的上述思想有着明显的渊源关系。朱熹所建之社仓则大致相当于其中的"乡里之委积",只不过是"民办官督",其最终的指导思想自然也是源于《周礼》。

三 礼乐政治的哲学升华

朱熹在具体的政治实践里,对《周礼》的扬弃与变通构成了其主要

---

① (宋)朱熹:《敕命》,《晦庵先生朱文公文集》卷九十九,《朱子全书》第 25 册,上海古籍出版社、安徽教育出版社,2002,第 4601 页。

② 张品端:《朱熹社仓法的基本内容及其社会保障作用》,《中国社会科学院研究生院学报》2009 年第 3 期。

③ 《周礼·地官》。

④ 杨天宇:《周礼译注》,上海古籍出版社,2004,第 195 页。

的施政方略。与此同时，朱熹在与师友和弟子的书信往来以及讲论之中，关于礼乐与刑政的关系、礼乐在培养理想政治人格中的作用等礼乐的政治功能与意义都有着详尽的分梳，从而形成了较为系统的礼乐政治哲学思想。其中主要有以下几个方面的内容。

（一）合理政治秩序的建构

朱熹的礼乐政治哲学思想中，对于合理政治秩序的设计是其重要内容。当然，对朱熹而言，或许最理想的政治状态当如他在《仪礼经传通解》中解释《仪礼·士冠礼第一》之"继世以立诸侯，象贤也。以官爵人，德之杀也"一句时所言："上古之时，民各推其贤者奉以为君"，君为贤者，且由民众所推举，这便有了明显的朴素民主色彩。然而，"没则复奉其子以继之。其后遂以为诸侯。然其子之立也，但象似其贤而已，非故择贤而立之也"。第一代君主为民主推选之贤者，其后则实行了宗法世袭制，人们能做的只是理想化地期待其"子孙能法先祖之贤"（朱熹所引郑玄之注）罢了。越往后，"至于中古，乃在上者择人任官而为之爵等，此则德之衰杀，不及上古之时矣"。[1] 正是因为"德之衰杀"，也就在德、礼之外有了政、刑的需要。而如何安排政刑与德礼（有时朱熹又将其四分为政、刑、德、礼来加以讨论）的关系，则成了儒家历来所关注的重要问题。朱熹在总结以往儒家相关思想的基础上，亦有着自己独到的见解。

程允夫在与朱熹的书信中说：

> 政者，法度也。法度非刑不立，故欲以政道民者，必以刑齐民。德者，义理也。义理非礼不行，故欲以德道民者，必以礼齐民。二者之决，而王、伯分矣。人君于此，不可不审，此一正君而国定之

---

[1] （宋）朱熹：《冠义第二》，《仪礼经传通解》卷一，《朱子全书》第2册，上海古籍出版社、安徽教育出版社，2002，第77页。另，关于"贤者"，朱熹在此节后文中引《国语·晋语六》曰："夫贤者宠至而益戒，不足者为宠骄。"并引唐韦昭注"不足者"为"智不足者"。我们从这两句的前后关系来看，"贤者"与"不足者"互为对文，也就是说，贤者为"智足者"。可见"贤"除了人们通常所理解的"德"的要素之外，也包含有"智"的因素，"贤者"即为德智双彰者。

机也。①

程允夫将以政道民、以刑齐民与以德道民、以礼齐民作了截然二分，认为二者的区别就正是王、霸政治的分水岭，这一观点恰是传统儒家政治哲学的主流思想。朱熹对此说表示赞同："此说亦善。"但同时也提醒道："然先王非无政刑也，但不专恃以为治耳。"② 在朱熹看来，上古圣王推行王道仁政，却也并非全无政刑，只是不以其为主要政治手段。所以，他又说："圣人为天下，何曾废刑政来。"③ 并专门提到，若完全去除刑政也是行不通的："集注后面余意，是说圣人谓不可专恃刑政，然有德礼而无刑政，又做不得。"④ 实际上这一观点可在《礼记》中找到原型："故礼以道其志，乐以和其声，政以一其行，刑以防其奸。礼乐刑政，其极一也；所以同民心而出治道也。"又道："礼节民心，乐和民声，政以行之，刑以防之，礼乐刑政，四达而不悖，则王道备矣。"⑤ 作者认为，礼、乐、刑、政四者的终极目标一致，即都是为了和同民心以求取治世，只是功能各有不同，乃异曲同工之道。若四者并行不相淆乱，自然就可达致王道。此处强调礼、乐、刑、政乃王道政治不可或缺的四种方式，也可说是确认了刑、政的重要价值。不过，虽然《礼记》并没有明确指出礼、乐重于刑、政，但从《礼记》对四者先后顺序的安排上，我们自然可以看出礼乐所代表的"德礼"观念的主导地位。

　　荀子则对礼、乐、刑、政的关系作了明确界分。他把礼、乐统称为"礼"，刑、政统称为"法"（有时亦称为"刑"，古人在"刑""法"概念之间并无明确区分），他的礼、法关系实质就是《礼记》中礼乐与刑

① （宋）朱熹：《答程允夫》，《晦庵先生朱文公文集》卷四十一，《朱子全书》第22册，上海古籍出版社、安徽教育出版社，2002，第1865页。
② （宋）朱熹：《答程允夫》，《晦庵先生朱文公文集》卷四十一，《朱子全书》第22册，上海古籍出版社、安徽教育出版社，2002，第1866页。
③ （宋）黎靖德编《朱子语类》卷二十三，《朱子全书》第14册，上海古籍出版社、安徽教育出版社，2002，第804页。
④ （宋）黎靖德编《朱子语类》卷二十三，《朱子全书》第14册，上海古籍出版社、安徽教育出版社，2002，第807页。
⑤ 《礼记·乐记》。

政的关系。在荀子看来，"治之经，礼与刑"，① "隆礼至法则国有常"，②
礼、法是治道的必要手段，缺一不可。但君主对二者的不同偏向却决定
了王、霸政治的区别，《荀子》中至少有三处提到了"隆礼尊贤而王，
重法爱民而霸"的观点。③ 不仅如此，荀子还提出了礼为法之本、法生
于礼的看法："《礼》者，法之大分，类之纲纪也"，④ "礼义生而制法
度"。⑤ 尽管荀子在后世儒家，尤其是宋明理学家中受到了非议，但他的
"隆礼重法"，强调礼法兼有而礼重于法、礼为法之本的观点却在儒家政
治哲学思想中颇具指导性意义。

　　朱熹对孔子所言"道之以政，齐之以刑，民免而无耻；道之以德，
齐之以礼，有耻且格"⑥ 一句的讨论非常频繁，足见其重视程度之高，
由此也可看出朱熹德政意识的浓厚。在《论语集注》中，他指出："愚
谓政者为治之具，刑者辅治之法，德、礼则所以出治之本，而德又礼之
本也。此其相为终始，虽不可以偏废，然政、刑能使民远罪而已，德、
礼之效，则有以使民日迁善而不自知。故治民者不可徒恃其末，又当深
探其本也。"⑦ 朱熹首先确定了德礼为刑政之本，而德又是四者最为根本
的要素。同时，四者也不得"偏废"，必须共用，只是应当时刻保持警
醒，"深探其本"，坚持以德礼为上。前述荀子所论之"礼"包含有德的
含义，"法"亦有政刑之意，朱熹所持的观点实质与荀子的上述看法基
本一致。牟宗三先生就曾说："他（朱熹）的头脑是荀子的头脑，思路
也有点类乎柏拉图的形态"，又说："其实朱夫子应当喜欢荀子，因为他
们都讲本质伦理，就儒家而言，这显然不是正宗。"⑧ 所谓"本质伦理"
一说，初始于德国哲学家海德格尔，他强调以人与社会生活的本质来决
定道德法则，决定"善"的本义，这便体现出了对于事物的现实存在性

---

① 《荀子·成相》。
② 《荀子·君道》。
③ 《荀子·强国》《荀子·天论》《荀子·大略》。
④ 《荀子·劝学》。
⑤ 《荀子·性恶》。
⑥ 《论语·为政》。
⑦ （宋）朱熹：《论语集注》，《四书章句集注》，《朱子全书》第 6 册，上海古籍出版社、
　　安徽教育出版社，2002，第 75 页。
⑧ 牟宗三：《中国哲学十九讲》，上海古籍出版社，2005，第 315～316 页。

的关注，有着较充分的实践品格。事实上，这也正是荀子和朱熹共有的学术品质，二者在政、刑、德、礼的关系等方面的认识的相通性就明确地证实了这一点。

在《朱子语类》中，编者将朱熹对"道之以政，齐之以刑""道之以德，齐之以礼"的概念及相互关系的讨论辑为一处，使我们对于朱熹的相关思想的认识得以更加清晰明了。如：

> 问"道之以政"。曰："圣人之意，只为当时专用政刑治民，不用德礼，所以有此言。谓政刑但使之远罪而已；若是格其非心，非德礼不可。圣人为天下，何曾废刑政来。"
>
> "'道之以德'，是躬行其实，以为民先。如必自尽其孝，而后可以教民孝；自尽其弟，而后可以教民弟，如此类。'宜其家人，而后可以教国人；宜兄宜弟，而后可以教国人。'"
>
> 或问"齐之以礼"。曰："'道之以德'，是以感人之善心；若不着礼以为之规矩，如何齐得它。须以礼齐之，使贤者知所止，不肖者有所跂及。"问"格"字。曰："是合格、及格之'格'，使人之合法度而已。"①

在朱熹看来，圣人之意也并非要求废除刑政，只是强调专用政刑治国则不可，因为要从本源，即革除民众为非之心入手才行，而要做到这点就必需德礼。这便是标本兼治。具体而言，所谓"道之以德"，即要求君主以身示范，先修身齐家而后才可以治国平天下。据《论语》记载，"季康子问政于孔子曰：'如杀无道，以就有道，何如？'孔子对曰：'子为政，焉用杀？子欲善，而民善矣！君子之德，风；小人之德，草；草上之风，必偃。'"② 传统儒家认为统治者的道德榜样具有无穷的示范与引导作用，这也是儒家德治理论的基础。故而朱熹分外强调统治者的道德修养，他在数次上书以及经筵试讲当中都不厌其烦地给宋孝宗进讲修身之要，便是源于此。不过，对于治国理政来说，君主以身垂范固然是

---

① （宋）黎靖德编《朱子语类》卷二十三，《朱子全书》第 14 册，上海古籍出版社、安徽教育出版社，2002，第 804～805 页。

② 《论语·颜渊》。

主要方面，但没有一个约定俗成的道德标准和规范也是不行的。这个规范就是礼。礼的作用在于立下了一个准确的规矩令贤德者做参考，令不肖者可以明确知晓自身的不足并因此产生羞耻之心，进而努力向善，力争合乎礼法规范。

随后朱熹又在与弟子的讨论中对上述四个概念的关系作了论述：

> 问"道之以德，齐之以礼"。曰："这'德'字只是适来说底'德'，以身率人。人之气质有浅深厚薄之不同，故感者不能齐一，必有礼以齐之。如《周官》一书，何者非礼。以至岁时属民读法之属，无不备具者，正所以齐民也。齐之不从，则刑不可废。若只'道之以德'而无礼以约之，则笼统无收杀去。格者，至于善也。如'格于文祖'，'格于上下'，与夫'格物'，格者，皆至也。"……
>
> 问"道之以德，齐之以礼"。曰："资质好底便化，不好底须立个制度，教人在里面，件件是礼。后世专用'以刑'。然不用刑，亦无此理。但圣人先以德礼，到合用处，亦不容已。'有耻且格'，只将'格'字做'至'字看，至是真个有到处。如'王假有庙，''格于上帝'之'格'。如迁善远罪，真个是远罪，有勉强做底便是不至。"①

朱熹着重解说了"道之以德"与"齐之以礼"的关系，他认为"齐之以礼"是对"道之以德"的必要补充。具体又有着两层含义：一方面，因为德是一个泛化的伦理概念，各人因为气质禀赋的不同而对于德的实践有着高下之分，如此就显得"笼统无收杀"，容易造成标准上的混乱，这就需要礼来给予统一的规范；另一方面，统治者施行德政"道之以德"之后，若部分资质不好的民众未能及时感化转变，也需要"立个制度"予以教化，最初便是以明确的制度化的礼来施行。此时的礼已有了部分法的意味，但仍是以德为主，具有充分的伦理属性。如果还是没能达到预期的教化效果，这才开始运用政刑，通过强权和暴力使部分刁民

---

① （宋）黎靖德编《朱子语类》卷二十三，《朱子全书》第 14 册，上海古籍出版社、安徽教育出版社，2002，第 805 页。

不敢为非作乱，免除其犯罪之虞。最后，朱熹总结德礼与政刑的区别和联系说：

> 先之以法制禁令，是合下有猜疑关防之意，故民不从。又却"齐之以刑"，民不见德而畏威，但图目前苟免于刑，而为恶之心未尝不在。先之以明德，则有固有之心者必观感而化。然禀有厚薄，感有浅深，又"齐之以礼"，使之有规矩准绳之可守，则民耻于不善，而有以至于善。①

> "道之以德"者，是自身上做出去，使之知所向慕。"齐之以礼"者，是使之知其冠婚丧祭之仪，尊卑小大之别，教化知所趋。既知德礼之善，则有耻而格于善。若道齐之以刑政，则不能化其心，而但使之少革。到得政刑少弛，依旧又不知耻矣。问："刑政莫只是伯者之事？"曰："专用政刑，则是伯者之为矣。"②

以德礼为先，以政刑为后，便由此构成了朱熹关于政治秩序建构的理论基础和价值导向。

有弟子问："'道之以德'，犹可致力。'齐之以礼'，州县如何做得？"当时朝廷中已有了《政和五礼》，但一则其礼仪较为烦琐，不易于在民间传布和施行；二则统治者对于在民间传布礼乐教化也并不热衷。朱熹对此曾在《臣民礼议》一文中专门提出过批评。此时他依据《周礼》中有关礼乐刑政教化的理想设计，对如何在州县开展礼乐教化提出了自己的设想：

> 曰："便是如今都荡然无此家具了，便也难得相应。古人比、同之法，比有长，同有师，便真个能行礼以帅之。民都是教了底人，故教人可以流通。如一大圳水，分数小圳去，无不流通。后世有圣

---

① （宋）黎靖德编《朱子语类》卷二十三，《朱子全书》第14册，上海古籍出版社、安徽教育出版社，2002，第806页。

② （宋）黎靖德编《朱子语类》卷二十三，《朱子全书》第14册，上海古籍出版社、安徽教育出版社，2002，第807页。

贤作，必不肯只恁休。须法古，从底做起，始得。"①

朱熹所说"古人比、闾之法，比有长，闾有师"的职官建置出现在《周礼·地官》章，其曰"五家为比"，"五比为闾"，比的长官称"长"，闾的长官称"胥"（即朱熹所谓的"师"）："闾胥，每闾中士一人。比长，五家下士一人。"比、闾为初级行政单位，官长均为"教官"，属"地官"系列。《周礼·地官》说："乃立地官司徒，使帅其属而掌邦教，以佐王安扰邦国。"由此可见，比、闾长官的主要职能便是在辖区民众中依据本系统的最高行政长官——司徒——的指令来推行教化。具体内容则有"六德""六行""六艺"以及"八刑"：

> 以乡三物教万民而宾兴之：一曰六德，知、仁、圣、义、忠、和；二曰六行，孝、友、睦、姻、任、恤；三曰六艺，礼、乐、射、御、书、数。
> 以乡八刑纠万民：一曰不孝之刑，二曰不睦之刑，三曰不姻之刑，四曰不弟之刑，五曰不任之刑，六曰不恤之刑，七曰造言之刑，八曰乱民之刑。②

在《周礼》中，上有司徒，下有比长、闾胥等地方长官构成的礼乐刑政的金字塔状教化网络。朱熹十分称羡这种社会教化体系，所以一再强调后世须有个"大大底人出来"将传统礼乐重新加以整顿，并通过学习与借鉴上古三代之礼乐刑政的传播方式向全社会加以推广，以实现理想中的圣王之治。当然，朱熹此处并非要求全部照搬《周礼》制度。他指出："《周礼》忒煞繁细，亦自难行。今所编《礼书》，只欲使人知之而已。观孔子欲从先进与宁俭宁戚之意，往往得时位，必不尽循《周礼》。必须参酌古人，别制为礼以行之。所以告颜子者亦可见。世固有人硬欲

---

① （宋）黎靖德编《朱子语类》卷二十三，《朱子全书》第 14 册，上海古籍出版社、安徽教育出版社，2002，第 805～806 页。

② 另注："乡三物""乡八刑"之"乡"，是指《周礼》中的一种行政单位，由司徒掌管六乡。

行古礼者，然后世情文不相称。"① 依循后世"情文"，以"与时偕行"的辩证的态度制礼行礼，是朱熹一贯的诠释与实践礼经学的原则。这与他要求学习《周礼》中的礼乐传播制度并不矛盾，同时，朱熹以《周礼》为指导原则建构礼乐教化体系的思想也正是其礼乐政治实践智慧的构成部分。

（二）君、臣关系与"礼让为国"

朱熹在政治实践中主要参酌《周礼》的施政方略行事，而在有关政治秩序设计的理论体系里，又坚持以德礼为先、政刑为后的德政原则。与此同时，他对于君臣关系的合理建构也有着许多自己的看法，主要便体现在他关于"忠"这一礼乐政治伦理观念的辨析之中。

在《论语·八佾》，鲁定公问孔子君臣关系该如何界定："君使臣，臣事君，如之何？"孔子答曰："君使臣以礼，臣事君以忠。"朱熹在《论语集注》里道："二者皆理之当然，各欲自尽而已。"并引二程弟子吕大临之言："使臣不患其不忠，患礼之不至；事君不患其无礼，患忠之不足"，以及尹焞的解说："君臣，以义合者也。故君使臣以礼，则臣事君以忠"，② 为其涵义作了进一步的阐述。从中可见，君礼臣忠，是理学家们从他们的"至圣先师"孔子处得来的关于君臣伦理关系的固有认识。而尹焞所言则体现出了两者之间所存在的因果联系。不过，他们虽然对于"臣事君以忠"持绝对肯定态度，但有人却也对"君使臣以礼"与"臣事君以忠"之间是否有必然联系产生了怀疑。如朱熹门人金去伪道："或说'君使臣以礼，臣事君以忠。'讲者有以先儒谓'君使臣以礼，则臣事君以忠'为非者，其言曰：'君使臣不以礼，则臣可以事君而不忠乎！君使臣不以礼，臣则有去而已矣。事之不以忠，非人臣之所宜为也。'"③ 孔子说"君使臣以礼，臣事君以忠"，这本是一个正命题，但倘若君使臣不以礼，臣又该如何？难道可以"不忠"吗？金去伪此处

---

① （宋）黎靖德编《朱子语类》卷二十三，《朱子全书》第 14 册，上海古籍出版社、安徽教育出版社，2002，第 821 页。

② （宋）朱熹：《论语集注》卷二，《四书章句集注》，《朱子全书》第 6 册，上海古籍出版社、安徽教育出版社，2002，第 89 页。

③ （宋）黎靖德编《朱子语类》卷二十五，《朱子全书》第 14 册，上海古籍出版社、安徽教育出版社，2002，第 904 页。

所说的"讲者"认为：即使君主未能以礼待臣，臣最多是弃官而去，却不能"不忠"。这便只是要求臣对君绝对忠诚，而否定了君主也有礼待臣属的必然义务。对此，朱熹道：

> 此说甚好，然只说得一边。尹氏谓"君使臣以礼，则臣事君以忠"，亦有警君之意，亦不专主人臣而言也。如孟子言"君之视臣如犬马，则臣视君如寇仇。"此岂孟子教人臣如此哉？正以警其君之不以礼遇臣下尔。为君当知为君之道，不可不使臣以礼；为臣当尽为臣之道，不可不事君以忠。君臣上下两尽其道，天下其有不治者哉！乃知圣人之言，本末两尽。①

事实上，在孔子和孟子看来，君臣双方都应当有维护二者和谐关系的责任和义务，尤其是孟子，对此问题的态度更是决绝。他曾非常明确地告诉齐宣王："君之视臣如手足，则臣视君如腹心；君之视臣如犬马，则臣视君如国人；君之视臣如土芥，则臣视君如寇仇。"② 朱熹在《孟子集注》中指出，齐宣王对臣下"恩礼衰薄"，"藐然无敬"，所以孟子对他有此言以示警告。朱熹同时也强调，就那些对待臣下态度非常恶劣的君主而言，"寇仇之报，不亦宜乎？"③ 但在此处，朱熹则强调孟子的上述说法只是一种要求君主礼遇臣下的警示之语，并非表示臣下可以真正对君"不忠"。显然他此时是忽略了孟子的另一番话所显示出的激进的"叛逆"精神："贼仁者，谓之贼；贼义者，谓之残。残贼之人，谓之一夫。闻诛一夫纣矣，未闻弑君也。"④ 朱熹对"君使臣不以礼"的情况下

---

① （宋）黎靖德编《朱子语类》卷二十五，《朱子全书》第 14 册，上海古籍出版社、安徽教育出版社，2002，第 904 页。

② 《孟子·离娄下》。《郭店楚简》的"六位"（原题"六德"）篇中有"为父绝君，不为君绝父"一句，李零经过分析比较之后认为："从简文内容看，作者明显强调的是，'亲亲'重于'尊尊'"，并指出："早期儒家认为，父子是亲情，君臣是义务，前者不可选择，而后者可以选择。国君不好，可去可拒，而父亲不可以。这是两者的基本区别。"（李零：《郭店楚简校读记》，中国人民大学出版社，2007，第 179～180 页）有鉴于此，作为早期儒家代表人物之一的孟子的君臣关系论也就很好理解了。

③ （宋）朱熹：《孟子集注》卷八，《四书章句集注》，《朱子全书》第 6 册，上海古籍出版社、安徽教育出版社，2002，第 354 页。

④ 《孟子·梁惠王下》。

臣子该如何表现，以及拥有什么样的权利等问题避而不谈，表现出了对"臣民应绝对忠君"的观点在一定程度上的曲意回护。封建君主集权制度经过一千多年的发展，在朱熹的时代已是十分严整。若从现代民主政治的观点看，相对于孟子的君臣关系论，朱熹的上述思想无疑是一种可悲的历史的倒退，但却是历史发展的必然。

当然，朱熹在此主要强调的仍然是君主应当礼遇臣下的问题，这是推行礼治、德政最为重要的一个方面，为朱熹礼乐政治伦理思想的基本要素。他在相关的讨论中亦曾反复辨析这一点：

> 问："尹氏谓'君使臣以礼，则臣事君以忠'，此恐只是说泛然之臣。若任重之臣，恐不当如此说。"曰："就人君而言，则如此说。但道理亦是如此。自是人主不善遇之，则下面人不尽心。如孟子所谓'君之视臣如手足，则臣视君如腹心'，道理是如此。"义刚因问："《孟子》此章，前辈皆谓有圭角，如何？"安卿言："孟子恐只是为战国人君而设。"曰："也是理当如此。自人臣言，固是不可不忠，但人君亦岂可不使臣以礼！若只以为臣下当忠，而不及人主，则无道之君闻之，将谓人臣自是当忠我，虽无礼亦得。如此，则在上者得肆其无礼。后人好避形迹，多不肯分明说。却不知使上不尽礼，而致君臣不以善终，却是贼其君者也。若使君能尽礼，则君臣划地长久。"[①]

在朱熹看来，若只说臣事君有忠的义务，而不强调君待臣必以礼，则很可能使无道昏君胡作非为，最终葬送帝王基业。因此，劝谏皇上知礼行礼也是臣下的义务和责任，否则便是贼害其君主，亦是不忠君的表现。

朱熹对"君使臣以礼，臣事君以忠"的大力宣扬，其实质乃是希望在君臣之间营造一份充满温情的和谐氛围。如他说：

> 看来古人上下之际虽是严，而情意甚相通。如"禹拜昌言"、

---

① （宋）黎靖德编《朱子语类》卷二十五，《朱子全书》第14册，上海古籍出版社、安徽教育出版社，2002，第905页。

"王拜手稽首"之类。到汉以来，皇帝见丞相，在坐为起，在舆为下。赞者曰："皇帝为丞相起！"尚有这意思。到六朝以来，君臣逐日相与说话。如宋文帝，明日欲杀某人，晚间更与他说话，不能得他去。其间有入朝去，从人即分散去，到晚也方出。到唐，尚有坐说话底意思。而今宰相终年立地，不曾得一日坐，人主或终日不曾得见面。寿皇求治之初，中间学士固是直宿，又分讲官，亦直宿，又令从官亦得入赐坐，从容讲论。而今未论朝廷，如古人州郡之间，亦自如此。①

朱熹对有史以来的君臣关系作了一番梳理。在他看来，君待臣以礼古已有之，不过却随着时代的发展而渐渐疏略，以致宋室南渡之后，君臣之间的这份温情已难以见到。朱熹对此甚为伤感，如《朱子语类》卷八十九所记：

> 本朝于大臣之丧，待之甚哀，贺孙举哲宗哀临温公事。曰："温公固是如此，至于尝为执政，已告老而死，祖宗亦必为之亲临、罢乐。看古礼，君于大夫，小敛往焉，大敛往焉；于士，既殡往焉；何其诚爱之至！今乃弃然。这也只是自渡江后，君臣之势方一向悬绝，无相亲之意，故如此。古之君臣所以事事做得成，缘是亲爱一体。因说虏人初起时，其酋长与部落都无分别，同坐同饮，相为戏舞，所以做得事。如后来兀术犯中国，虏掠得中国士类，因有教之以分等陛立制度者，于是上下位势渐隔，做事渐难。"②

这一番对于礼制的反思出于恪守礼法、端肃谨严的朱熹之口，的确颇耐人寻味。他强调君臣应当"亲爱一体"，尤其是对金朝廷在礼制确立之后"上下位势渐隔，做事渐难"的观察与分析可谓一针见血，无疑是一支传统政治的清醒剂，实为难得。不过，早在《礼记》和《荀子》中都

---

① （宋）黎靖德编《朱子语类》卷九十一，《朱子全书》第 17 册，上海古籍出版社、安徽教育出版社，2002，第 3071～3072 页。

② （宋）黎靖德编《朱子语类》卷八十九，《朱子全书》第 17 册，上海古籍出版社、安徽教育出版社，2002，第 3012～3013 页。

已明确提出了"礼别异，乐和同"，认为礼乐的融会统一直接关乎人心人情的思想，而南宋君臣之间只见礼的等级森严，却无乐的和悦夹洽，自然令朱熹感觉不妥。另外，朱熹自幼即满怀报国之志，却始终不蒙知遇，报国无门，对当朝皇上有此哀怨之情恐亦是情理之中。

朱熹感慨"后世君太尊，臣太卑"，① 强调君臣之间应当"诚爱""相亲"，"亲爱一体"，其原则便是"君使臣以礼，臣事君以忠"。究其实质，则是一种"礼让为国"的礼治观念。

《论语·里仁》载孔子论"礼让为国"的一番话道："能以礼让为国乎？何有！不能以礼让为国，如礼何！"何谓"让"？朱熹注曰："逊（让）者，礼之实也"，② 以"让"为礼之本质内涵；并在《孟子集注》中解释其基本含义道："让，推以与人也"，③ 将其具体化到了日常生活事务上来。在《礼记》里，"让"亦是一个十分重要的伦理概念，并以"让道""敬让之道"专门名之，将其提升到了"道"的高度。主要体现在两个方面：一、"让"是君子日常人际交往的基本法则，乃礼义的体现。如："敬让也者，君子之所以相接也"，④ "是以君子恭敬撙节退让以明礼"，⑤ 等等，是对于统治阶层的个人修养提出的要求；二、"让"是治国之道，为儒家礼治思想的核心要素。《礼记·乐记》中说："揖让而治天下者，礼乐之谓也"，具体而言，则如"诸侯相厉以轻财重礼，则民作让矣"。⑥《礼记》认为，人君轻财重礼，以礼让为行事做人的准则，并推扩到治理天下的政治实践中去，即可称为礼治。所以，对于君主来说，"一家仁，一国兴仁；一家让，一国兴让。"⑦ 以礼让修身、齐家，便可治国平天下。

朱熹在与弟子的日常讲论中曾有众多关于"礼让为国"的讨论，如

---

① （宋）黎靖德编《朱子语类》卷九十一，《朱子全书》第 17 册，上海古籍出版社、安徽教育出版社，2002，第 3704 页。

② （宋）朱熹：《论语集注》卷二，《四书章句集注》，《朱子全书》第 6 册，上海古籍出版社、安徽教育出版社，2002，第 95 页。

③ （宋）朱熹：《孟子集注》卷三，《四书章句集注》，《朱子全书》第 6 册，上海古籍出版社、安徽教育出版社，2002，第 289 页。

④ 《礼记·聘义》。

⑤ 《礼记·曲礼》。

⑥ 《礼记·聘义》。

⑦ 《礼记·大学》。

陈淳所记的一段话曰：

> 因讲"礼让为国"，曰："'一家仁，一国兴仁；一家让，一国
> 兴让。'自家礼让有以感之，故民亦如此兴起。自家好争利，却责民
> 间礼让，如何得他应。……如今官司不会制民之产，民自去买田，
> 又取他牙税钱。古者群饮者杀。今置官诱民饮酒，惟恐其不来，如
> 何得民兴于善。"①

他继承先秦儒家的礼治与德政思想，对当今朝政种种不合传统"礼让为
国"观念的现象提出了批评，既体现出了一个极具社会担当精神、满怀
政治抱负的士大夫对于国事的慨叹与忧虑，也有几分英雄无用武之地的
落寞情怀。

朱熹强调以"礼让为国"，其中也有一定的民本思想。如他前述对
朝廷取民"牙税钱""诱民饮酒"等聚敛之举表示不满，就体现出了他
对民生的关注，而他经办社仓，做漳州守令等地方官时雷厉风行地推行
下去的许多利民举措（这一时期尤具典型意义的则是其"正经界"的改
革尝试），等等，更说明朱熹有着强烈的爱民恤民的民本观念。孟子指出
"民为贵，社稷次之，君为轻"，② 其民贵君轻的思想不啻是对儒家礼学
观念中"尊尊贵长"的等级观念于较大程度上的颠覆，因而曾在后世儒
家中引发过异议。朱熹则解释说："盖国以民为本，社稷亦为民而立，而
君之尊，又系于二者之存亡，故其轻重如此。"③ 朱熹对之表示了肯定，
并明确提出了"以民为本"的观念。当然，"以民为本"只是维护"君
之尊"的手段，不过，亦可见其在朱熹的政治哲学与政治伦理思想中已
是根深蒂固。又如《孟子·梁惠王下》中，孟子告诫梁惠王"与民同
乐"，"推好乐之心以行仁政，使民各得其所也"。朱熹对此也明确指出：

---

① （宋）黎靖德编《朱子语类》卷十六，《朱子全书》第 14 册，上海古籍出版社、安徽
　教育出版社，2002，第 552~553 页。
② 《孟子·尽心下》。
③ （宋）朱熹：《孟子集注》十四，《四书章句集注》《朱子全书》第 6 册，上海古籍出版
　社、安徽教育出版社，2002，第 447 页。

"如孟子论今乐古乐，则与民同乐乃乐之本，学者所当知也。"① "与民同乐"是"以民为本"的具体表现，朱熹的民本思想无疑是深受孟子的影响。

"以程、朱之学为标识的"理学思潮"在思维方式上吸纳了佛、老之学的某些内容，在认知方式上将汉、唐以来的儒学推向了政治哲学化，标志着中国传统政治思想的哲学化转型的完成"。② 朱熹以其对《周礼》《礼记》以及《论语》《孟子》《荀子》等经典中的礼治思想的理解为指导的政治实践与政治理论的建构，则是这一"中国传统政治思想的哲学化转型"过程中的典型代表，并由此而建立起了一套礼乐政治哲学体系。

小　结

儒家传统礼乐之所以能够绵延数千年而不绝，就正是因为其丰富的实践性及其对现实社会生活所产生的重要价值和作用。这也是朱熹之所以如此看重礼乐，孜孜不倦地践行礼乐的根本原因。论礼治礼，变礼行礼，可谓终朱熹一生的思想与学术的重头戏。具体而言，诠释与修订传统礼乐，在日常生活与政治生活中努力实践和推广传统礼乐的仪则与制度规范，传承并宣扬礼乐的哲学蕴涵与伦理精神，是其礼乐实践活动的基本内容。其中，他通过在对传统礼乐的传承与修订活动中所总结出来的方法论原则，在日常礼仪生活和政治实践对传统礼乐的遵循、推动和运用中所提炼出来的生活伦理与政治哲学，等等，就构成了他的基于传统生存智慧与人文理性的礼乐实践观的主要内涵，并体现出了儒家礼乐哲学特有的"中和"精神。朱熹以天理为形上依据，以礼乐为实践载体，以情理和谐为根本准则，将治学、修身、齐家、治国、平天下有机地统一为一体，集中展现了他一生思想与学术的精髓。与此同时，朱熹也通过切身的礼乐实践，生动地诠释了一个传统士大夫知识分子"为天地立心，为生民立命，为往圣继绝学，为万世开太平"的文化自觉与经

---

① （宋）黎靖德编《朱子语类》卷六十，《朱子全书》第 16 册，上海古籍出版社、安徽教育出版社，2002，第 1972 页。

② 刘泽华、葛荃主编《中国古代政治思想史》（修订本），南开大学出版社，2001，第 409 页。

世精神。

对于朱熹而言，他在对礼学实践观的种种讨论中，在《仪礼经传通解》与《家礼》等礼学经籍的修纂中，以及在日常的家庭、社会与政治生活里的切身礼乐实践中，反复强调礼学的实践性、探讨和总结礼乐的实践原则的重要意义，就不仅在于为当时社会士绅与民众提供"经权相济"从而可以"与时偕行"的实践智慧，以便于传统儒家礼乐的有效而合理的推行，并为后世确立基本的礼学经典诠释范例和礼乐实践标准，同时也还在于为其理学增强理论的可实践性，将其"下学"工夫落到实处。而朱熹在完善其理论体系，努力使之不至于流入佛老一路，从而成为无实际意义的玄虚的空谈而为社会所诟病的同时，也着意于训诫和引领其门人弟子对理学"下学"工夫路向予以高度关注和重视。所以，"朱子之学，完整齐全，体用兼顾，诚明并重"，① 朱子学能够达到这一思想学术的至高境界，朱熹对礼学的实践性的重视及其礼乐实践观的完善应该是功莫大焉。

---

① 〔美〕陈荣捷：《朱子门人》，华东师范大学出版社，2007，第18页。

第六章　朱熹礼乐哲学思想的特征

礼乐哲学蕴涵着华夏民族关于自然与社会的哲学思考，以及对于人生的价值追问和终极关怀，是人类生存智慧与人文理性在中国传统文化中的集中体现。朱熹的礼乐哲学思想则是儒家礼乐哲学发展到两宋新儒学时期，伴随着儒、释、道三家哲学思想的相互交流、碰撞和激荡，以及宋代经学的兴盛而展现出的新面貌。先秦诸子时代，礼乐哲学发展到历史的第一个高峰期，这一时期的礼乐哲学标志着礼乐哲学形态的成型，并确立了以人类生存智慧为基础、以人文理性为核心的理论基调。到了两宋，由于华夏文明的成熟，以宋代经学和理学的产生为标志，中国文化与哲学发展到了历史的又一个巅峰期。纵身于其间，我们仿若看到了一个繁花似锦的大花园。而朱熹的礼乐哲学思想就是其中尤为明媚灿烂的一朵牡丹，它是那么尊贵和优雅，却又是那么寂寞地盛开在那里，期待着人们的赞叹。总体而言，我们在这一朵华贵雍容的"牡丹"上面，至少能在两个方面寻找出其与众不同之处。

第一节　朱熹礼乐哲学经典诠释的特征

朱熹关于经学典籍的注解与诠释足有几百万字之多，除了"四书"之外，在《周易》《诗经》《尚书》《春秋》《孝经》，尤其是三《礼》学等方面，都有大量的传世之作，影响至今。杨国荣曾指出：

> 不管是先秦、两汉时期还是魏晋、隋唐、宋明时期，哲学家的思想在形成的时候，都是以那个时代的哲学理论、学说的形式出现；从孔子、老子、庄子、孟子、荀子，到朱熹、王阳明、王夫之，都是如此。随着历史的演化，这些理论、学说才逐渐凝结为历史的形态，成为哲学的历史。从中国哲学的演化来看，每一时代的哲学家总是以已往的哲学系统为前提、背景，并进而通过自己的创造性思

考而形成新的哲学观念。相对于已有的、历史中的形态而言，这种新的观念系统首先具有哲学的意义；从两汉到明清，中国哲学家往往以注解已往经典的方式阐发自己的哲学思想，这种注释过程同时又构成了其哲学思考的过程。①

朱熹的哲学王国的建立，就正是在对诸经义理进行诠释与发挥的基础上，通过与师友及门人就各种经典中的问题进行反复讲论，并"出入于释、老之间"，于排斥中又兼融佛、老的部分义理或思辨方式所逐渐完成的。他"将经学与哲学相结合，以注经的形式发展了中国哲学，这是朱熹经学对中国哲学的发展所做出的重要贡献，也体现了朱熹经学在中国哲学史上占有重要的地位"。② 朱熹的礼乐哲学思想形成和体现于他对礼乐经学的训诂、诠释及义理发挥之中，更是一种典型的经学与哲学的结合。因此，他关于礼乐经典诠释的方法论特征，对于其礼乐哲学思想的内容实质以及外在表征都有着举足轻重的影响。我们要分析朱熹礼乐哲学思想的基本特点，就不得不关注朱熹的解经思想。

一　疑经惑传与重视训诂

目前我国学术界通常认为："宋人治经，重在阐发'义理'，并喜好排斥汉唐旧说。"③ 清代经学大师皮锡瑞亦将两宋称为"经学变古时代"，认为"经学自唐以至宋初，已陵夷衰微矣。然笃守古义，无取新奇；各承师传，不凭胸臆；犹汉唐注疏之遗也"；而宋初之后，疑经惑传之风大盛，经学的发展出现了一个大的变局："案宋儒拨弃传注，遂不难于议经。"④ 疑经之后则"改经、删经、移易经文以就己说"，以至于随意，"空衍义理，横发议论，与汉、唐注疏全异。"⑤ 朱熹作为这个时代学术的代表人物，其经典诠释学思想自然亦有着这方面的特点。"不囿于成

① 杨国荣：《何为中国哲学——关于如何理解中国哲学的若干思考》，《文史哲》2009 年第 1 期。
② 蔡方鹿：《注经与哲学——朱熹经学对中国传统哲学的发展》，《哲学研究》2003 年第 3 期。
③ 杨志刚：《中国礼学史发凡》，《复旦学报》（社会科学版）1995 年第 6 期。
④ （清）皮锡瑞：《经学历史》，中华书局，2008，第 220 页。
⑤ （清）皮锡瑞：《经学历史》，中华书局，2008，第 264～274 页。

说，大胆怀疑创新，是朱熹经学的特点之一。"①

关于"改经、删经、移易经文以就己说"，这在朱熹的《仪礼经传通解》中可谓俯拾即是。我们不妨信守拈来几则为例。《仪礼经传通解》卷三中，朱熹纂辑"生子"之仪节程式时就将《礼记·内则》中的相关内容打散重排。如《礼记》原文："凡接子择日。冢子则大牢，庶人特豚，士特豕，大夫少牢，国君世子大牢。其非冢子，则皆降一等。异为孺子室于宫中。择于诸母与可者，必求其宽裕、慈惠、温良、恭敬、慎而寡言者，使为子师，其次为慈母，其次为保母，皆居子室。他人无事不往。"② 朱熹则重新编排为："三日接子，大夫少牢，士特豕，庶人特豚，其非冢子，则皆降一等。始负子，男射女否。异为孺子室于宫中。择于诸母与可者，必求其宽裕慈惠、温良恭敬、慎而寡言者，使为子师，其次为慈母，其次为保母，皆居子室。大夫之子有食母，士之妻自养其子。它人无事不往。凡接子择日。"③ 其中"始负子，男射女否"与"大夫之子有食母，士之妻自养其子"两句又各自分别载于上述《礼记》原文的前、后部分。除此之外，朱熹为了让读者明白此节主旨，补了"三日接子"在句首，却又删除了《礼记》原文之"冢子则大牢"与"国君世子大牢"两条，将"凡接子择日"一句移在末尾，并下按语曰："此与上章不同，或别记异闻也。"至于为何删去"冢子与国君世子大牢"这一仪则规定，朱熹并未明言。我们于此不好妄加揣度，但至少我们可以明确看出，朱熹在编纂《仪礼经传通解》时的确有较明显的"改经、删经、移易经文以就己说"之举。当然，"通解"之为"通解"，其编撰体例或许也当是如此，不然不得谓之"通"。④

---

① 蔡方鹿：《朱熹经学与中国经学》，人民出版社，2004，第 240 页。
② 此处标点依杨天宇《礼记译注》，上海古籍出版社，2004，第 353～354 页。
③ （宋）朱熹：《仪礼经传通解》卷三，《朱子全书》第 2 册，上海古籍出版社、安徽教育出版社，2002，第 169 页。
④ 《仪礼经传通解》最初名为《仪礼经传集注》，后来才将"集注"改为"通解"。牟坚先生曾对此做过推测，认为朱熹原本应该是将《仪礼经传集注》视为"与《四书集注》一个体例，位置也是同等重要的。至于后来为何将'集注'易名为'通解'，可能是因为朱子基于礼要通行于百姓的特点，或者是因为《集注》的工作量太大，难以完成，不得已易名为'通解'。"（见牟坚《朱子"实理"观下的礼学实践以及礼在朱子之学中的位置》，载《中国社会科学院历史研究所学刊》第 7 集，商务印书馆，2011，第 323 页）但在笔者看来，朱熹将"集注"改为"通解"，恐怕应该是考虑到其编纂体例问题。即，朱熹是将《仪礼》和《礼记》等礼典之经传按照自己的逻辑体系重新编排并以"按语"等形式作适当提点或解释，以使内容更为通贯顺畅，此之谓"通解"。

朱熹对经典以己意做大胆增改的例子，其中皮锡瑞所说的他对《大学》的增补和对《孝经》的移易最为典型。尤其是《大学》一篇，朱熹对之十分重视，他的相关增补不仅对他自己的哲学理论体系有着重要意义，对于整个礼乐哲学以及理学都产生了较大影响。

朱熹在《大学章句》开篇即祖述二程之语，点出了《大学》的意义所在："《大学》，孔氏之遗书，而初学入德之门也。"① 他将《大学》作为学者掌握儒学义理的门户，对其中义理的阐释和发挥便集中展现了朱熹的认识论哲学思想。他为了给自己的"格物致知"论找到有效的理论依据，以己意为《大学》补写了第五章《格物致知论》：

> 所谓致知在格物者，言欲致吾之知，在即物而穷其理也。盖人心之灵莫不有知，而天下之物莫不有理，惟于理有未穷，故其知有不尽也。是以《大学》始教，必使学者即凡天下之物，莫不因其已知之理而益穷之，以求至乎其极。至于用力之久，而一旦豁然贯通焉，则众物之表里精粗无不到，而吾心之全体大用无不明矣。此谓物格，此谓知之至也。②

朱熹在此指出，人的认知过程有三个阶段：首先是"即物"，就是在具体的实践中去把握和理解具体的事物；其次是在"已知之理"的基础上进一步钻研事物更深层的道理；最后则豁然贯通，掌握到事物最普遍的道理，亦可说是"真理"，为可以涵摄万理的最高的那"一理"。达到这一境界，也就达到了"知之至"，即认知的最高阶段了。他将认知主体和认知对象作了清楚的界分，客观清晰地描述了人的认知活动所必然经历的过程。对此朱熹又曾明确说道："知者，吾心之知；理者，事物之理。以此知彼，自有主宾之辨。"③ 在他看来，在人的认知活动中，人心是主，具主观能动性，而事物之理是宾，是客观存在的，认知过程也就

---

① （宋）朱熹：《大学章句》，《四书章句集注》，《朱子全书》第 6 册，上海古籍出版社、安徽教育出版社，2002，第 16 页。

② （宋）朱熹：《大学章句》，《四书章句集注》，《朱子全书》第 6 册，上海古籍出版社、安徽教育出版社，2002，第 20 页。

③ （宋）朱熹：《答江德功》，《晦庵先生朱文公文集》卷四十四，《朱子全书》第 22 册，上海古籍出版社、安徽教育出版社，2002，第 2038 页。

是一个主客之间反复探求与信息反馈的交流活动。他的这一主宾之辨，是对中国传统认识论的重要发展，也是其礼乐哲学思想的一个构成内容。① 而这一观念的产生和成熟，均是朱熹在诠释和创新礼乐经义的过程中完成的。不过，他在具体的解经活动中却能够"体例犹未失也"，②与世俗无所忌惮的疑经改经之风又有着较大不同。

朱熹强调解经必须以经典文本为基础，不得离开经的最基本的意涵而随意借题发挥。对于当时的经学风气，他曾提出了诸多批评，并总结出了一些学者诠释经学常犯的四类错误："本卑也，而抗之使高；本浅也，而凿之使深；本近也，而推之使远；本明也，而必使至于晦。"③ 一言以蔽之，就是不尊重文本，随意发挥，自说自话"以就己意"。④ 朱熹曾在这方面一再提醒学者注意。如他在给张栻的书信里，曾就张栻《孟子说疑义》一文关于《孟子》"告子论性章"的解读提出了诠释原则上的批评：

> 按此解之体，不为章解句释，气象高远。然全不略说文义，便以己意立论，又或别用外字体贴，而无脉络连缀，使不晓者展转迷惑，粗晓者一向支离。如此数章论性，其病尤甚。盖本文不过数语，而所解者文过数倍；本文只谓之性，而解中谓之太极。⑤

从中可见，张栻此文解经全然不做章句训诂，虽然做到了不会为经文所拘，显得"气象高远"，但完全依照"己意立论"，或用他人之说为佐

① 朱熹这一认识论的核心就是以"道问学"为先，但他是"在儒学的尊德性与道问学统一的前提下，提出道问学为先，这正是朱子在儒学范围内的新发明，是对于儒学的继承发展，不应当被理解为有悖于儒学正宗。"见乐爱国《朱子格物致知论研究》，岳麓书社，2010，第316页。
② （清）皮锡瑞：《经学历史》，中华书局，2008，第264页。
③ （宋）黎靖德编《朱子语类》卷十一，《朱子全书》第14册，上海古籍出版社、安徽教育出版社，2002，第351页。
④ 即如程颐，也有类似的看法，如他说："善学者，要不为文字所梏。故文义虽解错，而道理可通行者不害也。"（宋）程颢、程颐：《外书》卷六，《二程集》，中华书局，1981，第378页。
⑤ （宋）朱熹：《答张敬夫〈孟子说疑义〉》，《晦庵先生朱文公文集》卷三十一，《朱子全书》第22册，第1352页。

证，失却了文本的支撑，自然便没有了连贯的逻辑，显得支离零散，烦琐而无功。事实上，张栻的这种解经方式正代表着当时的整个经学风气，并非特例。除此之外，时人解经还有"好为高奇、喜立新说，往往过于义理之中正"的毛病。① 因此，朱熹指出，学者读书讲学必须认真领会"先儒之说"中的义理，"只要理会义理"，不可尽废传注而"务立新说"，甚或不求甚解，"于先儒之说或未能究而遽舍之矣"。②

朱熹之所以反对部分学者妄以己意改经，最根本的原因就在于他们对"先儒之说"中义理的伤害。但他自己同时又是疑经改经的重要实践者。皮锡瑞即批评他"独于《大学》，移其文，又补其传；《孝经》分经传，又删经文；未免宋人习气"。③ 看似矛盾的两个方面，却被朱熹有机地统一于一身，个中的渊薮便全在于"义理"二字。有学者指出："站在宋学的立场，朱熹批评了汉学学者只重训诂而不及义理的经学学风。但在义理的指导下，朱熹亦重视训诂，甚至字字也不放过。"④ 由此可见，朱熹其实是兼重义理与训诂的，奠基于汉唐经学传注的章句训诂被他视为通达义理的基本途径。他的疑经惑传，甚而至于对经文进行改易增补，也完全是依据"义理"，以及为了更有效地表达"义理"而作的。

对此，我们在朱熹于《仪礼经传通解》的诸多按语⑤中即可看出。《仪礼·士冠礼》说世子与普通的士行同样的冠礼，并无特殊之处："虽天子之元子，犹士也，其礼无变。天下无生而贵者故也。"朱熹引郑玄注曰："皆由下升"，随后便对这一段经文内容的本身提出了质疑：

---

① （宋）朱熹：《答柯国材》，《晦庵先生朱文公文集》卷三十九，《朱子全书》第22册，上海古籍出版社、安徽教育出版社，2002，第1733页。
② （宋）朱熹：《答柯国材》，《晦庵先生朱文公文集》卷三十九，《朱子全书》第22册，上海古籍出版社、安徽教育出版社，2002，第1734页。
③ （清）皮锡瑞：《经学历史》，中华书局，2008，第264页。
④ 蔡方鹿：《朱熹经学之特征》，《中国哲学史》1997年第2期。
⑤ 朱熹的按语在朱熹礼学思想尤其是《仪礼经传通解》的研究中具有重要价值，但并未引起学界的足够重视。关于朱熹《通解》中的按语数量问题，经《朱子全书》（即拙著所引本）之《仪礼经传通解》部分的点校者王贻梁先生初步统计，有246条，王志阳博士认为今天我们判定是否属于按语的最重要的依据是"文献内容，即属于编者或作者对文章、词句所添加的评论、说明或考证的话"。按此相对更为宽泛的标准，他统计出朱熹《仪礼经传通解》的完成稿和未完成稿中，其按语共有1013处。见王志阳《〈仪礼经传通解〉朱子按语研究》，《甘肃社会科学》2014年第6期。

今按：此明世子之冠犹士礼也，然疑句上有"懿子问世子之冠如何"一节及"子曰"字，今亡。句下有"无大夫冠礼"一节，今错在后记及《郊特牲》篇中，然亦有阙文。此下旧有"行冠事必于祖庙，以裸享之礼，将之以金石之乐节之"，系《左传》文。又有"所以自卑而尊先祖，示不敢擅"一节，已见上文。皆与此上下文不相属，亦记者妄附。必损益之，然后下文意乃相属。①

按朱熹的说法，《仪礼》中的这一句似乎应为："懿子问世子之冠如何，子曰：'虽天子之元子，犹士也，其礼无变。天下无生而贵者故也。无大夫冠礼，而有其昏礼。古者，五十而后爵，何大夫冠礼之有？诸侯之有冠礼，夏之末造也。'"在他看来，这一节本是懿子与孔子之间的对话，却在后来佚失了这一对话体的形式。"无大夫冠礼……夏之末造也"全句出现在《礼记·郊特牲》，朱熹亦认为这一句本是《仪礼》谈世子冠礼一节的内容，而被后世学者错置于《仪礼》之"后记"和《礼记》中。他还指出：旧版本中曾在这一节内容之后附有《左传·襄公九年》里季武子所说国君为其子行冠礼时的仪式："君冠，必以裸享之礼行之，以金石之乐节之"，又有今天见于《礼记·冠义》中"冠者，礼之始也，嘉事之重者也。是故古者重冠；重冠故行之于庙；行之于庙者，所以尊重事；尊重事而不敢擅重事；不敢擅重事，所以自卑而尊先祖也"一节的基本内容。两者中，季武子的话与前文所述世子冠礼同士一致所体现出的"无生而贵者""皆由下升"的"义理"有矛盾，《礼记》的一段话也与此义并无紧密关联。所以，朱熹强调必须对之做出损益增删，才能符合礼的本义。

秦火之后，儒经原典在不同程度上被后人增减窜易，已不完全可信。故而恢复古经的原貌，准确再现经典文本的本义，成了朱熹解经的一贯目标。他的疑经惑传，也正是为这一目的服务的。这不仅体现出他对于现存经典本文的尊重，更说明了其解经的谨慎与实事求是。他说："传

---

① （宋）朱熹：《冠义第二》，《仪礼经传通解》卷一，《朱子全书》第2册，上海古籍出版社、安徽教育出版社，2002，第72~73页。

注，惟古注不作文，却好看。只随经句分说，不离经意最好。疏亦然。"[1] 朱熹推崇汉代训诂之学的严谨，主张解经不离经意，对于经传注疏并没有全然否定，在此只是要求随文"分说"，而不得混为一处地笼统阐发意旨。

综上可见，朱熹在自中唐以来愈演愈烈的疑经惑传思潮中，既受其影响而敢于挑战传统的经传注疏，甚或改经补传，但与此同时他又能凭借自己一贯之思想学问主旨而特别强调汉唐以来的章句训诂的应有价值，要求在重视训诂的确切有效的基础上使之更好地服务于义理体系的建构，这便与当时一味追求义理之新奇玄妙而轻忽训诂基础的风气有了根本区别。也正是因为这一点，朱熹的礼乐哲学思想也才有了丰厚坚实的文献基础与学理基础。因此，敢于疑经惑传同时又颇为重视合理的经传训诂，这一看似矛盾而充满辩证意味的方法论的结合，就不仅是朱熹经学思想的方法论特征，也形成了其礼乐哲学经典诠释思想的一大特点。

二　阐扬礼学与攘斥异端

从汉魏以降，儒学的发展中就不可避免地出现了佛、老的影子。即便是到了唐代的排佛主将韩愈那里，其实也仍是有着这一矛盾现象出现的。唐宪宗元和十四年，韩愈向朝廷上《论佛骨表》，极力主张"抵排异端，攘斥佛、老"，高举起维护儒家正统地位的旗帜，产生了广泛深远的历史影响。但纵观韩愈一生，与他友好交往的佛教僧徒却远不止一人，其思想也是深受佛教影响的，他的排佛之所以会如此强烈的历史影响，与他对佛学较为深入的了解不无关系。至于朱熹，又何尝不是如此？实际上，在唐宋时期的儒学士大夫身上，对佛、老的兼容与排斥的矛盾统一可以说是一种较为普遍的现象。

佛、道二教经过长时间的发展，到了宋代，已是"老观、佛寺遍满天下"，[2] 呈现出一片繁荣景象。在这个过程中，佛、道两教均有着较为明显的儒学化倾向，而儒学同样深受二教的影响。也正是因为三家长时间的思想交流与碰撞，才有了唐宋思想文化的盛况。

---

[1]　（宋）黎靖德编《朱子语类》卷十一，《朱子全书》第 14 册，上海古籍出版社、安徽教育出版社，2002，第 351 页。

[2]　（宋）石介：《怪说上》，《徂徕石先生文集》，中华书局，1984，第 61 页。

朱熹十四岁时，父亲朱松病逝，后遵父亲遗命受业于胡宪（原仲）、刘勉之（致中）、刘子翚（彦冲），世称"三先生"。三先生好佛、老，这对朱熹一生的学术思想产生了重要影响。他在学习儒学经典之外，对于佛、道两家的学说（尤其是佛学）也涉猎较广。他说："某旧时亦要无所不学，禅、道、文章、《楚辞》、诗、兵法，事事要学，出入时无数文字，事事有两册。"① 绍兴十八年，十九岁的朱熹赴临安应考，便只在行李中带了一本著名禅师宗杲的《大慧语录》，并在礼部应试中以禅学思想解读《易》《论语》《孟子》诸经经义，却也得中进士。朱熹说他自己"出入于释、老十余年"，② 大约就是指他在受学李侗之前的十余年时间③与道谦禅师等人的交往中对佛、老的参学和体悟。绍兴三十年，朱熹三十一岁，此时他才算是正式拜李侗为师，其思想也完全转向了儒学。他回忆说："李先生为人简重，却是不甚会说，只教看圣贤言语。某遂将那禅来权倚阁起，意中道，禅亦自在，且将圣人书来读。读来读去，一日复一日，觉得圣贤言语渐渐有味。却回头看释氏之说，渐渐破绽罅漏百出。"④ 从他与佛、道的关系来看，"朱熹前期较崇佛学，晚年对道教兴趣有增"。⑤ 不过，朱熹曾"出入于释、老"的这段经历，使得他的学术思想体系中既有本着儒学本位的道统观念而产生的对于佛、老"异端"的排抵，也有于自觉不自觉中对佛、老思想的借鉴和吸收，为其哲学体系的逻辑建构、思辨方法等提供了重要的资源。具体到他的礼乐哲学思想，则在礼乐哲学观念的形成，以及礼乐哲学的实践等方面都有着较明确的体现。

朱熹曾引程颐对佛学之于儒学义理的危害道："杨墨之害，甚于申韩；佛氏之害，甚于杨墨。盖杨氏为我疑于义，墨氏兼爱疑于仁，申、

---

① （宋）黎靖德编《朱子语类》卷一百四，《朱子全书》第17册，上海古籍出版社、安徽教育出版社，2002，第3438页。

② （宋）朱熹：《答江元适》，《晦庵先生朱文公文集》卷三十八，《朱子全书》第21册，上海古籍出版社、安徽教育出版社，2002，第1700页。

③ 即从朱熹十四岁随三先生学佛、老，到二十四岁第一次拜见李侗之后逐渐认识到"佛学无是处"的这一段时间。

④ （宋）黎靖德编《朱子语类》卷一百四，《朱子全书》第17册，上海古籍出版社、安徽教育出版社，2002，第3438页。

⑤ 陈少峰：《宋明理学与道家哲学》，上海文化出版社，2001，第147页。

韩则浅陋易见。故孟子止辟杨、墨，为其惑世之甚也。佛氏之言近理，又非杨、墨之比，所以为害尤甚。"① 程朱都认为佛禅在一定程度上还是有道理的，但正是因为其"近理"，所以又更具诱惑性、欺骗性，对人们于儒家义理的理解妨害也就更大。朱熹说：

> 然熹窃尝闻之：圣人之学所以异于老释之徒者，以其精粗隐显体用浑然，莫非大中至正之矩，而无偏倚过不及之差。是以君子智虽极乎高明，而见于言行者未尝不道乎中庸。非故使之然，高明、中庸实无异体故也。故曰："道之不行也，智者过之，愚者不及也；道之不明也，贤者过之，不肖者不及也。"②

他指出，儒家学说之所以与佛、老不同，就在于正统儒家的"极高明而道中庸"，大中至正，不偏不倚，体用浑然，合乎义理之宜。其中既蕴涵着高明的思辨与实践智慧，也蕴涵着极为深沉的德性。佛、老则多流于玄谈义理，却无处着实。

朱熹在与廖子晦的一封书信里，又进一步指出了造成儒、释两家这一差别的认识论根源：

> 圣门之学，下学而上达，至于穷神知化，亦不过德盛仁熟而自至耳。若如释氏理须顿悟，不假渐修之云，则是上达而下学也，其与圣学亦不同矣。而近世学者每欲因其近似而说合之，是以为说虽详、用心虽苦，而卒不近也。《中庸》所谓"喜怒哀乐之未发谓之中，发而皆中节谓之和"，只是说情之未发，无所偏倚。当此之时，万理毕具，而天下万物无不由是而出焉。故学者于此涵养栽培，而情之所发自然无不中节耳。故又曰："中者，天下之大本；和者，天下之达道"。此皆日用分明底事，不必待极力寻究，忽然有感，如来喻之云然后为得也。必若此云，则是溺于佛氏之学而已。然为彼学

---

① （宋）朱熹：《孟子集注》卷六，《四书章句集注》，《朱子全书》第 6 册，上海古籍出版社、安徽教育出版社，2002，第 332 页。

② （宋）朱熹：《答江元适》，《晦庵先生朱文公文集》卷三十八，《朱子全书》第 21 册，上海古籍出版社、安徽教育出版社，2002，第 1701 页。

者自谓有见，而于四端五典、良知良能、天理人心之实然而不可易
者，皆未尝略见仿佛，甚者披根拔本，颠倒错谬，无所不至。则夫
所谓见者，殆亦用心太过，意虑泯绝，恍惚之间，瞥见心性之影象
耳。与圣门真实知见、端的践履，彻上彻下一以贯之之学，岂可同
年而语哉？[①]

儒家重渐进之学，其"穷神知化""随心所欲，不逾矩"的极度自由境
界乃是源于真积力久的修养习炼而"豁然贯通"的结果。朱熹所补的
《大学》"格物致知章"解说的就正是这一道理。他在此则明确指出，儒
家的这种认识论主要为一种下学而上达的功夫；佛家禅学重顿悟，追求
的是"忽然有感如来喻"的认知境界，虽然也强调"豁然贯通"，但并
不曾如此实下功夫，其实质是上达而下学。所以，儒家在人伦日用中
"道中庸""致中和"，"克己复礼"，践履人之良知良能，于细微点滴处
体贴天理，分别道心人心，以炼养心性。佛禅虽然也注重这方面的修养，
但并不曾落到实处，自然难以探及心性本原，从而与"真实知见，端的
践履，彻上彻下，一以贯之"的儒家学说无法比拟。我们从朱熹的上述
分析中可见，儒、释两家所走的是截然相反的认知路径，这便是造成两
者理论差异的根本原因之一。

　　若更具体一些来说，这一差异实际是体现在了礼的实践上。如朱熹
对于"礼"与"理"的区别与联系的讨论，就进一步解释了儒、释之
异同：

　　　　"克己复礼"，不可将"理"字来训"礼"字。克去己私固即能
　　复天理，不成克己后便都没事。惟是克去己私了，到这里恰好着精
　　细底工夫，故必又复礼，方是仁。圣人却不只说克己为仁，须说
　　"克己复礼"为仁。见得礼，便事事有个自然底规矩准则。
　　　　"克己须着复于礼。"贺孙问："非天理，便是人欲。克尽人欲，
　　便是天理。如何却说克己了，又须着复于礼？"曰："固是克了己便

① （宋）朱熹：《答廖子晦》，《晦庵先生朱文公文集》卷四十五，《朱子全书》第 22 册，
　　上海古籍出版社、安徽教育出版社，2002，第 2707 页。

是理。然亦有但知克己而不能复于礼，故圣人对说在这里。却不只道'克己为仁'，须着个'复礼'，庶几不失其则。下文云'非礼勿听，非礼勿视，非礼勿言，非礼勿动。'缘本来只有此礼，所以克己是要得复此礼。若是佛家，尽有能克己者，虽谓之无己私可也，然却不曾复得礼也。圣人之教，所以以复礼为主。若但知克己，则下梢必堕于空寂，如释氏之为矣。"①

从中可见，在朱熹看来，是否践行于"礼"，是儒、释之别的重要分际。然而，事实上佛学对于理学哲学的影响又颇为显著，学界通常认为："宋儒，尤其是朱子，在佛学与儒学之间保持着适度的张力，既坚守儒学的立场，又援佛以变儒，辟佛与援佛相即不离，通过重新寻找、诠释儒学心性原典改造传统儒学，从而完成理学的形上升华。"其中，朱熹的《四书集注》是个典型，"朱子的《四书集注》主要以佛教心性论思辨模式来解释儒家经典，旨在教人修身、养性、正心、诚意。"因此，"宋明理学家尤其是朱子哲学在哲学本体论、心性论、修养方法论诸方面与禅教的全面会通，大量吸收禅宗的心性学说、修养方法及坚定的宗教担当精神，使得朱子式的理学家也染上了类似禅宗的宗教家情怀。"② 从中可见，朱熹在哲学思维方式、哲学体系的逻辑建构以及本体论、心性论等哲学范畴的认识方面都对佛禅有较大程度的吸收借鉴。具体到朱熹的礼乐哲学思想方面，如其礼乐鬼神观对鬼神有无问题的运思与表述方式就与禅宗语录较为近似；又如他在论述礼乐价值观以及礼乐的生活实践论等方面的内容时，对于心与性、情的内涵及彼此关系等哲学范畴的阐论，亦无不受到佛禅的影响，等等。但这种吸收与借鉴又通常是在批判中完成的。如上述关于心性修养的讨论，他便批评佛学但知克己，却不知复礼，没有了"自然底规矩准绳"，因此难免"堕入空寂"，流于空谈。而儒家"克己复礼"的礼乐伦理思想则可借助礼的现实规定性，使人们有

① （宋）黎靖德编《朱子语类》卷四十一，《朱子全书》第 15 册，上海古籍出版社、安徽教育出版社，2002，第 1451 页。

② 刘泽亮：《从〈五经〉到〈四书〉：儒学典据嬗变及其意义——兼论朱子对禅佛思想挑战的回应》，《东南学术》2002 年第 6 期。

实实在在的准绳可依，"逐一就事物上理会道理"，① 并由此下学处上达天理，实现礼乐教化的终极目标。

同样，朱熹对于老庄道家及道教在心性论、修养论等方面的批评也多落脚于此。在这一点上，他可以说是将佛、老基本视为了一体。如他常将佛、老并说："又须看'经礼三百，威仪三千'。圣人说许多广大处，都收拾做实处来。佛、老之学说向高处，便无工夫。圣人说个本体如此，待做处事事着实，如礼乐刑政，文为制度，触处都是，缘他本体充满周足。"② 不过，佛、老之间对于礼乐之"道"也有着认识上的高低之分，如下面一段话即可说明朱熹的有关看法：

> 或问"《中庸》说道之费隐，如是其大且妙，后面却只归在'造端乎夫妇'上，此中庸之道所以异于佛、老之谓道也。"曰："须更看所谓'优优大哉！礼仪三百，威仪三千'处。圣人之道，弥满充塞，无少空阙处。若于此有一毫之差，便于道体有亏欠也。若佛则只说道无不在，无适而非道，政使于礼仪有差错处亦不妨，故它于此都理会不得。庄子却理会得，又不肯去做。如《天下》篇首一段，皆是说孔子，恰似快刀利剑斫将去，更无些子窒碍，又且句句有着落。如所谓'《易》以道阴阳，《春秋》以道名分'，可煞说得好。虽然如此，又却不肯去做。然其才亦尽高，正所谓'知者过之'。"③

《中庸》为《礼记》中至为重要的一篇，中庸之道同时也就构成了礼乐哲学的核心内涵。朱熹常以这一儒家礼乐哲学范畴所蕴含的本体论、心性论、修养论与佛、老之"道"的相关内涵作参证比较，并以礼乐哲学的实践性作为理学的理论武器来批评佛、老之"道"的虚无性，这就充分说明了朱熹礼乐哲学思想在其整个哲学体系中的重要地位。而在这一

---

① （宋）黎靖德编《朱子语类》卷十四，《朱子全书》第 14 册，上海古籍出版社、安徽教育出版社，2002，第 432 页。

② （宋）黎靖德编《朱子语类》卷六十三，《朱子全书》第 16 册，上海古籍出版社、安徽教育出版社，2002，第 2078 页。

③ （宋）黎靖德编《朱子语类》卷六十三，《朱子全书》第 16 册，上海古籍出版社、安徽教育出版社，2002，第 2077～2078 页。

段话中，朱熹不仅将佛、老视同一体加以批判，同时也以儒家之"道"的"费隐"特性为判断依据对两者作了一番比较，认为以老、庄为代表的道家虽"不肯去做"，但言道"句句有着落"，相比佛家"理会不得"礼乐之道要更为高明。事实上，老、庄道家亦曾对古老的礼乐文化作出过哲学与伦理的形上升华，如他们以"道法自然"的思想审思和批判儒家礼乐的繁缛与堕落，对于礼乐进行深层意义的追问；① 又如老子从"太牢""刍狗""道""观"等多个概念范畴对于传统祭祀文化在哲学内涵和意义方面所进行的深入演绎和提炼，② 等等，都说明道家与道教有着大量关于礼乐之"道"的哲学探讨。有学者指出，道家与道教的始祖老子与早期礼学家在天地、三才相参、圣人无为与"道"的内涵的阐述方面，有着"三才相参"的思维原理以及思维谱系上的"家族相似性"。③ 事实上，这一思维谱系上的相似性一直延续到了后来的道教与儒家关于礼乐哲学的讨论之中。孔令宏认为："相比之下，道家、道教既是本土文化，又不主张出世，比佛教来得实一些，能够更好地统一形而上和形而下，而且，通过庄学，还可以不动声色地转化吸收一部分佛教哲学的东西，这样，主要借鉴道家、道教的形而上框架来建构自己的形上学就几乎成了理学家们惟一的选择。"④ 就朱熹的礼乐哲学思想而言，它作为理学的一部分，在建构其形上学体系、讨论祭祀行为的哲学依据和鬼神"非理之常"的种种表现形态时，其中所体现出的宗教神秘性认识与思维方式等显然也是受到了道教鬼神思想的影响。⑤ 而按照前述学者的说法，产生这些影响的哲学依据很大一部分就源于儒、道礼乐哲学思想在天、地、人的"三才相参"的思维模式上的相似性。所以，作为宋明理学之构成部分的朱熹礼乐哲学思想，在批判道家道教的同时又受其哲学思想的影响并对之多有借鉴，则是再自然不过的事情了。

　　综上可见，朱熹在礼学经典的注释中对佛、老哲学体系的批判，表明了他排斥佛、老以独尊儒学的基本态度；而在批判与比较之中，他又

---

① 冯兵：《生存智慧、人文理性与中和精神——中国礼乐起源与发展的内在理路》，《学术月刊》2010 年第 2 期。

② 详见詹石窗、杨燕《老子对祭祀文化的哲学升华》，《哲学研究》2007 年第 2 期。

③ 扬举：《初论〈老子〉与礼学在思维谱系上的家族相似》，《孔子研究》2000 年第 2 期。

④ 孔令宏：《朱熹哲学与道家、道教》，河北大学出版社，2001，第 36 页。

⑤ 详见冯兵《理性与非理性之间：朱熹的鬼神观辨析》，《学术研究》2013 年第 2 期。

对佛、老哲学多有吸收借鉴。因此，对佛、老哲学的批判与兼融的辩证统一，就构成了朱熹礼乐哲学思想在经典诠释中的另一个特点。

第二节　朱熹礼乐哲学思想的义理特征

从中唐以来的疑经惑传思潮所塑就的怀疑精神为朱熹经学思想体系的开放性和创新性奠定了基础，儒、释、道三家彼此碰撞与交流的相激相长又为朱熹理学体系的丰富与完善提供了理论资源。而经学与理学的交互融通，则不仅使得朱熹的思想体系更为完备和博大，也形成了其基本特征。钱穆先生就说："朱子旷代大儒，不仅集北宋一代理学之大成，同时亦集汉晋以下经学之大成。使经学理学会归一贯，尤为朱子论学最大贡献所在。"而"朱子于经学中，于礼特所重视"。① 理学与礼学在朱熹的思想世界中可谓正相发明：一方面，理学构成了其礼学时代性的理论基础；另一方面，礼学则为其理学的"内圣外王"之经世精神的主要实践性依托与显发。② 正是在这样一种经学与哲学的融会互补的过程中，朱熹的礼学思想体系蕴涵了较丰富的哲学与伦理内涵并表现出了鲜明的特质。

就我们对朱熹的礼乐形上学、礼乐价值论、礼乐实践观的分析来看，其礼乐哲学思想中显然有着鲜明的情感性与宗教性色彩。然而，事实上朱熹的哲学体系中又是有着较强烈的理性精神的，譬如他对于自然科学的重视。乐爱国先生就曾指出，朱熹"在把理学发展到极致的同时，在科学上也取得了一定的成就"。③ 并且认为："……他（朱熹）这种不以经典的是非为是非的怀疑精神和以实地考察为依据的实证精神，与现代科学精神是相一致的。"④ 从中可见，朱熹的这种科学精神所具备的理性

① 钱穆：《朱子新学案》第4册，三民书局，1971，第112页。
② 关于朱熹的理学与礼学的关系学界已有了较为充分的讨论，于此笔者就不再做过多重复性的阐述。其中较具代表性的学者有殷慧等，我们可参见其博士学位论文《朱熹礼学思想研究》（湖南大学，2009年）中的相关论述及期刊论文《天理与人文的统一：朱熹论礼、理的关系》（《中国哲学史》2011年第4期）等。而有关朱熹之前礼学与理学关系的历史梳理，则主要有刘丰著《北宋礼学研究》（中国社会科学出版社，2016）等，可详见其第五章"礼学与理学的互动"，第355~528页。
③ 乐爱国：《宋代的儒学与科学》，中国科学技术出版社，2007，第83页。
④ 乐爱国：《宋代的儒学与科学》，中国科学技术出版社，2007，第105页。

色彩又更多地体现为一种实践精神与实践智慧。尤其是在他关于传统礼乐的哲学与伦理思想的论证与实践方面，实践性的色彩更是十分强烈。因此，情感性、宗教性与实践性在朱熹的礼乐哲学思想中被有机地统一在了一起，构成了其礼乐哲学思想的基本义理特征。

一　情感性

朱熹在确立其礼乐之哲学与伦理体系的合法性时，往往是从大量细微而常见的生活体验出发，处处强调合乎"人情"，显示出了较为充分的情感性特征，而这主要与他对礼乐起源的看法有关。

《礼记·礼运》中说："夫礼之初，始诸饮食，其燔黍捭豚，污尊而抔饮，蒉桴而土鼓，犹若可以致其敬于鬼神。"作者认为，礼初始于人们如饮食等具体的日常生活实践，礼"致敬于鬼神"的原始意义也就在其中得到了较完整的展现。反映到人的意识活动中，则构成了相关的生活体悟，这便是"三礼"尤其是《礼记》中常提到的"人情"，即"慎终追远""敬天法祖"等情感和心理体验。《礼记》将"人情"视作了礼的主要功能和目的范畴，指出："故圣王修义之柄、礼之序，以治人情。故人情者，圣王之田也。"① 又道："乐统同，礼辨异，礼乐之说，管乎人情矣。"② 在《礼记》看来，圣王修订礼乐，主要就是为了治理和引导人的情感。朱熹深受《礼记》这一观点的影响，并在讲论礼制礼义的过程中常常以"人情"为立论与评判依据。

如他在《答陆子寿》的书信中说："先王制礼，本缘人情"，强调由于古今时势的不同，抑或因为记载传颂之误，在面对各种有关礼文的不同记载和阐释时"以情度之"，以是否"合于人情"为判断标准。③ 又如他对于寡妇改嫁一事的讨论："夫死而嫁，固为失节，然亦有不得已者，圣人不能禁也，则为之制礼以处其子，而母不得与其祭焉，其贬之亦明矣。"④ 从中可见，朱熹一方面虽也认为夫死改嫁为"失节"，但因为各

---

① 《礼记·礼运》。
② 《礼记·乐记》。
③ （宋）朱熹:《答陆子寿》,《晦庵先生朱文公文集》卷三十六,《朱子全书》第 21 册,上海古籍出版社、安徽教育出版社, 2002, 第 1558 ~ 1559 页。
④ （宋）朱熹:《答李敬子（燔）余国秀（宋傑）》,《晦庵先生朱文公文集》卷六十二,《朱子全书》第 23 册,上海古籍出版社、安徽教育出版社, 2002, 第 3025 页。

种"不得已"的具体原因（如因生活实在难以为继，又或无法独立完成长养子嗣、孝养双亲等人之大伦）被迫改嫁，圣人恐怕也是无由禁止的。当然，此处或许还可有另一种理解：寡妇改嫁是人情的自然体现，虽不合理，但也合乎人情，即使圣人有心禁止，也难以完全做到。由此可见，朱熹对于寡妇再嫁一事态度较为客观，富于人情味，与后世人们对朱熹严苛迂执的"道学家"形象的描述并不完全相同。这其实与他对传统礼乐的相关思想中"重人情"特点的继承有关。

《仪礼·丧服》中强调："妇人有三从之义，无专用之道，故未嫁从父，既嫁从夫，夫死从子。故父者子之天也，夫者妻之天也。"妇女必须遵循三从之义，不得有自己独立的思想与人格，自然也就没有了独立的社会地位，从而必得依附于男权。因此，"夫死从子"，原则上是不支持改嫁的。《礼记·郊特牲》曾申明"夫死不嫁"之义，说："天地合而后万物兴焉。夫昏礼，万世之始也。取于异姓，所以附远厚别也。币必诚，辞无不腆。告之以直信；信，事人也；信，妇德也。壹与之齐，终身不改。故夫死不嫁。""夫死不嫁"，所秉承坚守的是"信"这一妇德要求，即如民谚所云"嫁鸡随鸡，嫁狗随狗"，强调终身不二，从一而终。但在特定的情况下，寡妇改嫁也是可以的。如《仪礼》中就有关于继母、继父的丧礼制度规定，可见圣人制礼时对这类事情并没有全然否定，对改嫁者在一定程度上也是持包容态度的。恰如贾公彦在《仪礼·丧服》之"继父同居者"章的疏释中指出："彼不嫁者，自是贞女守志，而有嫁者，虽不如不嫁，圣人许之，故《齐衰三年章》有继母，此又有继父之文也。"[1]

朱熹先前所言"圣人不能禁也，则为之制礼以处其子，而母不得与其祭焉"，主要便是依据《仪礼·丧服》中的这一段话：

> 继父同居者。传曰：何以期也？《传》曰："夫死，妻稚，子幼，子无大功之亲，与之适人。而所适者，亦无大功之亲，所适者以其货财为之筑宫庙，岁时使之祀焉，妻不敢与焉。"若是，则继父之道也。同居则服齐衰期，异居则齐衰三月。必尝同居，然后为异

---

① （汉）郑玄注，（唐）贾公彦疏《丧服第十一》，《仪礼注疏》卷三十一，李学勤主编《十三经注疏》（标点本），北京大学出版社，1999，第583页。

居。未尝同居，则不为异居。

郑玄注曰："妻稚，谓年未满五十。子幼，谓年十五已下。"① 当妻子未满五十，儿子幼小时，且没有同祖的亲属（即"大功之亲"，乃应当为之服"大功"丧的族亲）可以依靠，在这样的前提下，丈夫去世后妻是可以改嫁的。作为孩子的继父，在同样没有同祖亲属的情况下，应为继子出资财修建宫庙，供其岁时祭祀自己的生父，而他的生母则不敢参加这一祭礼。《仪礼》认为，唯有如此，才可算是真正的做继父之道；对于随母改嫁的孩子而言，也才算是真正与继父同居于一家之内。在此情况下，按照礼制规定，当继父去世之后，继子也就应当为其服丧一年（即服"期"丧）。其中所谓"妻不敢与焉"，郑玄指出，这是因为"恩虽至亲，族已绝矣"。② 妻既已改嫁，便不再与前夫的宗族直接相关，虽与前夫有浓厚的夫妻之情，却也无由再祭，所以"不敢"参与儿子组织的祭祀活动。朱熹则据此进一步强调说，圣人制订此礼其实是含有贬低改嫁之妇的意思，"其贬之亦明矣"。

在这一例证当中，无论是朱熹对"夫死改嫁"行为在一定程度上的默许，还是强调圣人在礼制设计中已对之存有贬低之义，都说明他在日常讲论礼制礼义时基本上是沿袭了三礼注重"人情"，以生活体验为基础、以人性人情为依据的特点。后世愈演愈烈的节烈之风虽始于宋代，始作俑者却是程颐，而非朱熹。尽管朱熹对之持肯定态度，说："昔伊川先生尝论此事，以为饿死事小，失节事大。自世俗观之，诚为迂阔。然自知经识理之君子观之，当有以知其不可易也。"③ 但他也承认了"守节"在生活实践中的难度，"诚为迂阔"之语就显示出了朱熹于此并不似程颐那样铁面无情。由此可知，其礼乐哲学思想其实是有着较强烈的情感性特征的。

朱熹极为重视的礼的情感性维度不仅使其礼乐哲学思想和礼仪实践

---

① （汉）郑玄注，（唐）贾公彦疏《丧服第十一》，《仪礼注疏》卷三十一，李学勤主编《十三经注疏》（标点本），北京大学出版社，1999，第583页。

② （汉）郑玄注，（唐）贾公彦疏《丧服第十一》，《仪礼注疏》卷三十一，李学勤主编《十三经注疏》（标点本），北京大学出版社，1999，第583页。

③ （宋）朱熹：《与陈师中书》，《晦庵先生朱文公文集》卷二十六，《朱子全书》第21册，上海古籍出版社、安徽教育出版社，2002，第1173~1174页。

具备了较充分的合理性，同时也令其整个哲学体系"彻底禁遏情欲的思想无法施展"。① 然清人戴震严斥程朱之学"以理杀人""灭人之情"；鲁迅在其小说《祝福》中描述"嫁过两次"的祥林嫂被礼教残害致死，因而痛诉"礼教吃人"；大陆的十年"文革"在"破四旧""扫除封建余孽"的"革命运动"中，更是因"礼教吃人"将朱熹扫入历史的黑屋。受此影响，甚至有当代学者严厉批判道："由于理学家大力鼓吹'节烈'的反动说教，真不知葬送了多少无辜妇女的青春和生命！"② 这些都清楚地昭示出朱熹礼乐哲学思想体系中的情感性元素被后世严重忽略，抑或是误将其简单地与"人欲"等同并极端地与"天理"相对立。因此，今天回过头来重新检视和抉发朱熹礼乐哲学乃至其全部学术思想中的这一情感性元素，可在一定程度上以正视听，还朱熹一个清白。

二　宗教性

有学者指出："中国古代最原初的'礼'具有原始宗教的性质，它起源于史前时期的各种神鬼崇拜和各种巫术、禁忌、祭祀、占卜等巫祝文化。……原始人置身于他们自己编织的神话世界之中，这个世界中的一切都被加以神化，被赋予灵魂，从而产生了'万物有灵'的原始宗教观念。"③ 当然，归根结底，礼仍是起源于人类的生产与生活实践的各个方面，是出于生存与发展的本能需要。但它的大部分雏形来自人类祭拜神灵的早期宗教仪式，"具有原始宗教的性质"，则是没有疑义的。随着社会历史的发展，礼乐愈加完善，其文化与哲学的意义越来越显著。伴随着王权的产生与强化，礼乐中所蕴涵的哲学与伦理思想也就越发集中地承载起了统治者的关切与意旨。又由于礼乐与生俱来的宗教性气质，利用神道设教也就顺理成章地成为统治者实现礼治的主要途径。因此，"事鬼敬神"便构成了上古先民由上到下的政治与日常生活实践活动的重要部分。但按照孔子的说法，其历史发展也是经历了一些变化的："夏道尊命，事鬼敬神而远之，近人而忠焉，……殷人尊神，率民以事神，

---

① 陈来：《朱子哲学研究》，华东师范大学出版社，2000，第261页。
② 吴乃恭：《儒家思想研究》，东北师范大学出版社，1988，第308页。
③ 王启发：《礼学思想体系探源》，中州古籍出版社，2005，第11页。

先鬼而后礼，……周人尊礼尚施，事鬼敬神而远之，近人而忠焉"，① 殷人最重鬼神，夏、周则"事鬼敬神而远之"，先民们对于宗教鬼神的历史态度一波三折。但无论如何，从东周以后，礼乐中的人文精神就越发占据了主导性地位，人们对于鬼神逐渐强调"敬而远之"，虽没有否定，却也有了较大程度的人类主体意识的自觉。正是因为有了这一渐趋强烈的人文理性，中国文化的发展才走上了与西方不同的路径。

不过，在传统礼乐哲学与伦理观念中，人们的思维方式与各种概念范畴都难以完全泯灭其本质性的宗教性特征。譬如其中对天地、阴阳、鬼神、祸福、伦理、政治以及礼乐与这些范畴之间的联系等的认识和阐述，都在较大程度上反映出了古人于相关理解中颇具先验与超验性特点的神秘的宗教性体验。具体而言，如《礼记·乐记》中说："及夫礼乐之极乎天而蟠乎地，行乎阴阳而通乎鬼神，穷高极远而测深厚"，认为礼乐可以贯通天地、阴阳与鬼神；《大戴礼记》也道："圣人爱百姓而忧海内，及后世之人，思其德，必称其人，故今之道尧舜禹汤文武者犹依然，至今若存。夫民思其德，必称其人，朝夕祝之，升闻皇天，上神歆焉，故永其世而丰其年也"，② 强调"皇天""上神"之于人世的主宰功能与力量，等等，这些都具有典型的神道设教的意味，因而在人们有关礼乐的意识形态领域里也就弥漫着一层神秘的宗教性情愫。

在朱熹礼乐哲学思想中同样有着较为浓厚的宗教性色彩，他对鬼神、祭祀等礼乐范畴的诸多讨论即最为典型，如他说：

> 只是这个天地阴阳之气，人与万物皆得之，气聚则为人，散则为鬼。然其气虽已散，这个天地阴阳之理生生而不穷。祖考之精神魂魄虽已散，而子孙之精神魂魄自有些小相属。故祭祀之礼尽其诚敬，便可以致得祖考之魂魄。这个自是难说。看既散后，一似都无了。能尽其诚敬，便有感格，亦缘是理常只在这里也。③

---

① 《礼记·表记》。

② 《大戴礼记·用兵》。

③ （宋）黎靖德编《朱子语类》卷三，《朱子全书》第 14 册，上海古籍出版社、安徽教育出版社，2002，第 169～170 页。

在朱熹看来，鬼神魂魄为气，人死气散，但生生之理仍在，因而去世的祖考与后世子孙的精神魂魄之间仍有一线神秘的联系，只要子孙致以极为"诚敬"的祭祀之礼，便可以彼此感格交通。更具体些说，则"如子祭祖，先以气类而求。以我之气感召，便是祖先之气，故想之如在，此感通之理也"。① 祭祀祖先如此，祭祀天地等其他方面的神灵亦然：

> 子之于祖先，固有显然不易之理。若祭其它，亦祭其所当祭。"祭如在，祭神如神在。"如天子则祭天，是其当祭，亦有气类，乌得而不来歆乎？诸侯祭社稷，故今祭社亦是从气类而祭，乌得而不来歆乎。今祭孔子必于学，其气类亦可想。②

朱熹认为，只要是祭其所当祭就是合理的，祭者与被祭者的精神魂魄之气必然就会有相通性，即"气类而歆"；如此，人与天地鬼神的沟通交流顺畅无碍，便可实现"一气之和"，使天下平和安泰。孔子说："非其鬼而祭之，谄也"，③ 从人情常理来告诫人们祭其所当祭。而朱熹显然有着理性主义的知识论倾向，力求以理气论给予鬼神等现象以科学合理的解释。但我们从他对鬼神的认同以及关于鬼神问题的大量讨论中也可看到，朱熹亦难以避免地具备着较强的宗教神秘性思维特征。

朱熹亦特别强调儒家的奉事鬼神与佛、道有着根本的区别，他曾与廖德明在书信往来中仔细讨论过这一问题。廖氏说：

> 夫子告子路曰："未能事人，焉能事鬼？未知生，焉知死？"意若曰：知人之理则知鬼之理，知生之理则知死之理，存乎我者，无二物也。故正蒙谓"聚亦吾体，散亦吾体，知死而不亡者，可与言性矣。"窃谓死生鬼神之理，斯言尽之。君子之学，汲汲修治，澄其浊而求清者，盖欲不失其本心，凝然而常存，不为造化阴阳所累。

---

① （宋）黎靖德编《朱子语类》卷三，《朱子全书》第 14 册，上海古籍出版社、安徽教育出版社，2002，第 176 页。

② （宋）黎靖德编《朱子语类》卷三，《朱子全书》第 14 册，上海古籍出版社、安徽教育出版社，2002，第 176 ~ 177 页。

③ 《论语·为政》。

如此，则死生鬼神之理将一于我，而天下之能事毕矣。彼释氏轮回之说，安足以语此？

朱熹回复道：

　　尽爱亲、敬长、贵贵、尊贤之道，则事鬼之心不外乎此矣。知乾坤变化、万物受命之理，则生之有死可得而推矣。夫子之言固所以深晓子路，然学不躐等，于此亦可见矣。近世说者多借先圣之言以文释氏之旨，失其本意远矣。①

从中可见，朱熹等理学家秉承并发扬了先前儒学"敬鬼神而远之"的人文理性精神，均主张儒学者当对于死生鬼神之理有着自己的主见，"汲汲修治"道德文章，不可受佛、老之学的影响，并指出"尽爱亲、敬长、贵贵、尊贤"的宗法伦理之道才是儒家事鬼敬神的本旨所在，表现出了一种道德至上的思想特征。概言之，朱熹对于鬼神、魂魄、祭祀等具有丰富宗教性的礼乐范畴的阐论和实践，最终目的都是为宣扬儒家伦理纲常服务的。实际上这也正是朱熹对传统礼乐哲学思想注重神道设教的精神主旨的继承与发展。

　　朱熹礼乐哲学思想所具备的宗教性维度，一是源于对传统礼乐本有的宗教性内涵的继承发展，再者也与那一时代的佛、道思想以及民间宗教信仰对他的影响有关。② 从中可充分见到，儒家思想里的宗教性元素不仅真实存在，且使得中国人因深怀对天地先祖等的敬畏与感恩而能得以超脱同时又能将身心妥实地安顿于现实人生，故对人们于世俗生活中的精神超拔与指引发生着不同却也不弱于典型宗教如基督教、佛教等的重要作用。但是，尽管"鬼神与魂魄一起构成了中国宗教思想的核心"，③ 若要说朱熹自身必定存有一套完整的宗教思想体系，却并不允当。当然，如同方旭

---

① （宋）朱熹：《答廖子晦》，《晦庵先生朱文公文集》卷四十五，《朱子全书》第22册，上海古籍出版社、安徽教育出版社，2002，第2079页。
② 朱熹大半生都在闽地，而闽地尚鬼事神之风甚浓，其亲人师友也多有信佛老者，这都促成了朱熹思想中较强烈的宗教性情怀。详见杨燕《〈朱子语类〉经学思想研究》，东方出版社，2010，第303～309页。
③ 秦家懿：《朱熹的宗教思想》，曹剑波译，厦门大学出版社，2010，第80页。

东所认为的，朱熹的鬼神观"是对鬼神存在予以有限承认的比较复杂的无鬼神论"，[①] 因而有意无意地轻忽其思想体系中的宗教性元素，自然也有失偏颇。所以我们要强调的是，朱熹礼乐哲学思想中存在着较浓的宗教性色彩，但并不足以构成完整的宗教思想体系，因其主旨仅在于人伦教化而非宗教信仰建构。这恐怕正是儒教的基本特点。

三　实践性[②]

在朱熹的礼乐哲学思想中，实践性是其十分突出的一个理论特征。"朱熹主张考察礼中蕴含的礼意、人情……并不在于书面文字的传承与了解，更在于践履实行。"[③] 因此，钱穆先生评价朱熹的礼学时也就曾指出："朱子治《礼》学，不忘当前，每求参酌古今而期于可行。"[④] 是否在日常生活实践中"可行"，是朱熹议礼、修礼最为关注的一个方面，这就较为充分地体现出了朱熹礼乐哲学思想中的实践性特点。我们若是从朱熹本人关于礼乐经义的考释、礼乐制度的修订以及具体的礼乐实践来看，这一特征就更为清晰和显著了。

如对《论语·述而》中"子所雅言，诗、书、执礼，皆雅言也"一句，朱熹认为，《诗》《书》《礼》三者内容均与人伦日用的实践学问紧密相关，而"礼独言执者，以人所执守而言，非徒诵说而已也"。[⑤] 孔子之所以唯独对《礼》强调"执"，就是因为《礼》的实践性最为强烈。

---

① 方旭东：《道学的无鬼神论：以朱熹为中心的研究》，《哲学研究》2006 年第 8 期。

② 我们所用的"实践性"这一概念，主要是指朱熹的礼乐哲学思想中对礼乐的实践性特质的阐发、对礼乐的可操作性以及礼乐实践的现实社会功能的重视等，其中所体现出的一定的理性思辨色彩也只是倾向于李泽厚的"实践理性"而与康德的"实践理性"不同。在康德那里，"实践理性"强调的是伦理行为主体的理性的意志及其功能，与"理论理性"相对应；李泽厚所指的是中国人自古以来的理性思维重视实践及实践的有效性，不离现实人生经验的特点——"所谓'实践（用）理性'，首先是指一种理性精神或理性态度……这种理性具有极端重视现实实用的特点。"（李泽厚：《中国古代思想史论》，天津社会科学院出版社，2003，第 23～24 页。）李先生为了与康德的"实践理性"相区别，后来主张用"实用理性"代替。而笔者认为，或许我们更应该用"实践型理性"一词予以概括，方能更好地体现出与西方总体上更加强调纯粹逻辑思辨、更具非经验性的理性传统的差异。

③ 殷慧：《朱熹礼学思想研究》，湖南大学博士学位论文，2009，第 257 页。

④ 钱穆：《朱子学提纲》，生活·读书·新知三联书店，2002，第 179 页。

⑤ （宋）朱熹：《论语集注》卷四，《四书章句集注》，《朱子全书》第 6 册，上海古籍出版社、安徽教育出版社，2002，第 125 页。

具体而言，《仪礼》《周礼》《礼记》这三礼中实践性的强弱又有所不同。如朱熹道："《礼记》有说宗庙朝廷，说得远后，杂乱不切于日用。若欲观礼，须将《礼记》节出切于日用常行者看，节出《玉藻》、《内则》、《曲礼》、《少仪》看。"① 他批评《礼记》对礼义的阐发有"杂乱不切于日用"之嫌，因此强调学礼者应当"切于日用常行者看"，以符合人们日常生活的实际经验、便于践履为准则。

又如他对于三礼中《仪礼》的看法，亦说明了他注重礼乐的可实践性。他说："学礼，先看《仪礼》。《仪礼》是全书，其它皆是讲说。如《周礼》、《王制》是制度之书，《大学》、《中庸》是说理之书。《儒行》、《乐记》非圣人之书，乃战国贤士为之。"② 由于《周礼》和《礼记》中的大多数篇章是"讲说"，是对义理的阐述，若只读这些亦难以完全领会礼的要义，所以应当以《仪礼》为学礼的入门教材。同时，在读《礼记》时也必须先看并兼读《仪礼》，"读《礼记》，须先读《仪礼》"，"《礼记》只是解《仪礼》"，③ "《礼记》要兼《仪礼》读，如冠礼、丧礼、乡饮酒礼之类，《仪礼》皆载其事，《礼记》只发明其理。读《礼记》而不读《仪礼》，许多理皆无安著处"。④ 他对于《仪礼》的推崇，主要就在于《仪礼》注重实践，可将许多理在具体的礼仪操作中完整地展现出来。

有鉴于此，朱熹便十分看重在具体实践中对古礼进行因时、因地制宜的编纂改订，其最基本的原则就是"可行"。他指出："大凡礼制欲行于今，须有一个简易底道理。若欲尽拘古礼，则繁碎不便于人，自是不可行。"⑤ 古礼"繁碎不便"，已不适用于当前的礼乐生活实践，所以必

① （宋）黎靖德编《朱子语类》卷八十七，《朱子全书》第17册，上海古籍出版社、安徽教育出版社，2002，第2940页。

② （宋）黎靖德编《朱子语类》卷八十七，《朱子全书》第17册，上海古籍出版社、安徽教育出版社，2002，第2941页。另注：《王制》《大学》《中庸》《儒行》《乐记》均为《礼记》中的篇章。

③ （宋）黎靖德编《朱子语类》卷八十七，《朱子全书》第17册，上海古籍出版社、安徽教育出版社，2002，第2941页。

④ （宋）黎靖德编《朱子语类》卷八十七，《朱子全书》第17册，上海古籍出版社、安徽教育出版社，2002，第2940页。

⑤ （宋）黎靖德编《朱子语类》卷六十三，《朱子全书》第16册，上海古籍出版社、安徽教育出版社，2002，第2095页。

须依据现实情况加以损益更革，使其简易可行。故而在朱熹及其弟子们看来，礼之所以具有强烈的实践性元素，原因也就在于礼本身就是一种实实在在的、便于操作实践的日常行为规范。如其弟子胡曼问道："所以唤做礼，而不谓之理者，莫是礼便是实了，有准则，有着实处？"朱熹答曰："只说理，却空去了。这个礼，是那天理节文，教人有准则处。佛、老只为元无这礼，克来克去，空了。"① 朱熹于此就正是要说明礼是天理的外化形式与实现途径，若只讲天理而不谈及礼，人的言行举止就没有了具体而明确的"规矩准绳"，便如佛、老只重心性修炼却无处着实一般，最终堕入虚空抽象的境地，失去了现实意义。

但针对二程所强调的"礼即理"，朱熹却又认为两者实有所不同。他在《答曾择之》的书信中就曾明确指出，不可直接以理代"礼"；理为"礼"的实质内容，而"礼"则为理的表现途径和形式，即所谓"礼者，天理之节文、人事之仪则"。② 其高足陈淳曾对此有过精彩的解析：

> 文公曰："礼者，天理之节文，而人事之仪则。"以两句对言之，何也？盖天理只是人事中之理，而具于心者也。天理在中而著见于事，人事在外而根于中，天理其体而人事其用也。"仪"谓容仪而形见于外者，有粲然可象底意，与"文"字相应。"则"谓法则、准则，是个骨子，所以存于中者，乃确然不易之意，与"节"字相应。文而后仪，节而后则，必有天理之节文，而后有人事之仪则。言须尽此二者，意乃圆备。③

陈淳可谓深得朱熹之本义，从他的解说中可知，朱熹认为"礼"涵括了天理与人事两个方面，天理体现于具体的人事礼仪之中，前者为体，后者为用，而对礼的编订和实践也就是对天理、人事的具体规定和运用。

朱熹礼乐哲学思想中的实践性特点主要体现于其道德修养论中。尤

---

① （宋）黎靖德编《朱子语类》卷四十一，《朱子全书》第 15 册，上海古籍出版社、安徽教育出版社，2002，第 1454 页。

② （宋）朱熹：《答曾择之》，《晦庵先生朱文公文集》卷六十，《朱子全书》第 23 册，上海古籍出版社、安徽教育出版社，2002，第 2894 页。

③ （宋）陈淳：《仁义礼智信》，《北溪字义》卷上，中华书局，1983，第 20 页。

其是在他对佛、老之心性修养学说展开批判时，礼乐哲学的实践性特征更是成为一个极重要的理论武器。他一再指出，佛、老的心性修养最终会落入空幻，不似儒家有"礼"这一现实的、具体的操作仪则可供落实，两者的这一差异主要就在于他们对"人之性"的理解的不同。他强调说："仁义礼智，乃未发之性，所谓诚。中庸，皆已发之理。人之性本实，而释氏以性为空也。"① 在朱熹看来，儒家所说之"性"即是理，仁、义、礼、智与诚、中庸等皆为人性的实际内容，也是天理的基本含义；人性中正是因为充盈着这些伦理内涵，所以为"实"。佛家强调四大皆空，一切均为心之幻象，自然以人性为"空"。

朱熹讲格物致知，即物穷理，其"知""理"虽然同时包含着科学（知识论）与伦理（道德论）两方面的含义，但主要仍是指伦理之"知"与"理"。恰如乐爱国教授所指出："朱子的格物致知完全融合于道德修养过程之中，是道德修养的重要组成部分，其格致论仍然是一种道德论，是一种融合了知识论的道德论。"② 钱穆先生亦道："若从现代观念言，朱子言格物，其精神所在，可谓既是属于伦理的，亦可谓是属于科学的。朱子之所谓理，同时即兼包有伦理与科学之两方面。自然之理，乃由宇宙界向下落实到人生界。人文之理，则须由人生界向上通透到宇宙界。朱子理想中之所谓豁然贯通，不仅是此心之豁然贯通，乃是此心所穷之理，能到达于宇宙界与人生界之豁然贯通。"③ 以上述看法审视朱熹的礼乐哲学思想，我们即可看出，朱熹关于礼乐的哲学思维特点也正在于其于"宇宙界"与"人生界"之间的交互来回。他的"即物穷理"而"豁然贯通"所要实现的目标，乃是将伦理与科学作一个沟通，并且明辨科学之理以更好地服务于伦理，进而完善人们在现实生活中的诸如道德修养之类的伦理实践。

朱熹对礼乐实践性的强调，或曰朱熹礼乐哲学思想的实践性特质，由于他在政治上的不得志，多数情况下体现在了他关于礼乐生活实践方面的讨论之中。因此，其礼乐哲学思想也就表现出了儒家生活哲学的许

① （宋）黎靖德编《朱子语类》卷六，《朱子全书》第 14 册，上海古籍出版社、安徽教育出版社，2002，第 243 页。
② 乐爱国：《朱子格物致知论研究》，岳麓书社，2010，第 178～179 页。
③ 钱穆：《朱子学提纲》，生活·读书·新知三联书店，2002，第 131 页。

多特点。有学者指出："儒学肯认'生活'的直面性，即把'生活'作为人的存在方式、本质特征和终极实践指向，'生活'在此具有本体论的优位和价值，儒家哲学是'生活本体'论的哲学。"① 作为儒家哲学的一个构成部分，朱熹的礼乐哲学思想自然也正是一种"'生活本体'论的哲学"，而其中主要落实于日常礼仪生活细节中的实践性内涵更是充分证实了这一点。

另外，强调"以理易礼"，受佛老影响注重空谈高妙之理而轻忽礼的下学过程，则是朱熹在南宋所面临的时代性理论课题。② 朱熹的解决之道便是大力修订礼书，并通过频繁的日常讲论与勤勉不息的礼仪实践来抬高礼学的地位，引起人们对礼学的重视。在这项终其一生的工作中，朱熹始终坚持以一种理性、务实和开放的态度，以生活体验为基础，强调礼学实践的现实有效性，并以之作为议礼、制礼、行礼的根本标准，从而贯通上学与下达，让作为"天理之节文"的礼在社会生活实践中切切实实地彰显和贯彻天理于日用常行之细微处。这样一种实践性正是朱熹理学工夫论的一大关键，乃其经世精神的发显与实践依托，"只有在礼的下学中，在事事的应对中，儒家的社会、政治秩序才有保证。"③ 因此，牟坚先生同时认为，清儒凌廷堪等反而批评朱熹持"以理易礼"的态度是"有失公允"。我们若从朱熹对礼的重视及其礼的实践性维度来看，则清儒此论恐怕不仅"有失公允"，而更似无稽之谈了。

最后，朱熹礼乐哲学思想中的实践性维度注重现实实用的理性态度虽看似同其情感性、宗教性维度彼此矛盾，难以完全浃洽，但它们却都被朱熹作为礼乐哲学思想体系的基本要素而在有关礼的学术活动与生活实践中予以了有效会通，这一点又正是朱子礼学中富含的人文理性精神之体现。

朱熹在对于传统礼乐的继承与创造性地损益修订过程中的哲学探索和思考，以及与师友、弟子关于礼制礼义和乐律等问题的分析讨论中，

---

① 蒋海怒：《德感生活：儒家生活哲学内在构造解析》，《哲学研究》2005年第11期。
② 牟坚：《朱子对"克己复礼"的诠释与辨析——论朱子对"以理易礼"说的批评》，《中国哲学史》2009年第1期。
③ 牟坚：《朱子对"克己复礼"的诠释与辨析——论朱子对"以理易礼"说的批评》，《中国哲学史》2009年第1期。

逐渐形成了自己既丰富又独具特色的礼乐哲学思想体系。从上文对于朱熹礼乐哲学思想三大特征的分析可见，朱熹在建构礼乐哲学思想体系时注重疑古与创新的统一，正是宋代经学的时代性特征的一个典型反映；而在礼乐哲学建构的逻辑理路、基本内涵等方面对于佛、老所持的排抵与借鉴相统一的看似矛盾的态度，也体现出了当时理学哲学发展的基本态势；至于朱熹礼乐哲学思想中的情感性、宗教性与实践性的辩证统一，则又充分说明了它与传统礼乐哲学思想一脉相承的历史延续性。由此，我们即可得出一个结论：朱熹的礼乐哲学思想是宋代礼经学与理学相结合的产物，具有二者共同的基本特征，同时也是对先秦礼乐哲学思想的延续与创造性发展，有着新的里程碑式的意义。

小　结

在朱熹理、礼合一的思想背景下，其以《仪礼经传通解》《朱子家礼》为主体的礼学著述和《晦庵先生朱文公文集》《四书章句集注》《四书或问》，以及《朱子语类》等文献中，针对礼乐经籍文本、礼乐典制等做了大量阐释，其中无不承载着朱熹以理学为基础和指导而建构礼乐哲学思想的意旨。这其中既呈现出了他对礼乐经典诠释的开放而不失原则的创新精神，以及借助礼学诠释而批驳佛老的凌空蹈虚，执着坚守儒家道统的担当意识，也呈现出了他的礼乐哲学思想的基本理论面向，即宗教性、情感性与实践性的有机结合。从中可见，尽管朱熹的礼乐哲学思想从属于其理学体系，可以说是其理学体系的重要组成部分，因而两者有着一致的价值诉求，但同时也体现出了与学界通常所讨论的朱子理学不同的特征。譬如朱熹礼乐哲学思想中介于理性与非理性之间的鬼神观念所具有的复杂的宗教性，就是典型。因此，深化朱熹礼乐哲学思想特征的讨论对增进我们关于朱熹礼乐哲学思想乃至整个儒家礼乐哲学思想的理解都是大有裨益的。

第七章　朱熹礼乐哲学思想的
现代价值

　　自华夏文明的第一个轴心期之后，哲学与文化的发展主要都是以这一时期所产生的哲学经典为底本，经由各个时代的思想家们在其基础上不断发挥、拓展与延伸而来的。到了两宋，儒学发展到了一个新的顶峰，并被冠以"新儒学"的称谓。而"新儒学"之"新"，并非创生了全新的哲学体系，主要指的是经典诠释思想及方法的解放与革新，并由此带动了整个中国哲学思维水平、理论水平的飞跃发展，出现了新的面貌，上升到了一个新的高度。这便是宋学与理学的出现。[①] 朱熹是两宋理学（甚至也包括经学）的集大成者，他在继承与发展周敦颐、张载、二程的理学思想的同时也通过诠释礼、易诸经而有效地阐发了自己的哲学思想观念，建构起了自己博大精深的哲学体系。其中，他对礼乐经典的诠释与辨析，对当时国家礼典、社会风俗以及家庭礼制的哲学思辨、实践和革新，等等，就构成了朱熹礼乐哲学思想的基本内容。朱熹的礼乐哲学思想在整个中国哲学史、文化史等方面都有着较为重要的地位和影响，同时，它对于当前的文化与哲学的创新性建设与发展也具有一定的借鉴价值。

第一节　朱熹礼乐哲学思想的现代价值转换何以可能

　　传统儒家礼乐文化作为数千年来中华民族赖以长养繁衍的文化根基，一直都在对中国人的宇宙观、人生观、价值观、实践观等产生着潜移默

----

① 关于宋学与理学的关系，我们认为，宋学的主干内容属于儒家经学，其本身是一种经学派别，乃我国经学史的主要构成部分；理学的主干内容则属于儒家哲学，是构成中国哲学史的主要内容之一。二者之间有着很深的渊源关系，理学作为宋学中的一个哲学化支派，它的产生与发展均是在宋学的范围内进行的。详见冯兵《"宋学"非止于"理学"》，《中国社会科学报》2013年8月5日，第6版。

化的影响，并在政治、教育、经济等以至于人们日常生活的每一细节中都得到了淋漓尽致的展现，是塑造中华民族心理与性格的根本元素。近代以来，随着西方资本主义经济的迅猛发展，以传统礼乐文化为代表的中华文化被"全方位地置身于一个崭新的文化参照系中"，"中华文化遭遇到前所未有的挑战"。① 鸦片战争之后，广大的爱国思想家纷纷寻求强国的路径，对传统文化的反思也全面展开。到了19世纪初叶，由于五四新文化运动的兴起，传统礼乐文化被打入历史的冷宫，受到了较为普遍的批判。直到20世纪80年代初，大陆改革开放之后，以传统礼乐文化为主要内容之一的"国学"重新受到了中国学术界、知识界的普遍重视，并在社会上逐渐热了起来。整个国学热的背后，实质体现出的乃是人们在面对西方文化的强势入侵以及各种社会问题与现象时，试图在传统文化中寻求文化复兴和解决各种现实问题的方案，从而在工具理性与价值理性等多个层面所进行的反思、追索与回归趋向。哲学作为文化的一种升华与凝练，随着中国传统文化的渐受重视，中国哲学也因此得到了较好的发展机遇。而传统礼乐哲学乃中国哲学的重要构成部分，必然能够同时也理所应当地在这一历史背景下有所作为。

在这样一个时代的社会文化与学术背景下，朱熹的礼乐哲学思想自然有着较为重要的借鉴价值。原因何在？

首先，朱熹是中国哲学史、思想史以及文化史上最为重要的人物之一，其礼乐哲学思想代表着我国自春秋战国时代之后传统礼乐哲学的最高成就，是封建社会礼乐文化在哲学与伦理层面上最精炼和集中的展现。20世纪初，严复就曾指出："中国所以成为今日现象者，十之八九为宋人所造就。"② 朱熹则是"宋人"中的代表，其思想对于当今社会的潜在影响仍然是较大的。譬如以他为代表的理学家们所倡导的理欲观、节烈观、义利观等，均流传至今，在当今中国社会仍有着较为深沉的潜在影响，是造成当今中西方价值观之间的差异以及其他各种文化冲突的主要文化内因之一。

----

① 冯天瑜、何晓明、周积明：《中华文化史》（下册），上海人民出版社，2005，第723页。

② 严复：《严几道与熊纯如书札节钞》，《学衡》第13期（1923年1月），江苏古籍出版社，景印合订本，第3册。

其次，在文化的冲突与融会方面，中国当代社会与朱熹所处的南宋社会在一定程度上有着相似的境遇。大陆改革开放之后，中国一方面是对西方文化敞开了"国门"，另一方面对传统文化也开始解禁，同时又坚持着马克思主义思想的主导地位；所以，在比较长的一段时间里，中国（主要指大陆地区）社会的意识形态领域中都呈现出一种中、西、马三分天下的局面。由于中、西、马三家有着各自独立的哲学思想体系，[①]三者的并存必然免不了相互之间的冲突与融会。这种不仅保持着既有张力，维护着彼此独立个性，又在不同层面发生着不同程度的交流与融合的动态平衡局面，与整个唐宋时期，甚至可以说是自汉以来的整个中国传统社会里的意识形态领域中儒、释、道鼎足而三的对立而又统一的状况，是基本一致的。在这种具有相似文化形态的社会背景下，朱熹的礼乐哲学思想在继承与发扬传统儒家礼乐文化的基础上，如何应对佛、道两家哲学思想与文化的挑战，以及如何整合与创新整个中华文化，这一系列的相关理论和社会实践，对于当前我们的整个学术界、文化界，尤其是从事传统文化与哲学方面研究的广大学者们如何去重振"国学"，如何去建设既是华夏民族的，也是世界的中国文化与中国哲学而言，无疑在很多方面都是有着较为重要的借鉴价值的。

第二节　传统礼乐实践原则的现代启示

中国自古以来即有"礼仪之邦"的美誉，知礼重礼是构成中华民族形象标签的主体内容。但在较长的一段时间里，中国传统礼仪却受到了人们较多的忽视甚至是贬低。尤其是 20 世纪 80 年代大陆改革开放以后，随着西方文化的强势进场，再加上日益增多的国际交流的需要，西方礼仪文明在中国大受欢迎和追捧，中华民族优秀的传统礼仪文明反而受到冷落。但与此同时，国人也开始注意到，一些被我们自己遗落的传统礼乐文化精神及许多古老的礼仪在周边国家和地区，如韩国、日本等国家均保存得相对完好。这无疑有着令国人尴尬的讽刺意味。出现本民族的

---

① 当然，严格说来，马克思主义哲学也属于西方哲学体系；但在中国，由于马克思主义的中国化，它也就从西方哲学系统中基本独立出来了。

传统文化被冷落和贬低的现象，实际是在一定程度上反映出了国人的文化自卑心理。然而，"中华民族要振兴，首先要有文化自尊和民族自信。一个失去了文化自尊和民族自信的民族，是不能凝聚人心、走向腾飞的"。① 而要提升文化自尊与民族自信，重拾我国优秀的传统礼乐文明，并在全社会范围内普遍推广实施，是必要的，也是行之有效的。只是我们在具体的操作实践中，对于传统礼仪必须加以合理扬弃与改造。

在前文中，我们曾分别从传统礼乐的诠释与修订实践、生活实践和政治实践三个方面阐述了朱熹关于礼乐的实践哲学思想。当今中国社会要继承与发展传统的礼乐文化与文明，同样也要涉及这三个方面的内容，朱熹的相关实践智慧就可以为我们提供有益的借鉴。

一 传统礼乐的诠释、修订与传承原则

从青年时期开始，朱熹就在筹划和从事《家礼》的编订；到了晚年，由他牵头并组织众多友人和弟子参与编修《仪礼经传通解》，将传统礼经学"尽数拆洗一番"，则是他最重要，也是最让他自得的学术活动之一。由此可见，关于传统礼经学的编修改订的讨论与实践，可以说基本上贯穿了朱熹整个的学术生涯。"以义起""缘人情"、注重礼乐器数，是朱熹关于传统礼乐的修订与诠释思想的基本内容。结合当前的国情与时代特点，我们要合理有效地继承与发展传统礼乐文化，将传统经籍所载之礼仪古为今用，进行现代转换，上述三点仍然是值得我们认真借鉴的。

首先，朱熹所谓的"以义起"，乃是强调以儒家的中庸智慧与中和精神为指导，因时、因地制宜，在延续和保留礼乐本质内涵的基础上对于传统礼仪礼制进行合理适度的改革，以使其"合时之宜"，更具可操作性。在现代礼仪的修订和推广中，我们同样需要在以中国传统礼仪为主体的前提下，结合时代特色，并适当借鉴西方国家的相关礼仪规则，制定出既具有中华民族传统礼乐文化精神，又简便易行，为中国各阶层人民所广泛认可，也能在涉外礼仪活动中为外国友人所理解和接受的新的礼制规范。

---

① 彭林：《儒家礼乐文明讲演录》，广西师范大学出版社，2008，第 286 页。

其次，朱熹一贯认为，"先王制礼，本缘人情"；因此，"缘人情"，主张以人的情感和心理为依据，也是朱熹编订改制礼仪的重要原则。如今图书市场上琳琅满目的礼仪类书籍，以及各种礼仪讲座（如中国人民大学金正昆教授曾在百家讲坛开讲的"社交礼仪"，就是其中最具代表性的一个）中的内容，大多能较好地贯彻"缘人情"这一中华礼仪文明里重要的制礼与行礼原则。但是，我们还必须注意到的是，这里的"人情"所强调的乃数千年礼乐文化熏陶下的中国人的情感世界，而当前人们所看到的众多礼仪书刊多是借鉴参考西方礼仪，并不能很好地契合受传统文化影响的中国人的情感与心理。所以，朱熹的这一礼乐编修原则就提醒我们，在制定现代中国人"日用常行"之礼仪规范时，一方面要深入生活实际，真正符合中国人的情感需求和情感特征；另一方面则必须坚持以中国传统礼仪文明作为制礼的主要依据。

最后，朱熹也曾强调，古礼所保留下来的大多数具体仪式和礼器形制在后世礼仪的制定与实践活动中都有着重要价值，认为对它们的基本保留和沿用不仅体现了对古礼的尊重，也是传承古礼主体精神的主要手段。在现代礼仪规范的设计当中，我们同样有必要沿袭较多的传统礼仪，并模仿古代礼器的形制而制作相关的礼器。譬如韩国尤其是在韩国农村的婚俗中，就较好地保留下来了中国古代婚礼的"纳采""问名""纳吉""纳征""请期""亲迎"等程序仪式，而且制有木制的"雁"以替代真实的大雁活体来作为媒人向女方家长提亲时的信物，这就是对传统礼仪的一个合理变通。在现代社会，尽管提倡自由恋爱，但通过双方所举行的这类传统礼制活动，可以有效地提升婚姻的神圣性和严肃性，端正年轻人对待婚姻的态度。当前我国离婚率呈逐年上升的趋势，与许多年轻人视婚姻如儿戏、缺乏严谨认真的生活态度是有着较大关系的。所以，在制定和推行能够普行于世的现代礼仪时，较多地保留古礼中具体仪式和礼器的原貌，抑或予以适当变通，对于有效继承与发扬优秀传统文化、增强民族自尊心、提高文化自信，进而提升国民人文素养是大有裨益的。

二　礼乐的生活实践原则

朱熹关于礼乐的生活实践原则，我们在前文中曾归纳出了两个方面的内容：一为强调"因人之情"的情感原则，一为"经权相济"的原则。在我国当前的文化建设中，要构建具有中国特色的社会主义核心价值体系，传统礼乐文化是绝不可忽视的，故而传统礼仪文明在现代社会生活中的具体实践问题就显得尤为重要。上述朱熹所运用的两项基本实践原则，对传统礼乐在21世纪的中国人日常生活中的具体实践同样有着较重要的借鉴意义。

　　其一，朱熹深受传统礼学思想的影响，认为礼乐的形成源于"人情"，亦为"人情"所用。因此，他在讨论礼乐在日常生活中的具体操作原则时，对"人情"（即礼乐实践中人的情感和心理因素）及其所具备的作用和意义十分看重。礼乐实践主体的"诚敬""敬爱"等情感、心理与"礼宜从厚"的实践原则，也就构成了朱熹礼乐实践观的情感原则的基本内容。事实上，传统礼乐对人的情感的重视，尤其是朱熹所强调的"诚敬"心理与"礼宜从厚"的情感原则，主要便体现在日常生活里的孝亲敬长、尊祖敬宗的道德情感，以及丧礼、祭礼中事鬼敬神的各种宗教性心理体验方面。但对于现代中国人来说，尊祖敬宗的传统宗法伦理观念和以血缘关系为纽带的宗族情感就越发淡薄；再加上曾受到一些浅显的、片面的无神论思潮的影响，年轻人面对老一辈于传统节假日举行的祭祖仪式等也感到不可理解，甚至反感。这些都说明，随着新的社会结构的形成，许多传统文化元素，如原有的宗族和家庭伦理观念等正在逐渐消失，而相应的新的价值体系又没能很快建立起来，这实际上是当前中国社会所面临的一个进退两难的文化困境。

　　为什么会造成这一困境？社会政治、经济、人口政策等各方面的原因都有，而文化方面的原因主要在于：一方面，西方自由主义思潮以及被作为国家意识形态的马克思主义的唯物论等在一定程度上消解了中国传统文化里维护宗族与家庭之稳定的宗法伦理观念；另一方面，由于数千年的传统文化力量在社会的各个层面均盘根错节地存在着，可谓根深蒂固，又岂是一朝一夕就能完全颠覆的！这便给民众在文化心理上造成了一定的混乱与矛盾，使其显得茫然而彷徨，无所适从。所以，面对极富冲击力的西方文化与市场经济所带来的快节奏生活方式和功利性极强的浮躁的快餐文化，以及由此给人们带来的文化心理上的迷乱和消沉，我们就必须在华夏民族的土地上，以传统礼乐中优秀合理的部分为基础，结合当前社会实际，并借鉴参考西方现代文化与文明，来继承与发扬具有数千年历史的优秀传统文化，恢复人们的文化自信心与自尊心。这就要求我们必须在现实社会生活中认真贯彻实践传统礼乐文化的核心精神，朱熹的"诚敬""敬爱""礼宜从厚"等情感原则即可在情感和心理方面为我们提供指导，提醒我们以"诚敬"的态度、"礼宜从厚"的原则去践行如祭祖敬宗、孝亲敬长等日常生活礼仪，进而真正实现社会的和谐安定。当然，朱熹所强调的"礼宜从厚"，并非指无节制的铺张浪费，其中又有着"中"与"时"的方法论指导，以适中合宜为根本要求，坚持"经权相济"的实践原则。

其二，朱熹所运用的"经权相济"的实践原则，其核心内容就正是"中"与"时"这两个中国哲学中的重要概念。他反复强调"礼贵得中"，认为把握与坚持"中"是制订和实践礼乐的根本，为"经"；同时又必须以"时"的观念来调适不同时代和环境下的礼乐实践活动之"中"的表现形态，这便是"权"。二者的有机结合，即构成了朱熹"经权相济"的礼乐实践观。

"经权相济"是一种典型的儒家式的思辨智慧与实践智慧，在当代社会，我们在编定礼仪规范和实践礼乐传统时即需要运用这一重要的实践原则，以在继承传统礼乐基本精神的基础上，能够有效地迎合时代的需要，同时也使之切实可行，具备普遍适用性。具体如前述所言朱熹的"礼宜从厚"原则，我们在现实生活中，无论是祭祖敬宗还是人际间的礼尚往来，虽然为了让礼节更加到位，使情意更显真挚深切而强调"礼宜从厚"，但也并非越"厚"越好，否则将不仅仅是造成无谓的人力、物力的浪费，而且会因不合礼节而适得其反。显然其间是有着基本原则和底线的，而这一基本原则和底线又因人、因时、因地各有不同。如何去判断言行是否合礼适度，就需要认真去体悟和把握朱熹所提倡的"中"与"时"的实践智慧。当然，不仅是在重构和实践传统礼乐时有必要采用这一原则，事实上，"经权相济"的实践智慧也几乎适用于所有的社会实践活动，它无疑是朱熹礼乐哲学思想的一个重要贡献。

三 礼乐的政治实践原则

朱熹一生虽满怀报国之志，却仕途坎坷，在外为官不足十年，其切身的政治实践活动并不足够充分。不过，就在他不长的政治生涯中，他经办社仓，整肃吏治，惩戒贪腐恶霸，努力推行"政经界"等农业经济改革，等等，为国为民尽心尽力，做了许多事情。其中如"政经界"之举虽没有成功，但总体来说，朱熹的政绩还是令人称道的，为其赢得了很好的官声。

朱熹为官时所推行的各种政经措施，以及在向当朝皇帝献书进对，与弟子、友人讲论时所提出来的诸多政论思想，等等，大多是直接或间接源于《周礼》。可以说，朱熹的政治思想是一种较为典型的儒家礼治思想。从政治哲学的高度来审视朱熹的政治实践及相关理论体系，我们可以将其归纳为两个主要的方面：一、合理政治秩序的建构；二、君臣关系的维护。他的礼乐政治哲学思想是其政治实践的基本指导原则。在政治秩序的建构方面，他延续了儒家一贯的德政主张，强调德礼为先，政刑为后，但同时也并没有否定政刑的功能和价值，与荀子"隆礼重法"的政治哲学思想较为一致，具有实践理性特征。而朱熹的礼乐政治哲学思想中，最具价值的则是他关于礼制之下君臣关系的反思。他曾指出，金廷在礼制确立之后"上下位势渐隔，做事渐难"，① 认为儒家礼制在严格确立上下位阶等秩的同时，也有着不可避免的负面效应；因此，他极力宣扬先秦儒家所主张的"君使臣以礼，臣事君以忠"② 的君臣伦理关系，要求君臣上下"亲爱一体"，以"礼让为国"，共襄强国盛举。作为一个典型的传统士大夫，朱熹从中所体现出的理性精神与爱国爱民之心着实令人感佩。

现代政治强调民主与法治，封建时代的君主集权专制和德政礼治的政治思想自不可与之相提并论。但即便如此，朱熹的礼乐政治哲学思想与政治伦理精神仍有许多值得我们认真思考和借鉴的地方。

第一，朱熹所极力推崇的德礼为先、政刑为后的德政与礼治观念，虽然并不完全适用于今天的社会现实，但其中对于为政者的道德品质的重视，就提醒我们必须切实加强对于政府公务员的个人道德素质的考查和培养，而非仅仅关注其政治表现。当前之所以贪腐现象屡禁不绝，除了官员权力过于集中、制度监控不力等客观因素之外，部分政府官员缺

---

① （宋）黎靖德编《朱子语类》卷八十九，《朱子全书》第 17 册，上海古籍出版社、安徽教育出版社，2002，第 3013 页。

② 《论语·八佾》。

乏"慎独"精神，道德素养低下，自我约束能力严重不足，也是重要原因。所以，从传统伦理思想入手加强"官德"建设，是建构现代政治伦理的重要方面。尽管这是一个老生常谈的话题，却是经由数千年的历史所证实，有着充分的理论依据和实践价值的。

第二，朱熹对于严格的礼制之下君臣关系的反思以及对于君臣之间"诚爱""相亲"的伦理关系的呼吁，在当前我们的政治生活中更是有着重要的启示意义。中国共产党之所以能够取得胜利，顺应了社会发展的历史规律，迎合了时代的需要，是其根本原因，而良好的党内民主作风和亲如一家的干群关系也是不容忽视的重要部分。新中国成立之后，在较长的一段时间里，无论是行政事业单位内部的上下级关系，还是社会上的干群关系，基本上延续了这一优良传统。但随着时代的发展，尤其是改革开放之后的一段时间里，党政机关内部的上下级关系以及干群关系之间也不同程度地出现了一些问题，"同志加战友"的亲密感情已渐渐淡薄，"位势渐隔"的现象初现端倪。因此，在各级政府工作人员均坚持原则、各尽其职，努力维护民主、公正、透明的行政环境的基础上，合理借鉴朱熹所主张的君臣关系理论，去其封建宗法专制制度方面的糟粕，进一步加强有原则的"亲爱一体"的现代政治生活中上下级关系和干群关系的建设，也是当前构建和谐社会的应有之义。

第三节　社会道德价值体系建设的启示

笔者曾经指出，改革开放发展到今天，国家日益富强繁荣，人民物质生活水平大幅提高，这是我国举世共睹的成就。然而，由于随之而来的社会关系的日益丰富和复杂化，以及改革开放初期客观上对国民思想道德建设一定程度上的松懈所造成的影响等因素，使得我国的社会伦理道德问题越来越成为一个社会普遍关心的话题。[①] 具体而言，则如焦国成所说："善恶标准模糊，耻感低下，规则意识淡漠，是当今社会最主要的问题。"[②] 但事实上，中国是一个有着非常深厚的文明积淀的国度，数

---

① 冯兵：《当前青年主要道德问题及其对策初探》，《青年探索》2006 年第 2 期。

② 焦国成：《守善寻本：雕塑和谐社会中完善的人》，《中国教育报》2005 年 1 月 18 日。

千年绵延不绝的文化传承中，强烈的道德属性恰是其最根本的特征。如今国民道德素质所呈现出的下滑趋势，除了受市场经济与西方文化的冲击之外，也和较长时间以来我国的文化建设与传统文化的传承有些脱节不无关系。甚或后者才是关键。所以，在当前具有中国特色的社会主义核心价值体系的建构中，我们不只是要顺应时代发展的要求，认真借鉴和吸收西方文化里具有普遍意义的优秀价值观，更要充分发掘与传扬中国传统伦理思想的精髓。朱熹的礼乐价值论中对于"仁"与"敬"、"和"、"义"与"利"等儒家核心伦理观念的深刻论述，即可为我国当前所出现的如"善恶标准模糊，耻感低下，规则意识淡漠"等现实道德问题提供较有针对性的理论借鉴，并有助于真正建构起一套既与传统道德价值观念一脉相承又能够和世界优秀文化对接、完全合乎社会与时代发展要求的价值论体系。它主要体现在以下几个方面。

一　仁爱教育

传统儒家所提出的"仁"的观念早已走向世界。20 世纪 80 年代，西方社会在面临诸多社会问题时，就有人提出，未来世界的发展必须大力提倡以孔子为代表的中国传统儒家的思想智慧。1984 年美国的《人民年鉴手册》列出了世界十大思想家，孔子名列榜首。而在 1988 年 1 月 14日的澳大利亚《堪培拉时报》上也登载了一篇题为《诺贝尔奖获得者说要汲取孔子的智慧》的文章，文中称当时 75 位诺贝尔奖得主在巴黎开会，其中就有 1970 年物理学诺贝尔奖的得主——瑞典科学家汉内斯·阿尔文博士。汉内斯·阿尔文博士说过很著名的一句话，大意是说：人类要生存下去，就必须回到 25 个世纪（2500 年）以前认真汲取孔子的智慧。另据新浪网报道，2009 年 10 月 28 日，美国众议院以 361 票赞成、47 票反对的压倒性多数，通过决议案——将孔子的诞辰定为纪念日。新浪网该条新闻的编者李西兴在按语中指出："这是对中国传统人文观念世界性影响的充分肯定，将会推动中国传统文化在世界的传播，并进一步加强孔子作为世界性古代思想哲人的地位。"① 而孔子思想中对后世影响

---

① 孔健、祥林：《孔子诞辰成为世界性的节日》，http://blog.sina.com.cn/s/blog_608ba6b10100g92d.html? tj=1，2009—11—1。

最大的就是其仁学思想，"仁"成为中国传统文化最具代表性的核心价值观念。朱熹作为中国中世纪的另一个"孔子"，他的与先秦儒家一脉相承又有较大发展的仁学思想同样对于现代中国乃至整个世界的社会道德价值体系建设都具有借鉴价值。

朱熹关于"仁"的解释主要有两点，一是指出："仁者，心之德，爱之理"，①强调"仁"是人心固有之德，乃形成与实践人类之"爱"的基本原理；二是认为"仁"是"天地生物之心"在人心中的体现，"仁是个生底意思"，②将传统的"上天有好生之德"的先验性伦理观念与人类个体心性结合贯通起来。随后他在讨论"仁"与礼乐的关系时，一方面依循先秦儒家的传统，认为"仁"是礼乐实践的核心价值观念，另一方面则以礼乐为"仁"的实现途径。同时，"仁"作为儒家伦理思想中最具代表性、含义最广泛的一种德性，它既是与"义""礼""智"等并列而居首的人伦之大者，同时又能涵括其他诸德。"仁"在孔子的大力提倡宣扬之下，成为中国传统伦理思想中最重要的内容，到了朱熹，则在原有的基础上结合时代理论背景，对之予以了更为充分的演绎和阐发，进一步强化了"仁"在中国人的价值观念体系中的首要地位。

朱熹关于"仁者，心之德"的看法实际上是一种先验性的人性善的观念，乃是对于孟子性善论的继承与发展。这一性善论倾向无疑能够有效地增强人们对于人性发展、对于提升整个社会道德风尚的信心。因而从社会价值方面来看，它是有着积极意义的。而朱熹强调"仁者，爱之理"，主张"仁"为人们在日常生活中推行仁爱之道的基本原理，也正是建立在其性善论基础上的。将"仁"由"爱"延伸到"生生之意"，不仅是朱熹对于孔孟关于"仁"的观念的发展，同时也告诫人们：除了关爱家人、朋友之外，也要由亲及疏，由近及远，逐层推扩，最终超越地域和族群，而且还应将仁爱之心传递给生活世界中的其他生物，充分保障它们的有效生存与发展，这便是"仁"所具备的"生生之意"的大体含义。用现代话语来阐释朱熹的这一理念，则是当前社会所大力提倡

---

① （宋）朱熹：《孟子集注》卷一，《四书章句集注》，《朱子全书》第6册，上海古籍出版社、安徽教育出版社，2002，第246页。

② （宋）黎靖德编《朱子语类》卷二十，《朱子全书》第14册，上海古籍出版社、安徽教育出版社，2002，第702页。

的博爱与环保意识。尤其是后者，更是当前的一个事关人类生存与发展的全球性问题。地球是人类共有的家园，我们在其中求取生存资源、亲爱家人朋友的同时，也必须顾念与我们同处于地球家园的其他生灵，以维护它们的生存权利，进而保护地球的生态环境，促进全球生物的共同繁荣与发展。

此外，由于"仁"是礼乐的核心伦理价值依据，礼乐则是"仁"的外在表现与实践途径，二者是紧密联结的整体，因此若要真正使得"仁"这一传统伦理智慧为现代社会所用，并深入人们的日常行为观念之中，对经过合理现代转化的传统礼乐的宣传、教育和推行就是一个必不可少的重要途径。这从另一方面说明了当前加强传统礼乐的研究与推广的意义所在。

二　人际关系伦理建设

"仁"是一个相对宽泛、缺乏具体操作原则的伦理论题，礼乐实践作为它的培养和实现途径，其内蕴的"敬""和"观念就要显得更具实践价值。对于"敬"与"和"，朱熹在其礼乐价值论中认为，二者分别构成了传统礼、乐的主要伦理内涵和依据。在他看来，"敬"主要有着"敬畏""爱敬""诚敬"三个方面的含义，"和"则主要强调的是个体心灵与情感的和宁安定，为"情之正也"，认为"合于礼便是和"，"吾心安处便是和"。从中我们不难看出，朱熹的礼乐价值论中对"敬"与"和"的重视，实际上所体现出的乃是他对于以礼为根本标志的宗法伦理的极力维护，以及对于人的情感和心灵世界的终极关怀。而二者由于礼乐之间唇齿相依的紧密联系所具备的一种"敬"体"和"用、"敬"先"和"后，以及"敬则和，和则自然敬"的流转相依的关系，便显示出了朱熹礼乐伦理思想中重视情理和谐的基本特点。

就现代人的社会伦理生活而言，"敬"与"和"作为礼乐的核心价值观念，伴随着礼乐的生活实践，在人际关系的伦理建设中同样有着重要意义。

当前社会之所以会出现诸多问题，如人类对环境的肆意破坏，年轻人的桀骜不驯、目无尊长，人际交往中的诚信缺失，等等，都与传统的"敬"伦理观念在现代社会生活中的弱化有着莫大关系。朱熹关于"敬"

之"敬畏""爱敬""诚敬"三个意涵的讨论，则提醒我们应当以这三种伦理态度认真对待日常生活中与自然、社会和他人的交往事务。

孔子讲"畏天命，畏大人，畏圣人之言"。① 朱熹认为，此处之"畏"应释作"严惮"，"严"便指敬肃，"惮"则有"畏"的意思，孔子所言之"畏"即指"敬畏"。② 在孔子之"畏"的基础上明确添入了"敬"的内容，无疑是朱熹的一大贡献，体现出了理学重"敬"的伦理特征。同时，"敬畏"伦理观念也是朱熹礼乐价值论的重要内容，在今天对于我们仍然有着借鉴价值。虽然我们已不再迷信"天命"，但仍需要敬畏自然，敬畏生命，关注生态环境，注重人与自然的和谐。而孔子所讲的"大人""圣人"主要是指贵族统治者和古圣先贤，"大人"在现代社会则大致可比拟为领导或师长。对于领导，今天由于直接的利益相关性，或许人们内心深处的"畏"比"敬"要多得多。对于师长及古圣先贤，从当前各类媒体的报道，以及我们耳闻目睹的许多现象来看，年轻人也已逐渐丧失了应有的那份敬畏之心，如近两年高校中频发的师生冲突事件就是典型例子。所以，"今天，我们有必要对朱熹的敬畏伦理思想进行辩证扬弃和现代转换，批判地吸取其合理元素，为新时期加强公民道德建设，构建和谐社会提供文化资源"。③

此外，由于近年来我国社会年龄结构已日趋老龄化，而社会养老制度和机构建设相比西方发达国家尚有很大差距，加上我国又有着深厚久远的孝文化传统，故而由子女来赡养父母仍是主要的养老方式，同时也是造成我国中青年群体普遍感觉压力很大的重要原因。在这样的情况下，加大对于朱熹礼乐价值论中"孝敬"观念的宣传与推广，自然就有了较强的现实针对性和社会价值。其中，特别是要强调"孝养"与"爱敬"的必然结合，使得子女在对父母尽孝的过程中不仅仅是给予物质上的满足，更要在情感与心理上给予周到细致的关爱和照顾。

同时，随着市场经济的快速发展，以及西方个人主义、拜金主义等价值观对于年轻人的负面影响，当前我国社会的诚信状况总体来看并不

---

① 《论语·季氏》。
② （宋）朱熹：《论语集注》卷八，《四书章句集注》，《朱子全书》第 6 册，上海古籍出版社、安徽教育出版社，2002，第 215 页。
③ 郭淑新：《朱熹的敬畏伦理思想及其现代意蕴》，《中国哲学史》2009 年第 1 期。

理想。朱熹强调做人做事的"真实无妄",要求在社会生活中坚持"诚敬"的态度,这对于强化人们在人际交往中的诚信与懂得尊重他人的伦理意识也有着积极意义。

至于"和"的礼乐价值观念,则主要体现出了朱熹在礼乐实践活动中于人类情感与心理和谐的重视。对现代人而言,面对着强烈的社会竞争,尤其是正处于成家与立业关键时期的年轻人,所要承受的精神压力可以说是与日俱增。精神压力主要来自两个方面:一为生存困境,譬如房价飙升,就业不易,以及"生不起,死不起,也病不起"的社会现实等,都是十分严峻的生存难题;一为心态失衡,由于社会贫富差距拉大,理想和现实的落差强烈,加上社会的公平与公正在一定区域和一定时间里没能得到有效体现,等等,都比较容易导致部分人的心态失衡,从而做出过激的行为,如轻生、易冲动,从而引发伤害自身、他人及社会的事件等。这些都是影响社会和谐的重要因素,也可以说是一种社会危机。朱熹认为"和"为"情之正""吾心安"的情感状态,并认为"合于礼便是和",这一观念对我们当前的和谐社会建设来说,无疑有着较大的借鉴价值:第一,它提醒我们,"和"首先是一种个体内在的情感和心理体验,是个体内心的祥和安定,而非任何外在于人心的物质化的东西;第二,"合于礼便是和",传统的礼虽然与今天的社会道德规范有所区别,也更非今天的法制,但朱熹所强调的这点则告诫我们,相比众多的"心灵鸡汤",如各种"心得"式的讲座、书籍等,要营造内心的和谐世界,遵纪守法、依循基本的社会道德规范恰恰才是最基础、最普遍适用也是最重要的途径。

三　现代义利观的形成

传统儒家在将"义"与"利"对说的时候,通常体现出了一种德性至上的思想特点,他们将片面追求物质利益、只顾满足个人私利的行为看作道德沦丧、引起社会动荡的根本原因。当然,总体上说,儒家也并没有绝对地否定个人生存所必需的物质需求,只是强调不得过度追逐物质欲望。在朱熹礼乐价值论中,上述儒家义利思想的特征同样表现得很清楚。

在朱熹看来,"义"主要有两个方面的内涵:一为"心之制,事之宜"，强调"义"是内心的自我规范，显发于外便是为人处世的合理与适当；一为"善善恶恶为义"，主张人们应当善恶分明，具备明确的是非观念和态度。从今天的社会道德建设角度而言，若能够将这一个人德性标准延伸到整个社会，那么，社会正义的实现必然也是指日可待的。朱熹对于"利"的基本内涵的理解则为：从积极的一面来说，"利"是一种因"义"而来的"自然之利"，"义便兼得利"；① 从消极意义上而言，"利"则是一种个人的"贪欲之私"，是"专言利"而忽视"义"的结果。对于义利关系，一方面，朱熹认为二者在一定条件下可以互相转化："义即利"，此"利"即是"自然之利"；但另一方面，也是他的主要态度，即他仍是强调重"义"轻"利"的（此处的"利"显然是指"贪欲之私"），和其他儒学家并无二致。另外，在朱熹看来，"义""利"作为人心内在的对待各种物质诱惑的伦理态度，如何取舍实际上体现出的是人们对于理欲观、公私观以及礼乐实践的基本认识，正确义利观的确立与礼乐是有着相当紧密的联系的。所以，若要正确对待义利关系，就必须在生活中认真践行礼乐传统。

今天人们所面临着的全球性的环境、资源，以及其他各种社会伦理问题，许多有识之士很早就注意到了它们对于人类的生存与发展所带来的严重影响，并从伦理、生态等多方面开始进行反思。而中国是一个典型的发展中国家，飞速发展的经济给我们的各种政策体制和社会意识形态都带来了较大的挑战。因此，如何加强道德文化建设，以使之与经济的快速发展相适应，不至于影响国家全面建设小康社会的整体进程，并切实履行好作为一个世界大国所应当承担起来的各种责任和义务，已是我国必须认真面对和亟待解决的问题之一。其中，借鉴传统的义利观建构合乎时代发展要求的现代义利观体系，对于维护具有中国特色的社会主义建设的稳定与高效有着尤为重要的意义，是当前道德建设的重点之一。

大体而言，朱熹礼乐价值论中的义利观可以为我们在以下几个方面提供借鉴和启示。

---

① （宋）黎靖德编《朱子语类》卷六十八，《朱子全书》第16册，上海古籍出版社、安徽教育出版社，2002，第2282页。

　　首先，我们应当明白，"义"体现的是一种顾全大局的观念，甚至是在必要的情况下以牺牲一定的个人利益或局部利益来成全某一集体、社会乃至整个人类的全体利益；"利"则主要是指那种孜孜以求个人私利或狭隘的某一特定利益集团的利益而毫不顾及大局，甚至以损害他人或集体的利益来满足个体私欲的心态或行为。从这一角度来讲，"义"与"利"可以说是对立的。而朱熹的礼乐价值论强调重义轻利，将义利观与理欲观、公私观紧密结合起来，这一传统儒家义利关系论就提醒我们，必须观照集体利益，顾全大局，满足个体的利益需求时必得以不伤害他人和社会整体利益为基本前提；并在此基础上努力实现社会整体利益的最大化，以充分保障人类社会更加有效的生存与发展。2009年12月7—18日在丹麦首都哥本哈根举行的"世界气候大会"（全称"《联合国气候变化框架公约》第15次缔约方会议暨《京都议定书》第5次缔约方会议"），来自192个国家的谈判代表共同商讨《京都议定书》一期承诺到期后的后续方案，即2012年至2020年的全球减排协议。这一次会议并没能够取得预期效果，个中缘由十分复杂，但与部分与会国家不肯牺牲局部或眼前利益以真正促进全球气候问题的有效解决有着本质联系。究其实质，则是一个如何看待义利关系的问题。若要真正改善全球气候及其他环境问题，全世界的任何国家、地区，每一个企业以至个人，都必须有着长远的、全球性的视野，重视所处社会以及全人类的整体利益，自觉约束自己的行为，尽可能将对环境的破坏降到最低。

　　其次，朱熹认为，一旦实现社会整体利益的最大化之后，"义便兼得利"，个体利益也就在其中得到了充分的满足。就此而言，"义即利"，"义""利"具有相通性。这一点亦告诉人们，不必拘执计较眼前利益一时间的得失，而应将目光放长远，把对个人利益、局部利益的满足投放到人类社会整体利益的最大化之中去。若能够真正做到这一点，人们就不仅能够实现个人利益与集体利益、局部利益与整体利益之间的双赢，还能有效提升个体修养，实现个人德性的完满，使得自己的人生更加充实而有意义。

　　以这样一种传统的儒家义利观为价值导向，结合现代的经营管理理念，去培养和评价现代市场经济秩序，以及市场经济环境下的个人的思想品质和行为，则是极有必要的，而且也是传统儒家义利观的现代价值转换中最为典型和集中的事例。有学者就曾指出："一代社会经济的发展，要靠一代企业家的兴起。为了适应今天已由'冷战'转为'商战'，合纵连横，群起竞雄的世界新格局，以及现代市场经济条件，造就一批具有胸怀家国天下，有责任心和道德感的高素质企业家或曰'儒商'，就显得尤为必要。"① 而所谓的"儒商"，其特点在于"并非只关心无休止地积累财富"，"他们的伦理准则，最突出的是自制观念，把抑制人类的贪婪作为第一步，去创造一个可预言、可控制、规范性的社会和道德秩序。"② 儒商作为商人，他们关心财富的积累，但这同时又并非他们唯一的关注对象，他们还关注，甚至是作为其终极价值目标的，则是如何去创造一个良好的社会和道德秩序，这就可以说是一种"义"的崇高追求。他们对"自制"与"创造"的有机结合，其实正是儒家传统的"以义制利"、最终"义""利"兼得的义利观的现代实践。如此等等。

　　总而言之，朱熹的义利观是其礼乐价值论的重要部分，我们在现代社会生活中若能以朱熹对"义"与"利"的理解及其所提倡的义利关系原则作指导，来面对现实的"义"与"利"的矛盾与困惑，我们就一定能够获得健康而和谐的社会与人生。

小　结

　　朱熹既是理学的集大成者，其礼乐哲学思想同时也是传统礼乐哲学发展到两宋时期的典型代表。它的存在，为理学的发展起到了重要的推动作用，进而在较大程度上提升了整个中国哲学的理论水平；同时，它也为礼乐经学的发展提供了哲学上的指导，有着重要的学术史意义；而且在日常社会生活与传统政治思想方面，朱熹的礼乐哲学思想同样有着不可忽视的实践价值，反之，这又为传统礼乐文化的进一步繁荣提供了推动力。在当前的文化建设中，如何重构传统礼乐文化，令其重新焕发

---

① 陈启智：《儒学与市场经济》，国际儒学联合会主编《儒学现代性探索》，北京图书馆出版社，2002，第150～151页。
② 〔新加坡〕陈国贲、张齐娥：《儒家的价值观与新加坡华侨企业家精神》，转引自陈启智《儒学与市场经济》，国际儒学联合会主编《儒学现代性探索》，北京图书馆出版社，2002，第153页。

出符合时代要求的新的生命之光，也是广大国学爱好者与研究者所面临的重要时代课题。具体而言，朱熹的礼乐哲学思想可以在传统礼乐的现代实践原则、道德价值体系的建设等方面予以一定的启示。当然，我们也绝不能忽视其中的负面因素，在具体理解和借鉴的过程中必须注意准确甄别。

以当今社会各个方面的理论发展水平来回顾和审视朱熹在那个时代所取得的礼乐哲学思想方面的成就，我们自然不难看出它的历史局限性所在。譬如以朱熹为代表的两宋思想家们在礼乐哲学思想中对于专制集权的崇奉与维护，对于妇女与贫民的社会地位、人格尊严的相对轻忽，以及对于"存天理、灭人欲"等观念简单而粗糙地过度阐扬，等等，在今天看来都于较大程度上显示出了其思想的落后甚至悖谬。今人无论是出于理论研究还是出于实际应用的目的，对传统文化与思想的发掘都必须持一种理性和客观的态度：既注意吸取和保存其优秀的、可以进一步发扬的精华部分，也要注意对那些已不合时宜的思想观念以一种"同情的理解"的辩证态度加以认真鉴别。而这正是我们汲取朱熹礼乐哲学思想中的合理因素，实现其现代价值转化的理论工作的一部分。

结 语

就礼乐哲学的历史发展而言，"春秋后期礼学的诞生主要表现在礼的地位的提升，礼的根源的追溯，礼的价值的反思，礼的含义的辨析，礼治内容的重新诠释。它为其后的礼学发展描绘了大致方向，提供了无尽的给养，并成为后世礼学发展的重要理论源泉。但是，由于这一时期的大多数政治家、思想家的礼学言论多是针对某一具体的政事而发，缺乏建构礼学体系的自觉意识，使得这一时期的礼学理论缺少系统的哲学证明和完整的体系构成，呈现出礼学产生初期的粗略形态。"[1] 传统观念中的"礼学"包括了礼经学、礼仪学、礼论、泛礼学四类，[2] 前述引文中的"礼学"从其上下文来看，则主要相当于礼论，与本文所指的"礼乐哲学"大体一致。所以，从中亦可看出，先秦时期的礼乐哲学对于中国礼乐哲学史以至于整个中国哲学而言，都具有重要的奠基意义，但其形态无疑是较为"粗略"的。随后经过汉唐时期对礼学的发展，礼乐哲学逐渐成熟和丰满起来。到了两宋，在儒、释、道三家的冲突与融会这一大的时代理论背景之下，社会政治、经济、科技、教育、文化等各个方面的综合因素最终激发了宋代思想文化的繁荣。而朱熹的礼乐哲学思想，就是这一万花筒般璀璨迷幻的思想世界里的一朵奇葩。

人类社会的任何一种文化体系的形成与发展，可以说都是某一特定地域和民族的生存智慧的结晶。华夏民族的礼乐文化传统更是如此。她形成于上古先民日常生产与生活中的各个方面，由点点滴滴的常识性的各类生产与生活规范逐渐积淀和提炼而来，并经先秦诸子于"百家争鸣"中予以了较为充分和系统的人文理性升华，从而蕴涵了丰富的哲学与伦理思想，为中国哲学与文化的发展奠定了重要基础。朱熹礼乐哲学思想体系的形成则是宋代礼经学和理学交互影响的结果，是礼乐哲学发

---

[1] 陆建华：《先秦诸子礼学研究》，人民出版社，2008，第 11 页。
[2] 详见杨志刚《中国礼学史发凡》，《复旦学报》（社会科学版）1995 年第 6 期。

展到两宋时期的集大成者，其不仅继承并发扬了传统儒家礼乐哲学思想中的生存智慧与人文理性，同时又具备了浓郁的时代理论特征，凭借理学的形上学基础和思维方式，将传统礼乐哲学的整体水平向前推动了一大步。

朱熹以理气论为理论轴心，对传统儒家礼乐思想做出了重要的形上学升华，赋予了礼乐更加充分的哲学蕴涵，其礼乐文质论、礼乐鬼神观等等，也都是在理气论的指导下建构起来的礼乐哲学体系的形上学基础。而朱熹在儒家礼乐思想的背景下关于"仁"、"敬"与"和"、"义"与"利"等基本的中国传统伦理思想范畴的讨论，则构成了其礼乐哲学体系的道德哲学部分。由于传统礼乐形成于古人的日常生产与生活实践，同时也完善和体现于国家政治和民众的日常生活实践之中，所以朱熹对于礼乐的实践自然也就格外重视，并因此形成了一系列的关于礼乐实践的哲学思考，主要分为三个方面：传统礼乐的诠释、传承与修订的方法论原则，礼乐的生活实践论与政治实践观。

在朱熹上述礼乐哲学思想的主要内容中，生存智慧、人文理性作为传统礼乐哲学的核心精神得到了较为充分的展现和深化。大体上说，如朱熹以理气论阐释礼乐存在的合理性，对礼乐中的鬼神观念以及礼乐文质关系、礼乐伦理中的义利观的分析，等等，就主要是对于传统礼乐哲学中的生存智慧的理学化演绎与升华；传统礼乐哲学中的人文理性精神则主要被朱熹融入了对礼乐价值论的阐发之中，如其对"仁"与"敬""和"等伦理范畴的辨析，以及礼乐的政治和生活实践的讨论等，都体现出了他对于人的主体价值以及社会和谐的充分体认和人文关怀。当然，这只是一种粗略的范畴划分，事实上，传统礼乐哲学中的生存智慧、人文理性精神在朱熹的礼乐哲学思想体系中并没有特别明显和精细的划分界限，它们往往是融会贯通，混存于各个理论范畴与理论层面的。其中，理是朱熹礼乐哲学思想的形上性之源泉和基础，"中和"则是其核心精神，贯彻于各个具体的概念与范畴中，同时也构成了朱熹礼乐实践智慧的主体内容。

毫无疑问，朱熹礼乐哲学思想的内涵是颇为复杂的。在程朱理学的背景下，各个礼乐哲学的概念或范畴都同时具备着理学与礼学的双重含义，我们要完全厘清其间微妙的区别和联系并不容易。但若从"礼即理"的角度来说，礼、理相通，去做这样的厘清似乎又缺乏足够的合法性与可操作性。

　　所以，行文至此，回头检视笔者所有关于朱熹礼乐哲学思想的析论，自觉忧甚于喜。由于朱熹礼乐哲学思想的复杂，更主要是自己学识的浅薄，对朱子学和礼学的学习与研究时间又都不算长，在文中难免会有很多无法自知的错漏粗疏之处，而且在关于朱熹礼乐哲学思想的现代价值方面，由于篇幅和学养才识所限，许多内容也只能是点到为止，没能深入展开，等等，这些都令笔者难以释怀。令我略感欣慰的，则是在文中提出了"礼乐哲学"这一新的概念以及为确立、论证朱熹的礼乐哲学体系所做出的种种努力，它们虽不敢说一定就有多大的创新性，但在这个鼓励创新的时代，无疑可算是一种有价值的尝试。即使最终证明这一尝试失败，想必也能够给学界提供一种方法论的鉴戒。因此，拙著也算是对当前哲学界号召"创新性地发展中国哲学"的一个小小回应吧。

参考文献

一　古籍

（汉）司马迁．史记［M］．北京：中华书局，1959.

（汉）班固．汉书［M］．北京：中华书局，1962.

（汉）许慎，撰；（清）段玉裁，注．说文解字注［M］．上海：上海古籍出版社，1981.

（汉）郑玄，注；（唐）孔颖达，疏．礼记正义［A］．十三经注疏（标点本）［Z］．李学勤主编．北京：北京大学出版社，1999.

（汉）孔安国，传；（唐）孔颖达，疏．尚书正义［A］．十三经注疏（标点本）［Z］．李学勤主编．北京：北京大学出版社，1999.

（汉）郑玄，笺；（唐）孔颖达，疏．毛诗正义［A］．十三经注疏（标点本）［Z］．李学勤主编．北京：北京大学出版社，1999.

（汉）郑玄，注；（唐）贾公彦，疏．仪礼注疏［A］．十三经注疏（标点本）［Z］．李学勤主编．北京：北京大学出版社，1999.

（汉）郑玄，注；（唐）贾公彦，疏．周礼注疏［A］．十三经注疏（标点本）［Z］．李学勤主编．北京：北京大学出版社，1999.

（魏）王弼，等，注；（唐）孔颖达，疏．周易正义［A］．十三经注疏（标点本）［Z］．李学勤主编．北京：北京大学出版社，1999.

（晋）嵇康．嵇康集［M］．北京：人民文学出版社，1973.

（唐）杜佑．通典［M］．北京：中华书局，1988.

（唐）魏征．隋书［M］．北京：中华书局，2000.

（唐）吴兢，著；叶光大，等，译注．贞观政要译注［M］．成都：四川人民出版社，1987.

（唐）刘肃．大唐新语［M］．北京：古典文学出版社，1957.

（唐）释道宣．广弘明集［A］．景印文渊阁四库全书［Z］第 1048 册．台北：商务印书馆，1986.

（唐）韩愈．韩昌黎全集［M］．北京：中国书店，1991.

（唐）柳宗元．柳河东集［M］．上海：上海古籍出版社，2008.

（梁）沈约．宋书［M］．北京：中华书局，2000.

（齐）魏收．魏书［M］．北京：中华书局，2000.

（后晋）刘昫，等．旧唐书［M］．北京：中华书局，2000.

（宋）卫湜．礼记集说［A］．景印文渊阁四库全书［Z］第119册．台
　　北：商务印书馆，1986.

（宋）朱熹．朱子全书［M］．朱杰人，严佐之，刘永翔，主编．上海：
　　上海古籍出版社；合肥：安徽教育出版社，2002.

（宋）郑樵．通志［M］．北京：中华书局，1987.

（宋）黎靖德，编；王星贤，点校．朱子语类［M］．北京：中华书局，
　　1986.

（宋）朱鉴．文公易说［A］．景印文渊阁四库全书［Z］第18册．台北：
　　商务印书馆，1986.

（宋）张载．张载集［M］．北京：中华书局，1978.

（宋）黄榦．勉斋先生黄文肃公文集［A］．四川大学古籍整理研究所编．
　　宋集珍本丛刊（元刻本）［Z］第68册．北京：线装书局，2004.

（宋）叶适．习学记言序目［M］．北京：中华书局，1977.

（宋）真德秀．西山文集［A］．景印文渊阁四库全书［Z］第113册．台
　　北：商务印书馆，1986.

（宋）陆九渊．陆九渊集［M］．北京：中华书局，1980.

（宋）江少虞．宋朝事实类苑［A］．景印文渊阁四库全书［Z］第874
　　册．台北：商务印书馆，1986.

（宋）李攸．宋朝事实［M］．上海：商务印书馆，1936.

（宋）洪迈，纂；孔凡礼，点校．容斋随笔［M］．北京：中华书局，2005.

（宋）马端临．文献通考［M］．杭州：浙江古籍出版社，2000.

（宋）王应麟．玉海［M］．南京：江苏古籍出版社；上海：上海书店，
　　1987.

（宋）欧阳修，宋祁．新唐书［M］．北京：中华书局，2000.

（宋）柳开．河东集［A］．景印文渊阁四库全书［Z］第1085册．台北：
　　商务印书馆，1986.

（宋）石介．徂徕石先生文集［M］．北京：中华书局，1984．

（宋）欧阳修．欧阳修全集［M］．北京：中国书店，1986．

（宋）王安石．王文公文集［M］．上海：上海人民出版社，1974．

（宋）孙复．孙明复小集［A］．景印文渊阁四库全书［Z］第 1090 册，
　　台北：商务印书馆，1986．

（宋）程颢，程颐．二程集［M］．北京：中华书局，1981．

（宋）郭茂倩，辑．乐府诗集［M］．北京：中华书局，1979．

（宋）王灼．碧鸡漫志［A］．景印文渊阁四库全书［Z］第 1494 册．台
　　北：商务印书馆，1986．

（宋）陈淳．北溪字义［M］．北京：中华书局，1983．

（宋）李焘．续资治通鉴长编［M］．北京：中华书局，1995．

（元）郑玉．师山集［A］．景印文渊阁四库全书［Z］第 1217 册．台北：
　　商务印书馆，1986．

（元）脱脱，等．宋史［M］．北京：中华书局，1977．

（清）姚际恒，撰；陈祖武，点校．仪礼通论［M］．北京：中国社会科
　　学出版社，1998．

（清）孙希旦，撰；王星贤，沈啸寰，点校．礼记集解［A］．十三经清
　　人注疏［Z］．北京：中华书局，1989．

（清）陆陇其．三鱼堂文集［A］．景印文渊阁四库全书［Z］第 1325 册．
　　台北：商务印书馆，1986．

（清）王夫之．宋论［M］．北京：中华书局，1964．

（清）江永．礼书纲目［M］．北京：商务印书馆，2013．

（清）陈澧．东塾读书记［M］．上海：上海古籍出版社，2012．

（清）皮锡瑞．经学历史［M］．北京：中华书局，2008．

（清）永瑢，等．四库全书总目［M］．北京：中华书局，1965．

二　今著

漆侠．宋学的发展和演变［M］．石家庄：河北人民出版社，2002．

姚瀛庭主编．宋代文化史［M］．开封：河南大学出版社，1992．

叶纯芳，乔秀岩 编．朱熹礼学基本问题研究［M］．北京：中华书局，2015．

陈寅恪．金明馆丛稿初编［M］．上海：三联书店，2001．

傅斯年. 傅斯年全集 [M] 第三卷. 长沙：湖南教育出版社，2003.

陈来. 朱子哲学研究 [M]. 上海：华东师范大学出版社，2000.

陈来. 宋明理学 [M]. 沈阳：辽宁教育出版社，1991.

蒙培元. 理学范畴系统 [M]. 北京：人民出版社，1989.

梅珍生. 晚周礼的文质论 [M]. 武汉：湖北人民出版社，2004.

杨天宇. 仪礼译注 [M]. 上海：上海古籍出版社，2004.

杨天宇. 周礼译注 [M]. 上海：上海古籍出版社，2004.

何定生. 诗经今论 [M]. 台北：商务印书馆，1968.

陈鼓应. 老子注译及评介 [M]. 北京：中华书局，1984.

邱汉生. 四书集注简论 [M]. 北京：中国社会科学出版社，1980.

王懋竑纂订. 朱子年谱 [M]. 北京：中华书局，1998.

彭林. 《周礼》主体思想与成书年代研究 [M]. 北京：中国人民大学出版社，2009.

彭林. 中国古代礼仪文明 [M]. 北京：中华书局，2004.

彭林. 中华传统礼仪概要 [M]. 北京：高等教育出版社，2006.

彭林. 儒家礼乐文明讲演录 [M]. 桂林：广西师范大学出版社，2008.

陆建华. 先秦诸子礼学研究 [M]. 北京：人民出版社，2008.

周桂钿. 中国传统政治哲学 [M]. 石家庄：河北人民出版社，2001.

杨燕. 《朱子语类》经学思想研究 [M]. 北京：东方出版社，2010.

杨荫浏. 中国古代音乐史稿 [M]. 北京：人民音乐出版社，1981.

杨伯峻. 论语译注 [M]. 北京：中华书局，1980.

冯友兰. 中国哲学简史 [M]. 赵复三译. 北京：新世纪出版社，2004.

李零. 郭店楚简校读记 [M]. 北京：中国人民大学出版社，2007.

刘泽华，葛荃. 中国古代政治思想史 [M]. 天津：南开大学出版社，2001.

陈少峰. 宋明理学与道家哲学 [M]. 上海：上海文化出版社，2001.

孔令宏. 朱熹哲学与道家、道教 [M]. 保定：河北大学出版社，2001.

乐爱国. 宋代的儒学与科学 [M]. 北京：中国科学技术出版社，2007.

乐爱国. 朱子格物致知论研究 [M]. 长沙：岳麓书社，2010.

蔡仲德. 中国音乐美学史 [M]（下册）. 北京：人民音乐出版社，2003.

吴乃恭. 儒家思想研究 [M]. 长春：东北师范大学出版社，1988.

王启发. 礼学思想体系探源 [M]. 郑州：中州古籍出版社，2005.

张自慧．礼文化的价值与反思［M］．上海：学林出版社，2008．

冯天瑜，何晓明，周积明．中华文化史［M］（下册）．上海：上海人民出版社，2005．

牟宗三．中国哲学十九讲［M］．上海：上海古籍出版社，2005．

牟宗三．中国文化之特质［A］，牟宗三先生全集［Z］第27册，台北：联经出版事业公司，2003．

牟宗三．中国哲学的特质［A］，牟宗三先生全集［Z］第28册，台北：联经出版事业公司，2003．

陈戍国．中国礼制史［M］（宋辽金夏卷）．长沙：湖南教育出版社，2001．

张立文．朱熹评传［M］．长春：长春出版社，2008．

张立文．朱熹思想研究［M］．北京：中国社会科学出版社，1994．

张立文．宋明理学研究［M］．北京：人民出版社，2002．

张学智．明代哲学史［M］．北京：北京大学出版社，2000．

朱汉民．玄学与理学的学术思想理路研究［M］．北京：中国社会科学出版社，2012．

惠吉兴．宋代礼学研究［M］．石家庄：河北大学出版社，2011．

吴震编．思想与文献——日本学者宋明理学研究［M］．上海：华东师范大学出版社，2010．

杨华．先秦礼乐文化［M］．武汉：湖北教育出版社，1997．

丁为祥．实践与超越——王阳明哲学的诠释、解析与评价［M］．西安：陕西人民出版社，1994．

李承贵．儒士视域中的佛教——宋代儒士佛教观研究［M］．北京：宗教文化出版社，2007．

肖永明．北宋新学与理学［M］．西安：陕西人民出版社，2001．

彭国翔．儒家传统——宗教与人文主义之间［M］．北京：北京大学出版社，2007．

黄玉顺．儒学与生活——"生活儒学"论稿［M］．成都：四川大学出版社，2009．

蔡方鹿．朱熹经学与中国经学［M］．北京：人民出版社，2004．

刘丰．北宋礼学研究［M］．北京：中国社会科学出版社，2016．

吴万居．宋代三礼学研究［M］．台北：三文印书馆，1999．

叶国良. 礼学研究的诸面向 ［M］. 新竹：国立清华大学出版社，2010.

钱穆. 朱子新学案 ［M］. 台北：三民书局，1971.

顾颉刚. 古史辨 ［M］（第三册）. 台北：兰登文化事业股份有限公司，
　　1987.

林乐昌. 正蒙合校集释 ［M］. 北京：中华书局，2012.

李明辉. 四端与七情——关于道德情感的比较哲学探讨 ［M］. 台北：
　　"国立"台湾大学出版中心，2005.

李明辉. 当代儒学之自我转化 ［M］. 台北：中研院中国文哲研究所筹备
　　处，1994.

林月惠. 诠释与转向：宋明理学的超越转向与内在辩证 ［M］. 台北：中
　　研院中国文哲研究所，2008.

刘述先. 朱子哲学思想的发展与完成 ［M］. 台北：学生书局，1984.

〔美〕余英时. 论天人之际 ［M］. 台北：联经出版事业股份有限公司，
　　2014.

〔美〕余英时. 朱熹的历史世界——宋代士大夫政治文化的研究 ［M］.
　　北京：生活·读书·新知三联书店，2011.

〔美〕李泽厚. 中国古代思想史论 ［M］. 天津：天津社会科学院出版
　　社，2003.

〔美〕李泽厚. 我的哲学提纲 ［M］. 台北：三民书局，1996.

〔美〕陈荣捷. 朱学论集 ［M］. 上海：华东师范大学出版社，2007.

〔美〕陈荣捷. 朱子新探索 ［M］. 上海：华东师范大学出版社，2007.

〔美〕秦家懿. 朱熹的宗教思想 ［M］. 曹剑波译. 厦门：厦门大学出版
　　社，2010.

〔日〕吾妻重二. 朱熹《家礼》实证研究 ［M］. 吴震主编. 上海：华东
　　师范大学出版社，2012.

〔韩〕卢仁淑. 朱子家礼与韩国之礼学 ［M］. 北京：人民文学出版社，
　　2000.

〔英〕亚当·斯密. 道德情操论 ［M］. 谢宗林译. 北京：中央编译出版
　　社，2008.

〔英〕马林诺夫斯基. 文化论 ［M］. 费孝通等译. 北京：中国民间文艺
　　出版社，1987.

〔德〕卡尔·雅斯贝斯. 历史的起源与目标 ［M］. 魏楚雄，俞新天译. 北京：华夏出版社，1989.

〔德〕伊曼努埃·康德. 道德底形上学 ［M］. 李明辉译注. 台北：联经出版事业股份有限公司，2015.

〔俄〕普列汉诺夫. 普列汉诺夫美学论文集 ［M］（第一册）. 曹葆华译. 北京：人民出版社，1983.

〔芬兰〕希尔恩. 艺术的起源 ［M］. 北京：人民美术出版社，1984.

Chan Wing-tist. Chu Hsi：Life and Thought ［M］. Hong Kong：Chinese University Press，1987.

Herbert Fingarette. Confucious-The Secular as Sacred ［M］. Harper & Row Publishers，1972.

三 论文

杨志刚.《司马氏书仪》和《朱子家礼》研究 ［J］. 浙江学刊，1993（1）.

杨志刚. 中国礼学史发凡 ［J］. 复旦学报（社会科学版），1995（6）.

杨志刚. 朱子《家礼》：民间通用礼 ［J］. 传统文化与现代化，1994（4）.

彭国翔. 重思"形而上学"：中国哲学的视角 ［J］. 中国社会科学，2015（11）.

温静. 朱熹音乐思想五评 ［J］. 云南艺术学院学报，2007（3）.

郑锦扬. 朱熹音乐思想论稿 ［J］. 中国音乐史，1992（3）.

曾华青 ［J］. 谈朱熹音乐思想的崇古与创新 ［J］. 集美大学学报（哲学社会科学版），2007（1）.

王耀华. 朱熹理学思想与福建音乐文化 ［J］. 音乐研究，1996（4）.

柴文华. 论中国哲学史学科的创立及诠释框架 ［J］. 哲学研究，2008（1）.

高清海. 中华民族的未来发展需要有自己的哲学理论 ［J］. 吉林大学社会科学学报，2004（2）.

何中华. 中国哲学的原创时代何以来临 ［J］. 新华文摘，2008（22）.

曹建墩，郭江珍. 近代以来礼制起源研究的回顾与展望 ［J］. 平顶山学院学报（社会科学版），2005（6）.

杨庆中. 崩坏与重建——论春秋时期的礼学 [J]. 管子学刊，1996（4）.

余英时. 轴心突破和礼乐传统 [J]. 二十一世纪，2000（4）.

王杰，顾建军. 早期儒家礼文化内涵的嬗变 [J]. 哲学动态，2008（5）.

王秀臣. 夏、商文化与"雅乐"制度的滥觞 [J]. 东北师大学报（哲学社会科学版），2007（2）.

程志华. 道德的形上学与"后形而上学时代"——牟宗三对传统形而上学困境的化解与超越 [J]. 哲学研究，2009（11）.

赵馥洁. 中国传统哲学本质上是价值哲学 [J]. 人文杂志，2010（1）.

杨国荣. 何为中国哲学——关于如何理解中国哲学的若干思考 [J]. 文史哲，2009（1）.

蔡方鹿. 注经与哲学——朱熹经学对中国传统哲学的发展 [J]. 哲学研究，2003（3）.

蔡方鹿. 朱熹经学之特征 [J]. 中国哲学史，1997（2）.

林乐昌. 张载礼学论纲 [J]. 哲学研究，2007（12）.

彭林. 礼的哲学诠释 [J]. 哲学门，2008（总第16辑）.

谢思炜. 试论中唐的道教批判运动 [J]. 清华大学学报（哲学社会科学版），2006（3）.

李存山. 气概念几个层次意义的分梳 [J]. 哲学研究，2006（9）.

方旭东. 道学的无鬼神论：以朱熹为中心的研究 [J]. 哲学研究，2006（8）.

陈来. 春秋时代礼乐文化的解体与转型 [J]. 中国文化研究，2002（3）.

陈来. 朱子《家礼》真伪考议 [J]. 北京大学学报（哲学社会科学版），1989（3）.

刘泽亮. 从《五经》到《四书》：儒学典据嬗变及其意义——兼论朱子对禅佛思想挑战的回应 [J]. 东南学术，2002（6）.

詹石窗，杨燕. 老子对祭祀文化的哲学升华 [J]. 哲学研究，2007（2）.

王礼贤. 释和 [J]. 中医药文化，2009（2）.

田树生. 释"中"[J]. 殷都学刊，1991（2）.

郭齐勇，陈乔见. 孔孟儒家的公私观与公共事务伦理 [J]. 中国社会科学，2009（1）.

麻桑．叶适功利儒家伦理观管窥——以"义""利""害"范畴之解析为
　　进路兼以朱学为基本参照 [J]．浙江社会科学，2005（5）．

黄黎星．与时偕行、趣时变通——《周易》"时"之观念辨析 [J]．周
　　易研究，2004（4）．

贾玉英，赵文东．略论朱熹的荒政思想与实践 [J]．河南大学学报（社
　　会科学版），2001（5）．

张品端．朱熹社仓法的基本内容及其社会保障作用 [J]．中国社会科学
　　院研究生院学报，2009（3）．

蒋海怒．德感生活：儒家生活哲学内在构造解析 [J]．哲学研究，2005
　　（11）．

赵华富．关于徽州宗族制度的三个问题 [J]．安徽史学，2003（2）．

常建华．明代宗族祠庙祭祖礼制及其演变 [J]．南开学报，2001（3）．

牟坚．朱子对"克己复礼"的诠释与辨析——论朱子对"以理易礼"说
　　的批评 [J]．中国哲学史，2009（1）．

郭淑新．朱熹的敬畏伦理思想及其现代意蕴 [J]．中国哲学史，2009
　　（1）．

孙显军．朱熹的《大戴礼记》研究 [J]．苏州大学学报（哲学社会科学
　　版），2009（1）．

殷慧，肖永明．朱熹的《周礼》学思想 [J]．湖南大学学报（社会科学
　　版），2008（1）．

殷慧．天理与人文的统一——朱熹论礼、理关系 [J]．中国哲学史，
　　2011（4）．

李方泽．重诠与开新——从经典诠释学视角看朱熹对《大学》文本的解
　　读 [J]．孔子研究，2006（5）．

何俊．由礼转理抑或以理合礼：唐宋思想转型的一个视角 [J]．北京大
　　学学报（哲学社会科学版），2007（6）．

粟品孝．文本与行为：朱熹《家礼》与其家礼活动 [J]．安徽师范大学
　　学报（人文社会科学版），2004（1）．

冯兵．论荀子的义政思想——以荀子礼法制度的制度伦理蕴涵为中心
　　[J]．河南大学学报（社会科学版），2008（2）．

冯兵．生存智慧、人文理性与中和精神——中国礼乐起源与发展的内在

理路 [J]．学术月刊，2010（2）．

冯兵．论孔子善恶混存的人性观 [J]．哲学研究，2008（1）．

扬举．初论《老子》与礼学在思维谱系上的家族相似 [J]．孔子研究，2000（2）．

王志阳．《仪礼经传通解》按语研究 [J]．甘肃社会科学，2014（6）．

洪修平．儒佛道思想家与中国思想文化 [J]．江苏社会科学，2007（6）．

陈瑞．朱熹《家礼》与明清徽州宗族以礼治族的实践 [J]．史学月刊，2007（3）．

罗秉祥．儒礼之宗教意涵——以朱子《家礼》为中心 [J]．兰州大学学报（社会科学版），2008（2）．

陈启智．儒学与市场经济 [A]．国际儒学联合会主编．儒学现代性探索 [C]．北京：北京图书馆出版社，2002．

白寿彝．《仪礼经传通解》考证 [A]．白寿彝史学论集 [C]．北京：北京师范大学出版社，1994．

束景南．朱熹《家礼》真伪考辨 [A]，朱熹佚文辑考 [C]．南京：江苏古籍出版社，1991．

王贻梁．《仪礼经传通解》与朱熹的礼学思想体系 [A]．朱杰人主编．迈入21世纪的朱子学——纪念朱熹诞辰870周年逝世800周年论文集 [C]．上海：华东师范大学出版社，2001．

王贻梁．宋嘉定本《仪礼经传通解》刻工名录——兼呼吁重视对刻工的系统记录与深入研究 [A]．朱杰人，严文儒主编．《朱子全书》与朱子学——2003年国际学术讨论会论文集 [C]．上海：华东师范大学出版社，2005．

王启发．朱熹《仪礼经传通解》的编纂及其礼学价值 [A]．炎黄文化研究（第三辑）[C]．郑州：大象出版社，2006．

牟坚．朱子"实理"观下的礼学实践以及礼在朱子之学中的位置 [A]．中国社会科学院历史研究所学刊（第七集）[C]．北京：商务印书馆，2011．

杨国荣．论朱熹的伦理思想 [A]．朱杰人主编．迈入21世纪的朱子学——纪念朱熹诞辰870周年，逝世800周年论文集 [C]．上海：华东师范大学出版社，2001．

徐远和. 朱熹礼乐思想简论 [A]. 武夷山朱熹研究中心, 编. 朱子学与
　　21世纪国际学术研讨会论文集 [C]. 2001.

郑俊晖. 朱熹音乐著述及思想研究 [D]. 中国博士学位论文全文数据
　　库, 2007.

孙致文. 朱熹《仪礼经传通解》研究 [D]. 台湾中央大学中国文学研究
　　所博士学位论文, 2004.

李宏峰. 礼乐张力下的音乐体认——以春秋战国礼乐关系为中心 [D].
　　中国博士学位论文全文数据库, 2007.

殷慧. 朱熹礼学思想研究 [D]. 中国博士学位论文全文数据库, 2009.

焦国成. 守善寻本: 雕塑和谐社会中完善的人 [N]. 中国教育报, 2005 -
　　01 - 18.

乐爱国. 朱熹的"存天理、灭人欲" [N]. 光明日报, 2008 - 9 - 8.

张汝伦. 实践哲学: 中国古代哲学的基本特质 [N]. 文汇报, 2004 -
　　07 - 25.

冯兵. "宋学"非止于"理学" [N]. 中国社会科学报, 2013 - 08 - 05.

丰捷. 清华简又现重要发现 [N]. 光明日报, 2009 - 04 - 26.

孔健, 祥林. 孔子诞辰成为世界性的节日 [EB]. 新浪网, 2009 - 11 - 01.

后　记

我出生在重庆大巴山深处的农村，幼年丧母，父亲和祖母历经艰辛把我和哥哥拉扯大，实属不易。所以，中考时我自觉放弃了原本上重点高中的打算，直接报考了当时由政府提供生活津贴的中等师范学校，目的就是早日"跳出农门"，以减轻家庭的负担。师范毕业后我被分配到一所偏僻闭塞的乡中心小学教书，三年后又成为相邻一所中学的初中英语教师。在整个工作期间，我通过成人教育断断续续获得了大学专科和本科学历。因此我严重"先天不足"，那简直快要低到尘埃里去的第一学历让我在博士研究生毕业找工作时备受歧视；而且"出道"很晚，当与我同龄的一些学者"三十而立"，已有所成就时，我才刚刚结束十年的山村中小学教师生活，考入重庆师范大学师从孔毅教授攻读伦理学专业的硕士研究生学位，从而开始对什么是"学术"有了真正的了解。因此，孔毅教授是我的学术领路人。先生的研究专长是魏晋玄学与传统伦理学，她为人的清迈高洁颇有魏晋风度，为学则十分谨严端肃，为弟子们树立了理想的人格榜样。我攻读硕士学位期间做的是有关荀子礼学思想的制度伦理意蕴分析，也正是在那个时候，我对传统礼学思想的研究产生了兴趣。当我进入厦门大学哲学系攻读博士学位之后，导师乐爱国教授由于近些年来一直从事朱子学的研究，于是又引我进入了朱子礼学与理学的研究领域，为我开辟了另一片天地。乐师为人笃厚善良，治学勤谨认真，待学生却十分随和亲切，每每知无不言，言无不尽，于侃侃而谈之中教会了我许多做人、做学问的道理。故而每次向乐师请教或陪他散步回来，我都能感觉到一种满载而归的充实和愉悦。

在厦门大学求学所遇到的老师当中，詹石窗教授渊深广博的学识、严谨踏实的治学精神、海纳百川的胸怀气度，都给我留下了十分深刻的印象。私下里我亦曾暗想：若在今生能够达到詹先生学问与风骨的一半，也就足矣。詹师平日对我的提携与关照犹多，令我感激不尽！盖建民教授则是典型的山东汉子，为人率直，学问精深，和盖老师的交流，常令我感觉如沐春风，受益匪浅。傅小凡教授的博识多才，以及潇洒儒雅、幽默风趣的风度与谈吐，同样令我倾羡不已。

深深的感恩除了送给两位导师及其他各位师长外，也要送给我的众多亲人。由于我两岁时母亲去世，亲人们给予了我远超一般亲情的呵护、疼惜与宠爱。至今想起来，我的眼眶都会禁不住湿润。他们给予了我太多太多，而我却少以为报，殊为憾事！同时，我博士研究生毕业参加工作至今已八年有余，在这期间小女出生，我们夫妻双方老人都无法抽身过来帮忙，一切都得亲力亲为。妻子在另一所高校工作，为此不得不暂时放弃了自己的学术追求，做出了很大的牺牲。正是因为有了她的耐心守候与无私付出，才有了我这本小书的顺利出版，这其中又凝聚了她多少的心血啊！而我在教学、科研与家庭之间疲于奔命，难免会在工作上多有疏失，于此也多蒙领导和同事们的体谅与帮助，在此一并致以诚挚的感谢！

我向来不善于表达情感，对亲人师友深怀感恩却难以明言，这一份"后记"自然是我不可多得的致谢机会。所以，在此我谨以此书向我所有至亲至敬的亲人与师友，以及其他所有帮助过我、关心过我的人们致以最真挚的谢忱！同样的谢忱也要送给拙著的责任编辑赵怀英老师，正是因为有了赵老师的严谨认真与耐心细致，才使得拙著的编校质量得以保证，同时也在很多次的往返沟通中，促使我对相关问题有了更进一步的思考和完善。

这本小书作为我人生中第一本独立撰写的学术著作，我也要送给我那顶顶可爱聪慧的女儿，愿她苗壮成长，一生幸福安康！

是为记。

冯　兵　谨识于华侨大学

2019 年 1 月 18 日

图书在版编目（CIP）数据

朱熹礼乐哲学思想研究／冯兵著. -- 北京：社会
科学文献出版社，2019.4
国家社科基金后期资助项目
ISBN 978 - 7 - 5201 - 4495 - 7

Ⅰ.①朱…　Ⅱ.①冯…　Ⅲ.①朱熹（1130 - 1200）-
礼乐 - 哲学思想 - 研究　Ⅳ.①B244.75

中国版本图书馆 CIP 数据核字（2019）第 047449 号

·国家社科基金后期资助项目·

朱熹礼乐哲学思想研究

著　　者／冯　兵

出 版 人／谢寿光
责任编辑／赵怀英
文稿编辑／王玉敏

出　　版／社会科学文献出版社·联合出版中心（010）59366446
　　　　　地址：北京市北三环中路甲 29 号院华龙大厦　邮编：100029
　　　　　网址：www.ssap.com.cn
发　　行／市场营销中心（010）59367081　59367083
印　　装／三河市龙林印务有限公司

规　　格／开　本：787mm × 1092mm　1/16
　　　　　印　张：21.25　字　数：350 千字
版　　次／2019 年 4 月第 1 版　2019 年 4 月第 1 次印刷
书　　号／ISBN 978 - 7 - 5201 - 4495 - 7
定　　价／149.00 元

本书如有印装质量问题，请与读者服务中心（010 - 59367028）联系